認認真真講歷史

天涯社区
人气佳作

# 中唐风波

卷三
全三卷

孙峰　孙艺真·著

中国文史出版社

图书在版编目（CIP）数据

中唐风波. 第三卷 / 孙峰, 孙艺真著. -- 北京：中国文史出版社, 2017.12

（认认真真讲历史）

ISBN 978-7-5034-9547-2

Ⅰ. ①中… Ⅱ. ①孙… ②孙… Ⅲ. ①中国历史—隋唐时代—通俗读物 Ⅳ. ①K240.9

中国版本图书馆CIP数据核字(2017)第229770号

**责任编辑**：刘　夏
**封面设计**：陈欣欣

**出版发行**：**中国文史出版社**
**网　　址**：www.wenshipress.com
**社　　址**：北京市西城区太平桥大街23号　　**邮编**：100811
**电　　话**：010-66173572　66168268　66192736（发行部）
**传　　真**：010-66192703
**印　　装**：北京温林源印刷有限公司
**经　　销**：全国新华书店
**开　　本**：1/16
**印　　张**：20.75　　**字　数**：349千字
**版　　次**：2018年10月北京第1版
**印　　次**：2018年10月第1次印刷
**定　　价**：52.00元

# 目 录

# 五七〇 平定淄青（一）

吴元济刚被平定，淄青的李师道、横海的程权、成德的王承宗就表示归顺朝廷了。

当初李师道想公开与朝廷作对，其判官高沐和同僚郭旷、李公度屡屡劝谏，而另一个判官李文会、孔目官林英素与三人不和，在李师道跟前哭着进谗言，二人说："我们二人尽心竭力替尚书忧虑家事，反被高沐等人嫉恨，尚书为何不忧虑十二州之土地［平卢淄青镇辖区：郓州（今山东省东平县）、兖州（今山东省济宁市兖州区）、曹州（今山东省菏泽市定陶区）、濮州（今山东省菏泽市鄄城县）、淄州（今山东省淄博市）、青州（今山东省青州市）、齐州（今山东省济南市）、海州（今江苏省连云港市）、登州（今山东省蓬莱市）、莱州（今山东省莱州市）、沂州（今山东省临沂市）、密州（今山东省诸城市）］，而去成就高沐等人的功名呢？"从此，李师道疏远了三人，让高沐去当莱州刺史。不久，林英素入京汇报工作，他指使在京的办事官向李师道密报，称："高沐暗中与朝廷有来往。"李文会又在李师道跟前添油加醋，说了很多高沐等人的坏话，李师道遂杀了高沐，并把郭旷打入大牢，凡是军中奉劝李师道归顺朝廷的人，都被李文会诬陷为高沐一党，予以惩处。等到吴元济被消灭后，李师道吓得不知该如何是好，李公度及其衙将李英昙趁机劝说他向朝廷送上人质，交出土地，以取得朝廷的谅解。李师道答应下来，派人携带奏表进京，称愿意将长子送到京城，并献出沂州、密州、海州三个州。宪宗接受了，元和十三年一月二十一日，宪宗派遣左常侍李逊前往郓州进行安抚、慰问。

横海节度使程权以自己一家世袭横海镇（治所在沧州），与河朔三镇没有什么不同，在吴元济被杀后，内心也非常不安。元和十三年三月二十六日，也派人进京上表，愿意全族回到长安，宪宗也同意了。但横海镇的将士们习惯了不受朝廷约束的生活，不让程权离开军镇，掌书记林蕴反复向众人分析祸福利害，程权一家才得以离开横海镇。

德宗时期的左领军卫大将军柏良器的儿子柏耆，曾经学习纵横之术，急于立功立名。裴度在淮西时，柏耆向行营行军司马韩愈投书献计，称："吴元济已经被擒，王承宗吓破胆了，希望给我一封宰相裴度的书信，并希望能以一名朝廷命官的身份前去说服，将不劳朝廷之兵就可以拿下成德。"韩愈告诉了裴度，裴度又上报宪宗，宪宗也表示同意，就任命柏耆以左拾遗的身份拿着裴度的书信前往成德镇。果然，柏耆到了成德之后，以君臣大义说动了王承宗，王承宗深受感动，竟然落下眼泪，他通过田弘正向朝廷表示，愿意献出两个儿子做人质，并献出德州和棣州，上缴税赋，请求朝廷派遣官吏。田弘正替王承宗奏请，起初宪宗还不同意，田弘正再三奏请后，宪宗这才表示同意。元和十三年（公元818年）四月一日，魏博田弘正派人将王承宗的儿子王知感和王知信以及德州、棣州的地图、印信送至京师，成德镇就此归顺了朝廷。柏耆也因此而名声大噪，被朝廷正式任命为左拾遗，后来又晋升为起居舍人。四月二十七日，宪宗下诏赦免王承宗以及成德将士，恢复了他们的官爵。

幽州大将谭忠对幽州节度使刘总说："自元和以来，刘辟、李锜、田季安、卢从史、吴元济，依托险要，抗拒朝廷，自以为根深蒂固，朝廷拿他们没办法，然而，顷刻之间，这些人都家破人亡而不自知，这不是人力所能做到的，是上天诛杀了他们啊。况且，当今天子神圣威武，苦心积虑，节衣缩食，供给战士，他岂能分分秒秒忘记天下统一？如今，朝廷之兵正逐渐渡河北上，成德已经献出两州十二座城池，我深为大人的前途担忧啊。"刘总回答："听了先生的话，我归顺朝廷之心定下来了！"

元和十三年上半年，事态发生了巨大变化，一切进展得如此顺利，让人感觉统一天下指日可待了，然而，一个妇人之言又引发了一场战争。李师道昏庸无能，军府大事，只与妻子魏氏、奴才胡惟堪、杨自温、婢女蒲氏、袁氏以及孔目官王再升讨论，军府大将和幕僚都不能参与。魏氏不想让儿子远离，就与蒲氏、袁氏对李师道说："自从先司徒（李纳）以来，拥有这十二个州，为何无缘无故献出？如今，统计境内之兵也不下数十万，我们不献出三个州，朝廷也不过是发兵前来。如果战败，我们再献也不晚。"李师道听了，又非常后悔起来，还想杀掉李公度。幕僚贾直言对李师道的贴身奴才说："如今大祸将至，难道不是高沐的怨气招致的？如果再杀掉李公度，军府就危险了！”遂将李公度关押了起来；又把主和的李英昙迁至莱州，在途中将其勒死。

左常侍李逊来到郓州后，李师道出动大军迎接，李逊大义凛然，给他分析祸福，让他说句肯定的话，好回去报告天子。李师道退下后，与其同党商议，众人都说：“暂且答应，将来不过再写一道奏章解释而已。”李师道遂向李逊道歉，说：“前些时候，由于父子之情，再加上军府将士阻挠，才迟迟没有送去人质。如今，又麻烦大人前来，岂敢再有二心！”李逊觉察出李师道心怀欺诈，回京后，向宪宗汇报：“李师道冥顽不灵，反复无常，恐怕朝廷必须用兵了。”不久，李师道又上书朝廷，称军府将士们不让自己献出土地和人质。宪宗大怒，决心出兵讨伐淄青镇。贾直言冒着兵刃劝谏李师道两次，抬着棺材劝谏一次，还画了一个人被投入囚车、妻子被捆绑着献俘的图画，李师道十分恼火，将其关押起来。据《唐会要》《续定命录》《独异志》记载，德宗时，贾直言的父亲贾道因泄露宫中秘密，德宗命中使毒死贾道，当时贾直言就在一旁，夺下毒酒一饮而尽。中使大惊，结果，毒酒从贾直言的左肋溃出，贾直言虽然侥幸活了下来，却落下残疾，德宗遂将其父流放。贾直言随其父一起前往流放地，让其妻董氏改嫁，董氏用绳子绑住自己的头发，让贾直言用笔写上封条，说道：“非君不解，毕生不开。”二十二年后，二人再会，绳子、封条仍在，以油浇灌，其妻的头发全都落下了。

五月十三日，宪宗以忠武（治所在今河南省许昌市）节度使李光颜为义成（治所在今河南省滑县）节度使，准备讨伐李师道。又以淮西节度使马总担任忠武节度使，陈州、许州、溵州、蔡州观察使；将淮西的申州划给鄂岳道；光州划给淮南道。以河阳都知兵马使曹华担任棣州（今山东省惠民县）刺史，以两千河阳军队护送曹华到滴河（今山东省商河县）。遇上李师道的军队攻陷了滴河，曹华击败淄青军队，收复了县城。宪宗下诏晋升曹华为横海节度副使。六月二十五日，宪宗再命乌重胤令怀州刺史，镇守河阳。七月一日，宪宗将山南东道节度使李愬调任武宁军（治所在今江苏省徐州市）节度使。三日，宪宗下诏宣布李师道的罪状，命令宣武、魏博、义成、武宁、横海之兵一起讨伐，召回宣歙观察使王遂（王方庆之孙），任命其为检校左散骑常侍、兼御史大夫，充淄青行营诸军粮料使。九月，韩弘亲自率领宣武军队进攻李师道，包围了曹州。

十一月二十二日，宪宗任命河阳节度使乌重胤为横海节度使。二十七日，以华州刺史令狐楚为河阳节度使。乌重胤率领三千精兵赶赴横海上任，河阳兵不愿远离家乡，中途逃回，又不敢入城，驻扎在城北，将要大肆劫掠。令狐楚恰巧赶到，单人匹马出城安抚，遂一起返回城池。

此前，田弘正请求从黎阳（今河南省浚县）南渡黄河，与义成节度使李光颜合兵一处讨伐李师道。裴度对宪宗说："魏博军队一旦渡河，就不能再退回，必须立即发起进攻，才能成功。他们到了滑州，就需要朝廷供应粮食，不仅白白浪费朝廷军粮，还容易产生观望情绪,可能与李光颜相互猜疑，如果那样的话，将更耽误进兵。与其渡河不进，倒不如令他驻军河北，养精蓄锐。应该暂且令其厉兵秣马，等霜降以后，水位下降，再从杨刘（今山东省东阿县东北）渡河，直扑郓州，如果能进抵阳谷（今山东省阳谷县）一带安营扎寨，我士气自然高涨，敌人必定军心动摇。"十一月，田弘正率领魏博全军从杨刘东渡黄河，距离郓州四十里修筑营垒。淄青军心大为震动。

十二月二十九日，魏博、义成军送来俘获的李师道都知兵马使夏侯澄等四十七人，宪宗全部赦免，放归俘虏他们的各个行营安置，还说道："如果家中有父母、想回家的，从优发给费用放归，朕要杀的，只有李师道一人。"淄青军中将士听后，纷纷向官军投降。当初，李文会和哥哥李元规都在李师古的幕府里，等李师古去世后，李师道继位，李元规就告辞离去，李文会因是李师道的心腹而愿意留下。李元规临行时，对弟弟说："我离开此地，会非常安全，你留在这里，一定会突然富贵而招致大祸。"等官军四面杀来后，淄青军队处处被动，将士们纷纷喧哗，说："高沐、郭昈、李存给司空献出忠心，李文会奸佞，杀害高沐，囚禁郭昈、李存，才招来此祸。"李师道不得已，只好让李文会代理登州刺史，把郭昈、李存召回幕府。

# 五七一 平定淄青（二）

武宁节度使李愬率军与淄青军队作战十一次，连战连捷。元和十三年（公元818年）十二月三十日，李愬率军又攻克了金乡（今山东省金乡县）。李师道性格懦弱，自从官军讨伐以来，听到小小的失利或者丢掉城池，就会吓得魂不附体，忧惧成病，所以，他身边的人都向他隐瞒战况。金乡是兖州的要地，丢掉金乡后，李师道的兖州刺史火速向其告急，但其亲随不予禀报，李师道至死也不知道这一消息。

元和十四年（公元819年）一月二日，宣武军韩弘攻克考城（今河南省民权县），杀两千人。七日，李师道任命的沭阳县令梁洞向楚州刺史李听投降。十三日，武宁节度使李愬攻克鱼台（今山东省鱼台县）。十七日，田弘正奏报在东阿击败淄青军队，杀一万余人。沧州刺史李宗奭与横海节度使郑权不和，不接受郑权的节制。郑权上奏宪宗，宪宗派遣中使追还李宗奭。李宗奭指使其军中将士留下自己，上书称担心军中作乱，不敢还朝。宪宗下诏任命乌重胤代替郑权担任横海节度使，将士们害怕牵连到自己，就驱逐了李宗奭。李宗奭逃回京师，一月二十二日，宪宗下令将其斩杀于独柳之下。一月二十七日，田弘正奏称在阳谷县击败淄青军队。

二月，李听偷袭海州（今江苏省连云港市），攻克东海（今江苏省连云港市一带）、朐山（今江苏省连云港市一带）、怀仁（今江苏省连云港市赣榆区）等县；李愬在沂州（今山东省临沂市），攻克丞县（今山东省枣庄市）。

李师道听说官军逐渐进逼，调派百姓整修郓州的城防工事，劳力不足，还强迫妇女劳动，弄得民怨沸腾。都知兵马使刘悟是刘正臣的孙子，李师道派他率领一万人马驻扎在阳谷抵御官军。刘悟在军中待人宽和，令士兵们人人自便，军中对他很是感激，称其为“刘父”。等到田弘正渡河后，刘悟军中没有戒备，又接连战败。有人对李师道说："刘悟不行军法，专门拉拢人心，恐怕心怀不轨，应该趁早收拾他。"于是，李师道把刘悟召来，要杀了他。又有人劝谏李师道："如今官军从四面八方压来，刘悟并无谋反迹象，仅仅凭一个人的一句话就把他杀了，以后众将谁还肯替大人卖命呢？这是在自剪羽翼啊！"李师道听了，也觉得这个人说得有理，就留了刘悟十来天，然后又把他送回，还送给他很多钱财进行安抚。最终刘悟还是知道了李师道当初的打算，回营之后，暗中戒备。李师道以刘悟领兵在外，就把刘悟的儿子刘从谏任命为门下别奏，刘从谏与李师道的奴仆们整日游戏，从而得到了李师道准备诛杀其父的计划，都秘密告诉了其父。

又有人对李师道说："刘悟终究是个心腹大患，不如趁早将其除掉。"元和十四年二月八日，李师道偷偷派遣两个使者携带自己的手令，命令行营兵马副使张暹砍下刘悟的人头献上，并接管全军。当时，刘悟正在距离大营二三里之外的高岗上设宴，两位使者来到大营后，把手令交给了张暹。张暹素来与刘悟私交很好，就假装与使者商议说："刘悟从军府回来后，加强了戒备，此事不可匆匆发动，待我先去对他说：'司空派人前来慰问将士们，还带有赏赐之物，请主帅回营，一起接受命令。'如此一来，他一定不会怀疑，大事可成。"二位使者觉得有理。

张暹怀揣着李师道的手令找到刘悟，摒去他人给刘悟看。刘悟偷偷派人先逮捕了这两个使者，将他们杀掉。当时，天色向晚，刘悟骑在马上，徐徐回营，坐在大帐，严兵自卫，而后，召来众将，厉声对大家说："刘悟与诸位不顾个人生死，对抗官军，确实没有半点对不起司空的，如今，司空却听信谗言，派人要取下我的脑袋。我死了，下面就轮到各位了。况且，天子所杀的只有司空一人。如今，我军越来越不利，我们为何要与其一起被灭族呢？我想与诸位一起回军郓州，奉行天子之命，不仅可转祸为福，还能取得富贵。诸位以为如何？"兵马使赵垂棘站在众将之首，犹豫很久，说道："此事真能成功吗？"刘悟当即破口大骂："你和司空同谋吗？"当即下令予以斩杀。然后，逐一询问，那些迟疑不言的，一律诛杀，又斩杀了平素大家厌恶的人，一共有三十余人，尸体全都堆积在大帐之前。其余众将都吓得面如土色，纷纷说道："谨遵大帅之命，情愿赴汤蹈火！"

刘悟遂传令军中："进入郓州之后，人人赏赐一百钱，唯独不可接近钱库，至于李师道及其同党的家宅钱财，任尔等抢夺，有仇的可以随意报仇。"当晚，将士们全都饱餐一顿，夜半时分，全军出发，人人口含小木片，马口也被扎上，途中遇到行人，即被逮捕，一路上无人知道他们的行动。距离郓州数里，天还未明，刘悟停下军队，等听到传报五更的梆声敲完，命令十个人来到城门下面，对守门士兵传话："刘都头奉命返回。"守门士兵请求先报告后再说，十人抽出佩刀就是一阵乱砍，守门士兵纷纷逃窜。刘悟大军随后赶到，城内顿时喊杀声震天动地。等刘悟本人到达时，子城已经被攻下，唯独牙城还在抵抗。刘悟命令纵火焚烧城门，用大斧破门而入。李师道的亲兵不过数百人，一开始还有人弯弓搭箭，很快就意识到这完全是徒劳，就放下武器不再抵抗了。

刘悟登上大堂，下令搜捕李师道。李师道和两个儿子藏在床下，被人抓获。刘悟命人把他们拉到衙门外的空地上，让人对他说道："刘悟奉天子密诏要送司空入朝，然而，司空，你又有什么脸面再见天子呢？"李师道还心存侥幸，其子李弘方抬头回答："事已至此，请速速杀了我们！"不久，刘悟下令将其父子三人一并斩首。淄青镇从李正己开始，传子李纳，李纳传子李师古，李师古传弟李师道，到如今已割据五十五年而灭亡。

从六时到十二时，刘悟命令两名都虞候巡察街市，禁止掳掠，当即一切安定下来，而后，把军民集中在球场，亲自乘马检阅安抚。杀了参与李师道阴谋的二十余家，郓州将吏喜忧参半，纷纷前来道贺。刘悟见到李公度后，紧握其双手，唏嘘叹息；又下令把贾直言从狱中释放，安排到幕府。

刘悟从阳谷返回郓州前，暗中派人把自己的计划通报给了田弘正，说："事成之后，我将举烽火告知。万一城中有防备，希望大人率军赶来相助，成功之日，一切都算大人的，我不敢贪功。"还让田弘正先进驻自己的军营。等到田弘正看见烽火之后，得知刘悟已经得手了，遂派使者前来道贺。刘悟把李师道父子三人的人头装入木盒，派人送到田弘正的军中，田弘正大喜，用不封口的奏章向朝廷禀报。淄青十二州由此平定。田弘正刚拿到李师道的人头时，还怀疑不是真的，就把夏侯澄召来查验。夏侯澄看了很久，号啕大哭，昏迷很久才又醒来，遂怀抱人头，用舌头舔去其眼中的灰尘，又失声痛哭。田弘正非常感动，认为他是位忠义之士，而未加责备。

二月十四日，田弘正的奏章送到了京师。十七日，宪宗命令户部侍郎杨於陵担任淄青宣抚使。二十一日，李师道的人头被送到长安。从广德年间以来，已经将近六十年，两河跋扈藩镇共有三十余州，不遵朝廷命令，自己任命官吏，不向朝廷缴纳赋税，自此全部改变过来。宪宗命令杨於陵将李师道的土地予以分割，杨於陵根据地图，并按照土地的远近、兵马多寡、仓库虚实将淄青一分为三：以郓州、曹州、濮州为一道，以淄州、青州、齐州、登州、莱州为一道；以兖州、海州、沂州、密州为一道。宪宗予以认可。

当初宪宗讨伐李师道的诏书中说过："凡是能杀掉李师道、率众归降的将领，将李师道的官爵都给他。"刘悟以为自己这下可以得到十二个州的全部土地了，遂自行委任文武将吏，更换州县的官员，并对下属说："军府政务一切照旧，从今往后，只用和诸位抱子弄孙，还有什么可担心的呢！"他没有明白，宪宗的目的是要改变藩镇割据，而并非除掉李师道一人，不管谁逮住了李师道，朝廷也不可能允许淄青继续割据下去的。宪宗打算将刘悟调往其他军镇，又担心刘悟拒不从命，还需用兵，遂密诏田弘正去实地观察。田弘正当天就向淄青派去使者，口称搞好关系，其实是看看刘悟的为人。刘悟孔武有力，喜欢掰手腕，攻克郓州第三天，就让军中壮士搞掰手腕比赛，与魏博田弘正的使者一起观看，看到紧张时刻，刘悟晃动肩膀，挥舞胳臂，离开座位，给一方助阵。使者返回向田弘正汇报后，田弘正笑道："这种人接到任命后，会立即上路，能有什么作为！"

二月二十二日，宪宗下令调任刘悟为义成节度使，淄青行营副使张暹为戎州（今四川省宜宾市）刺史。刘悟听到诏书，惊得手足无措，但到第二天就出发上任去了。当时，田弘正已经率领各道军队来到郓州城西二里，以备不测，他与刘悟在客亭见面。刘悟当即接受印信，奔赴滑州，征辟李公度、李存、郭昈、贾直言为幕僚。刘悟素来与李文会私交很好，得到郓州之后，就派人前去召李文会。李文会还未回到郓州时，郭昈和李存商议道："李文会是个奸佞之人，搞乱了淄青一道，令李司空一家灭门，是万人痛恨之人。不趁机诛杀他，田相公到来后，肯定要施行宽大之政，将如何才能洗雪三齐军民的愤恨呢？"遂伪造了刘悟的手令，派人迎接李文会，不管在何处遇到他，就地处死。使者在丰齐驿（今山东省东阿县东南）遇到了李文会，将其斩杀。等到使者回来，刘悟以及郭昈、李存均已赴任，也找不到复命的对象了。李文会有两个儿子，一个逃走，另一个死于狱中，他的家产全被人抢去，土地和房屋被没收。

# 五七二　平定淄青（三）

元和十四年二月二十五日，宪宗下诏加田弘正检校司徒，同平章事。

李师道被灭前数月，整天吓得心惊肉跳，听见风吹草动、鸟飞狗叫，都怀疑有人在发动兵变，遂下令禁止郓州军民聚集一起喝酒，连在路上相遇说句话都不允许。田弘正进入郓州后，废除了这些禁令，让百姓自由游玩宴会，寒食节一连七天七夜都完全放开，任人游乐。有人劝谏道："郓州人长期与朝廷作对，如今虽然平定了，但人心还不稳定，不可不防。"田弘正回答："如今，匪首已经被清除，就该对百姓施行宽大恩惠之政，如果继续采取严苛之政，这是用暴政代替暴政，对百姓来说又有什么好处呢？"

淮西之战中，李师道派遣了很多刺客入关，砍断皇家陵园门前排列的铁戟，焚烧仓库，用箭射出一些宣传文告，在京师制造恐怖气氛，打击官军的士气。朝廷督察很严，潼关守关官吏甚至打开行人的箱子一一严查，但是始终未能搜捕到刺客。等田弘正进入郓州之后，察看李师道的账簿、档案，发现有赏赐给刺杀武元衡的刺客王士元等人以及贿赂潼关、蒲津官吏的材料，才知过去这些守关官员都接受了李师道的贿赂，暗中放纵罪犯。七月一日，田弘正向朝廷送来刺杀武元衡的刺客王士元等十六人，宪宗下诏审讯，这些人全都招供。京兆尹崔元略以当天武元衡所穿衣服的颜色再问，这些人的口供却各不相同。崔元略追问原因，他们回答："成德的王承宗和淄青的李师道同时派遣刺客刺杀武元衡，而王士元等人却来晚了，听说王承宗派的刺客已经得手，就将刺杀的功劳据为己有，回去复命受赏了。如今，想到我们犯的罪行相当，无论如何也难免一死，所以就满口承认下来了。"宪宗也不再深究，下令将他们全部斩杀。

裴度把平定吴元济和李师道以来宪宗的用兵方略编纂成册，趁陪同宪宗饮宴时献上，请求交付史官。宪宗说道："这么做似乎已经超出了朕的本意，朕不愿如此。"

三月，宪宗下诏任命华州刺史马总担任郓州、曹州、濮州节度使；以义成节度使薛平担任平卢节度使，淄州、青州、曹州、齐州、登州、莱州等州观察使；以淄青四面行营供军使王遂担任沂州、海州、兖州、密州等州观察使。横海节度使乌重胤上奏称："河朔藩镇之所以能抗拒朝命六十余年，就在于各个下属州县都设置了镇将控制，收回了刺史、县令之权，作威作福。假如令刺史、县令能各司其职，就算再出现像安禄山和史思明那样的奸雄，也不能仅靠一州之众敢起兵造反。臣下辖的德州、棣州和景州三个州，已经下令将收回刺史之权，所在州兵也由刺史统领。"宪宗采纳了乌重胤的建议，四月，他下令全国各道节度使、都团练使、都防御使、经略使等统领的各郡的兵马，都交给本郡刺史统领。从至德年间以来，节度使权力很大，下辖各州又设置镇兵，派大将统领，所以非常跋扈。此后，河北各镇唯独横海镇对朝廷最为恭顺，就得益于乌重胤措施适当。

史官修撰李翱上书认为："平定祸乱，是武功；兴复太平，是文德。陛下已经以武力平定四海，如果趁机革新政治，恢复高祖、太宗旧制；重用中正之臣而不猜疑，远离奸佞小人而不亲昵；改革税法，不只要金钱而收取布帛；杜绝进奉，减轻百姓的税负；增加边防军，以抵御夷狄的入侵；经常召见顾问官员，以了解下情。这六个方面是为政的根本，也是建立太平盛世的关键。陛下既然已经办到了最难的事，为何不把最容易的事也办成呢？以陛下天资聪明睿智，如果不被亲近之臣迷惑，任用正直骨鲠之臣，君臣齐心协力，天下大治可不劳而成。如果不这样做，臣担心大功之后，就会懈怠下来。进言的人一定会说：'天下已经太平，陛下可以高枕无忧了。'这样的话，天下太平的日子恐怕很难到来啊！"

平定淄青之后，群臣于七月给宪宗上尊号为元和圣文神武法天应道皇帝，宪宗宣布大赦天下。在群臣商议尊号时，宰相皇甫镈打算加上"孝德"二字，中书侍郎、同平章事崔群反驳道："圣已经包含孝德了。"皇甫镈趁机在宪宗跟前进谗言，说："崔群对陛下吝惜'孝德'二字。"宪宗听了，很是恼火。同月，宣武节度使韩弘第一次入朝，宪宗对其非常优厚。韩弘献出三千匹马、五千匹绢、三万匹布帛、一千件金银器，而当时宣武镇的仓库和马厩里尚有一百余万钱、一百余万匹绢、七千匹马、三百万斛粮食。不久，韩弘又献出二十五万匹绢、三万匹粗绸、二百七十件金银器。左右神策军护军中尉也分别献给宪宗一万钱。自从淮西用兵以来，度支、盐铁以及各地争先恐后地向皇帝进奉，美其名曰“助军”；战争结束后，又进奉的，称之“贺礼”；后来再进奉，又称为“助赏”；等到宪宗加尊号以后再进奉的，又称为“贺礼”。宪宗也都一一笑纳了。韩弘来到京城以后，屡屡上书请求留在京师。宪宗就以其为司徒、兼中书令，另以吏部尚书张弘靖为同平章事、充宣武节度使。不久，田弘正也来到长安，宪宗对他更加优厚。宪宗以田弘正为兼侍中、魏博节度使。田弘正也屡屡上表请求留在朝廷，但宪宗没有答应。田弘正时常担心自己一旦去世，魏博人会死灰复燃，逼迫自己的子弟们继任留后，重蹈河朔旧辙，遂让兄弟子侄们都在朝廷任职，宪宗将他们都提拔到显要位置，他们家身穿五品以上官服的子弟挤满厅堂，当时的人们都引以为荣。

仿佛一切都是那么顺利，然而，在这种异乎寻常的顺利中，让人隐隐感到一丝不安。裴度为人坚持原则，尽忠竭力，看到政治存在不当之处，知无不言，皇甫镈等人从中陷害，令志得意满的宪宗开始对裴度不满起来。元和十四年四月二十九日，宪宗将裴度贬出京师，以门下侍郎、同平章事，充太原尹、北都留守、河东节度使。皇甫镈一心搜刮财富，取悦宪宗，满朝文武无人敢于斥责他，唯独谏议大夫武儒衡上书弹劾。皇甫镈向宪宗解释，并趁机打武儒衡的小报告，宪宗说道：“你是因为武儒衡上表，才打击报复吗？”皇甫镈这才不敢再说。武儒衡是武元衡的堂弟。

原本朝中宰相是崔群、裴度、皇甫镈、程异四人，但在四月时，裴度被任命为河东节度使，同月程异去世，宰相只剩下崔群和皇甫镈二人。因令狐楚与皇甫镈是同年进士，又与裴度不和，所以，皇甫镈就举荐他为宰相，七月，宪宗任命令狐楚为中书侍郎、同平章事。到了年底，皇甫镈与崔群之间的矛盾也激化了。当时，皇甫镈还兼任着度支使，度支部门送给边防军的供给往往不及时，不少还是陈腐朽败之物，令将士们都非常怨恨，纷纷声言要发动兵变。已调任邠宁节度使的李光颜忧愁恐惧，打算自杀，派人向宪宗汇报，可是宪宗竟然不信。兵变的传闻传到长安，长安百姓人心浮动，崔群将情况如实禀报给了宪宗。皇甫镈偷偷对宪宗说：“边防军的赏赐完全是按照旧制，可是人情忽然变成这样，这完全是崔群煽动的结果，他是想在大家面前卖弄正直，而把怨恨都归于陛下。”宪宗认为有理。再想到过去崔群不愿把“孝德”二字加到自己的尊号上，宪宗遂于十二月将崔群贬为湖南观察使。朝中宰相就剩下皇甫镈和令狐楚二人了。

# 五七三 暗藏危机

平定淄青，标志着宪宗基本上完成了统一大业。

不过，长期的割据使得原割据地的军民与朝廷之间并不信任，所以，在暂时消灭了割据势力之后，如何树立朝廷威信、巩固朝廷的统治就成了一个大问题。一般来说，在对待主动归附的藩镇上，则采取恩大于威的办法，给予藩镇军民大量赏赐，予以表彰和拉拢，比如，在对待魏博镇时就是如此。在对待曾经的敌对藩镇时，朝廷的态度往往是威多于恩，采取肢解原藩镇、削弱其实力的办法，以免原藩镇割据分子死灰复燃，比如，在对待淮西镇、成德镇和淄青镇时都是这样。在肢解原有藩镇之后，还有一个重要的方面就是在当地派遣合格的地方官员，安抚军镇原有人员，对他们一视同仁，以稳定社会秩序，假以时日，再采纳乌重胤的意见，逐步削弱节度使一级的权力，甚至废除节度使一级的设置，到那时，也许会真的实现大唐的复兴。

然而，种种迹象表明，平定淄青后的宪宗与昔日孜孜求治的他已判若两人。他开始拒谏饰非，不再接受逆耳之言；开始迷信方术，幻想长生不老；他开始疏远正臣和能臣，重用“奸邪”之臣，令人对大唐的前途不禁产生丝丝隐忧。就在元和十四年七月宪宗刚刚大赦天下不久，就发生了沂州王弁兵变事件。新近任命的沂州、海州、兖州、密州观察使王遂性格偏执、急躁，没有什么远见。当时，新军府刚刚建立，人心不定，王遂不仅不以怀柔之策安抚百姓，反而严刑峻法，使用的棍棒要比一般都大很多。每次辱骂将士们，总要加上“叛贼”二字，又在盛夏严令士兵们修建官衙、房舍，督促很急，将士们都心怀怨愤。元和十四年七月十五日，一名叫王弁的普通士兵与另外四人一起到沂水洗澡，五人就在河里议定了兵变计划。王弁说：“如今，我们服苦役、犯法也是一死，挺身一搏也是一死，干一番大事而死，岂不更好！明日，大帅与监军、副帅一起饮宴，将领们也都请假了，值班士兵们大多也在休息，我等趁机出其不意发动偷袭，一定能够得手。”另外四人也都觉得有理，并约定事成之后推举王弁为留后。

七月十六日午后，正当王遂等人酒酣耳热之际，王弁等五人突然冲入宴会厅，在值班室内夺取弓箭、大刀，径直射杀了副使张敦实；王遂和监军狼狈起身逃跑，王弁一个箭步上前抓住王遂，痛斥其盛夏大兴土木以及用刑刻暴的罪行，然后手起刀落，将其斩杀。王弁命人传话说：“不要惊吓了监军。”遂自称留后，升堂号令，与监军平起平坐，召集将吏们前来道贺，众人不敢不听。监军将经过上书禀报给了朝廷。

朝廷得知沂州兵变的消息后，即决定兴兵讨伐，以棣州刺史曹华担任沂州、海州、兖州、密州观察使，但在冷静讨论之后，朝廷方面认为，一旦兴师动众，可能会引发连锁反应，使青州和郓州这两个刚刚分割出来的军镇出现动荡，遂决定采取诱骗的办法，任命王弁为开州（今重庆市开州区）刺史，将其调离沂州。宪宗派遣中使来到沂州，谎称：“估计开州已经派人上路前来迎接大人了，留后应该速速动身。”王弁毕竟出身低微，没有多少见识，他信以为真，当天就动身上路了。随同他一起上路的还有一百多护卫兵丁，等到他们离开本镇辖区、来到徐州境内之后，就身不由己了，每到一处，当地朝廷就减少他一些随从，还有一些随从看苗头不对，私下脱身而去，等时机成熟，就将王弁逮捕，戴上手铐脚镣，用驴将他运入长安。九月三日，宪宗下令将王弁在东市腰斩。

王弁兵变发生后，朝廷方面认为李师道的余党还未彻底清除，遂同意曹华率领棣州的军队赶赴沂州上任。曹华来到沂州后，对前来迎接的沂州将士都好言安慰，让众人都先回城，大家都放下心来。三天之后，曹华下令大宴众人，却提前在宴会上埋下一千伏兵，对大家说道：“我奉天子之命前来慰问，奉圣旨，天子因郓州士兵分配到三地，有迁徙之劳，今日赏赐，郓州士兵稍稍优厚。郓州士兵站在右边，沂州士兵站在左边，以示区别。”众人分开之后，让沂州人出去，关上大门，对郓州士兵们说道：“天子知道你们的辛苦，然而，王常侍以天子之命来到此地担任大帅，你们岂能把他杀害！”话音未落，一千名全副武装的士兵就冲了出来，将一千二百名郓州人团团围住，顿时一阵砍杀，血流成河，无一人幸存。当天，在大门和屏风之间有一团红色烟雾，高一丈余，过了很久才散去。史称：“自是海、沂之人，重足股栗，无敢为盗者。”沂州屠杀十分残忍，王遂被杀可谓是咎由自取，即便王弁五人有罪，这一千余名普通士兵又有什么罪过？勉强说他们暗中支持王弁，但其罪过也不致集体被杀。宪宗不检讨自己用人不当，反而降罪于民，以后，欺压百姓的贪官污吏更加肆意妄为，百姓投诉无门，只有造反了。也许是曹华觉得杀人太多，不愿继续待在沂州，他上书朝廷以沂州地处偏僻为由，请求将治所迁至兖州，朝廷方面也答应了。

沂州兵变刚刚平息，到了十月，容管就禀报安南叛贼杨清率众攻克了容管都护府，杀害都护李象古以及其妻子、官吏、将士一千余人。李象古是李道古的哥哥，他与他弟弟一样都不是好官，不仅贪婪而且对下属非常苛刻，丧失了民心。杨清世代是当地的少数民族酋长，李象古将其召为牙将，杨清郁郁不得志。李象古命令杨清率领三千人马前去讨伐反叛的黄峒蛮，杨清趁人心怨恨，趁夜率军折返府城，将李象古杀死。当初，黄峒蛮黄少卿自从贞元年间以来，时叛时降，桂管观察使裴行立、容管经略使阳旻贪功，竞相请求讨伐。岭南节度使孔戣屡屡劝谏，认为："那些蛮族与禽兽没有区别，我们只可判断利害，不足以与他们谈论是非。"宪宗不听，调集长江两湖一带的军队南下，会同容管、桂管军队一起讨伐，结果，士兵们身染瘟疫，死的人数不胜数。安南的变民也趁机杀掉都护，而裴行立和阳旻也始终未立寸功，辖区一片萧条，只有岭南还平安无事。

十月二十一日，宪宗任命唐州刺史桂仲武担任安南都护，赦免杨清，任命其为琼州（今海南省定安县）刺史。

平定淄青之后，宪宗志得意满，求仙问道，上层官僚花天酒地，奢侈无度，下级官吏则贪污腐化，竞相盘剥百姓，巴结朝中权贵，而由于连年的战争，普通百姓们生活却是苦不堪言，整个社会并不见好到哪去。元和十四年八月，陈许节度使郗士美去世，朝廷以库部员外郎李渤担任吊祭使。李渤上书称："臣经过渭南时，听说长源乡原来有四百户人家，如今才剩下一百来户，阌乡县过去有三千户百姓，如今只有一千户了，其他各个州县的情况也大抵如此。究其原因，全在于把逃亡人家的税负也均摊到没有逃亡的人家头上，致使原本没有逃亡的人家也相继逃亡，这都是那些聚敛之臣盘剥百姓、取悦上级之故，他们想到的只是竭泽而渔，而不考虑总有一天会没有了鱼。臣请求陛下下诏，取消均摊逃亡人家税负的做法，将逃亡人家剩余的财产全部充公抵税，不足的话就予以免除，不出数年，百姓就会回乡恢复农业生产了。农业是一国之本，本立然后才可议太平，如果不从这里入手而谈论太平，那就大错特错了！"又谈及道路残破，驿马站内缺乏马匹。李渤的上书反映出了当时真实的社会现状：各级官吏争相压榨百姓，向宪宗献媚，底层百姓民不聊生，不堪重负，纷纷逃亡，而官府的赋税并不因纳税人数的减少而减少，反而将逃亡人户的应缴税额分摊到其他百姓头上，致使越来越多的人加入了逃亡的队伍，形成恶性循环。宪宗看了李渤的奏疏，大吃一惊，他下令将飞龙厩内的御马拿出数百匹交付京畿之内的驿马站使用，却忽略了李渤奏疏中最重要的内容。当朝宰相皇甫镈和令狐楚看了李渤的奏疏，很不高兴，李渤遂称病辞官，回到了洛阳闲居。李渤，字浚之，年轻时隐居嵩山，元和初年，在户部侍郎李巽和谏议大夫韦况的推荐下，宪宗征召其为左拾遗，李渤称病不上任；虽然如此，李渤却时刻关心朝政得失，经常以百姓的身份上书，到元和九年，宪宗再次以著作郎将其征召进京，后晋升为右补阙，历任赞善大夫、库部员外郎。

# 五七四 宪宗之死

唐朝与吐蕃之间的关系，在宪宗元和年间大体上处于和平状态。

元和初年，双方开始实现和平，各自释放对方的俘虏，从元和六年到十年，吐蕃方面每年都会派来使者，与唐朝通好。但从元和八年开始，自从吐蕃人重修了乌兰桥之后，就有了轻松跨过黄河、侵扰灵武的条件，双方之间的关系就发生了微妙的变化，等到田缙担任夏州节度使后，他贪婪凶狠，欺压辖区的党项族人，党项人遂暗中联络吐蕃人，侵扰内地。元和十三年十月，当宪宗刚刚打响讨伐李师道之战不久，吐蕃军队就包围了宥州和凤翔，谎称要派遣使者通好，但唐朝军队也做好了应战准备。当月，朔方军队在定远城击破两万吐蕃军队，杀死两千人，生擒其节度副使一人、判官等级官员三十九人，缴获大量牲畜。平凉镇遏使郝玼击破敌人两万余众，收复了原州城，缴获羊马不知其数。夏州节度使田缙在灵武也击破敌人三千余人。十一月，盐州上奏称，吐蕃人进入河曲，夏州击破敌五万余人；灵武击破吐蕃长乐州外城（今宁夏回族自治区平罗县），焚其屋宇器械。西川节度使王播攻克了吐蕃峨和、栖鸡等城。郝玼，泾原镇守将，贞元中担任临泾镇将，勇敢无敌，威震吐蕃。他担任边将三十年，每次抓获敌人的俘虏，全都开肠破肚而后返还尸体，吓得吐蕃人一提起他都敬畏如神。吐蕃赞普就曾下令："凡是能生擒郝玼的，赏给与其身体等高的黄金。"吐蕃境内小孩啼哭的，大人常以郝玼之名来吓唬。

元和十四年（公元819年）八月，当宪宗消灭李师道之后，吐蕃人卷土重来，在庆州（今甘肃省庆阳市）的方渠（今甘肃省环县）安营扎寨，大军推进到河州（今甘肃省临夏市）边境。十月，吐蕃节度使论三摩及宰相尚塔藏、中书令尚绮心儿一共率领约十五万大军，将盐州包围得水泄不通，党项人也发兵相助，邻近的唐军不敢援救。盐州刺史李文悦率众苦战，敌人用飞梯、鹅车、木驴等四面强攻，有四次城池几乎就要沦陷了。城墙被打开缺口，将士们就拆掉房屋的木板堵上，昼夜防守，有时还偷偷派兵出城，偷袭敌人的大营，有时趁敌人懈怠之时出城迎战。盐州将士一共坚守二十七天，终于保住了城池，杀死敌人一万多人，最终吐蕃人只好撤退。

回过头来说柳泌。他来到台州任职后，就驱赶百姓上山采药，然而一年多过去了，一无所得，吓得他带上全家逃入深山。浙东观察使派人将他搜捕出来，押送到了京师，但在皇甫镈和李道古二人的保护下，宪宗对他既往不咎，仍然令他待诏翰林，服用他配制的药，身体更感口渴，性格也变得更加暴躁起来。

起居舍人裴潾上书认为："去除天下之害的人就会享受天下之利，与天下同乐的也会享有天下之福，自黄帝以至于周文王、周武王都很高寿，就是这个道理。从去年以来，各地纷纷推荐术士，相互引荐，人数越来越多。假设天下真有神仙，他们一定会躲藏在深山之中，害怕被人知道，凡是等在权贵家门外面，自称身怀绝技的，都是一些图谋不轨、贪图私利的人，岂可相信他们的一派胡言，还吃他们的药呢？药物是用来治病的，并非日常服用之物，何况是一些金银石屑，再以火锻炼，肯定不是人的五脏六腑所能承受的。古代，君王吃药，臣子先尝，臣请求令奉献药物之人自己先吃一年，则真假自然显现了。"谁知，宪宗看后竟然非常恼火，于元和十四年十一月将裴潾贬为江陵令。

元和十五年一月，宪宗因服食术士的金丹而身体不适，竟然取消了一年一度的元会。接着，义成节度使刘悟进京朝见，一月二十五日，宪宗在麟德殿接见了刘悟。当时，宪宗因吃药身体不适，已数次没有临朝听政，京师上下很是不安，等刘悟出来后，谈及宪宗的情况，京师人士才稍稍放下心来。

一切都是那么平静，然而，仅仅过去一天，到一月二十七日，就发生了一件惊天动地的大事。我们知道，左军中尉吐突承璀是宪宗的藩邸旧人，至于其在宪宗继位之前与如今的太子李恒及其母亲郭氏有什么过节或者说是怎么产生过节的，我们都已不知道了，大约宪宗对此也是有所察觉的。元和六年十二月，惠昭太子李宁去世后，吐突承璀就曾建议宪宗册立次子沣王李恽为太子，但遭到宪宗的否决。继而，吐突承璀失势被贬出京师，次年，第三子——遂王李恒被册立为皇太子，接着群臣建议宪宗册立太子之母郭氏为皇后，但宪宗找出种种借口予以回绝。元和九年，宪宗又将吐突承璀调回京师，而吐突承璀回京之后，就当上了炙手可热的左神策军护军中尉，他也只能一条道走到黑，伺机拥立沣王李恽。吐突承璀回京之后，外朝宰相走马灯似的换来换去，先是武元衡、韦贯之、张弘靖，武元衡被杀后，宪宗又晋升了裴度，到元和十一年，宪宗又把张弘靖和韦贯之罢相，晋升了李逢吉和王涯。李逢吉和王涯都担任过太子侍读，从一定程度上说，二人是太子李恒的人，然而，好景不长，到元和十二年，二人相继被罢相，太子李恒在朝中的势力开始削弱，再到元和十三年，皇甫镈和程异拜相，皇甫镈就是靠贿赂吐突承璀才得以拜相的，程异死后，他又引荐了同党令狐楚为宰相，将李恒一党崔群逐出京师，吐突承璀的势力更加强大，而太子李恒的地位已经变得岌岌可危了。

在这种情况下，心急如焚的郭贵妃只能采取果断措施，通过弑杀宪宗的手段，迅速控制内廷，让儿子李恒登基称帝，才能转危为安。吐突承璀咄咄逼人的架势，也让二十六岁的太子李恒寝食难安，他暗中派人向舅舅、司农卿郭钊问计，郭钊耐人寻味地回复道："殿下只需孝顺恭谨，默默等待，不用管其他了。"当时，宪宗由于服食金丹，性情大变，往往因小事暴怒，身边的亲近宦官也经常因此而受罚，甚至有人被宪宗赐死，弄得人人自危。就在元和十五年一月二十七日这一天晚上，宦官陈弘志和王守澄等人在中和殿弑杀了宪宗，宪宗驾崩时年仅四十三岁。

宫中对外宣称是服药所致，外人都不辨真假，接着，右军中尉梁守谦与诸位宦官马进潭、刘承偕、韦元素、王守澄等一起拥立太子李恒，并诛杀了吐突承璀和沣王李恽，赏赐左右神策军将士每人五十串钱，禁军六军、威远军每人三十串钱，左右金吾每人十五串钱。

据裴廷裕的《东观奏记》记载，宪宗驾崩时，时年已十一岁的第十三子，唐穆宗李恒的同父异母弟弟，也就是后来的唐宣宗李忱虽然年幼，却还记得当时的经过，也知道其父宪宗是自己的同父异母哥哥李恒所杀，等到他即位以后，将当年参与杀害父皇的宦官们诛杀殆尽。唐宣宗的母亲郑氏原本是李锜的侍妾，李锜谋反后，郑氏也被没入后宫，当了李恒之母郭贵妃的侍女，宪宗见了郑氏，对其非常喜爱，一番云雨，郑氏就生下了李忱。过去，郭氏与郑氏二人之间就有过节，等唐宣宗即位后，对郭氏非常怠慢，郭氏也深感羞愧，一天，郭氏与一两个侍女登上勤政楼，试图跳楼自杀，被侍女们抱住。唐宣宗知道后，大为恼火，当晚就派人将郭氏杀害了。郭氏死后，唐宣宗还下令不让其与宪宗合葬，同时降低对唐穆宗（其陵墓为光陵）的祭祀规格。

假如宪宗杀害其父顺宗、穆宗杀害宪宗属实的话，这还真是应了一报还一报这句话，然而，宪宗死得真是太突然了。如果说身染重兵的顺宗死了，我们还觉得不甚可惜，继位的宪宗又大展宏图，而刚刚统一了天下的宪宗之死却让我们倍感惋惜，尤其是继位后的穆宗却是一个纨绔子弟。在他的手上，其父呕心沥血建立起来的功业瞬间瓦解，河朔藩镇重新独立，这实在是令人扼腕叹息。

# 五七五 穆宗即位（一）

宪宗被杀六天之后，元和十五年（公元820年）闰一月三日，皇太子李恒在太极殿东厢房即位，时年二十六岁，也是唐朝第十六位皇帝。

穆宗继位时的朝廷重臣主要是：司徒韩弘；同平章事皇甫镈、令狐楚；度支使皇甫镈；盐铁使柳公绰；左神策军护军中尉吐突承璀（被杀后由马进潭继任）；右神策军护军中尉梁守谦；枢密使王守澄、魏弘简。

穆宗即位当天，在思政殿召见翰林学士段文昌、杜元颖、沈传师、李肇；翰林侍读薛放（兵部郎中）、丁公著（驾部员外郎），并赐金紫。显然，是在犒劳这些天来翰林学士们的笔砚之功。杜元颖是杜如晦的后代，贞元末年进士及第，元和中历任左拾遗、右补阙，召入翰林院担任翰林学士。他下笔神速，深得宪宗的赏识，后转任司勋员外郎、知制诰。穆宗即位后，破格提拔为中书舍人。李肇，字里居，历任监察御史、翰林学士、右补阙、司勋员外郎。著作有《翰林志》一卷、《国史补》三卷。薛放，就是那位曾经不畏权贵、舍身救助马总的薛戎之弟，他进士及第，端庄寡言，历任试大理评事、右拾遗，水部、兵部二员外、兵部郎中。宪宗挑选其担任太子侍读，李恒对他非常看重，尚未听政之前，经常对薛放说："小子刚刚当上皇帝，担心不堪重任，应当拜先生为相。"薛放叩头恳切推辞。丁公著，字平子，苏州人。他三岁丧母，年少苦学，二十一岁以明经及第，授予集贤校书郎，后升任集贤殿直学士。不久，被宪宗选中，与薛放一起充任皇太子及诸王侍读，著有《皇太子诸王训》十卷。穆宗即位，授予他给事中，赐紫金鱼袋。

在穆宗即位前后这一段非常时期，薛放和丁公著二人参与了内廷机密，穆宗打算以二人为宰相，但二人都毫无例外地坚决推辞。此外，等穆宗即位之后，经常对侍臣们说："朕想学习一下经史，你们看先学什么？"薛放回答："经，是先圣们的哲言，孔子所论述，均为天人之极致，为万代不变的大道。史，记载前代成败得失，也能借鉴前朝的兴亡，然而，得与失相互交错，是非没有标准，自然与经典无法相比。”穆宗又问：“《六经》各自侧重点不同，饱学之士一辈子也难以全部通晓，如何得其要点？”薛放又答：“《论语》是六经的精华，《孝经》是伦理的根本。提纲挈领，确实是圣人的至理名言，因此，汉朝就将《论语》作为教学之首，光武帝则让虎贲之士学习《孝经》，我朝玄宗皇帝还亲自给《孝经》作注，都令当时天下大治，四海安宁，这大约是因为人人知道孝顺慈爱，和气相感所致吧！”穆宗听后，说道：“圣人以孝道为大德要道，的确如此啊！”此后，薛放和丁公著，一个被任命为兵部侍郎、礼部尚书，一个被任命为工部侍郎，二人像约定好一样，情知自己要被重用，却恳请离开朝廷这一是非之地，最终，薛放被外派为江西观察使，丁公著被外派担任江西都团练使。《丁公著传》还记载，他“每逢升迁，反而倍添忧愁”。二人这一反常的举动，似乎也暗示着穆宗即位的不正常。

四日，穆宗在月华门接见百官，将皇甫镈贬为崖州司马，长安市民一片欢腾。薛放和丁公著二人拒绝担任宰相，穆宗只好与宰相令狐楚商议宰相人选。御史中丞萧俛与令狐楚和皇甫镈都是同年进士，令狐楚就推荐了萧俛。五日，穆宗晋升段文昌和萧俛为中书侍郎、同平章事。穆宗原本要杀了皇甫镈，在萧俛和宦官们的营救之下，才打消了此议。六日，穆宗下令将术士柳泌和僧大通二人用棍棒打死，其余术士全部流放到岭南，将左金吾将军李道古贬为循州司马。十二日，穆宗尊生母郭氏为皇太后。二十四日，穆宗与群臣全部脱下丧服，换穿平常衣服，距离宪宗被杀正好二十七天。

穆宗脱掉丧服之后，就将亡父抛到脑后，一点没有悲伤之色，开始打猎游玩，纵情声色，对下属赏赐无度。二月五日，他驾临丹凤门楼，下令大赦天下。仪式完毕之后，穆宗就下令在丹凤门楼内上演各种杂耍观看。十五日，穆宗又来到左神策军军营观看掰手腕比赛和其他杂耍游戏。穆宗登基后六十余日，只有八次在延英殿召见三两个近臣问话。监察御史杨虞卿上书认为：“陛下应该召见群臣，征询每个人的意见和建议，态度和蔼，好让他们争先恐后地建言献策，讨论政事，如此一来，天下一定能够大治。”衡山百姓赵知微也上书劝谏穆宗游乐无度，但穆宗并没有改变。穆宗看见夏州观察判官柳公权（柳公绰之弟）的书法，非常喜爱，遂以柳公权为右拾遗、翰林学士。他问柳公权：“爱卿是怎么练的，竟然把字写得这么好？”柳公权回答：“用笔全在心，心正写出来的字也正。”穆宗听了，一阵沉默，露出严肃的神情，他知道柳公权是在借此劝谏。

穆宗不仅纵情声色，还花钱如流水，赏赐无度。郭太后住在兴庆宫，每月月初月底，穆宗总要率领百官前去祝寿，他非常奢侈，对母亲的供养更是非常奢靡。到了九月，穆宗又要举行豪华的重阳大宴。拾遗李珏以及同僚们一起上书劝谏，说：“如今年号还没更改，先皇刚刚下葬，虽然陛下遵从习惯一个月就脱下丧服了，但《礼经》规定有三年的服丧期，内心仍应哀悼。解除限制游乐的禁令，完全是为了方便百姓，而陛下却也在后宫寻欢作乐，这就是不应该的了。”但穆宗不听。十月十三日，群臣在便殿面见穆宗。谏议大夫郑覃、崔郾等五人上奏称：“陛下游乐多度，狩猎无度。如今吐蕃人兵临边境，一旦边地有紧急军情，群臣却找不到陛下。另外，陛下早晚都与戏子们待在一起，对他们的赏赐也太多了。国家的钱财都取自百姓，是百姓的民脂民膏，除非为国家立下功劳，不然不可随便赏赐。虽然目前国库内还有些闲钱，希望陛下要爱惜，万一天下出些什么事，不用再盘剥百姓了。”很久以来，穆宗在便殿里召见大家，都无人说话。郑覃等人说完，穆宗当时非常惊讶，就对宰相说：“他们是些什么人？”回答：“谏官。”穆宗就命人安慰郑覃等人，说：“朕就按你说的办。”宰相们都纷纷道贺，但其实穆宗只是说说而已。穆宗曾对给事中丁公著说：“听说外面百姓经常饮宴，这说明天下太平了，令朕十分欣慰。”丁公著却说：“这并非好事，恐怕会逐渐给陛下添麻烦的。”穆宗追问：“这是什么缘故？”丁公著回答：“天宝年间以来，公卿大夫们经常饮宴，沉溺其间，不分昼夜，整日与歌女优伶厮混在一起，毫无愧色。长此以往，政务都放在一边，陛下能不辛劳吗？希望稍稍加以禁止，才是天下之福啊。”

穆宗即位时二十六岁，正值壮年，也是可以大干一番事业的年龄，而太宗皇帝即位时也才二十八岁，开创了著名的贞观之治，可是，穆宗的经历与太宗无法相提并论，他生长于深宫，毫无治国经验，还多了很多贪玩的坏毛病。实际上，穆宗即位之初，面临的困难还是很多的：首先是河朔藩镇问题。宪宗虽然平定了天下，但河朔藩镇跋扈数十年之久，要想从根本上消除当地军民与朝廷的离心力，尚需时日，这就意味着朝廷方面不仅要从制度上铲除河朔藩镇死灰复燃的条件，还要选派出大量合格的官吏安抚当地军民，而不是像王遂那样压榨和歧视他们。其次是吐蕃问题。宪宗末年，在党项的引诱下，吐蕃开始撕毁合约，向唐朝境内发起进攻，在消灭李师道之后，宪宗当时似乎已经决定转兵吐蕃，收复河湟了。宪宗被杀后，吐蕃人并没有停止对唐朝的攻势，因此，如何应对吐蕃已成当务之急。元和十五年二月，吐蕃军队进攻灵武，三月又进攻盐州，到十月，党项人再次引导吐蕃人进攻泾州，连营五十里，泾州告急。穆宗以神策右军中尉梁守谦为左右神策京西、北行营都监，率领四千人马，又调派八个军镇的神策军前去援救，赏赐将士们两万串钱。当初，秘书少监田洎充当吊祭使出使吐蕃，吐蕃请求与唐朝在长武城下结盟，当时，田洎唯恐自己被吐蕃人扣留下来，就含含糊糊地答应了。此后，吐蕃就借口田洎曾经答应到长武城结盟，大举入侵，穆宗遂将田洎贬为郴州司户，而改派郯王府长史邵同担任答使者，前往吐蕃接洽。与此同时，渭州刺史郝玼率众偷袭吐蕃军营，给予吐蕃人很大杀伤。李光颜奉命率领邠宁军队救援泾州，邠宁将士看到神策军人人受了重赏，都非常恼火："人家拿着五十钱的赏赐却躲在一边，人家是什么样的人呀！我们该发的衣服、俸禄都拿不到，却要冒着敌人的刀枪，我们又是什么东西啊！"军中一片不满之声。眼看就要发生兵变，李光颜亲自对大将进行安抚、劝慰，他声泪俱下，说得有理有节，将士们深受感动，这才继续前行。看到唐军大举前来，吐蕃人最终不战而退。西川、盐州也分别上奏吐蕃人入侵雅州和乌白池，但不久也退去了。十二月，西川奏报南诏发兵两万进入唐境，声称要协助唐军讨伐吐蕃。

此外，宪宗末年，回鹘人派遣合达干来到长安，诚恳向唐朝求婚，宪宗基于联合回鹘、打击吐蕃的策略，最终答应了回鹘人的请求，下一步，与回鹘和亲，也是摆在穆宗面前的一件大事。

最后，岭南问题还没解决。安南都护桂仲武来到安南，杨清发兵拒绝接纳，但杨清为人非常残暴，弄得部下离心离德。桂仲武派人拉拢其下属酋长，数月之间，纷纷归降，桂仲武由此也拥有了一支七千人的军队。但朝廷方面见桂仲武进展缓慢，以为他是有意逗留不战，就将其贬为安州刺史，而以桂管观察使裴行立接任安南都护。裴行立行至海门就死了，与此同时，安南将士发生兵变，逮捕杨清，开城迎接桂仲武，桂仲武遂将杨清杀死。朝廷又恢复了他的安南都护一职。到十二月，容管上奏称击破黄少卿一万余众，攻克三十六个营寨。当时，就黄峒蛮问题，国子祭酒韩愈上书称："臣去年被贬岭南，对黄峒蛮问题非常了解。他们没有城池可居，依山凭险，自称洞主，平日里也各有各的营生，有难时就聚集一起。过去邕管经略使都不很称职，既不能以德安抚，又不能以威压服，欺负、劫掠人家，才招致怨恨，遂攻陷州县，侵犯平民。他们有时报私仇，有时贪图小利，时聚时散，没有长远打算，成不了大事。前不久之所以发兵讨伐，都是裴行立和阳旻二人的主意，此二人并无深谋远虑，全是为了邀功求赏，也在于他们只是看到蛮人分散时力量薄弱，才竞相献计。用兵两年来，他们前前后后一共上奏称杀死或俘虏的不下二十余万人，如果数字不假的话，叛贼早已没有了，可是迄今叛贼照旧，足见二人是在欺骗朝廷。容管和邕管经过这番折腾，已十室九空，长此以往，臣担心岭南一道再无平静之日了。发兵以来，叛贼也遭受很大损失，以情理而论，他们也一定厌倦了战争。叛贼居住之地非常偏僻，就算把他们杀完，朝廷控制了那里，也没有太大的用处。如果趁着改元，赦免他们，派人安抚，他们一定会望风归顺，然后，挑选有威信的人担任经略使，假如处置得当，自然永无叛乱之事了。”但穆宗没有采纳。

# 五七六 穆宗即位（二）

穆宗即位之初就诛杀了自己的对立面吐突承璀和沣王，接着又将吐突承璀一党皇甫镈贬出了京师。

在穆宗稍稍坐稳皇位不久，就着手安排朝中新的领导班子了。实际上，皇甫镈被贬就是一个信号。他被贬之后，剩下的两个宰相令狐楚和萧俛的地位就已经岌岌可危了。令狐楚和萧俛都和皇甫镈是同年进士，二人之所以能够当上宰相，全靠皇甫镈的引荐，故此，当初穆宗要杀掉皇甫镈时，萧俛及时伸出援手，皇甫镈才保住一命。五月，穆宗将父皇安葬在景陵，庙号宪宗。在此过程中，令狐楚被任命为山陵使，事后，有人指控其下属韦正牧、奉天令于翚等人拒付工匠俸禄，把节余下来的十五万钱当成羡余献给皇帝，弄得民怨沸腾，穆宗下令将韦正牧、于翚等人处死，令狐楚以失察论罪，七月二十七日，穆宗下令将其贬为宣、歙、池观察使，接着又贬为衡州刺史。当时，元稹刚被召入京师，担任翰林学士，令狐楚被贬的诏书就是元稹起草的，元稹在诏书中写道："楚早以文艺，得践班资，宪宗念才，擢居禁近。异端斯害，独见不明，密隳讨伐之谋，潜附奸邪之党。因缘得地，进取多门，遂忝台阶，实妨贤路。"这番刻薄的评语，让令狐楚对元稹非常痛恨。

说到元稹和令狐楚二人的过节，还得从元稹被贬十余年说起。元稹在元和五年因得罪宦官仇士良而被宪宗贬为江陵士曹，当时，元稹三十二岁，十年之后的元和十四年元稹被调入京师，担任膳部员外郎。这被贬的十年早已把当初的他彻底改变了，这十年里，被贬之前，他的结发妻韦丛就已经去世了，此后，他娶了第二任妻子安氏，不久，安氏又去世，他又娶了第三任妻子裴淑。仕途不通，家里接连出现变故，虽说远离朝中政治斗争，可以潜心作诗，但元稹一直渴望回到权力中心，而越来越高的名声就是他的资本。回京之后，元稹极力巴结宰相令狐楚，给令狐楚献上两百首诗歌。令狐楚与严绶、李逢吉关系密切，而元稹曾为二人的下属，私交也不错，令狐楚看了元稹的诗后，大加赞赏，将元稹比作当代的鲍照、谢朓。令狐楚也是一代文豪，又是当朝宰相，这一评价对元稹来说可谓最大的帮助。令狐楚担任山陵使时，还提携元稹当自己的判官，然而，仅仅有当朝宰相的提携还不够，元稹还想让皇帝赏识自己。穆宗还在东宫时，就听到宫女们演唱元稹的诗歌，对元稹有点印象。元稹在江陵时，与宦官监军崔潭峻关系很好，等到穆宗即位后，崔潭峻回到朝廷，元稹就通过崔潭峻向穆宗献上一百多首诗歌。穆宗问："元稹现在在干啥？"崔潭峻回答："是一名散郎。"穆宗当即下令任命其为祠部郎中、知制诰。了解了这些，就知道了令狐楚看到元稹起草的诏书愤怒的原因。元稹通过宦官当上了知制诰，再加上他这种忘恩负义的做派，的确令一些正统的士大夫十分不齿。一次，中书省的同僚们在一起吃西瓜，一只苍蝇落在西瓜上，中书舍人武儒衡用扇子驱赶，边赶边意有所指地说："你是从哪里跑出来的？聚在了这里？"同僚们都大惊失色，而武儒衡却意气自若。

皇甫镈被贬后，穆宗任命了段文昌；令狐楚被贬后，穆宗任命御史中丞崔植担任中书侍郎、同平章事。崔植，字公修，是前宰相崔祐甫的侄儿。他潜心读书，尤其对《易象》非常精通，曾历任给事中、御史中丞等职，还比较称职。拜相后，一次，穆宗问侍臣们："我朝贞观中，文皇帝躬行帝道，治致升平；到神龙、景龙之间，继有内难，玄宗平定，兴复不易，而声明最盛，历年长久，这是什么缘故？"崔植回答："前代创业之君，大多出于民间，知道百姓疾苦，都能做到励精图治。太宗皇帝自身条件很好，行事符合尧舜之道，又得到房玄龄、杜如晦、魏徵、王珪等名臣的辅佐，所以开创了贞观之治；玄宗皇帝在天后一朝饱经忧患，开元初年又得到姚崇、宋璟二位贤相辅佐。宋璟曾经亲手抄写《尚书・无逸》，并配有图画献给玄宗。玄宗将其悬挂于内殿之上，每次出入都能看到，常记在心中。开元末年，《无逸图》年久破败，才用一幅山水图取而代之，从此以后，玄宗再无座右铭了，又信任奸相，倦于政事，国家才开始出现变乱。建中初年，德宗皇帝曾经就此问过先臣崔祐甫，先臣将开元、天宝年间的治乱原因说得非常详细，当时臣还是个儿童，就听说过此事，希望陛下能够虚心治理国家，以《无逸》为座右铭，则天下百姓就有福了。"又过几天，穆宗又问："《史记》上说汉文帝仅仅因为爱惜十户人家的家产就不再修建露台了，又称他身穿粗布黑衣服，脚穿硬皮鞋子，把书袋集中起来做成大殿的帘帷，这也太节俭了吧？真有此事吗？”崔植回答：“良史记载的事，一定不是无中生有的。西汉建立之初，四海凋敝，百姓很苦。汉文帝仁爱之主，原是代王，深知稼墙之艰难，所以即位之后，厉行节约。景帝继任后，也是如此，故此，百姓安居乐业，天下太平。到汉武帝时，国家已非常富裕，所以才能出兵讨伐匈奴，威震天下，当时，国库内钱多得穿钱的绳子都烂了，粮食多得也都坏了。汉武帝生活开始奢靡，结果弄得国库空虚，到了武帝末年，只好向百姓征收苛捐杂税，令人苦不堪言，全国户口减半，遂下罪己诏，封宰相为富人侯，这都是历史事实。况且，衣食都来自百姓，人君浪费无度的话，国家怎么能富强？汉武帝即位之初，国家之所以能够富裕，全靠汉文帝节俭下来的啊。”穆宗说道：“你说得很好，只是要真正节俭，就怕做起来太难了。”史称，崔植虽然谨慎厚重，却没有远见卓识，不是一个合格的宰相。

穆宗即位之后，西川节度使王播就一直想通过巴结宦官谋取进京拜相。王播一直是个干才，曾担任监察御史，他秉公执法，不畏权贵，受到大家的一致好评。从唐宪宗元和六年开始，王播就一直兼任诸道盐铁转运使，元和九年淮西之战爆发后，他又推荐了理财专家程异担任副使，保证了淮西之战的最后胜利。元和十三年，王播受到皇甫镈的排挤，被调离朝廷，由程异继任盐铁转运使。此次贬谪令王播作风大变，开始专门以奉迎朝中权贵、巴结宦官为务。萧俛孤傲廉洁，又疾恶如仇，他当上宰相后，爱惜官爵，很少推荐他人。王播一番打点之后，宦官们开始向穆宗推荐，段文昌也从中斡旋，而萧俛出身高贵，对出身寒门的王播不屑一顾，因此，他极力反对，在延英殿上对穆宗说道：“王播伪善奸邪，恶评不断，不可以让他玷污宰相之位。”但穆宗不从，下令将王播征召入京。长庆元年（公元821年）一月二十二日，王播到了长安，萧俛遂提出辞职。二十七日，穆宗下诏将其免为尚书右仆射，但萧俛推辞，二月，改为吏部尚书。

穆宗原本还想让王播返回西川，但王播屡屡上书恳请留在朝中。正在穆宗左右为难之际，中书侍郎、同平章事段文昌却主动要求辞去相位，到地方上任职，二月十五日，穆宗遂下诏以段文昌为同平章事、充西川节度使，而以翰林学士杜元颖为户部侍郎、同平章事，以王播为刑部尚书、充盐铁转运使。杜元颖在宪宗末年只是一个知制诰，穆宗即位后，觉得他熟悉朝廷制度，对他非常看重，拜为中书舍人、户部侍郎，任学士承旨，如今又拜为宰相。期间不到一年，晋升非常神速。

至此，穆宗初步建立了一个自己的宰相班子，至长庆元年年初，朝中重臣主要有：司徒韩弘，司空裴度，同平章事崔植、杜元颖，度支使崔倰，盐铁转运使王播，左神策军中尉马进潭，右神策军中尉梁守谦，枢密使魏弘简、王守澄。崔倰，字德长，是崔植的再从兄。曾任侍御史、膳部员外郎、苏州刺史、湖南观察使。崔倰是个性格复杂的人，一方面他性格偏执、急躁，对下属非常傲慢，又以为朝中有崔植这个靠山，办起事来往往不经深思熟虑，随心所欲；另一方面，他又为官清正严明，可是，他又自恃廉洁，对于贪官非常痛恨。

# 五七七 天下大定

元和十五年（公元820年）还发生了一件影响较为深远的事。

元和十五年十月，一向桀骜不驯的成德节度使王承宗去世了！这对于刚刚即位的穆宗而言，无疑是个锦上添花的好消息。王承宗去世后，下属秘不发丧，而王承宗的两个儿子王知感和王知信都在元和十三年四月淮西之战结束后被送到了朝廷，充当人质，成德众将就打算按照河朔故事，从辖区内另外物色一人担任节度使。参谋崔燧以王承宗之母、凉国夫人之命告诉众将及亲兵，拥立王承宗的弟弟、观察支使王承元继任节度使，然而，时年二十岁的王承元与他的亡兄不同，他忠于朝廷，不愿继续割据一方，当众将向其跪拜时，他坚决不接受，哭着回拜大家，众将恳请不已。王承元说道："皇上让中贵人监军，何不先请示一下？"监军来到后，与众人一起再次请求，王承元这才答应下来，说道："大家不忘王氏旧德，不以承元年少，想令承元暂时代管军务，承元希望遵从忠烈王的遗愿向天子尽忠，诸位肯听我的吗？"众人纷纷表示同意。王承元遂在都知兵马使的衙门处理政务，命令左右不得称自己为留后，将具体事务全部交给幕僚们处理，暗中上书朝廷请求另行任命节度使。

十月十一日，监军上奏称王承宗生病去世，其弟弟王承元已暂时代理留后，并将王承元的奏疏一并上呈朝廷。次日，穆宗下诏命令起居舍人柏耆赶赴镇州（因避穆宗李恒的名讳，恒州已改称镇州）安抚。不久，成德镇正式上报王承宗的死讯，十月十六日，穆宗下诏任命魏博（今河北省大名县）节度使田弘正为成德节度使，以王承元为义成（今河南省滑县）节度使，同时调任义成节度使刘悟为昭义（今山西省长治市）节度使，武宁（今江苏省徐州市）节度使李愬为魏博节度使，又任命左金吾将军田布为河阳（今河南省孟州市）节度使。

十一月五日，穆宗再派谏议大夫郑覃前往镇州安抚，给成德将士赏赐一百万钱。王承元上表请求朝廷另派节度使之后，众将以及邻近其他镇的节度使争相以河朔故事劝他，但王承元始终不听，如今朝廷的命令送到成德镇后，成德将士们一片喧哗，拒不接受，王承元与柏耆召来众将解释，但众人在军中失声痛哭，还是不从。王承元拿出家财分给大家，并提拔了几个功劳卓著的将领，而后对大家说："诸位以先公之故，不想令我离开本镇，这份情谊确实非常深厚。可是，你们这样做是在让我违反天子的命令，这罪过就大了。昔日，李师道没有失败之前，朝廷就曾经赦免了他的罪过，李师道也想入朝任职，但众将坚决劝阻，此后，还是众将又一起杀了他，向朝廷请功。如今，你们不要再令我当第二个李师道，就是我的万幸了！"遂不禁流下眼泪，向大家拜谢，众将一时无言以对。十将李寂等十几个人仍然坚持非留下王承元不可，王承元无奈，遂下令将他们斩杀示众，军中这才安定下来。十一月九日，王承元赶往义成军，有些随行将领还带上镇州的财产，王承元命令全部留下。

王承元服从朝命离开成德，说明宪宗的余威尚在，而成德众将苦留王承元，也意味着要彻底改变河朔藩镇的割据心态，还需要很长一段时间，穆宗即位之初这段时间，实际上是大唐继续走向中兴还是折返到藩镇割据老路的一个最为关键的节点，而历史证明，穆宗及其朝臣们的无能却把宪宗千辛万苦换来的事业给葬送了。

随着王承元的离开，卢龙节度使刘总也更加不安了。刘总是杀害自己的父亲、哥哥继位的，迄今已经十年了，随着年龄的增长，他的内心却变得越来越不安起来，屡屡看到亡父、亡兄的幽灵向他索命，吓得他一直寝食难安。为了减轻自己的罪过，他经常在府邸向数百僧侣施舍，命他们日夜给自己做法事；刘总处理完政务之后，就和僧人们在一起念经，如果哪一天住在另外一间房屋内，就会吓得不敢入睡，到了晚年，这种恐惧更加严重。又看见两河藩镇均已归顺了朝廷，刘总再也不愿继续当这个节度使了。长庆元年二月十二日，刘总上书朝廷请求辞去官职，落发为僧，并请朝廷像对待成德镇一样给卢龙将士们赏赐一百万钱，另行委任节度使。

三月十七日，穆宗下诏任命刘总为兼侍中、充天平军节度使。（按：天平军原系李师道淄青镇分割出来的三个军镇之一——郓州、曹州、濮州军镇，前一年更名为天平军。）以宣武军节度使张弘靖为卢龙节度使。十九日，穆宗又以代理京兆尹卢士玫担任瀛州、莫州观察使（治所在今河北省河间市）。二十一日，穆宗下诏将刘总的兄弟、子侄都加官晋爵，卢龙文武官员也都一一升赏，百姓免除一年的赋税，将士们赏赐一百万钱。

刘总又上书恳请朝廷允许自己出家，并以自己的私宅作为佛寺。穆宗下诏给刘总赐名大觉，佛寺名为报恩寺，派遣中使赶赴幽州将紫色僧服和天平军节度使、侍中的委任状都拿去，让他自己挑选。穆宗的诏书还未送到幽州，刘总就已经削发为僧了，将士们试图挽留他，怎奈刘总决心已下，杀了十几个领头的人，趁夜把委任状交给留后张玘，然后逃离幽州。等到天明，众人才知道刘总已经离去，张玘上奏称刘总去向不明，到三月二十七日，定州上报称发现刘总死在定州境内。幽州自刘怦继朱滔割据以来又过了三十七年，至此灭亡，大唐也从形式上真正实现了统一。

如前所述，穆宗即位之初，其实是一个非常关键的转折点，他即位的次年一月改元长庆，宣布大赦天下，还下令河北各道都像全国其他地方那样修订两税法，这都说明朝廷已经接管了河北藩镇的赋税。然而，形势一片大好之下，还不断涌出暗流，河北军民长期割据的心态需要时间慢慢改变，在这个新旧交替的关键时间里，朝廷一点点不当措施就很有可能令前功尽弃。可是，如今的穆宗在眼前的大好形势中迷失了，他误以为天下真的太平了，同时，如今的朝廷中，唯一的明白人裴度又靠边站了，剩下的重臣中没有一个是高瞻远瞩的能臣，那些中下级官僚则要么因门第、因仕途出身、因派系、因宦官等分出不同的阵营而纷争不断，根本无法适当应对这一复杂敏感的局面。

就在刘总去世的三月，又发生了一次著名的科举案——长庆科举案。

这一年的科举由右补阙杨汝士和礼部侍郎钱徽主持。前刑部侍郎杨凭兄弟是当时很有名的文人，家中收藏了很多著名的书画，杨凭的儿子杨浑之为了考上进士，就把家中收藏的珍贵书画全部送给了宰相段文昌。段文昌到西川上任前，曾当面托付钱徽要录取杨浑之，而后又给钱徽写信嘱托。翰林学士李绅也嘱托钱徽录取举人周汉宾。然而，等放榜以后，杨浑之和周汉宾都名落孙山了，及第的人中有郑覃的弟弟郑朗、裴度的儿子裴譔、李宗闵的女婿苏巢、杨汝士的弟弟杨殷士。段文昌和李绅大怒。

李宗闵原本与元稹关系很好，当初元稹因正直而被贬十年，等回朝之后，他性情大变，一心就想往上爬，再无昔日的傲骨了，而李宗闵也急于进取，二人遂因官场琐事而发生了矛盾。穆宗认识元稹之后，对他非常欣赏，给予其高度信任，很快就提拔他担任翰林学士。当时，前宰相李吉甫的儿子李德裕、李绅与元稹同为翰林学士，三人被人称赞为“翰林三俊”，三人交情很好，而中书舍人李宗闵在元和三年的制举案中指斥过李吉甫，这让李德裕对其非常怨恨。

杨汝士，字慕巢，虢州弘农人，元和四年登进士第，与牛僧孺、李宗闵私交很好。《古今诗话》记载，裴度在东都时，一次，他与众人夜宴，喝得微醺时，与客人们依次联句，当时，元稹和白居易也都在座，二人显出得意之色，等杨汝士联句时，说出“昔日兰亭无艳质，此时金谷有高人”之句，白居易知道无法超越，赶忙说道：“大家一起饮酒作乐，不要说些萧瑟之事！”此后，杨汝士也因此而获得“压倒元白”的美名，白居易后来娶了杨汝士的妹妹，成为杨汝士的妹夫。另外，杨汝士与钱徽二人又是老友。

李绅，字公垂，润州无锡人。高祖李敬玄是武曌时期的宰相。李绅六岁时父亲就去世了，母亲卢氏亲自教他读书。元和初年，李绅进士及第，担任国子助教，他不喜欢这个职务，就辞官回家了；观察使李锜爱其才，征辟他为从事，但李绅看不惯李锜的专横跋扈，拒绝赴任，李锜大怒，派人杀李绅，李绅藏匿起来才侥幸活了下来。等朝廷诛杀李锜之后，对李绅的举动非常赞赏，就召其入朝，任命为右拾遗。李绅为人短小精干，著名的《悯农诗》：“锄禾日当午，汗滴禾下土。谁知盘中餐，粒粒皆辛苦。”就出自他之手，被人称为短李。

段文昌在向穆宗辞行时，趁机报告说：“今年的科举非常不公，所录取的进士都是权贵子弟，毫无才能，完全是走后门取得的。”穆宗就询问各位翰林学士，李德裕、元稹、李绅均说：“段文昌说的是实情。”于是，穆宗就下令中书舍人王起、知制诰白居易主持复试，穆宗亲自出题目，让写《孤竹管赋》《鸟散余花落》诗，结果郑朗等人不合格，穆宗诏书中称：“孔温业、赵存约、窦洵直所试粗通，与及第；裴譔特赐及第；郑朗等十人并落下。自今后礼部举人，宜准开元二十五年敕，及第讫，所试杂文并策，送中书门下详覆。”

四月十一日，穆宗下诏罢黜了郑朗等十人，将钱徽贬为江州刺史，李宗闵贬为剑州刺史，杨汝士贬为开江令。有人劝钱徽向穆宗上呈段文昌和李绅的请托信，穆宗见信之后一定会有所醒悟的，但钱徽说：“只要我问心无愧，得失都是一样的，为何要把别人的私人信件上呈？这岂是君子所为？”遂将二人的信件烧了。王起，字举之，王播之弟。他孝顺友爱，非常好学，读书过目不忘。曾历任校书郎、蓝田尉，李吉甫担任淮南节度使时，征辟他为掌书记。元和末年，被晋升为中书舍人。穆宗即位后，他多次劝谏穆宗不要游猎无度。

这次科举案暴露了朝臣结党营私的问题，穆宗命元稹起草诏书，严厉抨击了这一现象，称："擢一官，则曰恩皆自我；黜一职，则曰事出他门。比周之迹已彰，尚矜介特；由径之踪尽露，自谓贞方。居省寺者不以勤恪莅官，而曰务从简易；提纪纲者不以准绳检下，而曰密奏风闻。献章疏者更相是非，备顾问者互有憎爱。"据说，此诏书一出，那些受到抨击的人仿佛在大庭广众之下被痛打一样，他们恼羞成怒，非但没有收敛，反而对元稹、李绅恨之入骨。

从此以后，李德裕和李宗闵二人各分朋党，相互倾轧，一直持续了四十余年，实际上，牛李党争一直到唐朝灭亡，两派的相互倾轧导致朝政的混乱，对唐朝的最终灭亡起到推波助澜的作用。

# 五七八 河朔再乱（一）

虽说有科举案的影响，但对于穆宗来说，长庆元年的开局还是极其顺利的。

先是王承元顺利离开成德镇，继而刘总也交出幽州兵权，到了五月一日，回鹘新任的崇德可汗也派遣都督、宰相等重臣，组成五百七十三人的队伍浩浩荡荡来到长安，迎接大唐公主。

如前所述，德宗朝时回纥登里可汗妄图进攻唐朝，被其宰相顿莫贺达干弑杀并取而代之，顿莫贺达干被唐朝封为武义成功可汗，德宗把咸安公主嫁给了武义成功可汗，回纥和唐朝又进入蜜月期，武义成功可汗后又被唐朝册封为长寿天亲毗伽可汗。贞元四年，回纥改名回鹘，贞元五年，顿莫贺达干去世，其子忠贞可汗继位，但不久，忠贞可汗就被人杀害，经过一番内讧之后，大将颉干迦斯立忠贞可汗之子奉诚可汗。五年之后，奉诚可汗去世，回鹘人拥立国相骨咄禄为可汗，回鹘可汗的世系遂从药罗葛氏转移至跌跌氏。骨咄禄被唐朝册封为怀信可汗。

顺宗永贞元年，怀信可汗在位十年之后去世，其子继位，被唐朝册封为腾里可汗。三年后，到宪宗元和三年，腾里可汗去世，新任可汗被唐朝册封为保义可汗。《旧唐书》记载，回纥人在宪宗元和四年才派人请求改为回鹘，这与《资治通鉴》的记载不同，二者相差了二十一年。此后，保义可汗多次请求与唐朝和亲，但宪宗以国内经费紧张，一直没有答应，直到宪宗晚年才答应将第十五女永安公主嫁给他，可是，还未成行，穆宗长庆元年，保义可汗就去世了，此事遂暂且作罢。继位者被唐朝册封为崇德可汗。

崇德可汗一继位就旧话重提，要与唐朝和亲，穆宗很快就答应了。五月二十八日，穆宗将自己的十七妹大和公主（也就是活着的最小的妹妹）下嫁回鹘。吐蕃人听说回鹘与大唐和亲，六月七日，发兵进攻青寨堡（今陕西省定边县以东），盐州刺史李文悦将其击败。十四日，回鹘人上奏穆宗，称："回鹘将调派一万骑兵从北庭出击，一万骑兵从安西出击，进攻吐蕃，以迎娶大和公主。"

看起来，长庆元年一开年，一件喜事连着一件喜事，这让穆宗君臣都非常高兴，穆宗更是日日饮宴，寻欢作乐，根本不将天下之事放在心上，一心只想做个享乐的太平天子。然而，变乱就这么不期而至，它来得如此突然，如此迅猛，一下子就将宪宗辛辛苦苦打下来的江山给毁掉了。

当初刘总决心归顺朝廷时，还真的是替朝廷的长治久安着想，他建议朝廷像对待淄青的李师道那样，将自己原有的幽州道也一分为三，以便朝廷分而治之：以幽州、涿州、营州为一道，请求任命张弘靖为节度使；以平州、蓟州、妫州、澶州为一道，以平卢节度使薛平为节度使；以瀛州、莫州为一道，以权知京兆尹卢士玫为节度使。张弘靖曾在河东担任节度使，他为政宽和，深得人心，刘总早有耳闻，所以建议他来代替自己，好安抚一向桀骜不驯的幽州军人；薛平是薛嵩的儿子，既熟悉河朔风俗，又尽忠为国；卢士玫则是刘总妻子的同族亲戚，所以，刘总举荐了他们三人。除此之外，刘总还从幽州军镇中挑选都知兵马使朱克融（朱滔的孙子）等有功劳又雄健难制的老将们，把他们送到京师，请求朝廷给他们加官晋爵，好令幽州将士们产生羡慕在京城做官的念头，改变他们根深蒂固的割据心态，另外，刘总还从军镇中挑选了一万五千匹战马，送给了朝廷。这些举措，确确实实都是替朝廷在操心，做完了这些，刘总才削发而去。

可以说，刘总给朝廷送去了一件天大的礼物，令人惋惜的是，沉溺于享乐的穆宗似乎根本没有体会到刘总的苦心，崔植、杜元颖这两位宰相同样没有一点敏锐的眼光，没有远见卓识，不知安危存亡之机，他们一心想提高张弘靖的地位和威望，以镇抚幽州，只割出瀛州和莫州两个州，让卢士玫担任节度使，其余州县仍归幽州。朱克融等人来到京师以后，朝廷方面根本不把他们当一回事，他们滞留在京师很长时间，也没有得到一官半职，还备受京师权贵们的白眼，时间长了，他们身上的盘缠也花光了，只好向他人借钱糊口，每天来到中书省反映自己的情况，恳求朝廷给个合适的官职，但崔植和杜元颖置若罔闻。等到朝廷任命张弘靖担任幽州节度使后，朝廷方面又勒令朱克融等人返回幽州，在本军效力，这令朱克融等人感到受到了朝廷的愚弄，人人满腹委屈，不禁是火冒三丈，但又不得不怏怏而归。

过去的河北藩镇虽然割据一方，但迫于朝廷的压力，这些节度使和将领不得不与士兵们同甘共苦，事必躬亲，以增强内部的凝聚力，也由此在当地形成了质朴强悍的民风。张弘靖出身名门，父、祖都是宰相一级的大官，本人又是个文人雅士，他以宰相之尊相继镇守太原和宣武，没有别的招数，就是为政宽缓，阴差阳错地赢得了盛名，这也让穆宗觉得他是镇守幽州的不二人选。幽州割据节度使们从来都与普通将官、士兵们一样，身边没有那么多华丽的仪仗，而张弘靖不了解幽州的风俗民情，他来到幽州之后，依旧是雍容华贵，在万众之中高坐八抬大轿，张着华丽的伞盖，这让当地军民都吃了一惊，很不习惯。张弘靖还觉得幽州是安史之乱的发源地，上任之初，他就决心移风易俗，彻底铲除叛乱滋生之源，下令发掘安禄山的坟墓，毁坏他的棺椁，此举也让当地百姓非常失望。张弘靖庄重缄默，十天半月才出来一次，坐堂办公，宾客将吏难得听到他讲话，更不用说建立深厚的感情了，他将日常事务都交给自己带来的幕僚们处理，而他征辟的幕僚像韦雍、张宗厚等人又都是些轻薄之辈，举止轻率，经常喝得酩酊大醉，半夜才回，出来进去吆五喝六，或者火把满街，令幽州军民非常反感。韦雍等人还作威作福，经常辱骂幽州将士为叛兵，还得意扬扬地说道："如今天下太平，你们这些人就算能拉开两石的弓箭，也不如认识一个丁字！"穆宗曾下诏赏赐幽州将士们一百万钱，而张弘靖却克扣了二十万不发，留作军府的日常开支，这更让幽州军中人人愤怒。

长庆元年（公元821年）七月十日，韦雍出门，途中遇到一名幽州小将骑马冲撞了他的前导卫队，韦雍大怒，下令将这名小将从马上拽下，想在大街上用棍棒痛打一顿。河朔将士不习惯这种刑罚，拒不服从，韦雍禀报张弘靖，张弘靖命令军虞候将此人关押起来，准备进一步惩处。然而，就在当天晚上，幽州各个军营内的士兵们开始哗变，士兵们一个军营一个军营串联、呼喊，将领们无法阻止，乱兵蜂拥闯入张弘靖的衙门，将张弘靖的家财、家眷洗劫一空，并把张弘靖关押在蓟门馆驿之内，紧接着，愤怒的士兵们又抓获了韦雍、张宗厚、崔仲卿、郑埙、都虞候刘操、押牙张抱元等人，全部杀害。乱兵抓住韦雍时，韦雍之妻萧氏死死拉住丈夫的衣袖不放，说道："妾不幸年纪很轻，决不会苟活世间，今日之事，我愿意先死！"乱兵一刀砍断了萧氏的胳臂，而后杀死了韦雍。萧氏视死如归，痛斥乱兵，当晚，因失血过多也死了。张弘靖的判官张彻，出外办事回来，乱兵们因其没有干过什么坏事，本不想加害，也把他关在馆驿之内。张彻不知乱兵们的意图，不断追问张弘靖的下落，并破口大骂乱兵们，遂也为乱兵所杀。

天明之后，想想自己闯下的大祸，乱兵们开始有点后悔了，他们一起来到关押张弘靖的馆驿，请求改过自新，一连请求了三次，这个张弘靖也不知是被吓傻了，还是自寻死路，竟然闭口不答。乱兵们这才相互商议道：“相公不说话，那意思是不会赦免我们。军中岂能一日没有统帅？”遂一起迎接老将朱克融之父朱洄，拥立其为留后。朱洄当时已经年迈，卧病在家，他谢绝了众人的好意，请大家拥立他的儿子朱克融为主，众人表示同意。

七月二十日，幽州监军上报幽州兵变的奏疏送到了长安。二十三日，穆宗下诏将张弘靖贬为太子宾客、在洛阳办公；二十五日，又将其贬为吉州刺史。二十六日，穆宗下诏调任昭义节度使刘悟为卢龙节度使。刘悟不敢上任，他认为朱克融实力很强，上奏称：“不如暂且授予其为节度使，以后再慢慢予以铲除。”穆宗又收回成命，恢复刘悟昭义节度使旧职。

# 五七九 河朔再乱（二）

幽州兵变立即引发了连锁反应。

当初，田弘正受命担任成德节度使时，他自忖长期与成德军队作战，与成德军人有杀人父兄之仇，为了自保，他带了两千名魏博士兵作为自己的贴身卫队，并奏请朝廷由中央度支部门供应这部分人的粮食、赏赐。然而，户部侍郎、判度支崔倰刚愎自用，没有远见，他认为魏博镇和成德镇都有各自的军队，一旦开了这个先例，以后调防的节度使都这样就不好办了，遂不肯答应。田弘正接连上了四道奏表，都如同石沉大海，没有回音，只好将这两千魏博兵打发回去了。

田弘正对自己的家族子弟非常厚待，他有几十个兄弟、侄儿在长安和洛阳生活，这些纨绔子弟竞相攀比，生活奢侈，每天都要花费二十万钱，而田弘正把从镇州和魏州搜刮来的钱财，让人用马车运到两京供他们挥霍，这些马车在路上连绵不断，令河北将士们愤愤不平。穆宗也下诏赏赐给成德将士一百万钱，但度支部门效率低下，赏钱迟迟没有送到，成德将士更不高兴了。

成德都知兵马使王庭凑出身回纥的阿布思部落，他的祖上一直在安东都护府任职。王庭凑的曾祖父五哥之，骁勇善战，曾在李宝臣父子手下为将，后被王武俊收为养子，故改姓了王。王庭凑沉默寡言，凶狠狡诈，一直想趁机作乱，经常拿出一些小事激怒将士们，只是因为田弘正身边有魏博军队保护，没有下手的机会。长庆元年（公元821年）六月，两千魏博军队返回本镇，王庭凑决心实施兵变。

七月二十八日深夜，王庭凑在衙门前集合警卫部队，高喊着冲入衙门，杀了田弘正及其幕僚、将吏、家属三百余人。王庭凑自称成德留后，逼迫监军宋惟澄上书朝廷，任命自己为成德节度使。

八月六日，宋惟澄的奏疏送到了朝廷，朝廷上下一片震惊。但由于崔倰是宰相崔植的再从兄，当朝无人敢指出田弘正被杀源于他不同意魏博兵留在成德。在朝廷调换成德和魏博主帅之初，左金吾将军杨元卿就曾警告说，这样做非常危险，他还亲自面见宰相们陈述理由，等王庭凑兵变后，穆宗想起杨元卿的预言，赏赐给他白玉带，不久，又任命其为检校左散骑常侍、泾州刺史、泾原渭节度观察等使。

河北事态继续恶化。

新分出来的瀛州、莫州将士的家属大多在幽州，朱克融背叛之后，八月九日，莫州都虞候张良佐偷偷引来朱克融的军队，进入莫州城，一举袭占了莫州，莫州刺史吴晖逃走，不知所终。不久，瀛州也发生了兵变，乱兵逮捕了观察使卢士玫以及监军、幕僚，将他们送到幽州，朱克融把他们关押在馆驿之内。十日，成德的王庭凑派人刺杀了冀州刺史王进岌，发兵占领了冀州。此后，王庭凑又派部将王立率军进攻深州，但没有攻克。

魏博节度使李愬听到幽州、成德相继兵变之后，尤其是在他听说田弘正被害的消息后，身穿白色孝服，对魏博将士们说："我魏博军民之所以如今归顺了朝廷，至今富足安康，这都是田大人的功劳啊！正是因为他的仁德，皇帝陛下才派他前去镇守镇州，田大人治军七年，镇州人胡作非为，竟敢如此残害，难道他们认为我魏博就没有勇士了吗？你们的父兄子弟都受过田大人的恩惠，你们该如何报答他呢？"一番话说出去，众人都失声痛哭。深州刺史牛元翼是成德的名将，李愬将宝剑和玉带赠送给他，勉励他说："昔日，我父亲用这把宝剑立下了赫赫战功，我又以此平定了蔡州，今天，镇州人发动叛乱，我将这把宝剑赠送给你，希望你努力讨平叛贼！"牛元翼拿着宝剑和玉带在军中动员，并回复李愬："我愿率军奋勇杀敌，死而后已！"李愬正要出兵，不幸的是突然患上重病，不能处理军务。八月十二日，穆宗征召正在服丧的田弘正之子、泾原节度使田布担任魏博节度使，命令其乘坐驿马车火速赶赴上任。田布坚决推辞，但穆宗没有答应。他与妻子、宾客们辞别，说道："此行我是回不来了！"他放弃仪仗队，只带了几个随从上路。还未到魏州三十里，他披散着头发，光着脚，放声大哭，一路走来，住在四壁用白粉粉刷的丧宅之内。他一个月的俸禄有一千多钱，又变卖了魏州的老宅，筹集了十余万钱，全部送给魏博的将士们，对魏博一些年老的将领们，都当作兄长一样尊敬。李愬患病后，穆宗命其离开魏博，任命其为太子少保，回到洛阳养病，到了十月，一代名将李愬去世，终年四十九岁。穆宗闻讯，非常悲痛，追赠其为太尉，谥号武。

长庆元年八月十四日，穆宗下诏魏博、横海、昭义、河东、义武各镇出兵，进入成德境内，如果王庭凑执迷不悟，要立即讨伐。成德大将王俭等五人密谋杀死王庭凑，但事情败露，五人包括五人下属的三千人马全部被王庭凑杀害。十六日，穆宗晋升深州刺史牛元翼为深冀节度使。二十四日，穆宗以殿中侍御史温造为起居舍人，充镇州四面诸军宣慰使，赶赴泽潞、河东、魏博、横海、深冀、易定等道，定下出兵的日期。二十六日，以裴度为幽州、镇州两道招抚使。温造，字简舆，河内人，是温大雅的五世孙。他自幼好学，不愿当小吏，隐居王屋山，以垂钓为乐。寿州刺史张建封听说后，征辟其为幕僚，张建封还唯恐温造离开自己，把自己的侄女又嫁给了他。德宗、穆宗两朝，温造多次代表朝廷出使幽州，对刘济、刘总归顺朝廷做出了很大贡献。

八月三十日，成德镇的王庭凑与幽州的朱克融联络，引导幽州兵一起包围了深州。

乱局还没有完。

九月十二日，相州（今河南省安阳市）也发生了兵变，乱兵杀死了相州刺史邢滺。同月，吐蕃派遣礼部尚书论讷罗前来请求会盟，穆宗以大理卿刘元鼎为吐蕃会盟使。十九日，朱克融率军焚烧、劫掠易州（今河北省易县）、涞水（今河北省涞水县）、遂城（今河北省保定市徐水区西）、满城（今河北省满城县）。十月三日，穆宗任命盐铁转运使、刑部尚书王播为中书侍郎、同平章事，仍然兼任盐铁转运使。这个自幼发奋图强的王播如今却变成一个尸位素餐的官僚了，当时的内外权臣大多向朝廷借钱，王播主管这一块，更是不顾国家安危，一心满足权臣们的需求，从未把河北战事放在心上。唐朝实施两税法四十年来，钱变得越来越贵，而百姓缴纳的实物却越来越轻贱，与两税法施行之初相比，百姓的负担要重三倍。穆宗下令百官商议对策，解决这一弊端。户部尚书杨於陵认为："钱币的功能就在于衡量各种货物的价格，用你拥有的来交换你所没有的东西，因此，应该让钱币不停地流通而不应该把它囤积起来，如今，朝廷却把从百姓那里征收来的钱币堆积在国库之中，民间用来流通的钱币数量就少了。另外，开元年间，天下铸钱的炉子有七十余个，每年可以生产一百万钱，如今才有十余炉，每年只能生产十五万钱，钱币的供应数量大大减少，而这些生产出来的钱币大多流入商人之手，还有一部分流入国外少数民族那里。再加上，大历年间以前，淄青镇、太原镇、魏博镇的百姓，在民间进行贸易时，还兼用铅和铁作为一般等价物；在岭南地区，百姓还兼用金、银、丹砂、象牙，而今，却全都使用钱币，如此一来，钱币肯定就变得越来越贵，而货物也就越来越轻了。应当下令，天下百姓在缴纳赋税时，改用谷物和布帛；增加钱币的生产，并且禁止囤积钱币，把钱币拿出塞外，如此一来，钱币的数量就会逐渐增多了。”朝廷采纳了他的建议，穆宗下诏全国的两税，以最初确定的价格以布帛、丝绸、丝绵等实物缴纳，只有盐税和酒税仍用钱币。

十月十日，穆宗下令宰相和大臣共十七人在长安城西与吐蕃使者论讷罗盟誓，并派遣刘元鼎与论讷罗一起到吐蕃，又与其宰相大臣也举行了一次盟誓。同月，穆宗下诏任命裴度为镇州四面行营招讨使，以左领军大将军杜叔良为深州诸道行营节度使，以牛元翼为成德节度使。杜叔良全靠巴结权贵才被升到高位，当时，幽州和镇州的兵威甚盛，各道讨伐军都不敢贸然进攻，穆宗心急如焚，急于求成，宦官们推荐了杜叔良，穆宗遂有此命。也就是说，穆宗是以裴度为西路讨伐军主帅，而以杜叔良为南路讨伐军主帅。十月十二日，穆宗又提拔沂州刺史王智兴为武宁节度副使。过去，节度副使都是文官担任的，穆宗听说过王智兴是员猛将，打算在不久的将来让他带兵讨伐河北，所以才以此来拉拢他。

# 五八〇 讨伐幽镇

长庆元年（公元821年）十月十四日，接到穆宗的命令之后，裴度亲自率领河东军队东出承天军故关（今山西省阳泉市东北），讨伐王庭凑。

与此同时，朱克融派兵进攻蔚州（今河北省蔚县），王庭凑发兵进攻贝州（今河北省清河县）。十六日，易州刺史柳公济在白石岭（今地不详）击败朱克融的军队，杀死一千余人。十七日，横海节度使乌重胤上奏称，在饶阳（今河北省饶阳县）击败王庭凑的军队。十八日，魏博节度使田布率领全军三万人马，进驻南宫（今河北省南宫市）的南面，攻克了成德镇的两座营寨。

当时，翰林学士元稹巴结宦官，想当宰相，他与知枢密使魏弘简结为刎颈之交，也由此得到了穆宗的赏识。虽然元稹与裴度素无恩怨，但是他出于私心，担心裴度是前辈，又有很高的声望，一旦裴度在前线立下大功，一定会再度入朝拜相，如此一来就会妨碍自己的仕途发展，所以，凡是裴度设计的讨伐方案，元稹和魏弘简都会从中阻挠。天下之人都把矛头对准了元稹，说他是在迷惑皇上，裴度遂在军中上书穆宗，指责元稹和魏弘简二人朋比为奸、祸乱天下之状，他认为："叛臣作乱，震惊山东；奸臣朋党，扰乱国政。陛下如果想扫清幽州和镇州，只有先肃清朝廷才是，为什么这样说呢？祸乱有大有小，处理起来也有先有后。河朔逆贼，只祸乱山东一方，而朝廷奸臣却要扰乱整个国家，因此，河朔叛乱事小，而惩治朝廷奸臣事大。小事，臣与地方藩镇一定能够处理好，而大事则陛下不下决断、陛下不觉悟，就无法清除。如今，满朝文武无不切齿痛恨，却都因为陛下对此二人非常宠信，才不敢开口，唯恐目的尚未达到，自身就已大祸临头了，所以才不再替国家前途着想，只求个人平安。以前，臣一直隐忍不发，一是考虑到他们罪恶如山，陛下终归会发现予以惩处；二是四方无事，虽然货贿公行，等其恶贯满盈，自会灭亡。而如今天下已乱，陛下忧心忡忡，每一道命令都关乎社稷的安危，而这些奸臣却胆大妄为，肆意蒙蔽陛下。他们翰林院的旧党结为一体，相互唱和，混淆视听。臣自从兵兴以来，上呈的方略都非常关键，而最终下来的诏书却与臣的原意大相径庭，被奸臣们从中阻挠很多。臣与此佞幸之人素无过节，只是因为昨天臣请求乘坐驿马车亲自回京面见陛下，当面陈述前线的情况，这正是这些奸臣最害怕的。他们知道臣一旦见到陛下，一定会历数他们的罪过，因此才千方百计阻止臣回京。臣又请求率领各军齐头并进，这些奸臣们又予以阻挠，他们担心一旦臣取得成功，他们的进退都会受到臣意见的影响，因此又异口同声地建议，要么两道招抚，逗留时日，要么派遣蔚州行营进攻，无端拖延，他们的目的只有一个，那就是令臣不能成功，至于山东是胜是负、天下是否大乱，他们都置之不理。况且，陛下身边忠臣、能臣甚多，何必非要用此人？以臣愚见，如果陛下清除了朝中奸臣，河朔逆贼不用讨伐，自然会平定；如果奸臣还在，就算平定了逆贼，也对国家没有什么好处。臣阅读国史，看到代宗朝吐蕃攻陷京师，而代宗却受到程元振的蒙蔽，当时的柳伉不过是一个太常博士，尚能上书为国除害，如今，臣身为将相，岂能坐视不顾？如果陛下不信忠言，仍然被奸党迷惑，希望将臣的奏疏予以公开，令朝廷百官集体评议，元稹不受责罚，那么我就该受惩处。”裴度接连上了三道奏章，穆宗虽然心里不高兴，但因裴度是帝国的重臣，又领兵在前线，不得已于十月二十日将魏弘简贬为弓箭库使，将元稹贬为工部侍郎。元稹虽然被解除了翰林学士一职，但穆宗对其依然宠信。

宿州刺史李直臣犯贪污罪该处死，宦官们收受了他的贿赂，在穆宗面前替他求情，但御史中丞牛僧孺坚决要求将其处死。穆宗说道：“李直臣有才，杀了可惜。”牛僧孺回答：“那些没有才能的人，不过吃饱穿暖、养活妻儿，又有什么可担心他们的呢？国家设立法律，就是为了限制那些有才之人。安禄山、朱泚都是才能超过常人、法律对他们无能为力之人。”穆宗只好听从。

横海节度使乌重胤率领全军救援深州，各路讨伐军都依仗着他独当一面，对付幽州和成德的军队，而乌重胤是员老将，深知幽州和成德军队声势浩大，不是一时半会能消灭的，遂按兵不动，寻找机会，而穆宗却急于消灭叛军，对乌重胤的做法非常恼火，十月二十三日，他下令将乌重胤调任山南西道节度使，改任杜叔良为横海节度使。同月，灵武节度使李进诚上奏称，在大石山下击破吐蕃三千骑兵。

十一月二十八日，淄青节度使薛平上奏称，本镇的突将马廷崟阴谋作乱，被杀。当时，幽州和成德的叛军合力进攻棣州（今山东省惠民县），薛平派遣大将李叔佐率军救援。德州刺史王稷（前太尉王播之子）对士兵们的供应稍稍不足，将士们遂心生怨恨，当晚一哄而散，推举突将马廷崟为主，一路上边走边集结部众，召集了七千余人，逼近了青州。青州城内守军人数很少，薛平打开仓库又拿出家财，招募了两千精兵出城迎战，一举大破叛军，斩杀了马廷崟，并诛杀数千叛军。

同月，新任横海节度使杜叔良率领各道讨伐军与成德军队作战，却屡战屡败，成德军队见其是个无能之辈，每次作战总要先进攻他的军队。十二月八日，监军谢良通上奏，杜叔良在博野（今河北省蠡县）大败，讨伐军被杀、逃亡七千余人。杜叔良狼狈逃回军营，自己的符节也全部丢了。十五日，义武节度使陈楚上奏，在望都（今河北省望都县）和北平（今河北省顺平县）击败朱克融的军队，斩杀一万余人。十六日，穆宗下诏任命凤翔节度使李光颜担任忠武节度使、兼任深州行营节度使，代替杜叔良。

自从宪宗讨伐四方以来，朝廷国库已非常空虚，等到穆宗继位后，又大肆赏赐近臣以及禁卫各军，毫无节制，用兵幽州和镇州后，前线迟迟未取得决定性的胜利，国库已完全枯竭。眼看后方已无法再继续支撑下去了，宰相们这才商议："王庭凑杀害田弘正，而朱克融却保全了张弘靖，二人的罪过有轻有重，请求赦免朱克融，集中兵力讨伐王庭凑。"穆宗听从了，十二月二十三日，穆宗下诏赦免了朱克融，任命其为卢龙节度使。二十六日，义武镇上奏称击破莫州（今河北省任丘市北）、清源（今河北省任丘市西南）等三座营寨，斩杀一千余人。

# 五八一　再失河朔（一）

长庆元年很快就过去了，河北战事已持续两个月，却没有取得穆宗设想的速战速决的结果，相反，叛军的攻势却一直不减。

长庆二年（公元822年）一月五日，幽州叛军攻克了弓高（今河北省东光县西北）。弓高的守备原本很严密，一次，有位中使深夜赶到城下，守将闭门不纳，一直等到天明，才让这位中使入城。入城之后，中使大怒，将城内守将痛骂一顿，结果，这一消息却被幽州叛军掌握了。过了几天，叛军就派人化装成中使趁夜来到城下，守将一听又是中使来了，赶忙迎接入城，叛军随之而入，一下就袭占了城池。占领弓高之后，叛军乘胜又包围了下博（今河北省深州市东南）。

中书舍人白居易上书请求罢兵，他认为："自从幽州、镇州叛乱以来，朝廷征召各道军队，不下十七八万之众，四面包围，发起进攻，但至今已过去半年，官军不利，叛军的力量却越来越强大了。弓高陷落，粮道不通，下博、深州孤军被围，士兵饥饿，形势十分危急。这全都是因为将领太多，人心不齐，没人愿意先发起进攻，相互观望。另外，近来朝廷的赏罚也越来越不公平，有的人没有立功却被升官，打仗失败也没有受到惩处，既然未能做到严格赏罚，就不足以激励大家，才拖延至今，如果再不改变，必无希望。请求陛下命令李光颜率领三四万各道军队从东面迅速推进，打通弓高的粮道，再与下博的军队一道解除深州、邢州之围，与牛元翼会师；再命令裴度率领太原全部兵力，兼任招讨使旧职，从西面冲入敌境，寻找时机发起进攻。如果乘虚得手，就命令他们一起将敌人消灭；如果战胜了敌人，也允许叛军归降。如此一来，两路夹攻，可以分散叛军的兵力；招降叛军，可以令他们军心动摇；一定还未加兵，叛军内部就会生出变故。还有，请求陛下下诏命令李光颜从各道军队中挑选精锐留下，其余士兵全部送回本道，防守本镇。兵多而不精，不仅白白浪费粮食，还有可能导致失败。如今既然只保留了东西两位统帅，就请各设置一名都监，至于各道军队内的监军，可以一概撤回。如此，则号令划一，一定能够成功。再者，朝廷重用田布，本来是令其替父亲报仇的，如今，他率领全军离开魏博，粮草全由度支供应，可是，数月以来却不进击，这并非田布愿意这样，其间还有深层次的原因。臣听说朝廷曾经屡屡赏赐魏博军队，他们的士兵骄横，将领富裕，不肯为田布所用，何况他们全军一个月的费用需要二十八万钱，如果继续拖延下去，朝廷拿什么来给他们？最应该早早退军的魏博军。如果东西两路军队只保留六万人马，费用不多，不仅朝廷压力不大，而且前线将士们的待遇也都提高了。现在事态已非常危急，深藏的变故难以预测。如果军队人数一直不减，军费开支降不下来，前线将士粮食不足，军心如何才能安定？军心不安，什么事情都有可能发生。何况有关部门为了供应前线，不得不向百姓横征暴敛，如果严禁他们这么做，前线就供应不上；如果允许他们这么做，则就会失去民心。自古国家的安危全在于此，希望陛下深思。”但穆宗不从。一月七日，度支部门送给横海镇的六百辆运粮车，行至下博，全被成德军截获。当时，前线各军都缺衣少食，后勤部门运往前线的衣粮经常在半路上就被其他军队劫掠，无法运到指定的军队，那些深入最前线的军队反而饥寒交迫，什么也得不到。

魏博原本是河朔三镇之一，长期以来，与成德和幽州相互支持，共同对抗朝廷，如今成德、幽州叛乱之后，魏博军民也开始动摇。当时，田布率领魏博军队进驻南宫，穆宗屡屡派中使前来督战，而魏博将士骄傲懒惰，毫无斗志，加上天降大雪，度支部门的粮草无法运到。田布命令用魏博本道下属六个州（魏博的下属为魏州、贝州、澶州、博州、相州、卫州）的赋税供应军队，将士们听说后，都很不高兴，纷纷说道：“根据惯例，军队离开本镇后，都由朝廷供应衣粮。如今尚书却割下我六州的血肉来供给军队，就算尚书个人损私肥公，我六州百姓又有什么罪过？”魏博牙将史宪诚本是奚人，世代为魏博将领，当初田布跟着父亲田弘正在魏博时，对他很好，多次在父亲面前举荐；等田布接任节度使后，就把史宪诚提拔为先锋兵马使，将魏博的全部精兵交给了他。谁知这个史宪诚却是个狼心狗肺之人，他一心想恢复昔日河朔割据，当他觉察到魏博将士们的不满情绪后，不仅不替田布说话，反而从中煽风点火。正巧，穆宗下诏命魏博派遣一部兵力交给李光颜统领，前去解救深州，以此为导火索，一月八日，魏博各营军队开始溃散，很多士兵逃归史宪诚麾下，田布只率领八千中军逃回魏州。十日，田布回到魏州，次日，他召集众将商议再次出兵，众将都不感兴趣，纷纷说道："尚书如果能奉行河朔旧事，我们将与尚书生死与共；如果命令我们再次出征，我们是不会从命的。"田布见状，也无可奈何，叹息说道："不能建功立业了啊！"当天，他写下遗表，详细叙述了魏博的情况，大致意思是："臣看众将之意，终归要背叛朝廷。臣既然无法立功，岂敢忘死！希望陛下能够速速解救李光颜和牛元翼，不然的话，河北的义士们终将被河朔叛贼杀光啊！"写完遗表，他失声大哭，交给幕僚李石，然后入内向父亲的牌位禀报，抽出佩刀说道："上向君王和父亲谢罪，下以忠义昭示三军！"以刀尖刺穿心脏而死。

史宪诚听说田布自杀的消息后，向部众宣布脱离朝廷，恢复河朔割据。魏博军队都非常高兴，簇拥着史宪诚返回了魏州，推举其为留后。一月十六日，田布自杀的消息传到了朝廷。穆宗无奈，只好于次日任命史宪诚为魏博节度使。史宪诚虽然窃喜得到了朝廷的认可，表面上没有公开与朝廷翻脸，但暗地里与幽州的朱克融和成德的王庭凑勾结了起来。十八日，穆宗下诏任命德州刺史、原成德牙将王日简为横海节度使，二十日，贬杜叔良为归州刺史。

穆宗原打算赦免幽州的朱克融，一心对付成德的王庭凑，然而，事态的发展出乎他的预料。朱克融在接到诏书之后，并没有停止军事行动，河北战事毫无改观，如今，魏博的田布又被逼自杀，魏博军队撤出战场，河北局势时刻面临大坏的可能。王庭凑将牛元翼团团包围于深州城内，官军三面救援，但都因缺乏粮草而无法前进，即便是名将李光颜也只能谨守营垒，保证军队不致饿死而已；唐军将士们每天只得亲自出外砍柴，每人每天只能分得一勺陈米充饥，而深州却越来越危急，随时都有陷落的可能。在这种情况下，朝廷方面不得不作出让步，决定撤军。劝说穆宗赦免王庭凑的人就是元稹，元稹之所以提出这一建议，一方面是河北战事已没有成功的希望；另一方面，他是出于怨恨裴度，想借此解除裴度的兵权。

二月二日，穆宗下诏任命王庭凑为成德节度使，军中将士一律恢复原有官爵，并派遣兵部侍郎韩愈担任宣慰使，赶赴河北。

穆宗讨伐河北失利的原因是多方面的，主要有以下几点：一是急于销兵。穆宗即位之初，河北已基本平定，宰相萧俛和段文昌认为："如今天下已经太平，应该逐渐裁撤内地军镇的军队，请下密诏告知各地，凡是军镇有军队的，每年限定每一百名士兵要有八个人自动脱离军籍或者死亡。"这一动议的初衷是好的，然而，社会治理是一项复杂的系统工程，必须经过缜密的安排，才能确保没有太大的负面影响，这种简单的裁军，不予脱籍士兵以妥善安置，势必给社会治安带来巨大的隐患，然而，当时的穆宗整天沉迷于声色犬马，无心政事，遂不假思索就批准了他们的建议。这些脱离军籍的士兵人数众多，又无所事事，没有生活来源，只有啸聚山林，等朱克融和王庭凑作乱后，他们都投奔到叛军麾下。当朝廷下诏征讨河北时，各道军队人数不足，只得临时招募，招募来的都是些乌合之众，所以战斗力不强。二是号令不一。各道节度使统领的军队，朝廷都派有监军，就连那些人数较少的小部队里，朝廷也派驻有中使监督，这些宦官监军处处掣肘，主将毫无决断的权力。部队打个小胜仗，这些宦官就赶紧向朝廷请功；一旦失利，又百般威胁主将，把罪过推到主将身上。他们还挑选军中的精锐当自己的卫士，而让羸弱之卒去冲锋陷阵，所以是屡战屡败。三是朝中遥控指挥。前线情况瞬息万变，而以穆宗为首的君臣却是纸上谈兵，所有军事行动都是遥控指挥，根本不顾实际情况，一味地派人督促出战。穆宗的诏令还经常朝令夕改，让前线将士无所适从。传达命令的中使在道路上来回穿梭，驿马不够用，就抢夺行人的马匹，致使行人不敢从正道上行走。四是朝中政争不断。裴度平定淮西时，朝中也有不同的声音，李逢吉就百般阻挠，但当时的宪宗力排众议，全力支持裴度，将李逢吉罢相，又免去了李逢吉的同党令狐楚的翰林学士（《唐诗纪事》记载，李逢吉与令狐楚二人唱和的诗很多，结集名为《断金集》），而如今的穆宗却不同，他本人没有雄才大略，所用的宰相崔植、杜元颖和王播，要么无能，要么无心讨贼，他所信任的元稹嫉贤妒能，私心极重，唯恐裴度成功，千方百计地从中干扰。五是中央财政困难。

有了这些，虽然穆宗征调了十五万大军，又有裴度这样的老臣，乌重胤和李光颜这样的名将，去讨伐幽州、镇州一万余众，却师出无功，还弄得财政枯竭。再次失去河朔之后，一直到唐朝灭亡，中央始终未能再次收复。

# 五八二 再失河朔（二）

朱克融得到朝廷的任命后，才释放了张弘靖和卢士玫二人。

长庆二年（公元822年）二月四日，穆宗下诏任命牛元翼为山南东道节度使，以左神策行营乐寿镇（今河北省献县）兵马使傅良弼为沂州（今山东省临沂市）刺史，以瀛州博野（今河北省蠡县）镇遏使李寰为忻州（今山西省忻州市）刺史。傅良弼、李寰驻守在幽州和镇州叛军之间，朱克融、王庭凑交相引诱，但二人始终不从，叛军也未能攻下二地，所以，穆宗晋升了二人，也等于放弃了这两个地方。此后，李寰率领三千守军撤出博野，王庭凑派兵追赶，反被李寰杀死三百余人，将王庭凑的追兵击退，博野城中尚有两千守军固守不降。到四月，穆宗又改任傅良弼和李寰为神策都知兵马使。

二月十四日，穆宗给横海节度使王日简赐名为李全略。十九日，穆宗将中书侍郎、同平章事崔植贬为刑部尚书，晋升工部侍郎元稹为同平章事。二十一日，又加李光颜为横海节度使、沧景观察使，其原任的忠武、深州行营节度使照旧；改任横海节度使李全略为德州、棣州节度使。当时，李光颜率领的讨伐军深入河北腹地，供应难以为继，朝廷只好将横海镇的沧州和景州划给他，让他就地取粮。然而，当李光颜统领的将士们听说朝廷要把他们留在沧州和景州，很快就发生了兵变，纷纷向西逃去，李光颜也无法制止，并受到惊吓，病倒在床。不久，李光颜上书恳请辞去横海节度使一职，穆宗只好答应，让他返回许州忠武本镇，又恢复了李全略横海节度使一职。

王庭凑虽然接受了朝廷的任命，却仍然不从深州撤围。二月二十四日，朝廷以知制诰冯宿为山南东道节度副使，暂且担任留后，再派中使赶往深州督促牛元翼前去上任。裴度也给朱克融、王庭凑写信，以大义相责备，朱克融接到书信后，即率军撤离，而王庭凑却仅仅率军稍稍后退，仍然驻扎在附近，不肯远离。

元稹一直怨恨裴度，在他的运作下，穆宗于二月二十五日晋升裴度为司空、东都留守、平章事如故。诏书下发后，谏官们纷纷上书，称：“现在还没有完全休兵，裴度有将相全才，不该把他罢去兵权，安置在闲散之地。”但穆宗不听。正巧，有位中使从河北回京，向穆宗汇报说：“军中将士们称，裴度在朝廷的话，河北藩镇忠于朝廷的人对朝廷还有所眷恋，强悍的对朝廷也有所畏惧，如今让他留在东都，人人都非常失望。”穆宗虽然对裴度不满，但也知道裴度德高望重，深得人心，只好另行下诏命裴度入朝觐见，再去东都上任。当初，穆宗在东宫时，曾听说羽林将军李听有匹宝马，就派人暗示李听把马送给自己，李听以自己担任禁卫军将领，责任重大，不敢随便将宝马送人，拒绝了穆宗的请求。等裴度离开河东后，穆宗说道：“李听不给朕马，这人一定升任此职。”遂任命李听为河东节度使。

昭义镇的监军刘承偕自恃有皇帝这个靠山，放纵下属违法乱纪，他还经常当众羞辱节度使刘悟。二人之间关系日益紧张起来，刘承偕就找到磁州刺史张汶商量，打算逮捕刘悟，将其送回长安，而以张汶取而代之。谁知二人的密谋却走漏了风声，被刘悟知道了，在刘悟的策划下，昭义将士发动叛乱，杀了张汶。将要动手杀刘承偕的时候，刘悟的幕僚贾直言走了进来，责备刘悟道：“大人如此作为，是想步李司空（李师道）的后尘吗？军中难道就没有像大人一样的人吗？假如李司空地下有知，会在九泉之下耻笑大人的！”刘悟遂向贾直言道歉，救下了刘承偕，将其囚禁在衙门之内。

三月一日，穆宗下诏称：“神策六军使以及南衙常参武官准备各自的简历，送交中书省，由中书省予以甄别、提拔。各道资历老的、有功的大将，也一一上奏，由朝廷加官晋爵。至于各道各军，也应按照旧有员额，一一补充满员，不得随意减员。”穆宗在东宫时，听到过天下厌战的声音，所以即位后，对将领士兵们很是优待。这一诏书颁发后，各地的商人、小吏纷纷贿赂节度使，请求向朝廷推荐，一旦地方上报来名单，朝廷就颁发委任状。一时间此类奏章堆积如山，令传统士大夫们扼腕叹息，又无可奈何。

武宁节度副使王智兴率领三千精兵参加了河北讨伐战，武宁节度使崔群知道王智兴深得军心，如今王智兴又手握兵权，对他又猜忌又害怕，遂奏请朝廷要么授予他节度使一职，要么征召入朝，另行任命官职。朝廷还未答复，王智兴本人也有自疑之心，等朝廷赦免王庭凑之后，王智兴率先率军返回武宁镇。崔群很是害怕，派人前去迎接慰问，并命令士兵们放下武器然后入城，但王智兴不从。三月十四日，王智兴率军径直回到徐州城下，徐州人打开城门迎接，王智兴杀了十几个异己分子，而后进入府衙。见到崔群和监军后，王智兴叩拜在地，说道："军心如此，我也没有办法！"他早已给崔群和监军准备好了行装，强迫他们离开徐州，派兵将崔群以及其家眷护送到埇桥（今安徽省宿州市）而返。王智兴趁机劫掠了盐铁院的钱财、布帛，停留在汴河上的各道进贡船舶以及商船上的财物，也被他们劫掠了三分之二。不久，王智兴又派遣两千人马偷袭濠州，濠州刺史侯弘度弃城逃往寿州。穆宗以刚刚结束河北战事，无力讨伐王智兴，只好任命其为武宁节度使。

穆宗听说朱克融和王庭凑已经撤离了深州，就于三月十五日加授二人为检校工部尚书，但实际上王庭凑的军队还在深州城下。韩愈动身前往河北宣慰，朝中文武都替他捏了一把汗，元稹也说："韩愈可惜了！"穆宗也后悔了，赶忙下诏叮嘱韩愈，让他到河北之后，先观察一下形势再说，不要贸然进入。韩愈却对随从们说："停留下来，这是君王的仁德；为国而死，这是臣子应有之义。"遂马不停蹄，直接来到了镇州。听说韩愈到来后，王庭凑命令士兵们拔出佩刀、拉着弓弦迎接，韩愈来到馆驿后，院里布满了全副武装的士兵。王庭凑说道："之所以吵吵嚷嚷、乱成一团，都是这些人干的好事，不是我的本意。"韩愈厉声说道："天子因尚书有将帅之才，才赏赐给你节度使一职，谁知你竟然指挥不动这些壮士！"士兵们冲上前来，高声说道："先太师（指王武俊）替朝廷击退了朱滔，沾满鲜血的战袍还在，成德军哪一点对不起朝廷了？朝廷把我们当成反贼！"韩愈说道："你们还记得先太师就对了！是归顺朝廷还是背叛朝廷，是福是祸就在眼前。自从安禄山和史思明以来，一直到吴元济和李师道，你们说说他们的子孙有几个还在朝廷为官？田大人（指田弘正）以魏博镇归顺朝廷，子孙虽然还是儿童，都被朝廷授予美官；王承元以本镇归顺朝廷，年纪轻轻就当上了节度使；刘悟、李祐二人如今也都当上了节度使；你们听说没有？"众人说道："田弘正太苛刻了，所以本镇不安。"韩愈说道："可是你们也杀害了田大人，又残害了他的家眷，又有什么道理？"众人说道："你说得有理。"王庭凑唯恐众人被韩愈说动，赶忙挥手命他们出去，而后对韩愈说："侍郎前来，打算让我干什么？"韩愈回答："神策六军中像牛元翼这样的将领很多，但朝廷顾及大体，不可弃之不顾！尚书为何继续包围深州、不令其出城？"王庭凑回答："现在就让他出来。”韩愈说道：“要能做到这一点，我来就没别的事了。”王庭凑遂设宴款待韩愈，以礼将他送回。韩愈回京复命后，穆宗大喜，调任他为吏部侍郎。不久，牛元翼率领数十名骑兵突围而去，深州大将臧平等人投降，王庭凑责备他们守城太久，遂杀掉了臧平等八十余名深州将吏。到五月，穆宗再派中使杨再昌来到镇州，取牛元翼一家以及田弘正的遗骸。王廷凑回复：“弘正的骸骨，不知所在；牛元翼一家，等到秋天后就送去。”但不久，牛元翼就去世了，王庭凑又屠杀了他一家。

三月十七日，裴度回到了长安。他见到穆宗后，以出师无功向穆宗谢罪。在裴度进京之前，穆宗曾下诏命令刘悟把刘承偕送回京师，而刘悟借口众将不听而拒绝接受。穆宗问裴度：“此事该如何处置？”裴度回答：“刘承偕在昭义镇，骄横不法，臣对此非常清楚。刘悟在行营时曾给臣写信，谈及此事。当时，中使赵弘亮也在臣的军中，把刘悟给臣的信拿去，说要亲自上奏陛下，不知他上奏了没有？”穆宗说道：“朕一点都不知道，不过，刘悟身为大臣，他自己为何不奏？”裴度回答：“刘悟是一介武夫，不知朝廷规矩。不过，如今此事已经闹成这样，臣等当着陛下的面上奏，陛下尚且不能决断，就算刘悟当时向陛下奏报，也是一面之词，陛下岂能相信？”穆宗听得不耐烦，连连说道：“过去的事就不要再提了，你就说现在该怎么办？”裴度回答：“陛下如果要收揽天下人心，只需一纸诏书，公开刘承偕的骄横之罪，令刘悟集合全体将士公开将其处决，如此一来，别说刘悟一人了，就是天下各道藩臣谁不愿替陛下卖命！”穆宗深思很久，才说道：“朕不在乎刘承偕，可是，他是太后的养子，如今他被关押在昭义镇，还不敢让太后知道，何况要杀了他！你还是再想想别的办法。”裴度就与王播等人一起上奏，请求把刘承偕流放到边疆，刘悟肯定会放了他。穆宗同意后，又经过了一个多月，刘悟才释放了刘承偕。刘悟放了刘承偕后，穆宗又加授其为检校司徒，从此以后，刘悟也越来越自大起来，想效仿河北三镇割据，招诱不法之徒，奏章的口气也越来越嚣张了。

# 五八三 宣武兵变

穆宗讨伐王庭凑和朱克融可谓是得不偿失。

一年的较量，劳师动众，损兵折将，不仅没有消灭二人，而且令朝廷对地方的控制力也大大下降了：魏博史宪诚逼死田布，取而代之；武宁王智兴赶走了崔群，取而代之；昭义的刘悟杀死了张汶、囚禁了刘承偕，企图效仿河北藩镇。

河北罢兵之后，穆宗追究幽州、镇州反叛的根源，于长庆二年二月将中书侍郎、同平章事崔植贬为刑部尚书，提拔元稹为同平章事，与此同时，穆宗下诏允许裴度进京。当时，裴度的政敌元稹、李逢吉等人都非常乐观，他们觉得裴度长期在外任职，朝中没有党羽，过去穆宗对裴度也不感冒，就算这次入京，裴度也未必会改变穆宗对他的看法，将他留在朝廷。谁知裴度见到穆宗后，言辞恳切，神情和缓，令穆宗非常满意，这让元稹等人十分担心。这时，又有人向穆宗建议："河北叛贼知道裴度被朝廷罢去兵权，肯定会背弃约定，再度反叛的。"穆宗就改任裴度为淮南节度使。裴度还未成行，王智兴叛乱的消息又传到了朝廷，朝中百官又是一番议论，纷纷建议穆宗将裴度拜为宰相，到三月，穆宗遂以中书侍郎、同平章事王播为同平章事、淮南节度使，代替裴度赶赴淮南，并兼任各道盐铁转运使，而任命裴度以本官兼任中书侍郎、同平章事。

为了解决财政困难，户部侍郎、判度支张平叔上奏称："由官府直接控制食盐买卖，获利将超过如今一倍。请求各地官吏深入乡村卖盐。"又请求"以宰相兼领盐铁使。把出售食盐的多少作为考核刺史、县令政绩的重要依据。调查各地的实际户口，令他们相互担保，一次性发放给他们一年的食盐，允许他们按季付款"。他还说："施行这一政策后，一些富商或许会向官员们行贿，或许会拦路告状，领头的一律用棍棒打死，联名的全部杖打脊背。"穆宗把他的建议交给朝廷群臣讨论可行性。兵部侍郎韩愈上书提出反对，他认为："城镇之外的农村地区买盐很少给现钱的，大都用杂物交换，民间的盐商什么东西都要，有时则令百姓暂且赊欠，以后再还，用这种办法穷人能吃上盐，商人们又有钱赚，双方都有利。如今，让官吏亲自出售食盐，则没有现钱，其他杂物肯定不敢接受，如此一来，穷人吃不上食盐，食盐又卖不出去，税收收不上来，哪里会有翻倍的利润！另外，如果让官吏到百姓家中卖盐，一定会向百姓索要额外的车马费用，骚扰很多。况且，刺史、县令的职责是替皇上分忧解难，治理百姓，岂能仅仅以卖盐多少来进行升赏、惩处，而不再考核其政绩？还有，穷人家吃盐很少，有时候十天半月也不吃盐，如果根据人口数量来分发食盐，按时征收盐款，官吏们害怕受到追究，一定会使用酷刑，臣担心会闹得各地不安，这才是最严重的问题。”中书舍人韦处厚也反对道：“宰相处于指导朝廷大政方针之地，却身兼盐务，这确实不合适。窦参和皇甫镈都是管理钱粮出身，当上了宰相，但最终都身败名裂。另外，又打算用重法来严禁人们投诉，有道是：勉强让人干那些干不了的事，一定不会成功；禁止人们一定会干的事，这样的法律一定推行不下去。”此事遂没有执行。张平叔又上奏请求追缴百姓多年拖欠的赋税。江州刺史李渤上书认为：“度支追缴我州贞元二年逃亡人户拖欠的四千余钱赋税，我州今年大旱，每亩收入减少十分之九。陛下为何在大旱之年追缴三十六年前拖欠的赋税呢？”穆宗遂下诏全部免除。

如今，朝廷上的三个宰相分别是：司空兼门下侍郎、同平章事裴度；户部侍郎、同平章事杜元颖；守工部侍郎、同平章事元稹。谁都知道，裴度与元稹不和，这让一位野心家看到了机会，此人就是兵部尚书李逢吉。当过宰相的李逢吉因在平定淮西时与裴度意见相左而被宪宗罢相，因此深恨裴度，所幸的是，李逢吉当过穆宗的侍读，等穆宗即位后，峰回路转，李逢吉再度回到了朝廷，被任命为兵部侍郎。史书对李逢吉的评价不高，《旧唐书》称他是“天与奸回，妒贤伤善”，《新唐书》也称他“性忌前（指嫉妒官位比自己高的人），险谲多端”，可见，他是个诡诈多端的奸臣。一心想再次回到权力顶峰的李逢吉想出了一条落井下石的妙计。当初，王庭凑包围牛元翼时，和王（穆宗的叔父李绮）傅于方想献上奇策，以求升迁，就向元稹建议：“派遣门客王昭、于友朋私下游说叛贼，令他们放出牛元翼。再贿赂兵部、吏部的小吏们，让他们伪造二十套委任状给二人，让他们见机行事予以发放。”元稹都一一采纳了。李逢吉得知此事后，就派李赏到裴度那里告密，谎称于方是替元稹物色杀手，要去刺杀裴度。李逢吉的如意算盘是，既然裴度与元稹二人有矛盾，肯定会相互倾轧，不管他们二人谁被赶下台，最有可能晋升的就是他。

谁知，出乎李逢吉的预料，裴度听了李赏的话后，却并没有上奏穆宗，而是选择了隐忍不发。李逢吉还不甘心，就令李赏前去左神策军告发，五月二十七日，穆宗下令左仆射韩皋等人会审此案。三法司经过审理，发现于方刺杀裴度一事毫无证据，但不管怎样，已给穆宗造成了两个宰相势同水火的印象，李逢吉也是如愿以偿了。六月五日，穆宗将刚刚当上宰相三个月的元稹、裴度二人双双罢相，以裴度为尚书右仆射，以元稹为同州刺史，晋升李逢吉为门下侍郎、同平章事。谏官们纷纷上书，认为："裴度无罪，不该罢相。元稹与于方邪恶勾当，处罚太轻。"穆宗不得已，又免去了元稹长春宫使这一兼职。

李逢吉如愿以偿地当上了宰相，此时，朝中重臣分别是：司徒韩弘；司空裴度（兼任尚书左仆射）；同平章事杜元颖、李逢吉；度支使张平叔（十二月被贬为通州刺史，改任窦易直）；盐铁使王播；左神策军护军中尉马进潭、马存亮；右神策军中尉梁守谦；知枢密使王守澄、杨承和。据史书记载，自从李逢吉当上宰相后，开始拉拢朝臣一些不得志的人，结为朋党，百般陷害裴度。幸赖翰林学士李绅、韦处厚等人在穆宗面前保护，直言裴度是受到李逢吉的排挤，而裴度对国家有功，不应受到冷遇，所以，裴度才得以留在朝中。

当初张弘靖担任宣武节度使时，屡屡拿出府库中的财物赏赐将士，致使宣武军的府库空虚。李愿由武宁节度使接任宣武节度使后，生活奢侈，对将士们的赏赐又比张弘靖时要少，刑罚又比张弘靖时要重，宣武将士们开始牢骚满腹。李愿让自己的内弟窦瑗统领卫队，而窦瑗骄傲贪婪，在军中名声很坏，大家都很厌恶他。牙将李臣则等人阴谋发动兵变，到七月四日深夜，他们在军帐内砍下窦瑗的人头，齐声呼喊，军府将士们一起响应。李愿和其中一个儿子翻越城墙，逃离汴州，直奔郑州。乱兵们遂杀掉李愿的妻子，一起拥立都押牙李齐担任宣武留后。

七月十日，宣武发动兵变的消息传到了京师。两天之后，李齐上奏称自己已经暂且担任了留后。十七日，穆宗下诏命令朝廷三省长官与宰相一起研究汴州兵变事宜，众人均认为应该按照河朔故事，授予李齐节度使符节。李逢吉说道："河北之事，是朝廷迫不得已才那样的。如今，如果将汴州一并丢掉，那么，江淮以南的军镇也会随之失去。"杜元颖和张平叔争执道："为何爱惜数尺符节，而不爱惜一方军民的性命呢？"讨论一直定不下来。但不久，宣武镇的另外三个州宋州（今河南省商丘市）、亳州（今安徽省亳州市）、颍州（今安徽省阜阳市）的刺史都上表请求朝廷另外委任节度使。穆宗闻讯大喜，认为李逢吉的意见是正确的，并派遣使者赶赴这三个州去安抚、慰问。李逢吉趁机请求穆宗："以将军职位征召李岕入朝，改任义武节度使韩充为宣武节度使。韩充是韩弘的弟弟，素来宽厚，深得人心。如果李岕违抗朝命，则命令徐州和许州两处军队左右夹攻，以义成军从北面压制，则韩充一定能够得手。"穆宗遂听从了李逢吉的意见。

七月八日，穆宗下诏贬李愿为随州刺史，以韩充为宣武节度使兼任义成节度使。征召李岕为右金吾将军，但是李岕拒不奉诏。

宋州刺史高承简斩杀了李岕的使者，李岕派遣两千军队进攻宋州，已攻陷宁陵（今河南省宁陵县）、襄邑（今河南省睢县）两地。宋州有三座子城，李岕已攻陷了南城，高承简固守北面两座子城，与敌人会战了十几次。七月二十五日，忠武节度使李光颜率领两万五千军队讨伐李岕，进驻尉氏（今河南省尉氏县）。兖州、海州节度使曹华听说李岕作乱的消息后，不等朝廷命令即率军前去讨伐。李岕再派三千人马进攻宋州，刚至城下，二十八日，曹华率军迎战，将其击破。二十九日，李光颜也在尉氏击破宣武叛军，斩杀两千余人。

八月六日，韩充进入宣武境内，驻扎在千塔（今地不详）。武宁节度使王智兴与高承简一起击破宣武军，斩杀一千余人，进攻宋州的宣武叛军最终逃走。十四日，韩充在郭桥（今河南省封丘县境内）击败宣武军，斩首一千余级，进逼万胜（今河南省中牟县西北）。

当初李岕担任留后后，以都知兵马使李质为心腹，等到李岕被朝廷调任金吾将军，李岕拒不接受，李质屡屡劝谏，但李岕依然不从。战事爆发后，李岕头上长疮，卧病在家，派遣李臣则等人率军赶赴尉氏，抵御李光颜，不久，官军从四面八方向宣武压来，叛军屡屡战败，李岕的病情也越来越沉重，就把军务交给李质全权处理。八月十八日，李质与监军姚文寿一起抓住李岕，将其杀死。杀死李岕之后，李质又伪造文书，以李岕之名召回李臣则等人，等李臣则等人回来后，李质又将他们全部诛杀。然后，李质又派人将李岕的四个儿子押送到了京师。韩充尚未到任时，李质暂且主持军务，当时，负责警卫总部事务的卫队有三千人，由宣武总部每天供应酒水、食物，财力逐渐难以支持。李质说道："如果韩大人刚上任就取消这项待遇，肯定会失去宣武人心，我不能把这项弊端留给我新任的上司。”遂取消了这项待遇，而后才去迎接韩充。

当时，李光颜原本打算进入汴州之后，大肆劫掠一番，汴州监军姚文寿也想让许州的军队进入汴州，镇压异己。韩充在中牟听说后，遂于十九日率军径直进入汴州。汴州军民素来对韩充怀有好感，见韩充入城后，都放下心来。二十五日，穆宗下诏任命韩充为宣武节度使，调任曹华担任义成军节度使，晋升宋州刺史高承简为兖、海、沂、密节度使，晋升李光颜为兼侍中，晋升李质为右金吾将军。韩充担任后，军府人心慢慢安定下来，他暗中调查上次兵变中的骨干一千余人，一天，突然宣布命令他们连同妻子一起离开汴州，称：“胆敢稍稍逗留境内的，一律斩首！”自此以后，宣武军政才完全进入正轨。

# 五八四 逢吉当国（一）

长庆二年七月宣武兵变之后，浙西观察使窦易直担心本镇也发生连锁反应，打算拿出府库内的钱财赏赐将士们。

有人阻止说："赏赐他们，没有名义，反而会使他们更加生疑。"窦易直这才作罢。谁知外面已经得知了这一消息，大将王国清趁机密谋作乱，当时，江淮地区发生旱灾，水位很浅，无法船运，转运司的钱财、布帛都堆放在岸边，王国清指着这些钱财、布帛对士兵们说将以此犒赏大家，企图激起兵变。事情败露后，窦易直先将王国清逮捕下狱，王国清的数千下属发动骚乱，大喊着冲入狱中，将王国清劫出大牢。乱兵正要趁机大肆劫掠一番，窦易直登上城楼，对将士们说："能斩杀作乱的，每抓一人，赏钱十万。"众人非常高兴，转而倒戈进攻乱党，擒获了王国清及其同党三百余人，窦易直下令将他们全部诛杀。九月一日，窦易直将此事上报朝廷。德州刺史王稷继承了父亲王锷的巨额财富，因此非常富有。横海节度使李景略对此早已垂涎欲滴，九月九日，他秘密派兵将王稷杀死，屠杀了他全家，还将王稷的女儿纳为小妾，以发生兵变上报朝廷。

穆宗讨伐幽州、镇州失败后，继魏博、武宁、昭义兵变，又发生的宣武、浙西、横海这三次兵变，以宣武兵变影响最大，浙西兵变胎死腹中，横海兵变完全是假，不管是真是假，都说明了朝廷在再次失去河朔三镇之后，威信进一步下降。不过，朝廷平定宣武叛乱，多多少少挽回了一点面子。在朝廷讨伐李岕时，魏博节度使史宪诚上书请求朝廷授予李岕符节，又在黎阳修筑码头，作出渡河南下、增援宣武叛军的姿态。朝廷派遣司门郎中韦文恪前往魏博安抚，史宪诚态度傲慢，但等听说李岕被杀后，他的态度顿时发生一百八十度的转变，向朝廷表态道："我是个胡人，就好比一条狗，就算被主人杖打，也始终不会离开主人。"

长庆二年十一月二十四日，穆宗在内廷与宦官们一起打马球，其间，一名宦官从马上落下，穆宗大吃一惊，遂得了中风，不能下地走路，自此外人不知穆宗的起居。宰相们屡屡请求入宫觐见，但都得不到答复。《新唐书·敬宗本纪》则称，穆宗不见群臣者三日。裴度三次上书请求册立太子，并请求觐见。

十二月五日，穆宗在紫宸殿接见群臣，坐在用绳子编成的椅子上，身边屏退了侍从禁卫，只留下十余名宦官。见到穆宗之后，群臣这才稍稍安下心来。李逢吉进言道："景王年龄已大，请求立为太子。"裴度请求立即下诏，以满足天下臣民的愿望。穆宗始终说不出一句话来。接着，中书、门下两省的长官也上书请求册立太子。七日，穆宗下诏册立景王李湛为太子。此后，穆宗的身体渐渐康复起来。穆宗有五个儿子，其中王氏生下长子李湛（时年十五岁，即后来的敬宗）、萧氏生下次子李昂（时年十五岁，即后来的文宗）、第三子漳王李凑、第四子安王李溶、韦氏生下第五子李炎（时年十岁，即后来的武宗）。

长庆三年（公元823年）一月二十七日，穆宗下诏赏赐给神策军中尉以下将士钱财。二月六日，又下诏赏赐给统军、军使等绸缎、银器等物品。

如前所述，自从元和用兵以来，朝中就形成了主战派和主和派两大阵营，主战派以李吉甫、武元衡、裴度等人为核心，主和派则以李逢吉、韦贯之等人为核心，两派人物相互倾轧，闹得朝廷纷乱不已。宪宗时期，李逢吉和韦贯之相继因反对用兵而罢相，李逢吉对李吉甫和裴度怀恨在心，作为李吉甫之子的李德裕也受到牵连，在元和时期经常受到李逢吉、牛僧孺、李宗闵等人的排挤，迟迟得不到晋升，可以说，牛李党争虽然源于政治斗争，但与李逢吉最先组成后来所谓的"牛党"不无关系。原来，李德裕与李绅、元稹都在翰林院，三人感情很好，李逢吉一党非常忌惮，长庆二年二月，李德裕和元稹相继离开翰林院，不过元稹当上了宰相，而李德裕却只当了个御史中丞。数月之后，在李逢吉的运作下，兴起于方案，六月，元稹、裴度均被罢相，李逢吉顺利上位。李逢吉拜相之后，锐意复仇，如今，御史中丞李德裕和户部侍郎牛僧孺二人都有可能被拜为宰相。为了提拔牛僧孺，李逢吉担心李德裕和李绅会从中阻挠，就决定先把李德裕赶出京师。去年九月窦易直平定王国清叛乱之后，李逢吉就建议穆宗征召晋升其为吏部尚书，而将李德裕外派为浙西观察使。刚刚经过乱离的浙西，窦易直已将仓库内的财帛全部用于赏赐，而将士们也逐渐骄横，确实是个险地。李德裕到任后，对自己非常节俭，军镇自留的财物全部赏给士兵们，虽然数量不多，但大家也没有牢骚，等到次年，军府仓库就又开始丰裕起来了。

排挤了李德裕，李逢吉这才开始举荐牛僧孺为宰相。穆宗对牛僧孺还是很有好感的，去年牛僧孺担任御史中丞，因宿州刺史李直臣一案顶撞过穆宗，当时，牛僧孺认为法律就是为了制约有才之人的，直接驳斥了穆宗李直臣有才、应予赦免的观点，令穆宗对他刮目相看。司徒韩弘只有一个儿子韩公武，他为人谦恭，淮西之战中，韩公武以宣武马步都虞候的身份率领宣武军参加了讨伐吴元济的战斗，战后，朝廷任命其为鄜坊节度使，不久，元和十四年，其父韩弘入朝。韩公武替其父出谋划策，拿出财宝拉拢朝廷权贵，又请求辞去鄜坊节度使一职，改任右金吾将军。不久，穆宗继位，司徒韩弘出镇河中，韩弘的弟弟韩充又移镇宣武，韩公武叹息道："二位父辈担任节度使，我一个小子又任金吾将军，家门太盛，恐怕难以担当。"遂坚决辞掉金吾将军，改任右骁卫将军。韩弘从河中回京后，于长庆二年十二月去世，在此之前，韩公武就已无病去世了，韩弘死后，只有年幼的孙子韩绍宗继承家业。韩家管理家产的奴仆与有关部门的官吏因事发生纠纷，官司打到了御史府，穆宗对韩弘孤弱的幼孙顿生怜悯，下令将韩家的账簿统统拿到宫中，亲自验视韩家的收支情况。账簿中显示，朝廷内外的很多权臣都收受过韩家的贿赂，唯独到牛僧孺的名下，有一行红笔批注的小字，写道："某月某日，送钱一千万，不收。"看到这里，穆宗大喜，对身边的侍从们说道："朕没看错人！"长庆三年三月七日，也就是在李德裕被外派任职后的半年之后，穆宗下诏晋升牛僧孺为中书侍郎、同平章事。与牛僧孺相反，在此后的八年里，由于朝中有李逢吉一党作梗，李德裕始终趴在浙西节度使任上，未能得到升迁。李德裕认为，这全都是李逢吉在排挤自己，他引荐牛僧孺为相，也是为了能够长期打压自己，从此，李德裕和牛僧孺二人之间的怨恨也更深了。

自从穆宗得病之后，知枢密使王守澄就把持了内廷，代表皇帝发布命令，权倾内外。翼城人郑注，本姓鱼，冒姓郑，当时的人们称其为"鱼郑"。郑注出身微贱，是位云游四方的江湖郎中，生活非常穷困，而且，此人身材低矮，长相又非常丑陋，眼睛不敢与人对视，总是低眉往下面看，然而此人能言善辩，内心狡诈。郑注曾以医术结识了徐州的一名牙将，这位牙将对郑注非常喜爱，就推荐给了节度使李愬。李愬晚年得了阳痿，很是头疼，吃了郑注的药，病情大有好转，遂对他非常看重，任命为节度使勤杂官（衙推）。郑注极其擅长揣测别人的心思，每次与李愬商议一些事情，总能说到李愬的心里，让李愬越来越信任他。然而，他自恃有靠山，作威作福，令徐州军府中的其他人很是厌恶。一天，时任监军的王守澄把众人的意见告诉了李愬，请求李愬免去郑注的官职，李愬说道："虽然郑注如此，但此人是个奇才，将军试着与其交谈一下，假如不合您的心意，再免去他也不迟。"遂让郑注前去拜谒王守澄。王守澄起初还不想见郑注，碍于李愬的面子，才勉强与郑注见面，谁知一见之下，刚交谈了几句，郑注言谈机敏，全部说中了王守澄的心思。王守澄大喜，将郑注请到内堂，与郑注促膝谈心，只恨相见太晚。次日，王守澄对李愬说："确实如大人所言，此生的确是位奇才。"从此以后，郑注随意出入王守澄之家，权势也更大了，李愬任命其为巡官，当作贵宾相待。郑注当权后，唯恐当初推荐自己的那位牙将泄露了自己的底细，就暗中找个罪名在李愬面前诬陷那人，结果，李愬不辨真假，就把那人给杀了。等到王守澄入朝担任知枢密使后，专门带上郑注入京，给他安排了家宅，供给他生活费用，还将他推荐给了穆宗，穆宗见到郑注后，对他也很是厚待。郑注日夜出入王守澄之家，二人密谋国事，经常通宵达旦，有时候，他昼伏夜出，在权贵中间穿针引线，打通关节，送达贿赂，外人无法得知内情。一开始，一些地位较低的官员通过郑注图谋获得晋升，数年之后，郑注家门口已排满达官贵人们的马车了。工部尚书郑权娶了很多小妾，朝中俸禄无法养活这么多小老婆，就通过郑注向王守澄谋取一个方镇节度使的职位，果然，郑权如愿以偿，长庆三年（公元823年）四月二十五日，朝廷下诏任命郑权为岭南节度使。

# 五八五 逢吉当国（二）

为了巩固自己的地位，宰相李逢吉也想通过郑注来巴结王守澄。

李逢吉派自己的侄儿李仲言给郑注送去很多钱，请求与王守澄结识。李仲言和郑注是一类人，也能言善辩，王守澄一见之下，顿时非常高兴，从此以后，李逢吉就与最有权势的宦官王守澄拉上了关系，有了宦官集团的支持，李逢吉在朝中就更是如鱼得水了。李逢吉除了引荐牛僧孺为相、巴结王守澄之外，还在朝中结成了以李仲言、张又新、李续之、张权舆等人为核心成员的朋党，史称，他们“内结宦官，种支党，丑沮日闻”。李仲言，字子训，后改名为李训。年轻时考中进士，为太学助教，后担任河阳节度使幕僚。他身材魁梧，善于辩论，但好说大话，自以为是，因善于谋划深得叔父李逢吉的信任。张又新，字孔昭，为工部侍郎张荐的儿子。元和进士，历任左右补阙，本性阴险邪恶。

在王守澄专权期间，得罪过宦官集团的柳公绰就被调出了朝廷，担任山南东道节度使。柳公绰得罪宦官还是由于长庆元年讨伐幽州、镇州的过程中，朝廷向前线派出的中使太多，致使驿马不够用，干扰了地方百姓的生活，当时担任京兆尹的柳公绰就向穆宗提出要明确限定中使的人数。穆宗就命令中书省制定法规，并取消了对驿马站官员们的惩处，因此宦官们都怨恨柳公绰。不久，柳公绰就被调任吏部侍郎、御史大夫、礼部尚书、尚书左丞，到长庆三年五月，他又被调出京师，改任山南东道节度使。柳公绰路过邓县时，发现两位下级官吏犯了法，一个犯了贪污罪；另一个犯了玩弄法令之罪。人们都判断柳公绰一定会下令杀掉那个贪污的人，结果柳公绰却下判词称：“贪污之官犯法，法令仍在；舞文之奸吏犯法，法令就没有了。”遂诛杀了舞文之人。

大体而言，柳公绰是倾向于牛党的，这是因为，当初李吉甫与裴垍先后交恶，而柳公绰与裴垍私交很好，等李吉甫再次拜相后，就把柳公绰贬为湖南观察使。有了这一层过节，柳公绰自然不会倾向于李德裕，到敬宗宝历元年（公元825年），牛僧孺被罢相，改任武昌节度使，途经襄阳时，时任山南东道节度使的柳公绰仍然以军礼参见他，下属劝阻，柳公绰却说："牛僧孺刚刚被罢相，节度使敬重牛僧孺这位前宰相，就是在敬重朝廷。"

李逢吉巩固了自己的地位之后，就开始大肆排挤裴度。此时，河朔再失，王智兴割据徐州，朝廷威信进一步降低，人们都希望裴度能够再度掌握大权，削平叛乱。而李逢吉等人却竞相散布流言，把方镇叛乱的缘由推到裴度身上，他们无非是说裴度主战，令这些节度使自疑，从而发动叛乱，甚至他们会把裴度说服王庭凑、朱克融等人作为裴度与叛军勾结的罪状，来诬陷裴度。当时，朝廷上有十余人上书替裴度说话，但穆宗听信了李逢吉的话，于长庆三年八月二十一日，将裴度贬出朝廷，任命为司空、山南西道节度使，并不兼任平章事。史称，"属时君荒淫，政出群小，而度竟逐外籓"。

裴度被贬出京师后，朝廷中只剩下翰林学士李绅与李逢吉一党相抗衡了。每次穆宗征求李绅的意见时，李绅总会对李逢吉和王守澄等人予以抨击，李逢吉和王守澄拟定的人事任命等公文，送到内廷之后，李绅也常常予以驳斥，这让李逢吉十分难受，但因穆宗一直对李绅非常宠信，李逢吉也是无可奈何。牛僧孺辅政后，就与李逢吉一起商议如何才能搞定李绅，他们终于想出了一条妙计。当时，御史中丞的位置空缺，他们知道李绅脾气很直，极易被小事拖累，而吏部侍郎韩愈同样非常倔强，就先于六月任命韩愈为京兆尹，兼任御史大夫，听说韩愈当上了京兆尹，禁卫六军将士们都相互说道："此人尚且敢于烧掉佛骨，我们岂敢再犯法？"接着，李逢吉又在穆宗面前称李绅清正，应该担任御史之官，穆宗觉得御史中丞也是属于宰相之外的"次对官"，就没有疑心，答应了。根据规定，新任京兆尹是必须到御史台参见的，李逢吉和牛僧孺二人为了促使李绅和韩愈发生矛盾，特意让韩愈兼任御史大夫，并特意下诏不让韩愈去御史台参见。果然，两个倔强的人碰到了一起，不知不觉中了李逢吉的圈套，为韩愈应否到御史台参见以及其他公务，韩愈和李绅二人公文一来一往，发生言语冲突。很快，李逢吉就上奏称，御史台和京兆府闹不团结，十月五日，穆宗下诏任命韩愈为兵部侍郎，以李绅为江西观察使。八日，穆宗又任命中书侍郎、同平章事杜元颖为同平章事、充西川节度使。

穆宗素来宠爱李绅，以为李绅乐于在外任职，遂命中使携带礼物到李绅家中尉问，谁知李绅哭着反映，自己是受到李逢吉的中伤，中了李逢吉的圈套。韩愈、李绅入宫谢恩，穆宗就令二人各自说说事情的原委，李绅就把此事的来龙去脉说了一遍，穆宗这才恍然大悟。十月十一日，穆宗又恢复了韩愈吏部侍郎的旧职，改任李绅为户部侍郎。

长庆四年（公元824年）一月一日，穆宗第一次举行含元殿的元旦朝会，也是他最后一次。到了二十日，穆宗突然旧病复发，二十二日，进入弥留之际，穆宗下令太子李湛监国。穆宗的疾病同样是个谜团。史书说，长庆二年年底，穆宗在与宦官们打球时，一名宦官从马上摔下，穆宗因此受到惊吓，以致中风，不能下地。从马背上摔下一个人，竟然能把穆宗吓出病来，这实在有点匪夷所思。穆宗中风之后，身体时好时坏，但一直没有痊愈。当初穆宗诛杀柳泌之后，一时间皇帝身边再无术士之类的人了，但过了不多久，这些人又被穆宗身边的亲信引进宫中，穆宗也开始服食他们配置的金石之药。一位叫张皋的百姓上书认为："神清气爽则气血平和，欲望太多疾病就会发作。药物的作用是为了治病，没病就不可以吃药。昔日，药王孙思邈说过：'药物的作用都是有所侧重的，会让人内脏之气不平衡，即便生病时服食药物，也需非常慎重。'一般老百姓尚且如此，何况贵为天子呢？先帝相信方士们的假话，吃了他们的药才得病的，这是陛下亲眼所见，如今陛下自己岂能重蹈覆辙呢？现在，朝野之人议论纷纷，但都唯恐得罪了陛下，才无人敢于进言。臣生于荒山野林之间，与麋鹿为伴，心无所求，只是多少知道一些忠义的道理，以求能有一点微小的贡献。"穆宗深以为然，命人去寻访张皋，却无人知道他的下落。

当穆宗进入弥留之际，宦官们想请郭太后临朝称制。郭太后说道："昔日，武后称制，几乎倾覆了江山社稷，我郭家世代忠良，不是武氏那种人可以比拟的。太子虽然年少，只要身边有贤能的宰相辅佐，你们这帮人不要再干预朝政，有什么理由害怕国家不安呢？自古以来，哪有能把国家治理得如唐虞之世的女人？"说完，她抬手就撕掉了宦官们起草好的诏书。太后的哥哥、太常卿郭钊听说宦官们有这一打算后，给太后写了一封密信，他在信中说道："太后如果真的接受了他们的建议，臣请求先率领郭家子弟们辞去官爵，回乡种田。"郭太后见信后，哭着说道："我家祖先的恩德，都集于我哥哥身上。"

长庆四年（公元824年）一月二十二日晚，穆宗在寝殿之内驾崩，终年三十岁。次日，朝廷以宰相李逢吉为首席摄政。二十六日，李湛在太极殿东厢房继位。当初穆宗继位时，给神策军将士们每人赏赐五十串钱，如今，李逢吉和牛僧孺认为，财政困难，如此赏赐下去，将来难以为继，就下诏称："神策军警卫皇宫，功劳很大，确实应当予以厚赏，但是，连年旱灾，国库空虚，如今朝廷尚未发放边防军的军衣。无论赏赐还是抚恤，都该公平才是。神策军将士们每人赏赐十匹绢、十串钱；京畿各地将士减半；拿出内库两百万匹布帛交给度支部门，给边防军缝制春衣。"

刚刚继位的敬宗李湛，像他父皇穆宗一样花钱大手大脚，从一月二十八日到三十日之间，他赏赐给身边的宦官很多的官服、丝绸、金银，有时对某一个人今天刚刚赏赐给绿色官服，第二天又赏赐给绯红色官服了。

# 五八六 敬宗继位

如今，敬宗李湛年仅十六岁，而朝中的朋党斗争并没有因为穆宗的死而停歇，也不会因为新皇帝的登基而终止，反而愈演愈烈了，因此，敬宗继位之后，十六岁的他就立即陷入朝中朋党斗争的旋涡。

两个月前，穆宗留下了李绅，这让李逢吉更加不安。李绅有个同族侄儿名叫李虞，此人有点文名，却对外宣称自己并不喜欢当官，遂隐居在华阳川，然而，等他的堂叔李耆被朝廷任命为左拾遗后，李虞给他写信请其举荐自己，不凑巧的是，这封密信却鬼使神差地被人误送到了李绅的手上。李绅也不厚道，他看过来信后，就给李虞回信，嘲笑他的虚伪行径，不仅如此，李绅还把这件事公之于众，让李虞非常难堪，对李绅是恨之入骨。恼羞成怒的他去见李绅的政敌李逢吉，把平常李绅在背后抨击李逢吉的话都和盘托出，李逢吉一听，更坚定了要除掉李绅的决心，就指使李虞与自己的同党张又新、李仲言等人暗中刺探李绅的缺点，再在士大夫中间予以宣扬。他们还散布谣言称："李绅暗中刺探各位，只要发现人们在一起谈论，他就诬陷是朋党，并向皇上告发。"士大夫们听了，很多人信以为真，逐渐与李绅疏远起来。

等到敬宗继位后，李逢吉一党虽然因李绅失去了穆宗的支持而欢欣鼓舞，但又担心李绅会重新受到敬宗的信任，就日夜商议迫害李绅的办法。楚州刺史苏遇对李逢吉一党说："皇上刚刚听政，一定会驾临延英殿召见有资格见驾的大臣，如果李绅身兼次对官，唯独这一点需要防备。"李逢吉一党深以为然，连忙对李逢吉说："事情紧迫啊，如果等到皇上亲政以后，后悔就来不及了！"李逢吉遂让王守澄向敬宗说："陛下之所以能当上太子，臣尽知内情，全都是李逢吉的功劳，像杜元颖、李绅等人，都想拥立深王李悰。"李悰是穆宗李恒的四弟、敬宗李湛的四叔。度支员外郎李续之等人接着上书也谈及此事。十六岁的敬宗虽然年轻，但并不全信。李逢吉又亲自上奏，称："李绅阴谋将要对陛下不利，臣请求将其贬谪。"敬宗再三盘问，最终才听从了。

二月三日，敬宗下诏将李绅贬为端州司马，李逢吉率领百官上表道贺。退下后，百官又前往中书省向李逢吉道贺。正遇上李逢吉与张又新在屋内交谈，守门人不让百官入内，过了很久，张又新才满脸是汗地从屋内走出，一一向百官作揖，说道："端州这事，我不敢再谦让了。"众人都吃了一惊，对他很是忌惮。右拾遗、内供奉吴思不肯向李逢吉道贺，李逢吉大怒，让吴思担任吐蕃告哀使，前往吐蕃通报穆宗驾崩的消息。二月六日，又将翰林学士庞严贬为信州刺史，蒋防贬为汀州刺史。庞严，寿春人，元和进士，长庆元年又登制举考试状元，他聪慧绝伦，文章俏丽；蒋防，字子微，义兴人，年少聪慧好学，小有名气，唐传奇小说《霍小玉》就是他的代表作。庞严和蒋防二人都很有文才，深受元稹、李绅的赏识和提拔。给事中于敖素来与庞严私交很好，将贬谪庞严的诏书退回，众人都替他捏了一把汗，说道："于给事替朋友鸣冤，触犯了宰相，真不简单啊！"谁知，于敖的封驳内容下来却认为对二人的贬谪太轻，李逢吉很是满意，不久就提拔他为工部侍郎，后外调为宣歙观察使。于敖是贞观尚书左仆射于志宁之后，史称，他是个"温裕长者，与物无忤，居官亦未尝有立"。是个善于钻营的官僚。

李绅被贬之后，张又新等人仍然对其心存忌惮，必欲除之而后快，整天上书称李绅被贬得太轻，敬宗最终答应将李绅处死。群臣无人敢站出来劝阻，唯独翰林侍读学士韦处厚上书，称："李绅被李逢吉一党谗害，人人惋惜惊骇。李绅深受先帝宠信、重用，就算有罪也该予以宽恕，以求符合三年而无改父之道，更何况李绅还没有罪过呢！"于是，敬宗稍稍有所醒悟，正巧一次他翻阅宫内的文书档案，看到父皇穆宗密封的一箱奏疏，打开一看，发现了裴度、杜元颖、李绅请求册立他为太子的奏疏。看过之后，敬宗感慨叹息，将别人诬陷李绅的奏疏全部烧掉，虽然他还未立即召回李绅，但再有人说李绅的坏话，敬宗也不信了。

二月十九日，敬宗封奶奶郭太后为太皇太后。二十五日，封生母王氏为太后。

有其父必有其子。穆宗李恒、敬宗李湛父子确实非常相似，穆宗在位四年，敬宗在位三年，二人在位的时间都很短，同时，二人又都非常贪玩。穆宗在宪宗死去后不久就开始游宴无度，敬宗也是如此。二月二十七日，敬宗前往中和殿打球，赏赐教坊乐官三千五百匹绫绢。次日，又到飞龙苑打球，第三天，他又打球，并在中和殿举办盛大的音乐会，尽欢而散，从此以后，他屡屡游宴、打球、听音乐，赏赐给宦官、乐师们大量财物。三月三日，敬宗下诏宣布大赦天下，免除京畿、河南百姓的青苗税，减少宫中经费、御膳开支，并要求各地除了正常的进贡之外，不得另行进奉。五日，敬宗第一次在延英殿接见李逢吉、牛僧孺二位宰相。此后，敬宗每次朝会都起得很晚，十九日，太阳已升起很高，但仍然不见敬宗的影子，满朝文武在紫宸门外列队，一些年老体弱以及得病的大臣因长久站立，又累又饿，几乎要跌倒在地。谏议大夫李渤对李逢吉、牛僧孺二位宰相说："我昨天刚刚上书劝谏皇上朝会太晚，可是今天开始得更晚，请允许我前往金吾卫衙门投案，请求皇上治我的罪。"最后，敬宗总算是从后宫出来了。等朝会之后，左拾遗刘栖楚独自留了下来，对敬宗进言道："宪宗和先帝都是年长之君，当时各地尚且叛乱不已，而陛下年纪还轻，继位之初应该更为勤政才对，可是，您贪恋女色，迟迟不起，先帝的灵柩还未下葬，后宫却整日乐声不断，美名没有留下，恶名却传播四方。臣担心陛下的福分不会长久，臣情愿撞死在台阶上，以赎臣这个谏官失职之罪。"遂以头撞击台阶，顿时血流满面。李逢吉代传敬宗的旨意道："刘栖楚不要叩头了，听候指示。"刘栖楚扶着脑袋站起身来，又抨击宦官专权之事，李逢吉连连挥手示意他退下。刘栖楚说道："不采纳我的建议，就让我死在陛下面前！"牛僧孺又代替敬宗说道："你所奏已经知道了，暂且退到门外听候指示。"刘栖楚这才退下，前往金吾卫衙门等待处罚，宰相们认为应该采纳他的意见，敬宗遂派遣宦官前往金吾卫安抚李渤和刘栖楚二人，并令二人回家。不久，又提拔刘栖楚为起居舍人，赏赐红色官服，但刘栖楚称病辞官，回到了东都洛阳。

四月十六日，朝廷又提拔平民姜洽为补阙，试大理评事陆洿、平民李虞、刘坚为拾遗。当时，李逢吉排挤了李绅，身边又有张又新、李仲言、刘栖楚、姜洽以及拾遗张权舆、程昔范这些亲信，朝廷就是李逢吉的天下了，人们称为"八关十六子"，他们"内结中官，外扇朝士，立朋党以沮度（裴度）"。此时的李唐朝廷可谓是上有不知稼穑艰难、只知游乐饮宴的幼君，下是结党营私、得过且过的奸相，距离宪宗时期的中兴大业更加遥远了。敬宗询问宰相的合适人选，李逢吉列出当时在朝资历老的大臣名单，其中李程资格最老，五月四日，敬宗下诏任命吏部侍郎李程、户部侍郎判度支窦易直为同平章事。如前所述，李程原为翰林学士，当时的学士们上班以日影为标准，由于李程很懒，经常日影过了八个砖头时才到，因此人们称其为“八砖学士”，李程曾受到王叔文一党的排挤，被罢免了学士。宪宗即位后，才由剑南西川节度行军司马逐渐晋升为兵部郎中、知制诰、中书舍人、礼部侍郎、吏部侍郎。敬宗年幼无知，游猎无度，还喜欢大兴土木，一次，他想在宫中修建一座新宫殿。李程劝谏道：“自古圣王均以恭敬节俭教化天下，陛下尚在服丧期间，不宜大兴土木，希望陛下把准备的物料用于先帝陵墓的建设。”敬宗听了，欣然听从。史称，李程“辩给多智算，能移人主之意……艺学优深，然性放荡，不修仪检，滑稽好戏，而居师长之地，物议轻之”。总体而言，李程大约是个有才无德之人。至于窦易直则较为清廉，史称：其“在相位，未尝论用亲党，凡于公举，即无所避”。

在此期间，敬宗听说了王庭凑屠杀牛元翼一家的事，他感慨宰相无能，致使叛贼丝毫不把朝廷放在眼里，肆意为非作歹。翰林学士韦处厚趁机上书说：“裴度功名甚高，威震外夷，如果将他调回中央，参与朝廷决策，河北、山东藩镇一定会听命朝廷。管仲说过：‘只听一面之词就愚蠢，多听不同意见就圣明。’国家治乱之本没有其他办法，顺应人心就能治理好国家，违背人情天下就会大乱。听说陛下在吃饭时叹息说身边没有萧何、曹参这样的贤相，如今有一个裴度尚且不能重用，这就是冯唐说汉文帝就算是得到廉颇、李牧也不能重用的原因。对待宰相就该放权给他，信任他、亲近他、礼遇他，如果他办事不力，对国家没有贡献，就给他个闲差或者贬谪到边地。如此一来，在位之人就不敢不勤勤恳恳，而那些想往上爬的人也不敢凭空妄求了。臣与李逢吉没有什么过节，相反，我却因为韦贯之一事无辜受到裴度的贬谪，如今臣所说的全是出于一片忠心，上报答圣主，下传递众人之愿。”敬宗也注意到裴度的奏表没有兼职平章事，就问韦处厚原因。韦处厚就详详细细地把裴度受到李逢吉排挤的经过给敬宗汇报一番，敬宗听后说道：“怎么能这样呢？”李程也劝说敬宗要礼遇裴度。六月十八日，敬宗下诏加裴度同平章事。

# 五八七　继位之初

十六岁的敬宗确实贪玩，虽然他下诏不让各道进奉，然而，说一套做一套，仍然下令让浙西打造二十件放置珠宝的盒子，七月，浙西观察使李德裕上奏称：“陛下命本镇制造二十件，一共需要一万三千两银子，一百三十两金子，昨天已经进贡两件，一共用一万三千两银子。本道库存银子不足二三百两，这两件也是我想尽千方百计才凑钱做成的。臣这里只有自留钱五万贯，每每节约开支，还有十二万贯的缺口……请求陛下令宰相们商议该如何处理。”接着，敬宗又下令让浙西进贡一千匹珍贵的缭绫，李德裕拒不奉诏，上书反对，敬宗只好作罢。九月，波斯国王李苏沙进贡建设亭子用的沉香木。左拾遗李汉上言说：“这与瑶台、琼室有什么两样！”把敬宗比作亡国之君夏桀。敬宗虽然非常恼火，但也没有发作。李汉是淮阳王李道玄（李渊堂侄）的弟弟李道明的六世孙。十月二十三日，翰林学士韦处厚上书劝谏道：“先帝因贪恋酒色得病而亡，臣当时没有以死劝谏，就是因为陛下已经十五岁了，而如今皇子年仅一岁，臣怎敢畏惧一死而不劝谏呢！”敬宗看了，也深受感动，赏赐给他一百匹彩色锦缎、四件银器。

大臣们劝谏归劝谏，敬宗感动归感动，可是他毕竟还是个孩子，转眼就又忘了。

敬宗一味追求享乐，在宫中引发了一系列突发事件，其中一次险些要了他的小命。

就在敬宗刚刚亲政的三月，就有一个名叫徐忠信的平民闯入浴堂门，引起一场虚惊，徐忠信被杖打四十，流放到天德军充军。紧接着，到了四月，又发生了一起更为严重的事件。一个叫苏玄明的术士和一个叫张韶的染坊工人是好友，苏玄明对张韶说：“我给你算了一卦，算定你当坐在金銮宝殿之上，与我一起进餐。如今，主上不分昼夜只知打球、打猎，经常不在宫中，我们可以轻松干出一番大事。”张韶也觉得有理，就联络了染坊内一百多个工人，准备发动暴动。四月十七日，他们把武器藏在装紫草的车子里偷偷运入了银台门，准备等到夜幕降临之后发动叛乱。谁知，他们的车子还没有到目的地，一位禁卫军士兵觉察车子太重，顿生疑窦，遂上前盘问。张韶一下子慌张起来，当即杀了这名卫兵，与手下那群人拿出武器，大喊着冲向皇宫。

当时，敬宗正在清思殿与一群宦官打球，众位宦官看到变民，大吃一惊，急忙关闭宫门，跑来向敬宗禀报，而张韶等人也很快就砍开了宫门，朝敬宗这里杀来。敬宗一直宠信右神策军中尉梁守谦，以往左右神策军比赛时，敬宗总是站在右神策军一方，偏袒右神策军，令左神策军将士非常怨恨。如今，事情紧迫，敬宗还打算逃往右神策军军中，他身边的人说道：“右军路途遥远，途中恐怕会遇到贼人，不如前去左军。”敬宗遂带着众人逃到了左神策军。左神策军中尉马存亮听说敬宗到来，赶忙出来迎接，他手捧敬宗的双脚哭泣，亲自把敬宗背到营中，并派遣大将康艺全率领骑兵入宫追杀变民。敬宗担心祖母太皇太后郭氏和母亲皇太后王氏的安危，马存亮又派五百骑兵将两位太后也接到营中。

张韶登上了清思殿，坐在敬宗刚刚坐过的御座之上，与苏玄明一起吃着御膳，说道：“你算得真准！”苏玄明大惊失色，说道：“你只为了这？”张韶这才醒悟自己已闯下了滔天大祸，吓得逃出大殿。正遇上康艺全和右神策军兵马使尚国忠率军赶来，一阵砍杀，顿时皇宫内尸体遍地，张韶和苏玄明被杀。这场屠杀一直持续到傍晚，张韶的余党四散逃出皇宫，躲进皇家园林之内，次日，全被擒获。当时，宫门紧闭，敬宗躲在左军军营，朝廷内外都不知道敬宗的下落，人心惶恐不安。

四月十八日，敬宗回到宫中，宰相们率领群臣到延英门祝贺，而来的也不过数十人。谏议大夫李渤认为，这一事件的发生与敬宗沉迷于游乐有着直接关系，他言辞非常激烈，可是，敬宗置若罔闻。凡是张韶所经宫门的数十名守门宦官，依法都应被处死。在马存亮的请求下，二十日，敬宗下令仅对三十五名宦官予以杖打，恢复旧职。二十二日，敬宗下令将染坊使田晟、段政直流放到天德军；在马存亮的建议下，敬宗还下诏给吐突承璀平反。二十三日，敬宗又下令厚厚赏赐左右神策军的有功将士们。马存亮的功劳最大，但宦官中间也并非铁板一块，相互之间也是派系林立，他深知朝廷险恶，只想离开这一是非之地，遂上书请求派往外地。七月，敬宗任命马存亮为淮南监军使，又以康艺全为鄜坊节度使。我们知道，敬宗的父亲穆宗是依靠右神策军中尉梁守谦以及马进潭、刘承偕、韦元素、王守澄等人，在诛杀了吐突承璀之后才登上皇位的，梁守谦等人是吐突承璀的对立面，势力很大，作为吐突承璀一党的马存亮依靠这一次功劳，才有机会请敬宗给吐突承璀平反，然而，他也深知梁守谦等人对此肯定会耿耿于怀，这大约是他离开京师的重要原因。历史上对马存亮评价很高，《新唐书》就认为，唐代宦官以忠诚、恭谦知名的，只有马存亮、西门季玄及严遵美三人。马存亮离京之后，敬宗遂以魏从简为左神策军护军中尉。

夏绥节度使李祐被调回朝廷担任左金吾大将军，七月二十五日，他向朝廷进贡两百五十四马，敬宗没有接受。二十七日，侍御史温造弹劾李祐违抗诏命向皇帝进奉，请求依法论处，李祐退出大殿，等待惩处，敬宗下诏予以赦免。李祐对身边的人说道："我夜半入蔡州取吴元济时，也从未心惊胆战过，如今遇到温御史却真的是害怕了！"

张韶事件刚刚尘埃落定，到了八月又发生了马文忠与宦官季文德等人图谋不轨的事件，这一事件涉及高达一千四百人。事发后，敬宗下令将这一千四百人全部杖打一百后处死。这一事件的详情史书没有记载，我们已无从得知了，但结合张韶事件后马存亮要求给吐突承璀平反、马存亮和康艺全相继离开左神策军以及后来敬宗死于宦官之手这些事件，也许马文忠的这一次较大规模的叛乱，也与复杂而又尖锐的宦官内部斗争有关。

除了宦官内部的斗争之外，在敬宗刚刚即位的这一年，朝臣内部的斗争也是愈演愈烈。淮南节度使王播原来还兼领盐铁转运使，但到本年四月被敬宗免去了兼职，改由户部侍郎王涯兼任。失去财权的王播很不甘心，就送给大宦官枢密使王守澄十万钱，希望能恢复旧职。此事还在运作当中，朝臣中就有人得到了消息，十二月九日，谏议大夫独孤朗、张仲方、起居郎柳公权、起居舍人宋申锡、补阙韦仁实、刘敦儒、拾遗李景让、薛廷老请求敬宗驾临延英殿，召开扩大会集体讨论王播的奸邪。敬宗问道："前些时候在大殿上叩头谏诤的那位不在其中吗？"当日任命刘栖楚为谏议大夫。独孤朗，独孤郁之兄；张仲方，岭南节度使张九皋（名相张九龄弟）之孙，为牛党人物；宋申锡，字庆臣。进士及第，为秘书省校书郎。韦贯之罢相、担任湖南观察使时，征辟其为从事，后入朝担任监察御史、起居舍人，史称，他"清慎介洁，不趋党与"；李景让，字后己，是安史之乱中被安禄山杀死的东都留守李憕之孙，李景让也像他的祖父一样，性格正直刚毅，有操守。薛廷老是宪宗时期的御史中丞薛存诚的儿子，他为人正直，有其父之风。刘敦儒，开元朝史官刘子玄之孙，刘敦儒的母亲得了一种怪病，每天必须用鞭子打人才心里舒坦，弄得家人子弟都纷纷逃走，唯独刘敦儒留在家里，经常被打得满身流血，洛阳人都称其为刘孝子。

十二月十六日，敬宗加天平节度使乌重胤同平章事。二十一日，徐泗观察使王智兴上书，借明年六月祝贺敬宗生日之名，请求在泗州开设戒坛，剃度和尚尼姑，给敬宗祈福。自从宪宗以来，朝廷对寺庙、和尚加强了管理和限制，就下令各地不得私自设置戒坛剃度，由于各地长期不得私自剃度僧人，社会上有很大需求，王智兴正是看到了这一点，为了聚敛财富，他首先请求朝廷允许自己开设戒坛，敬宗竟然答应了。消息传来，各地想要剃度、从而可以免除劳役的人从四面八方涌向泗州，尤其是江淮地区更为严重，王智兴趁机收取费用，家财猛增巨万。浙西观察使李德裕上书揭露其罪恶，称："如果朝廷再不禁止，等到明年陛下生日时才停，那么，两浙、福建将损失六十万服役的男丁。"李德裕的奏疏送至朝廷的当天，敬宗赶忙下令停止。同月，吏部侍郎、一代文豪韩愈去世。

# 五八八 贪玩任性

新年是公元825年。一月七日，敬宗到长安南郊祭祀天神。回来后，登上丹凤楼，宣布大赦天下，改元为宝历元年。

少年天子李湛还是那么贪玩、任性、执拗，正值青春期的他像其他少年一样，充满了活力、叛逆，像一匹脱缰的野马随心所欲，即位一年多来，大臣们纷纷劝谏，但敬宗是充耳不闻，我行我素，整天和一群小人、玩伴厮混在一起，过去上朝总是起晚，到后来，他干脆一个月上朝不超过两三天，群臣很少能见到他。中书侍郎、同平章事牛僧孺见敬宗就是个昏庸荒淫之君，朝中权幸专权跋扈，他自己又担心怕事，不敢直言劝谏，想来想去，还是明哲保身，宰相也不当了，一味地屡屡上书恳请离开朝廷这一是非之地。一月十一日，敬宗下诏将鄂岳道升格为武昌军，以牛僧孺为同平章事、充武昌军节度使。又重新任命王播兼任盐铁转运使，谏官们屡屡劝谏，但敬宗一律不听。牛僧孺路过襄阳时，山南东道节度使柳公绰全副武装，佩带箭袋，在馆驿恭候。下属们都说："襄阳的地位高于武昌，以下属的礼节拜谒，是不是有点过分了？"柳公绰回答："奇章公（牛僧孺的爵位）刚刚离开朝廷，方镇节帅尊重宰相，就是尊重朝廷。"

鄠县县令崔发听说外面吵吵嚷嚷的，就问是什么原因，有人禀报说："是五坊小儿在殴打百姓。"崔发大怒，下令将其抓回衙门，拖到县衙大院。当时天色已晚，过了很久，崔发才来问话，一问之下方知是敬宗派出的中使。此事很快就传到了敬宗的耳中，敬宗觉得这是对自己权威的藐视，不禁勃然大怒，下令逮捕崔发，将他关押在御史台。当天，崔发和其他囚犯一起站在"金鸡"之下。突然，来了数十名宦官手持木棒劈头盖脸就把崔发痛打了一顿，直打得崔发满脸是血，牙齿断裂，昏迷过去。过了很久，崔发才慢慢苏醒过来，这时又跑来一群宦官要来打，御史台的官吏们将崔发藏在席子下面，才让其躲过一劫。敬宗下令将站在“金鸡”下面的囚犯都赦免了，却仍将崔发关押在御史台的大狱。

给事中李渤上言道：“县令不该羁押中使，而中使也不该殴打皇家囚犯，他们双方的罪过相同；然而，县令所犯的法是在今年大赦之前，而中使们犯法在大赦之后，宦官骄横残暴，竟然到了这种地步，如果陛下不早早进行惩处，臣担心一旦传到外国、藩镇，都会对朝廷和陛下产生轻视、怠慢之心。”谏议大夫张仲方上言道：“大赦令公布于天下，却唯独不能在陛下眼前实施；恩泽及于昆虫，却只遗漏了崔发。”其余谏官也纷纷上书，但执拗起来的敬宗是一概不听。二月十四日，李逢吉等人找个机会，对敬宗说道：“崔发擅自羁押中使，确实是大不敬，然而，其母是前宰相韦贯之的姐姐，年龄已近八十岁了，自从崔发下狱以来，忧虑成疾。陛下正以孝治理天下，这一点确实应该同情。”敬宗听了，顿生怜悯之情，他说道：“不久前，所有的谏官都说崔发冤枉，没有人说崔发对朕不敬，也没人提及崔发还有个八十岁的老母亲。他们要是像爱卿这么一说，朕为何不赦免他呢？”当即下令中使赦免了崔发，并将他送回家中，顺便看望、慰问其老母。崔发的母亲当着中使的面，又把崔发打了四十棍。

二月八日，浙西道观察使李德裕听说敬宗游幸无度，献上《丹扆（屏风）六箴》：一是《宵衣箴》：“先王听政，昧爽以俟。鸡鸣既盈，日出而视。伯禹大圣，寸阴为贵。光武至仁，反支不忌。无俾姜后，独去簪珥。彤管记言，克念前志。”讽刺敬宗上朝晚、次数少。二是《正服箴》：“圣人作服，法象可观。虽在宴游，尚不怀安。汲黯庄色，能正不冠。杨阜毅然，亦讥缥纨。四时所御，各有其官。非此勿服，惟辟所难。”讽刺敬宗穿戴随便，没有帝王之风。三是《罢献箴》：“汉文罢献，诏还騄耳。銮辂徐驱，焉用千里？厥后令王，亦能恭己。翟裘既焚，筒布则毁。道德为丽，慈仁为美。不过天道，斯为至理。”讽刺敬宗向各地征求玩好。四是《纳诲箴》：“惟后纳诲，以求厥中。从善如流，乃能成功。汉骜流湎，举白浮钟。魏睿侈汰，凌霄作宫。忠虽不忤，善亦不从。以规为瑱，是谓塞聪。”讽刺敬宗不采纳忠言。五是《辩邪箴》：“居上处深，在察微萌。虽有谗慝，不能蔽明。汉之有昭，德过周成。上书知伪，照奸得情。燕、盖既折，王猷洽平。百代之后，乃流淑声。”讽刺敬宗亲近群小。六是《防微箴》曰：“天子之孝，敬遵王度。安必思危，乃无遗虑。乱臣猖獗，非可遽数。玄黄莫辨，触瑟始仆。柏谷微行，豺豕塞路。睹貌献飧，斯可诫惧。”讽刺敬宗经常出游。敬宗亲自书写诏书答复：“卿文雅大臣，方隅重寄。表率诸部，肃清全吴。化洽行春，风澄坐啸，眷言善政，想叹在怀。卿之宗门，累著声绩，冠内廷者两代，袭侯伯者六朝。果能激爱君之诚，喻诗人之旨。在远而不忘忠告，讽上而常深虑微。博我以端躬，约予以循礼。三复规谏，累夕称嗟。置之座隅，用比韦弘之益；铭诸心腑，何啻药石之功？卿既以投诚，朕每怀开谏，苟有过举，无忘密陈。山川既遐，睠属何已，必当克己，以副乃诚。”

四月二十日，群臣上敬宗尊号为：文武大圣广孝皇帝。敬宗再次宣布大赦天下。最初的赦文内容是：“贬谪官员过去已经向内地迁移过的，可以再次迁移。”没有提及那些没有迁移过的该怎么办。翰林学士韦处厚对敬宗说：“李逢吉唯恐李绅被迁移到内地，才专门让人这么写诏书的，如此一来，近年来受到贬谪的官员，因为李绅一人就都无法迁移到内地了。”敬宗赶忙命人追回诏书予以更改，李绅也因此得以迁移到江州，担任江州长史。

五月，御史萧彻弹劾京兆尹兼御史大夫崔元略，违抗诏命征收京畿免收税赋一万七千贯，经查证属实，敬宗下令削去崔元略所兼的御史大夫之职。崔元略巴结内常侍崔潭峻，以侍奉叔父一般敬重崔潭峻，不久，他就又被提拔为户部侍郎。同月，敬宗前往鱼藻宫观看龙舟竞渡。七月，他就下诏命令淮南节度使王播建造龙舟二十艘，将木材运至京师再总装，概算下来，运费要用掉盐铁转运局半年的经费。谏议大夫张仲方等人苦苦劝谏，最终敬宗才勉强答应减为十艘。不久，敬宗又下诏命令度支部门拿出三千斤铜、十万翻金箔，用于装修清思院新殿以及升阳殿的壁画。期间，河中节度使、检校司空李愿去世，敬宗以检校左仆射、兼户部尚书薛平为检校司空、河中尹、河中节度使；又调任忠武军节度使、守司徒、兼侍中李光颜为太原尹、北京留守、河东节度使；以兖海节度使王沛为许州刺史、忠武军节度使；以右金吾卫大将军张茂宗为兖、海、沂、密节度使；以左散骑常侍胡证为户部尚书、判度支；以权知工部侍郎郑覃为京兆尹；以给事中卢元辅为工部侍郎；以前河东节度使李听为义成军节度使。拾遗李汉、舒元褒、薛廷老提出：“我们见近期的人事任命，往往不是通过中书省起草，大多由宫内直接作出。臣担心违背制度，会令奸邪横行，希望陛下详察。”敬宗表示同意。

八月，敬宗派遣中使前往湖南、江南等地以及天台山采仙药。当时，有个叫刘从政的道士对敬宗说一些长生不老之术，请求在全国寻访大师，希望能够得到仙药，敬宗信以为真，就拜刘从政为光禄少卿，号升玄先生。当初，石州刺史武昭因事被贬为袁王府长史，一直郁郁寡欢，怨恨宰相。李逢吉和李程二人不和，水部郎中李仍叔是李程的同族，想激怒武昭，就对他说李程原本要给他一个好官的，但李逢吉不同意，武昭听了，一直对李逢吉怀恨在心。一天，武昭酒后对左金吾兵曹茅汇说要刺杀李逢吉的话，结果二人的话被卫尉卿刘遵古的奴仆安再荣告发了。九月十日，敬宗下令三法司审理此案。前河阳掌书记李仲言对茅汇说："你就说是李程与武昭二人密谋的，这样你还有活路，不然必死。"茅汇回答："我就是冤死也心甘情愿！为了活命去诬陷别人，我茅汇不干！"李逢吉想借机把李程杀掉，但偷鸡不成蚀把米，李仲言的话也被茅汇揭发了出来。十月二十五日，判决下来：武昭被乱棍打死，李仍叔被贬为道州司马，李仲言被流放到象州，茅汇被流放到崖州。

敬宗打算去骊山泡温泉，左仆射李绛、谏议大夫张仲方等人屡屡劝谏，但敬宗就是不听。拾遗张权舆跪在紫宸殿台阶下，磕着响头劝谏道："昔日，周幽王去骊山，为犬戎所杀；秦始皇葬骊山，秦朝灭亡；玄宗皇帝在骊山修建宫室，安史之乱爆发；先帝去骊山游玩，却短命而亡。"敬宗听了，根本不拿这当一回事，反驳道："骊山竟然如此凶险？那我更应该去一趟，检验一下你说的到底是真是假。"十一月二十一日，敬宗一行来到骊山，当天就返回了，回来后，他对身边的人说道："那些叩头劝阻的人说的话，岂能相信！"

# 五八九　裴度入朝

宝历元年（公元825年）还发生一件大事，那就是昭义节度使刘悟去世了。

刘悟到昭义上任时，从郓州带了两千人马作为自己的亲兵，八月十日，刘悟突然因病去世，其子将作监主簿刘从谏秘不发丧，与大将刘武德以及身边的亲兵们商议，想效仿河朔藩镇，伪造刘悟的遗表请求以刘从谏为留后。昭义司马贾直言听说后，斥责刘从谏道："你的父亲将淄青十二州之地奉献给了朝廷，其功劳不可谓不大，只因张汶一事，自以为污了一世清名，羞愧而死。你小子怎敢如此！父亲死了不哭丧，还这么做人！"刘从谏一脸羞愧，无言以对，只好发丧。

朝廷得到刘悟的遗表，群臣商议，一致意见是：昭义是朝廷直接控制的军镇，与河朔藩镇不同，不可开此先例。左仆射李绛上书认为："军事行动贵在迅速，要当机立断，趁对方人心不定，可以以计谋取胜。刘悟已经死了数月，朝廷尚未作出决定，中外人士都惋惜失去了良机。如今昭义将士未必都与刘从谏一心，即便有一半人愿意追随他，还有一半是忠于朝廷的。刘从谏从来未曾掌握兵权，威严和恩惠都没有树立起来。另外，此道素来贫困，平时一定不会对将士们加以封赏。如今朝廷只需速速任命邻近军镇的将领担任昭义节度使，命令其昼夜兼程前去上任，使刘从谏来不及采取应对措施，新节度使就已经到了，这就是兵法所云的'先人夺人之心'。新节度使一旦到任，军心自然就安定下来了，刘从谏没有职位，他以什么名义发布命令？就算他企图违抗朝命，将士们一定不会听从。如今朝廷长时间没有处置，昭义将士不知道朝廷的意图，想要效忠朝廷又担心朝廷将来任命了刘从谏，想要投靠刘从谏又恐怕朝廷将来任命了他人，犹豫之间，如果再出个奸人替他出谋划策，虚设一个钱数赏赐大家，将士们一定会左右观望，就更难指挥了。希望陛下速速决断，先颁发诏书公布于众，奖励他们长期以来的忠义，赏赐给新任节度使五十万匹丝绸，用于赏赐，再任命刘从谏为刺史。刘从谏多少有点收获，一定会择利而行，绝不会违抗的。万一他违抗朝命，臣也断定无须朝廷出兵，这是什么缘故呢？臣听说刘从谏已经下令禁止昭义下辖的三州将士私藏武器，这一点就说明他们内部人心不齐，他身边的人一定会将其刺杀请功的。深思熟虑之后，朝廷根本没有立即授予刘从谏节度使的道理。”李绛喜欢直言，又文武双全，一向嫉贤妒能的李逢吉对他是非常厌恶，根本不听他的，李逢吉早已和王守澄二人商量好了，决定答应刘从谏的请求，而敬宗全然不把国事放在心上，十二月三日，就任命刘从谏为昭义留后。刘悟在世时为政烦琐严苛，刘从谏对下属非常宽厚，逐渐取得了军镇的信任。

李逢吉没有治国之能，却是个内讧的好手。按照惯例，尚书仆射地位很高，就任之日，宰相要亲自相送，百官站在两边，御史中丞站在中庭，尚书以下官员每月要去参拜，但后来，尚书仆射的地位逐渐下降，成了安排退下来的节度使的闲差。等到元和，伊慎当仆射时，太常博士韦谦上言认为这一礼节过于隆重了，宪宗就下令取消了。御史中丞王璠与李逢吉私交很深，宝历元年二月，李逢吉把他从职方郎中知制诰提拔为御史中丞。王璠自恃有李逢吉这个后台，一次，与李绛在街上相遇，却毫不回避。李绛引用惯例，上书认为：“左、右仆射，统领百官，在开元年间被称作丞相。如果不配担任，就另请高明；如果朝廷命其担任此官，岂能破坏旧制？”经过朝廷讨论认为李绛所言有理，敬宗下令恢复旧制。恢复之后，李逢吉就把王璠升任工部侍郎，借口李绛脚上有病，将李绛免去仆射，改任太子少师、分司东都。

李逢吉把朝廷弄得乌烟瘴气，令不少人怀念起裴度来，他们在敬宗面前盛赞裴度贤能，不该将他闲置在地方上。敬宗听了，也多次派人来到兴元（今陕西省汉中市），暗中告知他召其入朝的日期。裴度遂上书称已经修好了斜谷路以及沿途的驿站，请求入朝复命，敬宗批准。李逢吉一党听说后，都非常恐惧。他们编造了一则民谣称：“绯衣小儿坦其腹，天上有口被驱逐。”以证明这则谶言应验了裴度平定吴元济，另外，长安城内东西有六道高岗，就像乾卦一样，而裴度家就在第五个高冈上。李逢吉一党、左拾遗张权舆就上言称：“裴度的名字上应谶语，家宅占据高冈，他不请自来，内心叵测。”敬宗虽然年少，但裴度来京是敬宗所召，并非不请自来，所以对张权舆的诬陷根本不听。

宝历二年（公元826年）新年刚过，就发生了两件让敬宗非常恼火的琐事。一件是殿中侍御史王源植在路上行走时，受到教坊乐伎的羞辱，双方发生争执，闹到京兆尹刘栖楚那里。刘栖楚下令责罚乐伎，御史中丞独孤朗又上书痛斥乐伎们自恃皇帝的恩宠，无法无天，把矛头指向了敬宗本人，这让敬宗又羞又怒，竟一意孤行，把王源植贬为昭州司马。紧接着，又发生了右赞善大夫李光现与宦官李重实争吵一事，李光现用朝笏猛击李重实，把李重实打得满脸是血。这事又闹到敬宗那里，敬宗以李光现是宗室，下令罚了他两个月的俸禄。这两件事虽然很小，却直接反映了当时的现实：外廷官员与宦官矛盾重重；国家法制形同虚设；敬宗独断专行，一国之君竟然置国家大事于不顾，整天为这些鸡毛蒜皮之事生气。数日后，敬宗又下令调派各军士兵以及百姓共计两万人入宫开挖沟渠、修建宫殿。

一月二十四日，裴度从兴元回到了朝廷。敬宗对他非常礼遇，二月九日，就任命他为司空、同平章事。裴度刚到京师，朝廷官员纷纷前来探望，裴度设宴款待众人。京兆尹刘栖楚附在裴度的耳朵边私语，侍御史崔咸举起酒杯罚裴度说：“丞相不该让下属附在耳朵边私语。”裴度笑着喝下一杯。刘栖楚内心不安，匆匆而退。裴度到任不久，就有人向他报告说印信丢了，听到的人都大惊失色，而裴度却非常沉着，仍然喝着酒。不一会儿，身边的人就又禀报说印信在原处又找到了，裴度也不置可否。事后，有人询问原因，裴度说道：“这一定是小吏们把印信偷去在文件盗盖，追查得急了，他就会把印信丢到水火之中，找也找不回来了；假装不在意，他就会放回原处。”人们都佩服他的器量。

敬宗自从继位以来，在宫内大兴土木，在外击球打猎，又巡幸骊山，把长安城玩了个遍，这还让他觉得不过瘾，一直想去东都洛阳看看。宰相李逢吉、李程以及朝中群臣纷纷劝谏，但敬宗执拗起来，谁的话都不听，一意孤行一定要去，已经命令度支员外郎卢贞前去视察，修缮东都的皇宫以及沿途的行宫（华阴的琼岳宫、金城宫；郑县的神台宫；陕县的绣岭宫；渑池的芳桂宫；福昌的福昌宫；永宁的崎岫宫、兰峰宫；寿安的连昌宫、兴泰宫）。裴度从容对敬宗说：“国家设立两个国都就是为了方便皇帝巡幸，自从国家变乱以来，巡视制度就废止了。如今，宫室、军营、百官衙门都已变成废墟，陛下如果一定要去巡视，应该下令有关部门用一年半载的时间慢慢予以修缮，然后才能成行。”敬宗说道：“那些劝谏的人说的全都是不该前去，像爱卿说的这样的话，不去也行。”

当时，朱克融和王庭凑都上书请求派军队、工匠帮助朝廷重修洛阳。三月二十日，敬宗采纳了裴度的意见，下诏称重修洛阳实在是扰民之举，应立即停止，并召卢贞回京。朱克融上书请求帮助朝廷重修洛阳，自有他的私心。前不久，朝廷派中使给朱克融发放春季的官服，朱克融感觉衣服的布料质量太差，就扣留了中使，上奏称：“今年本道将士们的春季衣服不够，请求朝廷度支部门发给三十万端布匹。”以此作为交换，他才答应出五千兵民帮助朝廷重修洛阳。如今，敬宗取消了重修洛阳之举，却不知道该如何回复朱克融，就征求宰相们的意见，打算派遣朝廷重臣前往幽州，让其放还中使。裴度说道：“朱克融也太无礼了，由此可知，他的死期也不远了。这就仿佛一头猛兽，总在山林中跳跃嚎叫，时间一长，自己就没劲了，一定不敢擅自远离巢穴。希望陛下不要派人前去安抚，也无须索要中使，再过十几天，给他发一道诏书，就说：‘听说中使到了你那里，行动稍稍失去自由，等他回来，朕自有处分。发给你的换季服装，有关部门制作得不精细，朕非常想知道详情，已经下令调查。军镇将士们的衣服从来都不是朝廷发放的，都是各道自备。朕并不爱惜十万匹衣料，只是没有这个先例，不能只给你们幽州。’他所称的帮助重修洛阳，完全是句空话，如果想揭穿他，就说：‘派遣的工匠应速速前来，朕已经命令沿途准备好了接待工作。’他接到这道诏书，一定会惊慌失措的；如果不想揭穿他，就说：‘重修宫室，由有关部门负责，就不用麻烦你派工匠长途跋涉而来了。’不过如此而已，不用陛下多虑了。”敬宗听了，很是高兴，一一采纳。

# 五九〇 敬宗被弑

敬宗年少骄纵，根本听不进朝臣们的陈词滥调，也不愿接见群臣。

裴度上奏说："不久前，陛下还每月上朝六七次，天下之人无人不知陛下非常勤政，以至于河北贼臣听说后，也都侧耳倾听陛下的诏命。两月以来，陛下上朝次数稍显少了，恐怕一些需要禀报陛下决断的大事会耽误了，希望陛下趁天凉多上几次朝。臣以为要想身体健康，关键在于顺应天气变化，如果饮食有节，寝兴正常，身体平和，则能长命百岁。道书上说：'春夏要早起，以鸡鸣时为准；秋冬要晚起，以日出时为准。'如今陛下日理万机，每次上朝召见臣等，正值盛夏，就该在清晨；假如到了中午，天气炎热，就算忘了吃饭，我们看到陛下也似乎有些烦热。臣等也说过，希望陛下万万予以采纳。"从此以后，敬宗上朝的次数稍稍多了一点。

宝历二年二月寒食节，敬宗在麟德殿大摆筵席，款待群臣，宴会一连进行了三天。三月一日，敬宗任命兴唐观道士孙准为翰林待诏。四日，江西观察使殷侑请求在洪州宝历寺开设僧尼剃度道场，敬宗下诏斥责殷侑故意违抗诏命，罚一个季度的俸禄。七日上巳节，敬宗在曲江亭设宴款待群臣。十一日，敬宗又去鱼藻宫观看龙舟比赛。数日后，敬宗又册封才人郭氏为贵妃。郭氏是敬宗的长子晋王李普之母。敬宗一共有五个儿子，长子李普、次子李休复、三子李执中、四子李言扬、五子李成美。

四月一日，横海军节度使李全略去世的消息传到朝廷。其子副大使李同捷给邻近各道送去钱，希望他们帮助自己继任节度使。五月一日，敬宗驾临宣和殿接见宫女亲属一千二百人，又于教坊赐宴，并赏赐钱物。四日，秘书省著作郎韦公肃注释太宗撰写的《帝范》十二篇，献给敬宗，敬宗赏赐他一百匹彩色锦缎。七日，浙西送来绝色的女道士施子微。十一日，敬宗再次来到鱼藻宫观看龙舟竞渡。十三日，派往新罗索要鹰鹞的中使回到长安。幽州发生兵变，乱兵杀死了朱克融及其儿子朱延龄，立其幼子朱延嗣主持军务。十四日，神策军在皇家园林内的古长安城中修复汉代的未央宫，挖到了一张白玉床。十六日，一个叫杜景先的人自称有道术，敬宗下令中使押着杜景先前往淮南、江南、湖南、岭南寻访异人；赏赐兴唐观道士刘从政修院钱两万贯。

敬宗喜欢盖房修屋，一年到头各种土木工程一个接着一个。六月，他下令放出在园林中劳作的两千五百名工匠。同月，郓州送来石定宽等四名马球高手。数日后，敬宗又来到凝碧池，命令一千多名士兵在池中捞鱼，把捞上来的大鱼放入新修成的池塘内。令兵士千余人于池中取大鱼，长大者送入新池。二十八日，敬宗来到麟德殿，命令左右神策军、教坊、内园表演马球、徒手搏击和杂耍。表演达到高潮时，有人折断了胳臂，有人打烂了脑袋，狂欢一直持续到深夜才罢。七月，河中送来八名力士。敬宗下令将鄠县渼陂划归尚食省管理，太仓广运潭赐给司农寺，禁止百姓捕鱼。十四日，敬宗前往兴福寺，听和尚文溆通俗讲解佛经。二十七日，敬宗要求国库拿出十万两银子、七千两黄金，送到内库，以便他随时赏赐之用。八月一日，敬宗以司空、平章事裴度判度支；以工部侍郎王播为河南尹，取代王起；以王起为吏部侍郎；以前福州观察使徐晦为工部侍郎。道士赵归真给敬宗说神仙之事，和尚惟真、齐贤、正简给敬宗说祈祷求福之道，他们都可以随意出入宫廷，敬宗对他们的话深信不疑。前不久，敬宗派杜景先赶赴南方，寻找异能之人，如今，又有一个叫周息元的润州人，自称年龄数百岁，敬宗命人将他接到长安。周息元到京后，敬宗下令供奉道士二十人随他一起入宫，亲自询问道术，周息元称自己认识张果老和叶静能。浙西观察使李德裕上书称周息元是个骗子，他与常人无异。

九月一日，敬宗在宣和殿大宴群臣，观看各种表演，表演一直持续了三天。敬宗还拿出一万贯内库钱，令内园招募力士。朱延嗣当上幽州留后之后，对下属非常严苛。都知兵马使李再义与弟弟内兵马使李再宁一起杀掉朱延嗣，并屠杀了朱家家眷三百余人。李再义暂且代理幽州留后。李再义是太宗皇帝废太子李承乾的后代。八日，敬宗以中书侍郎、同平章事李程为同平章事、河东节度使。十月五日，敬宗任命李再义为卢龙节度使，赐名李载义。

十一月一日，敬宗以太清宫道士赵归真充两街道门都教授博士。敬宗喜欢深夜亲自捕狐狸，宫中称为“打夜狐”，经常弄得宦官们苦不堪言，宦官许遂振、李少端、鱼弘志都因迟到而被免职。二十一日，敬宗以右仆射、同平章事李逢吉为检校司空、同平章事，兼襄州刺史，充山南东道节度使、临汉监牧使。三十日，敬宗下令将宦官李奉义、王惟直、成守贞各杖打三十，分配诸陵守陵；宣徽使闫弘约、副使刘弘逸各杖打二十。敬宗在两个月内相继贬出宰相李程和李逢吉，显然他对二人的朋党之争已经忍无可忍了，如今，朝中只剩下裴度和窦易直二位宰相了，这二人还都比较正直。

看过一年来敬宗的所作所为，他的精力大部分放在了玩乐上，要么吃喝、要么看戏、要么打球、要么打猎、要么观看龙舟比赛、要么泡温泉、要么捕鱼、要么大兴土木、要么挖池塘、要么掰手腕、要么求仙问道、要么入寺听经，等等，个人生活真的是丰富多彩。禁军和各道争相送来力士，他还下令内园自行招募力士，敬宗把这些送来的和招募来的力士日夜带在身边。他还偏激急躁，有的力士自恃恩宠，言语不逊，敬宗会突然翻脸，将他们流放到边地，或者抄了他们的家。宦官们犯了一点错，就遭到敬宗的痛打，这些人对敬宗又是怨恨，又是害怕。

十二月八日，敬宗夜里打猎回到宫中，与宦官刘克明、田务澄、许文端以及打球军将苏佐明、王嘉宪、石定宽（一作石从宽）、阎惟直等二十八人在一起饮酒。敬宗喝得大醉，入内大小便，突然大殿上的蜡烛全部被人吹灭，刘克明等人一起将敬宗害死，终年十八岁。

历代对穆宗李恒、敬宗李湛父子的评价都不高。《新唐书》把二人放在一起评述，称“穆、敬昏童失德，以其在位不久，故天下未至于败乱，而敬宗卒及其身”，把他们父子比作一对昏庸的顽童。《旧唐书》在评价穆宗时，先说到“元和之政，几致升平”，接着又沉痛地说道：“观夫孱主，可谓痛心，不知创业之艰难，不恤黎元之疾苦。谓威权在手，可以力制万方；谓旒冕在躬，可以坐驰九有。曾不知聚则万乘，散则独夫，朝作股肱，暮为仇敌。”把穆宗称为一个无能的“孱主”，还不无遗憾地说道：“此何人哉，遽主鼎命！”（这又是个什么人啊，上天竟然让他来当皇帝！）而在评价敬宗时说：“古人谓尧无子，舜无父，言其贤不肖之相远也。以文惠（指穆宗）骄诞之性，继之以昭愍（指敬宗），固其宜也。”接着，又对比了敬宗、文宗、武宗三兄弟后说：“而昭献（文宗）、昭肃（武宗），英特不群，文足以纬邦家，武足以平祸乱。三子之操行顿异，其可道哉？宝历（敬宗）不群，国统几绝，天未降丧，幸赖裴度，复任弼谐。彼狡童兮，夫何足议！”说唐朝此时没有灭亡，完全是因为幸好敬宗召回了裴度，至于说到敬宗本人，不过是个“狡童”罢了，有什么可说的呢？把其父穆宗说成是什么人啊、“孱主”，把敬宗说成是不值一提的“狡童”，评价非常之低。

确实，穆宗、敬宗两朝短短七八年间，把宪宗君臣千辛万苦换来的中兴大业糟蹋得面目全非，非常令人痛心。客观地说，局面最后走到这一步，原因是多方面的，不能全怪穆宗、敬宗二人，但毫无疑问，二人应该负主要责任。二人不过是中人之姿，时昏时明，就拿敬宗来说，他能分辨出裴度的忠和窦易直的廉，驱逐了内讧不已的李逢吉和李程，也确实难能可贵；他应该意识到了宦官集团的强大，从各地招募力士，一方面是出于他的贪玩；另一方面也不排除将这些人作为自己的贴身保镖，朝夕带在身边，保护自己。然而，总体上说，他就是个还没长大的顽童，性格偏执急躁，也许他的举动就是想用强力打压宦官集团，但结果自己反被宦官、力士们谋杀。

# 五九一　文宗即位

刘克明等人杀害敬宗后，假传圣旨，命令翰林学士路隋起草遗诏，以叔父绛王李悟暂时主持朝廷政务。

十二月九日，朝廷对外宣布敬宗的遗诏，绛王李悟在紫宸殿外廊接见宰相和百官。刘克明等人还想夺去掌权宦官们的权力，于是，枢密使王守澄、杨承和、神策军中尉魏从简、梁守谦四人商议后，决定以军队迎接敬宗的二弟、江王李涵进宫，调派左右神策军、飞龙兵清剿贼党；刘克明藏到井中，也被人搜出杀掉；绛王李悟也为乱兵所杀。

当时事发突然，王守澄等人以翰林学士韦处厚博古通今，当晚作出的决定都与他商量。王守澄等人打算发布公告，又不知道从何说起。韦处厚说道："光明正大地讨伐贼党，符合大义，岂可含含糊糊、遮遮掩掩？"他们又问："江王将如何登基？"韦处厚回答："明天早朝，应该对外宣告已经平定了内乱，然后，群臣三次上表劝进，以太皇太后之命下令江王登基即位。"当时，王守澄等人均听从韦处厚之言，也没工夫询问有关官员，各种繁杂的礼仪都出自韦处厚一人，安排得都非常妥当。

十二月十日，朝廷任命裴度为摄政。百官在紫宸殿外廊拜见江王李涵，李涵身穿素服哭泣。十一日，江王在少阳院接见各位军镇军使；将赵归真等术士以及敬宗时期亲近的人，都流放到岭南或者边疆。十二日，江王李涵即皇帝位，改名李昂，是为唐文宗，时年十八岁。十五日，唐文宗尊母亲萧氏为皇太后，以敬宗之母王太后为宝历太后。当时，太皇太后郭氏住在兴庆宫，宝历王太后住在义安殿，萧太后住在后宫。文宗生性孝顺谨慎，对三宫太后一样敬重，每当得到一些稀有珍贵之物，都要先敬奉宗庙，再送给三宫太后，最后才自己享用。十七日，文宗以翰林学士韦处厚为中书侍郎、同平章事。

文宗当藩王时，深知父亲穆宗、哥哥敬宗两朝的弊端，即位以后，励精图治，厉行节俭，杜绝奢侈。他下诏将没有具体职务的宫女全部送出宫，一共送出了三千余人；五坊鹰犬，也按照宪宗元和时期的旧例，除了酌量留下少数以备打猎之外，其他一概放掉；有关部门供应皇宫的物品，也按照德宗贞元时期的规定执行；裁撤教坊、翰林院、总监等部门多余官员一千二百余名，暂停各部门新添衣服、粮食；御马坊、打球场以及近年以来另行储存的钱财、粮食和占用的田地，都划归朝廷有关部门；敬宗在世时向各地索要的刺绣、雕刻物品，一律停止供应。敬宗在世时，每月上朝不过一两次，文宗即位后，恢复了旧制，每月单日上朝，与宰相和百官讨论政务，很久才退朝。过去，虽然设立了待制官，但敬宗很少召见他们询问政事，文宗即位后，屡屡召见他们征求意见。文宗只在双日停止朝会，把假期也放在双日，朝廷内外都纷纷庆贺，人人都感到太平的日子就要到来了。文宗的朴素出自天性，他退朝之后，唯一的爱好就是看书，不爱声色犬马，后来，他又下令神策军中尉以下不得身穿丝绸衣服，一次，他见驸马韦处仁头戴夹罗巾（一种时尚的帽子），就说："朕因仰慕卿门第清素，才把妹妹嫁给了你。这种穿戴，随便其他贵戚可以，至于你就不用这样了。"

次年二月十三日，文宗下诏大赦天下，改元大和，是年为公元827年。大和元年朝廷重臣分别是：司空裴度，同平章事窦易直、韦处厚、王播（六月任命左仆射、同平章事），盐铁转运使王播（兼领），左神策军护军中尉魏从简，右神策军护军中尉梁守谦（三月退休）、王守澄，枢密使杨承和、韦元素。文宗即位后，淮南节度使王播入朝，一心想当上宰相，向朝廷献上上千件银器、十万多匹绸缎，最终他如愿以偿，当上了宰相。文宗虽然虚心听取宰相们的意见，却优柔寡断，和宰相们反复讨论定下来的事情，往往又中途变卦，这让韦处厚非常不满，他在延英殿措辞激烈地指出文宗这一缺点，并请求辞去相位。文宗再三安抚，韦处厚这才作罢。

忠武（今河南省许昌市）节度使王沛去世，朝廷以太仆卿高瑀继任。自从大历年间以来，很多地方节度使都出自禁军将领，一些资历较高的禁军将领往往拿出比平常高出两倍的利息，向富户借贷，贿赂神策军中尉，动辄亿万，才能得到节度使之位，这项任命从未经过宰相。这些用钱买来的节度使到任后，迫于还贷的压力，变本加厉盘剥百姓还账。等王沛去世后，裴度、韦处厚上奏以高瑀继任。朝野内外纷纷庆贺道："从今往后，债帅就少了啊！"

横海节度使李全略去年三月去世以来，其子副大使李同捷一直想继任留后，一年来，朝廷方面却始终没有答应，也没有下一步安排，好像什么事都没发生一样。等文宗即位后，李同捷幻想着新皇帝登基后，或许会网开一面，正式承认自己，就于大和元年三月一日派遣掌书记崔从长携带奏疏，与其弟弟李同志、李同巽一起来到长安，表示愿意听从朝命。朝廷当然知道李同捷并非真心，但既然他主动表示愿意听从朝命，朝廷也就顺水推舟作出布置。五月十五日，文宗以天平节度使乌重胤为横海节度使，以前横海节度副使李同捷为兖海节度使。朝廷方面还担心河南、河北节度使们煽动李同捷抗拒朝命，又加魏博节度使史宪诚同平章事，另加卢龙节度使李载义、平卢节度使康志睦、成德节度使王庭凑检校官，以示荣宠。

果然，不出朝廷所料，李同捷在接到朝廷诏书后，以自己被将士挽留，而拒不受诏。七月二十五日，武宁节度使王智兴上奏，请求让自己率领本部三万人马，并请自备五个月的粮食前去讨伐李同捷，文宗表示同意。八月十一日，文宗下诏削去李同捷的官爵，命令天平节度使乌重胤、武宁节度使王智兴、平卢节度使康志睦、魏博节度使史宪诚、卢龙节度使李载义、义成节度使李听、义武节度使张璠各自率领本部人马讨伐李同捷。文宗即位伊始，一场讨伐河北藩镇的战争就此打响了。

李同捷听说朝廷要讨伐自己，赶忙派遣子弟们赶赴河北各镇，送去奇珍异宝、伎女贿赂，想让他们替自己说话。八月二十九日，卢龙节度使李载义扣押了李同捷的侄儿，并将他送来的贿赂献给了朝廷。魏博节度使史宪诚与李全略是儿女亲家，李同捷背叛后，他暗中给李同捷资助了很多粮食。宰相裴度对此一无所知，在文宗面前称史宪诚绝无二心。史宪诚派心腹来到中书省请示汇报工作，韦处厚说道："晋公（指裴度）在皇上面前以全家百口的性命保证你家大人一定会忠于朝廷，我则不然，只需等到你家大人以后有什么举动，朝廷自有国法！"史宪诚听说后，吓得不敢再与李同捷勾结了。与史宪诚不同，成德节度使王庭凑却死心塌地地支持李同捷，他先是替李同捷说情，朝廷不听后，他就明目张胆地出兵州境，牵制魏博军队；他还派人给沙陀酋长朱邪执宜送去贿赂，希望得到沙陀军队的支持，但朱邪执宜拒不接受。

十月，天平、横海节度使乌重胤率军屡屡击破李同捷的横海叛军。十一月，乌重胤去世，在王智兴的举荐下，朝廷又任命保义军节度使李寰为横海节度使。

十二月，朝廷加王智兴为同平章事。

由于唐朝当时的基本矛盾没有解决，战争打响以来，宪宗、穆宗讨伐河北藩镇时曾经出现的情况重新上演了一遍，让人觉得历史似乎又开始了一次轮回：各镇讨伐军各自为战；河北藩镇千方百计分化、瓦解各道；各军虚报战果、隐瞒损失；有些军队迟疑不进、坐吃军饷；朝廷又开了一次制举考试、举子再一次把矛头对准了宦官集团等。不过，好在是横海镇势力较弱，朝廷上又有裴度坐镇，“度请行诛伐，逾年而同捷诛”。也就是说，经过一年多的战斗，总算是消灭了李同捷。

# 五九二　刘蕡对策

在前线各路大军大举讨伐李同捷之际，大和二年三月又发生了一起影响不大不小的制举案。

自从元和末年以来，朝中宦官的势力更加强盛，他们拥立天子，作威作福，朝中无人敢言。大和二年三月二十五日，唐文宗李昂亲自主持贤良方正制举考试，在这次考试中，一名叫作刘蕡的昌平举子在对策中，极言宦官之祸，他写道：“陛下最该担忧的是宫中的危机、社稷将要倾覆、天下将要大乱……陛下要防微杜渐，以免再次出现宫廷政变，就要先正己，而后重用骨鲠正直之臣，疏远那些身体残缺不全的宦官，亲近那些正直敢言的忠臣，给宰相以全权，令朝中百官各尽其职，为何只亲近五六个人，让他们总揽朝政？祸起萧墙，臣担心像东汉末年出现的大宦官曹节、侯览之流将重见于今日……”他指斥宦官们的罪恶道：“令忠良得不到君王的眷顾，他们自恃废立之权，令敬宗不得善终，让陛下不能有一个正大光明的开始。长此以往，势必造成朝廷的权威荡然无存，各地藩镇将更加跋扈。一旦心存叵测之人以清君侧为名率先起兵，带头作乱，以驱逐邪恶之人当作一件正义之举，兵向朝廷，如此一来，势必形成天子被架空，诸侯掌握了征伐大权”。他建议文宗：“陛下为何不堵塞奸邪之路，远离邪恶的宦官，约束他们骄横之心，恢复他们打扫庭院的旧职，让他们去做他们原本该干的事！既然已经没有一个好的开端，就该考虑有一个好的结果，这样才能尊奉先贤的大道，担负起天下的重任。昔日，秦朝灭亡于强暴，汉朝则灭亡于君王太弱。君王强暴，则奸臣怕死而加害君王；君王弱小，则奸臣弄权而挟制君王。我见敬宗皇帝没有借鉴秦朝亡国的教训，一开始时没有消除隐患，所以，臣希望陛下能够借鉴汉朝灭亡的教训，防微杜渐。”

刘蕡又说：“臣听说汉元帝在即位之初，出台了七十余条改革措施，他要把国家治理好的心非常虔诚，也赢得了全国百姓的一致称赞，可是，随着时间的推移，朝廷的法律却日渐废弛，国运也开始衰退，奸人越来越强，百姓越来越苦，这都是他没有重用贤臣之故，才使得帝国失去了前进的方向。陛下如果真能把朝廷大权交给宰相，将兵权交给大将，则一切都会逐渐好转起来。”他又建议：“法令应该统一，官位应该正轨。现在的情况是：朝廷分为外官和中官，衙门又分为南衙、北司，有人受到南衙的追捕而逃到北司，有的被外官判刑而受到内官的赦免，法出多门，人们不知该怎么做才是，这都是由于军人和百姓站的角度不同、内官和外官遵循的法令不同造成的。”他又指出当时的弊病道：“现在，兵部尚书并不直接管理军队，他只是上上朝而已；南衙的禁卫军将领们也不训练士兵，只是天天混日子、弄个高级军衔而已。观军容使成为帝国的最高统帅，军政和军令两大系统，全由宦官控制，他们只要戴上一顶武官的军帽，就把朝廷文官视为仇敌；一踏入军营，就把农夫看作一介野草。他们胸中毫无韬略，根本剪除不了叛逆，却非常奸诈，足以作威作福；他们毫无勇气，根本无法保卫国家，却非常残暴，时常侵害乡里。他们还奴役地方官员，欺凌宰相，败坏法度，祸乱朝廷；以武夫之威，控制皇上；假传君命，招揽豪强。这些人有奸诈之心，而毫无临难赴死之义。这岂是帝国设置百官的本意！”

刘蕡，字去华，幽州昌平人，在汴州一带当他人的门客。他深通《春秋》，能将古今兴亡之事说得头头是道，浩然有拯救天下之志。后进士及第，元和末年，神策中尉王守澄等宦官谋杀了宪宗，穆宗、敬宗未能予以追究，文宗即位后，宦官力量更加强大，史称“方宦人握兵，外胁群臣，内掣侮天子”，看到这一现状，刘蕡常常痛心疾首。刘蕡的这篇对策，洋洋洒洒五千余言，将矛盾对准了宦官集团，令宦官们对其切齿痛恨，必欲置之死地而后快，却说出了天下士人的心声，让正直之士对他非常敬重。

大和二年闰三月九日，本届制举考试发榜，共录取贤良方正二十二人，裴休、李郃、李甘、杜牧、马植、崔玙、王式、崔慎由等人都位列其中，他们全部被授予官职。考官左散骑常侍冯宿等人看到刘蕡的对策，都发自心底赞叹不已，也非常佩服刘蕡的胆量，可是由于他们害怕宦官，不敢录取。发榜后，朝野一片哗然，纷纷替刘蕡鸣不平。谏官、御史们都要上书抗议，但被宰相们制止了。被录取的李郃说道：“刘蕡落榜而我等却被录取，我岂能不脸红？”遂上书认为：“刘蕡的对策，自从汉魏以来无与伦比。如今，有关部门认为刘蕡的对策指斥陛下身边的近臣，不敢录取，臣恐怕以后贤良之人再无出头之日，国家也将随之灭亡。何况臣的对策不如刘蕡的太多，希望将臣的官位转授刘蕡，以表彰他的忠贞。”但朝廷没有回复。刘蕡遂终身没能在朝廷任职，七年后，令狐楚和牛僧孺担任山南东西道节度使，都上书请求征辟刘蕡到幕府任职。刘蕡被朝廷授予秘书郎，充当二人的幕僚，二人对他都以师傅之礼相待，但终因宦官们的诬陷，刘蕡被贬为柳州司户，郁郁而终。1958年，毛泽东在读到刘蕡的这篇策论时非常赞赏，旁批：“起特奇。”并写了一首七绝云，以示纪念：“千载长天起大云，中唐俊伟有刘蕡。孤鸿铩羽悲鸣镝，万马齐喑叫一声。”

登第的几个人：裴休，字公美，是前浙东观察使裴肃的次子。他自幼好学，为人正直。幼年与兄弟们一起在济源别墅学习，常年不出院门，早上学习经典，晚上学习诗赋。裴休擅长书法，以欧阳询、柳公权为宗，他的书法率意天成，又法度严谨。《旧唐书》记载：“裴休长于书翰，自成笔法。家世奉佛，休尤深于释典。”董其昌在《容台别集》中称：“唐世学书甚盛，皆不为释典所用。梁肃、房融其书不称。惟裴休深于内典，兼临池之能。”后裴休官至宰相。

李郃，字子玄，号西贞。在这次考试中，他写了《观民风赋》和《求友诗》，被评为第一。由于李郃上书得罪了宦官，被排挤出京，授予河南参军，后升为贺州刺史。

李甘，字和鼎，长庆末进士。大和中，累官至侍御史，后因得罪郑注而被贬为封州司马。

杜牧，字牧之，号樊川居士，宰相杜佑之孙、杜从郁之子。杜牧在家中排行第十三，故人称杜十三。杜牧十几岁的时候，就十分关心政治，当时唐宪宗正在讨伐藩镇，杜牧在读书之余，开始研究军事，专门为《孙子》注解。杜牧二十多岁后，就已经很有名气，相继写出《阿房宫赋》《感怀诗》等名篇，在士人中广为流传。本年，杜牧二十六岁，连中进士和贤良方正科，被授弘文馆校书郎、试左武卫兵曹参军。杜牧晚年居住在长安南樊川别墅，故后世称“杜樊川”，著有《樊川文集》。他的诗歌以七言绝句著称，成就颇高。他被人称为“小杜”，以区别于“大杜”杜甫；其又与李商隐并称“小李杜”，以区别于李白、杜甫“大李杜”。

马植，字存之，陕西扶风人，前凤州刺史马勋之子。唐宪宗元和十四年进士及第，历任寿州团练副使、秘书省校书郎、饶州刺史，后官至宣武军观察使。

崔玙，字朗士，长庆初进士及第，本年制科及第后，逐渐升任礼部员外郎，后官至兵部侍郎。

王式是宰相王播的侄儿、兵部侍郎王起的儿子。王式以门荫被授予太子正字，本年及第后，逐渐晋升为殿中侍御史。他为人节俭，又与其伯父一样深通仕途之道，后通过巴结郑注结交了王守澄，被御史中丞归融弹劾，而贬为江陵少尹。唐末参与平定裘甫的民变，历任安南都护、明越观察使、武宁节度使。

崔慎由，字敬止，清河武城人。高祖崔融，唐高宗、武则天时代任国子司业，其父崔从，元和时历任吏部员外郎、御史中丞、尚书右丞、兴元尹，穆宗即位后担任尚书左丞、吏部侍郎、东都留守。崔慎由，大和进士及第，此次又登贤良方正制科；他聪敏强记，器量厚重，有其父之风。

刘蕡落第在当时影响很大，李商隐与刘蕡也是好友，他有感于刘蕡仕途受阻，曾写诗三首：《赠刘司户蕡》："江风扬浪动云根，重碇危樯白日昏。已断燕鸿初起势，更惊骚客后归魂。汉廷急诏谁先入，楚路高歌自欲翻。万里相逢欢复泣，凤巢西隔九重门。"《哭刘蕡》："上帝深宫闭九阍，巫咸不下问衔冤。黄陵别后春涛隔，湓浦书来秋雨翻。只有安仁能作诔，何曾宋玉解招魂。平生风义兼师友，不敢同君哭寝门。"《哭刘司户蕡》："路有论冤谪，言皆在中兴。空闻迁贾谊，不待相孙弘。江阔惟回首，天高但抚膺。去年相送地，春雪满黄陵。"

刘蕡的遭遇值得人们同情，然而，客观地说，其结局也是必然的，按照当时的情形，宦官势力很大，就连刚刚即位的文宗也退让其三分，要想彻底清除宦官，肯定需要长期的准备，怎能在大庭广众之下逞一时口舌之快公然指斥？这岂不是将自己的君王和自己的性命置于不测之地吗？像范雎入秦，说动秦昭王时，还不是由远及近、由表及里？才最终取得立言立功的效果，如果一开始就大张旗鼓地把矛头对准穰侯魏冉，岂不是早已人头落地？正如《新唐书》史官评述的那样："汉武帝三策董仲舒，仲舒所对，陈天人大概，缓而不切也。蕡与诸儒偕进，独讥切宦官，然亦太疏直矣。戒帝漏言，而身诵语于廷，何邪？其后宋申锡以谋泄贬，李训以计不臧死，宦者遂强，可不戒哉！意蕡之贤，当先以忠结上，后为帝谋天下所以安危者，庶其纾患耶！"可谓真知灼见。

# 五九三　平定沧州

当朝中因刘蕡对策而闹得沸沸扬扬之际，前线还在激战。

大和二年三月二十三日，武宁节度使王智兴率军进攻棣州（今山东省惠民县），焚烧了三面的城门。闰三月一日，魏博节度使史宪诚向朝廷报告称，他已经派遣自己的儿子、副大使史唐、都知兵马使亓志绍率领两万五千人马直扑德州，协助朝廷讨伐李同捷。当时，史宪诚本意是想帮助李同捷，但史唐哭泣着苦苦劝阻，并请求父亲发兵讨伐，史宪诚不得不接受儿子的建议，站在了朝廷一边。

然而，朝廷的攻势进展得并不顺利，这都是因为成德节度使王庭凑在暗中支持着李同捷，他偷偷向李同捷派去了增援部队，又给李同捷送去了食盐、粮食，文宗得知后非常恼火，决心一并讨伐王庭凑。七月二十日，文宗召集百官商议此事。宰相以及以下百官都不敢提出异议，唯独卫尉卿殷侑认为："王庭凑虽然支持叛贼，但只露出一点蛛丝马迹，并不敢明目张胆地与朝廷作对，应暂且睁一只眼闭一只眼，集中兵力全力对付李同捷。"文宗最终决定采取折中方案，一方面取消了分兵讨伐王庭凑的计划；另一方面给王庭凑敲响警钟，于八月十六日下诏公开王庭凑的罪状，并命令与成德镇相邻的各道严加戒备，暂时等待王庭凑改过自新。九月四日，王智兴上奏称已攻克棣州。新任横海节度使李寰从晋州率军东下，一路上军纪废弛，所过之处为非作歹，来到前线后又拥兵不战，一味向朝廷索要军饷。七日，文宗改任其为夏绥节度使。

等了近一个月，王庭凑毫无改悔之意，文宗遂于九月十一日下令免去王庭凑的一切官爵，命令各军开始讨伐成德镇；加王智兴为司徒，以夏绥节度使傅良弼为横海节度使。

十月，魏博军队在平原（今山东省平原县）击败横海叛军，并攻克了县城。

十一月一日，易定节度使柳公济上奏称攻克了横海镇的坚固寨（今河北省青县南），又在坚固寨以东击败了横海叛军。当时，黄河南北各藩镇的平叛军队一直未能取得决定性的胜利，他们像前几次平藩作战一样，取得一点小小的胜利，就向朝廷虚报战功，以求朝廷的厚赏，而朝廷方面不得不竭力予以满足，只是苦了江淮地区供应赋税的百姓，江淮地区因之更加萧条了。傅良弼行至陕县去世，朝廷遂又改任左金吾大将军李祐担任横海节度使。十二月六日，王智兴上奏称，武宁兵马使李君谋率军渡过黄河，攻克了无棣（今山东省庆云县）。

各路唐军一起朝横海、成德压来，李同捷逐渐难以招架，而王庭凑又自顾不暇，无法分兵救援，于是，王庭凑想出了一条离间计，派人引诱魏博大将亓志绍反水，杀掉魏博节度使史宪诚父子，夺取魏博镇。亓志绍竟然被王庭凑说动，遂率领本部两万人马撤出战斗，回师反攻魏博镇。前线情况瞬息万变，亓志绍的倒戈令朝廷大吃一惊，十二月二十六日，文宗急忙派遣谏议大夫柏耆赶赴魏博安抚，并派遣义成镇和河阳镇的军队前去讨伐亓志绍。三十日，史宪诚上奏称亓志绍领兵进驻永济（今山东省冠县北），并向朝廷告急求救。文宗又下诏命令义成节度使李听率领沧州各道的军队讨伐亓志绍。

大和三年（公元829年）一月，亓志绍的叛军联合成德的军队劫掠了贝州（今河北省清河县）。义成镇的三千平叛军队原来驻扎在齐州（今山东省济南市），奉命移防禹城（今山东省禹城市），途中，军队哗变，一哄而散，横海节度使李祐率军将他们消灭。李听和史唐一起进攻亓志绍，将叛军击破，亓志绍率领五千残兵败向镇州逃去，投靠了王庭凑。卢龙节度使李载义上奏称，他的军队攻克了沧州的长芦（今河北省沧州市）。二十三日，昭义镇上奏称，亓志绍叛军剩余的一万五千人向昭义镇投降，已将他们安置在洺州。

二月，横海节度使李祐率领各道平叛军队向李同捷叛军发起猛攻，唐军击败横海叛军后，又乘胜向德州（今山东省陵县）发起进攻。武宁镇的捉生兵马使石雄作战勇敢，爱护士兵，而节度使王智兴却非常残暴，不得人心，将士们暗中打算赶走王智兴而拥立石雄担任节度使。王智兴得知这一消息后，借石雄立功之际上奏朝廷请求任命其为刺史，二日，朝廷遂任命石雄为壁州（今四川省通江县）刺史。史宪诚见李同捷大势已去，想想自己原先的做法，唯恐朝廷会秋后算账，史唐遂建议父亲入朝。十六日，史宪诚派史唐携带奏表前往长安，并请求朝廷另行派来节度使，直接控制魏博。

石雄离开武宁镇后，王智兴下令把军中素来与石雄私交好的将士全部杀死，此次自相残杀一共诛杀了一百多人。四月九日，王智兴上奏称石雄散布谣言，动摇军心，请求文宗杀了石雄。文宗明知石雄是冤枉的，但他又不得不顾及王智兴的面子，遂免去了石雄的死刑，终身流放至白州（今广西壮族自治区博白县）。

四月十九日，李载义上奏称攻破了沧州的外城。此时，李祐的军队又攻克了德州，城中将士有三千人逃奔了镇州。李同捷给李祐写信请求投降，李祐将这封书信交给了朝廷。当时，由于前线迟迟没有进展，文宗非常着急，就任命谏议大夫柏耆为德州行营诸军计会使，与判官沈亚一起赶赴行营督战。柏耆到任后，作威作福，夸大其词，胁迫众将，令众将非常厌恶。等到李同捷向李祐请降后，李祐派大将万洪率军进入沧州，从李同捷手中接管了沧州防务。然而，柏耆怀疑李同捷是诈降，擅自率领数百骑兵突然闯入沧州，找个借口诛杀了万洪，将李同捷及其家眷一起逮捕，押往京师。

四月二十六日，他们行至将陵（今山东省陵县以北），有人传言王庭凑将发兵救出李同捷，柏耆遂斩杀了李同捷，将其人头送到了长安。李同捷之乱历经三年零两个月，最终才被李祐平定。五月十二日，朝廷加封李载义同平章事。

众将历经三年才平定了叛乱，可是，柏耆在最后径直入城，拿下李同捷，夺了众将之功，这让众将非常不满，争先恐后地上书找文宗说理。五月十三日，文宗不得已，将柏耆贬为循州司户，杜亚为南康县尉。当初，李祐已经患病，当他听说柏耆擅自诛杀了万洪，不禁大惊失色，病情开始恶化。文帝说道："李祐如果死了，就是柏耆杀的！"不久，李祐果然死于军中，同时，宦官马国亮又进言说柏耆还截留了李同捷原来霸占的王稷之女、奴婢九人，并私吞了很多珍宝，文宗遂于六月二十五日下令将柏耆赐死。

平定李同捷后，朝廷亟须处理的还有成德的王庭凑、魏博的史宪诚和已经打下来的横海镇。三年的讨伐战争，朝廷方面已经是筋疲力尽，虽有战胜之威，但实在无力继续作战，对付王庭凑。六月八日，文宗下诏称："镇州四面行营各回本道休息，但要严加戒备，保护辖区，不可与王庭凑来往。如果王庭凑归顺朝廷，需要专递奏章，才可以接受，除此之外，一律不得接受。"王庭凑也瞅准了朝廷想要一个台阶下，如今李同捷已经被消灭，如果朝廷死下一条心，以倾国之兵压到自己头上，成德镇也难以支撑下去，于是，他也开始通过邻近各道向朝廷传达归顺之意，不久，河东节度使李程就上奏接到了王庭凑的奏疏，声称请求把景州交还朝廷；又上奏称亓志绍已经自杀。到八月二十五日，文宗终于下诏赦免了王庭凑及其将士们，恢复了他们的官爵。

对于首鼠两端的魏博节度使史宪诚，文宗则采取了另外一种策略。史宪诚在平叛之初暗中支持李同捷，其后在儿子史唐的劝阻下，才勉强加入平叛战争，可是，不久手握魏博重兵的前线大将亓志绍被王庭凑说动倒戈，回师魏博。虽然亓志绍在各路唐军的打击下被打败，但经过亓志绍这一番折腾，史宪诚的实力大大削弱了，这其实对于朝廷来说也算是件好事。趁着史宪诚兵微将寡之际，文宗决定分割魏博镇，彻底把魏博镇重新纳入朝廷麾下。六月十三日，文宗以史宪诚为兼侍中、河中节度使；以义成节度使李听兼任魏博节度使；又把魏博镇的相州、澶州、卫州三州分割出来，以史孝章为节度使。然而，事情没有按照文宗计划的方向发展。六月二十五日，文宗派遣的中使来到魏州，传达了将史宪诚调离魏州的命令，与此同时，从贝州前线撤下来的新任节度使李听大军也回到了馆陶（今河北省馆陶县），准备等史宪诚离开魏州后，再入城接管。城内的史宪诚不敢违抗诏命，将魏博仓库内的金银财宝扫地无余，想全部带到河中，这让魏博军民非常恼火。二十六日，魏博镇发生兵变，将士们杀死了史宪诚，拥立衙内都知兵马使何进滔为魏博留后。李听得知魏博内乱后，立即率军推进到魏博城下，但何进滔闭门不纳。七月，何进滔率领魏博叛军出城迎战，突袭李听。李听毫无防备，所部大败，四散逃走，败兵昼夜兼行，向浅口（今河北省馆陶县西北）逃去，一路上丢盔弃甲，伤亡过半。昭义镇出兵相救，李听才侥幸逃出一命，回到了总部滑台。经过这场突如其来的变故，文宗重新拿回魏博的计划彻底泡汤，只好接受现实，八月五日，文宗下诏承认何进滔为魏博节度使，又把相州、澶州、卫州三州还给了魏博。

沧州经过战乱之后，非常萧条，白骨遍地，田野荒芜，活下来的百姓不足十之三四。八月六日，文宗任命卫尉卿殷侑为齐州、德州、沧州、景州节度使。殷侑到任后，与士兵们同甘共苦，招抚百姓，劝课农桑，流民渐渐恢复农业生产。殷侑到任之初，本镇三万军队的衣食全靠朝廷供给，一年后，本镇田租赋税能解决一半；两年时，本镇已完全能够自给自足；三年以后，沧州镇已逐渐繁荣，仓库充实起来了。

# 五九四　抗击南诏

平定李同捷之后，朝中重臣分别是：

检校司徒王智兴、司空裴度，同平章事：王播、路隋（又记作路随）、李宗闵，度支使崔元略、左神策军护军中尉魏从简、右神策军护军中尉王守澄、知枢密使杨承和、韦元素。文宗即位之初，朝中宰相分别是窦易直、韦处厚和王播，大和二年十月，窦易直被罢相，外调为山南东道节度使，到十二月，韦处厚又去世了，文宗就提拔路隋为守中书侍郎，同平章事。韦处厚是位贤相，史称：唐文宗“勤于听政，然浮于决断，宰相奏事得请，往往中变”。韦处厚据理力争，指出文宗这一缺点，他还出于公心推荐裴度，文宗都一一采纳。韦处厚为相期间，“急于用才……尝病前古有以浮议坐废者，故推择群才，往往弃瑕录用”，史称“处厚当国柄二周岁，启沃之谋，颇协时誉，咸共惜之”。

路随，字南式，其父路泌，字安期，是德宗时期著名的学者，他精通《五经》，又工于作诗，德宗奉天之难中，被浑瑊征辟为从事，后随浑瑊与吐蕃会盟，被劫持至吐蕃，最后就死在了吐蕃。路泌被劫持时，路随才是个小孩，年纪稍长，他听说自己的父亲流落异域，日夜哭泣，每次总是面西而坐，从不吃肉，其母曾说其与父亲长得非常相似，路随遂终身不再照镜子。后来，路随明经及第，被任命为润州参军，又担任东都留守韦夏卿的从事，后调回朝廷担任左补阙。穆宗即位后，晋升为司勋郎中，与韦处厚一起担任翰林侍讲学士。敬宗即位后，拜为中书舍人、翰林学士。文宗即位，韦处厚拜相，路随代为承旨，转为兵部侍郎、知制诰。大和二年，处厚薨，随代为相，拜中书侍郎，加监修国史。当初，韩愈撰写了《顺宗实录》，对顺宗、宪宗之际内廷之事直言不讳，令宦官集团非常恼火，经常在皇帝面前称记载得不实，请求予以修改，因此，历朝都曾进行过删改，等到路随撰写好《宪宗实录》后，文宗又命他更改永贞之事，路随请文宗指出《实录》中究竟有哪些记载是错误的，再行改正。文宗下诏称：“其《实录》中所书德宗、顺宗朝禁中事，寻访根柢，盖起谬传，谅非信史。宜令史官详正刊去，其他不要更修。”史称，路随“学行大度，为谏官能直言，在内廷匡益……宗闵、德裕朋党交兴，攘臂于其间；李训、郑注始终奸诈，接武于其后，而随藏器韬光，隆污一致，可谓得君子中庸而常居之也”。

到大和三年李同捷被平定之后，文宗下诏征召浙西观察使李德裕为兵部尚书，裴度推荐他担任宰相，但由于吏部侍郎李宗闵有宦官们的支持，文宗遂以李宗闵为同平章事。李宗闵是牛党的核心人物之一，大体上而言，牛李党争中，牛党依附于宦官集团，反对平藩战争，而李党则相反。牛党自李逢吉开始就结好宦官集团，李宗闵在担任吏部侍郎期间，又通过驸马都尉沈𤩽拉拢了女学士宋若宪和知枢密杨承和，二人屡屡在文宗面前举荐李宗闵，所以，文宗才弃李德裕而用了李宗闵。李德裕被召回朝廷不久，李宗闵唯恐他取代自己，正好义成节度使李听在魏州被何进滔打败，李宗闵就建议文宗召回李听，改任李德裕为义成军节度使，李听回朝后，被改任为太子少师。裴度在敬宗时期就兼任度支，文宗即位后，很快就发生了李同捷之乱，裴度仍然兼领度支，平乱之后，路随上书认为：“宰相责任重大，不宜兼领钱帛谷米这些琐碎事务，像过去的杨国忠、元载、皇甫镈等人都是奸臣，他们的做法不宜效仿。”裴度也上书认为这些事务不是宰相之事，应该交给有关部门，请求辞去兼领度支，文宗遂答应了。

大和三年（公元829年）十一月十八日，文宗前往天坛祭祀天神，大赦天下，并下诏要求各地不得进贡奇巧之物，包括精美的丝织品等也一律禁止，焚烧各地的织布机。

文宗在大和三年六月基本上平定了李同捷之乱，到这一年的十一月就发生了南诏入侵西川事件。杜元颖在穆宗长庆三年以同平章事，充西川节度使，迄今已有六年。杜元颖以宰相之尊镇守西川，他本人是文士出身，不懂军事，到任一年之后，穆宗去世，敬宗继位，敬宗年少贪玩，杜元颖为了保身固位，竭力搜罗西川的奇珍异宝讨好敬宗，弄得西川军民怨声载道。由于杜元颖克扣西川边防军将士们的衣粮，将士们衣食不足，只好纷纷进入南诏境内劫掠，而南诏人反而拿出衣食资助他们，如此一来，西川各地的防务情况，南诏人是了如指掌。南诏在宪宗时期仍与唐朝和好，宪宗元和二年南诏国王异牟寻去世，其子骠信苴蒙阁劝（又记作寻阁劝）继位，次年，寻阁劝去世，其子劝龙晟继位，仍向唐朝朝贡。

劝龙晟荒淫无度，国内民怨沸腾，元和十一年，弄栋（今云南省姚安县）节度使王嵯巅将其弑杀，拥立其弟劝利为国王。劝利对王嵯巅非常感激，给其赐姓蒙，称之为“大容”（大哥之意）。迄今，劝利已在位十三年。

如今，南诏“大容”蒙嵯巅阴谋大举入侵西川，唐朝沿边守将已经看出一些反常迹象，纷纷向杜元颖禀报，但杜元颖就是不信，不做丝毫防备。果然，蒙嵯巅率领南诏大军大举前来，唐朝边境城池毫无防备，南诏人以西川降卒为向导，接连攻克了嶲州（今四川省西昌市）和戎州（今四川省宜宾市）二地。大和三年十一月二十八日，杜元颖发兵与南诏人在邛州（今四川省邛崃市）以南地区会战，结果，唐军大败，南诏遂乘胜攻克了邛州。

接到杜元颖的败报后，文宗连忙下令调派东川、兴元、荆南的军队火速增援西川，十二月一日，文宗又下诏增调鄂岳（武昌镇）、襄邓（山南东道）、陈许（忠武军）等藩镇的军队入川。三日，文宗又任命东川节度使郭钊为西川节度使，兼领东川节度使。蒙嵯巅兵锋直指成都。四日，南诏军队攻克成都外城，杜元颖率领军队退守牙城，多次想弃城而逃。六日，文宗将其贬为邵州刺史。十三日，文宗任命右领军大将军董重质为神策军、各道西川行营节度使，又增调太原（河东镇）、凤翔军队奔赴西川。南诏军队又转攻东川，攻入梓州（今四川省三台县）的西外城，郭钊兵微将寡，无力抵抗，只得下书斥责蒙嵯巅背信弃义。蒙嵯巅回信称：“杜元颖侵扰我国，所以才发兵报复罢了。”遂与郭钊言和而退。南诏军队盘踞在成都外城十天，刚开始的时候还能做到安抚百姓，成都外城内的商店还照常营业，等到将要撤退时，遂大肆劫掠数万百姓、工匠、珍宝而去。西川百姓大为恐惧，不少人投江而死，尸体布满江面，顺江而下。蒙嵯巅亲自断后，等渡过大渡河后，他对掳掠来的西川百姓说道：“从这里再往南就是我国了，随你们哭别母国。”西川百姓北望故国，一片哀号，又有一千余人投水而死。经此一劫，南诏国内才学会了蜀地先进的手工艺技术，其国的手工艺技术水平得到很大提高，开始与蜀地相同了。

回国之后，蒙嵯巅派人向文宗上书，称：“我们山蛮一直以来都向大国进贡，怎敢侵犯大国的边境？全是因为杜元颖不抚恤将士，引起大家的怨恨，纷纷给我军当向导，希望我军前来诛杀这个残暴的将帅，杀不掉这个杜元颖，就难平将士之心。”文宗接到书信后，不禁大怒，又把杜元颖贬为循州司马；另下诏命令董重质及各道军队撤军。郭钊来到成都后，与南诏人立下盟约，相互不得侵扰。文宗又派人给蒙嵯巅送去国书，此后，两国重新恢复了和好关系。

郭钊体弱多病，到任数月，就请求朝廷另派人接替自己，大和四年（公元830年）十月，文宗又调任义成军节度使李德裕担任西川节度使。

史称："成都既南失姚（姚州，即今云南省姚安县）、协（协州，即今云南省彝良县），西亡维（维州，即今四川省理县）、松（松州，即今四川省松潘县），由清溪下沫水（今大渡河）而左，尽为蛮有。"西川经过南诏这番入侵，百业凋敝，李德裕能文能武，他到任后，先是了解民情、敌情，兴建了筹边楼（现存的在今四川省理县薛城镇薛城小学内），这种筹边楼既是一座边境要塞，又是联络各少数民族感情的会谈之所，能够起到多种作用。当时的西川女诗人薛涛登临过筹边楼，留下一首流传千古的名诗："平临云鸟八窗秋，壮压西川四十州。诸将莫贪羌族马，最高层处见边头。"李德裕还命人画出西川地图，地图范围不仅包括西川全境，还涵盖吐蕃、南诏境内，"其部落众寡，馈运远迩，曲折咸具"。他还每天接见那些练达军事、熟悉边地人情的人，即便是一些地位低下的普通士兵或者是山蛮，他都不以为意，向他们了解西川乃至吐蕃、南诏的山川、城池、道路远近、险易，不到一个月，他就对各地的情况了如指掌了，"凡虏之情伪尽知之"。文宗曾要求李德裕兴修清溪关（在今四川省石棉县东南），以切断南诏入侵之路，如果没有土，就用石头修筑。李德裕上书认为："通到蛮夷的小路很多，修一座关卡根本无济于事，只有派遣重兵镇守，才能确保万无一失：黎州（今四川省汉源县）、雅州（今四川省雅安市）一带需要一万人，成都需要两万人，要训练成精锐部队，方可令南诏不敢乱动。同时，边防军又无须太多，以朝廷能够控制为度。崔旰杀害郭英乂，张朏驱逐张延赏，他们用的都是边防军。"当时，各地军队都返回了本镇，剩下三千河中、陈许军队还在成都，朝廷下诏命他们来年三月返回，西川百姓想到唐军都将撤离，都非常害怕。李德裕上书请求留下郑滑五百人、陈许一千人镇守成都，另称："蜀兵力量太弱，刚被蛮夷打败，都已吓破了胆子，不堪征战戍守。如果各镇大军全部撤离，则与杜元颖在时没有什么两样，蜀地难以保住。我担心朝中会有人说，蜀地经过此次蛮夷入侵，就已经自己征召了军队，实际情况则是：当时蛮夷已经兵临成都，杜元颖临时搜捕百姓当兵，凑够了三千人，徒有其名，根本不能用。郭钊招募北方人入伍，也仅有一百来人，臣又招募了两百来人，除此之外都是杜元颖时期的老兵。我还担心朝中有人会提出'一夫当关'之说，认为清溪关能够抵挡南诏人的入侵。臣寻访蜀中的老将们得知，清溪附近有三条大路，其余小路数不胜数，这些小路都是勿邓等东蛮临时开通的，有人要说能阻挡住蛮夷，那才是在欺骗朝廷。我建议在大渡河以北再修筑一座城池，用一连串堡垒一直联系到黎州，派遣重兵防守才是上策。另外，我还听说南诏把劫掠去的两千人和金银珠宝送给了吐蕃，如果两敌知道了西川的虚实，一起前来，那就糟糕了。那些在朝中随意发言的人，就是因为灾祸未能降临到他们自己头上，臣请求陛下命令他们每人写出各自的建议，交朝廷存档，将来一旦失败，不可让臣一个人受到惩处。”朝廷方面一一听从了他的意见，于是，李德裕按部就班地训练军队，修筑城堡，储备粮食，加强边防，西川军民才慢慢安定下来。

# 五九五 兴元兵变

大和四年（公元830年）一月，南诏军队刚刚撤去，朝廷就把武昌节度使牛僧孺召回了朝廷。

李宗闵拜相后，屡屡在文宗面前称牛僧孺有才，不宜放在外藩，一月十六日，文宗以牛僧孺为兵部尚书、同平章事。李、牛二人把持朝政后，开始逐渐排挤李德裕一党，将他们驱逐出朝廷。

南诏入侵成都时，朝廷命令山南西道发兵援救，由于山南西道本镇兵员太少，节度使李绛就临时招募了一千人前往，这支增援部队还未到达成都，南诏人就撤退了，朝廷又下令他们原路折返。山南西道本镇的军队员额是一定的，等到这支军队回到兴元之后，朝廷又下令将这批新兵全部遣散。大和四年二月十日，节度使李绛当众宣布了朝廷的这一命令，并额外赏赐给众人小麦进行安抚，但众人都非常失望，怏怏而退。

这群人来到监军杨叔元那里辞别，这个杨叔元素来与李绛不和，原因在于李绛从来都不巴结他。看到众人都心存不满，杨叔元趁机借李绛赏赐的东西太少为由激怒大家，果然，众人听了杨叔元的话顿时火冒三丈，大呼小叫，劫掠兴元武器库内的武器，直奔节度使衙门而来。当时，李绛正与幕僚们一起饮宴，毫无思想准备，听说发生兵变后，顿时大惊失色，慌忙逃往北城楼。有人劝李绛从城墙上缒出城外，但李绛说："我身为元帅，岂能逃走！"命令推官赵存约逃走。赵存约回答："我深受明公的知遇之恩，大难临头怎能苟且偷生！"牙将王景延与乱兵苦战，临阵战死，李绛、赵存约以及观察使判官薛齐均为乱兵所杀，继而，乱兵还趁机屠杀了李绛全家。

二月十三日，监军杨叔元上奏称，是李绛私吞了新兵的遣散费而招致了兵变。十五日，文宗以尚书右丞温造"气豪嫉恶"，而任命其担任山南西道节度使，前往平叛。当时，朝廷百官纷纷上书替李绛鸣冤，谏议大夫孔敏行详细向文宗汇报了杨叔元激怒乱兵的前后细节，文宗听了，这才有所醒悟。

一路走来，温造详细了解了兴元军叛乱的前因后果，一一禀报了文宗，文宗允许他“便宜从事”，并给其四道手诏，命令神策行营大将董重质、河中都将温德彝、郃阳都将刘士和等人，均听命于温造。温造行至褒城（今陕西省汉中市西北褒城镇），遇到讨伐山蛮返回的兴元都将卫志忠所部，温造遂秘密与卫志忠商议如何清除那些乱兵，遂以其部八百人充当侍卫亲军，以五百人为前锋。温造进入兴元之后，命令这部军队分别把守各个城门。三月五日，温造开始履职，在衙门大门设宴犒赏全体将士。温造说道：“我想听听各位新兵内心的真实想法，到底他们是想留下来还是想回家，也该把他们都请来参加。”新兵们也都来了，温造慰问一番后，命令他们坐下来，一起喝酒。这时，卫志忠已经布置牙兵将他们团团围住，围住之后，只听一声高喊：“杀！”这八百多新兵顿时身首异处。

杨叔元吓得屁滚尿流，赶忙起身，跌跌撞撞地爬到温造身边，抱着温造的靴子，连连哀求，请留下自己一命。温造下令将杨叔元打入大牢；对于那些亲手杀害李绛的，温造下令将他们的尸体砍为一百段；剩下的全部斩首，尸体投入汉水之中；将一百颗人头祭奠李绛，以三十颗人头祭奠在兵乱中的死难者，然后将事情的经过向朝廷作了汇报。三月十五日，文宗下令将杨叔元流放到康州（今广东省德庆县）。温造也因这次平叛之功，加检校礼部尚书。

大和四年年初的兴元兵变很快就被温造设计平定，除此之外，这一年过得还稍稍平稳。这一年，文宗对一些人事也进行了一番调整。三月一日，以刑部尚书柳公绰为河东节度使。过去，回鹘进贡或者与唐朝互市时，他们所到之处，唐朝地方官员唯恐生变，往往派遣军队严加防范，一路护送，时刻监视。等柳公绰到任后，回鹘派遣梅录李畅带来一万匹马与唐朝互市，柳公绰只派了一名牙将单枪匹马前往边境慰问，等回鹘人来到后，柳公绰打开城门，坦然接受他们的拜谒。李畅深受感动，竟然泪流满面，约束其部下，沿途不得随意打猎，不得侵扰唐朝百姓。居住在陉北（今山西省代县句注山之北）神武川的沙陀人素来骁勇善战，附近的九姓诸胡（居住于山西省西北部）、六州胡人（居住于河曲）都很害怕他们。柳公绰上奏文宗，任命沙陀酋长朱邪执宜为阴山都督、代北行营招抚使，命其居住于云州（今山西省大同市）、朔州（今山西省朔州市）边塞一带，保卫帝国北部边境。朱邪执宜与众酋长一起来到太原拜谒柳公绰，柳公绰设宴热情款待他们。朱邪执宜神采端庄，举止有礼。柳公绰对幕僚们说："朱邪执宜外表严肃而内心宽厚，说话缓慢而天理分明，这可是个有福之人啊！"柳公绰还安排朱邪执宜的母亲和妻子到自己的内室，与自己的夫人相见、饮宴，并赠予其很多财物。朱邪执宜非常感动，一切听从柳公绰的指挥。过去，边塞上有十一处废弃的要塞，朱邪执宜一一将其修复，命部落中的三千人分兵把守，从此以后，塞外的其他部族不敢再来侵扰了。

就在温造平定兴元兵变、柳公绰出任河东节度使的同时，北方的奚人也向幽州发起了进攻。卢龙节度使李载义发兵将奚人击败，生擒奚王茹羯，将其献给了朝廷。

这一年，司空裴度已六十六岁，他以年事已高，身体多病，恳切提出辞官。六月五日，文宗以裴度为司徒、平章军国重事，等身体稍稍复原后，每隔三五天去中书省办一次公。原本裴度对李宗闵有恩，还是在他领兵讨伐淮西时，曾上奏宪宗征辟李宗闵为观察判官，李宗闵也以此为起点，逐渐受到朝廷的重用，可以说裴度对李宗闵是有知遇之恩的。然而，李宗闵此人小肚鸡肠，当裴度举荐李德裕时，李宗闵认为裴度是在与自己作对，如今，趁其因病辞官，就建议文宗以裴度为兼侍中，充山南东道节度使，把裴度再次排挤出了朝廷。

一般人认为，中晚唐最大的问题主要有三：一是藩镇割据；二是宦官专权；三是朋党之争。然而，此时的文宗对前两者已经有了清醒的认识，但对于最后一点尚没有切身的体会。如今的他还对牛党非常信任，重用李宗闵和牛僧孺、将裴度和李德裕调出京师都是明证。对于藩镇割据问题，文宗已经感到很难在短时期内解决了，拿下一个小小的横海李同捷，就费了朝廷九牛二虎之力，差一点引起连锁反应，还弄得朝廷财力不堪其负，如今，只好将这一问题暂时搁置下来。大和五年（公元831年）一月，卢龙监军上奏，卢龙节度使李载义在球场后院与中使喝酒之时，副兵马使杨志诚与其同党呼喊作乱，李载义与儿子李正元逃奔易州；杨志诚又杀害了莫州刺史张庆初。文宗召集宰相们一起商议对策，牛僧孺回答："范阳自从安禄山、史思明以来，并非朝廷直接控制之地，刘总暂时献出此地，朝廷浪费了八十万钱而没有丝毫所得。今日，杨志诚得到此地，与昔日李载义取得时没有什么两样，趁此机会予以安抚，命其替国家抵御北方的夷狄，不必考虑是顺逆之理。"文宗采纳了他的意见。李载义从易州来到长安，文宗因其有平定李同捷之功，并且对朝廷态度恭顺，遂任命其为太保，同平章事如故；又正式任命杨志诚为卢龙留后。不久，文宗又任命李载义为山南西道节度使，杨志诚为幽州节度使。

剩下来就是宦官专权了，对此文宗有很深的感触。宪宗、敬宗都是被宦官杀的，而如今杀害两个皇帝的同党并没有被追究，像中尉王守澄不仅逍遥法外，反而权力更大，也更加专横了，他招权纳贿，无法无天，连文宗也觉得管不了了。然而，满朝文武都对宦官集团畏首畏尾，就拿元和二年的刘蕡对策案来说吧，当时的宰相是裴度、韦处厚、窦易直，像这三个以正直著名的老臣都害怕得罪宦官集团而不敢替刘蕡说一句公道话，更不要说他人了，这让文宗非常失望，不得不把目光转向那些地位较低、资历较浅的人。一次，文宗偷偷与翰林学士宋申锡谈到此事，宋申锡建议慢慢剪除其羽翼，削弱其权力，二人遂一致决定先除掉王守澄的左膀右臂郑注。文宗看宋申锡深沉、忠厚，值得信赖和依靠，就提拔他为尚书右丞，大和四年七月，又晋升他为同平章事。史称："申锡素能谨直，宠遇超辈，时情大为属望。及到中书，剖断循常，望实颇不相副。"

# 五九六 申锡落难

时光步入大和五年（公元831年）。

这一年一月十八日，文宗给沧州、齐州、德州三州赐名为义昌军，仅仅三天之后，就发生了卢龙兵变、节度使李载义被驱逐的事，与此同时，文宗阴谋诛杀郑注的计划却发生了变故。

此时，只有文宗和新任宰相宋申锡二人知道此事，朝中另外两位宰相李宗闵和牛僧孺都与宦官集团有着千丝万缕的关系，文宗也不敢让二人知道。宋申锡感于文宗的知遇之恩，决心全力以赴替文宗分忧，但他自己又孤掌难鸣，更重要的是宦官们掌握着禁卫军，实在很难下手，唯独京兆尹掌握着京师有限的武力，因此，宋申锡就想到找一个可靠的人担任京兆尹，实施这一计划，想来想去，他想到了一个自认为非常合适的人选——吏部侍郎王璠。王璠，字鲁玉。元和五年进士，又中宏辞科。此人外表严整，很能唬住一般的人，历任监察御史、起居舍人、知制诰、御史中丞。王璠是宰相李逢吉一党，与刚刚被罢相、担任尚书左仆射的李绛相遇时，不依礼避让，引起了一场轩然大波，此事已见前述。总体而言，王璠是牛党的重要人物之一，且此人是一个表里不一的小人。

宋申锡与王璠在长庆年间有过短暂的交集，二人均在那一时期担任过起居舍人，并且，王璠在朝中的名气很大，另外，以吏部侍郎调任京兆尹，不算越级提拔，不会引起他人的警觉，这也许是宋申锡想到王璠的主要原因。另据卢肇《轶史》记载："（宋申锡）乃以友人王璠为京兆尹，密与之约，令察注（郑注）不法，将献其状，擒于京兆府，杖杀之。"由此可见，宋申锡与王璠是朋友，但宋申锡起家较晚，对于王璠此前的履历并不十分了解，要知道，王璠是李逢吉的死党，而以李逢吉为源头的牛党都与宦官集团有着若明若暗的关系，宋申锡打算让王璠作为清除宦官的排头兵，这无疑是在缘木求鱼。

宋申锡在元和四年七月拜相的次日，就将王播调任京兆尹、兼御史大夫了，然而，五个月过去了，王播毫无动静，迟迟不敢下手，这令宋申锡非常不满，到元和四年十二月十五日，宋申锡又将王播调离京兆尹，改任尚书左丞，判太常卿事，改任工部侍郎崔琯为京兆尹。从品级上来说，京兆尹是从三品，而尚书左丞和吏部侍郎都是正四品上，虽说地位差不多，但王播所担当的尚书左丞只管太常卿，是个闲差，与拥有实权的京兆尹根本无法同日而语。宋申锡和王播反目成仇之后，王播就将宋申锡意欲诛杀郑注的计划泄露给了王守澄。

王守澄和郑注得知宋申锡意欲找事杀掉郑注，二人就暗中准备对策，想来想去，决定设计先杀掉宋申锡。文宗的三弟（《旧唐书》称六弟，但又说穆宗只有五个儿子，显然系史书笔误）、漳王李凑宽和温雅，庄重有度，深得朝野内外的器重。王守澄和郑注就想出一条最能激怒文宗的毒计，诬陷宋申锡打算拥立漳王李凑，趁机将异己大臣彻底清除，遂命神策军虞候豆卢著（郑注的亲戚）向朝廷告发，称："十六宅宫市典晏敬则、朱训与宋申锡的心腹小吏王师文图谋不轨，朱训曾对王师文说主上身体不好，太子又年幼，如果按照兄终弟及的做法，一定轮到漳王，要提前拉上关系，王师文就给了他银五铤、绢八百匹；而晏敬则就从十六宅中拿出漳王的一件吴绫汗衫、一匹熟线绫，回赠给了宋申锡。"

这件事完全是子虚乌有，全是郑注凭空捏造的，大和五年二月二十九日，王守澄自导自演、煞有介事地在浴堂向文宗禀报了此事。这种事是皇帝最为忌讳的，文宗是继承哥哥敬宗之位，而弟弟漳王李凑又很贤能，也一直是文宗的心腹之患，所以，王守澄和郑注这一计正中文宗的脉门，不能不让文宗失去理智。果然，文宗闻言，一时不辨真假，不禁勃然大怒。王守澄建议当即派遣兵马在街市上追捕涉案人员，并派遣两百骑兵到靖恭里宋申锡家中，将其全家屠杀，正巧，飞龙使马存亮因他事与王守澄一起面见文宗，马存亮曾担任左神策军护军中尉，七年前，他在苏玄明之乱中救过穆宗，当他听说王守澄建议文宗立即发兵屠杀宋申锡一家时，坚决制止道："谋反的只是宋申锡一人而已，何不召集南衙宰相们一起商议此事？如果仓促之间这么办，京师就乱了！"王守澄提不出合适的反对理由，只好不再坚持。

当天正遇上"旬休日"（古代每十天休息一天），全体放假，文宗下令中使召集宰相们前往中书省东门议事。中使对宋申锡说道："召集的人员不包括宋大人。"宋申锡心里立刻明白自己已经获罪了，就望着延英殿的方向，用朝笏敲敲自己的额头而退。路随、李宗闵、牛僧孺三人来到延英殿，文宗把王守澄的奏表交给他们看，大家面面相觑，张口结舌，不知从何说起。文宗命令王守澄派右神策军在宋申锡家中逮捕了孔目官张全真、家人买子缘信等人，于十六宅逮捕晏敬则等人，王师文闻风逃走。此后，文宗又召来师保（太师太保）、仆射、尚书丞郎、常侍、给事、谏议、舍人、御史中丞、京兆尹、大理卿，一同在中书省和集贤院会同审理此事。事发突然，长安人心浮动，议论纷纷，一开始大家都真的觉得宰相与藩王谋反，非常震惊，两三天之后，人们才慢慢觉得其中另有蹊跷。

三月二日，文宗下令将宋申锡贬为太子右庶子。晏敬则等人受到严刑拷打，自己承认犯罪，称宋申锡派遣王师文和漳王联络，结下来日的友谊。内廷审理结案，四日，文宗驾临延英殿，召集宰相以及议事官亲自询问。当时，尚书仆射窦易直说道："人臣无将（谋反之意），将而必诛！"意欲将宋申锡处以极刑，其他宰相、高官听了，都非常震惊，但无人敢于明确说宋申锡是冤枉的，唯独新任京兆尹崔琯、大理卿王正雅接连上书请求将囚犯从宫廷监狱中交付外廷监狱，重新审核。左常侍崔玄亮、给事中李固言、谏议大夫王质、补阙卢钧、舒元褒、罗泰、蒋系、裴休、窦宗直、韦温、拾遗李群、韦端符、丁居晦、袁都十四人，趴在台阶下面上奏，请求将此案的嫌疑犯交付外廷审理，不要在禁中审讯。文宗震怒，说道："我已经与公卿大员们商量好了，你们暂且退下。"接连三四次喝令众人退下，但崔玄亮不为所动，他坚持己见，引用古今故事，恳切上言，哭泣了很长时间，说道："杀一介平民尚且不可不慎重，何况是要杀掉宰相！"这才慢慢令文宗有所醒悟，说道："朕将与宰相们再商议商议。"就再次将宰相们召入。这一次，牛僧孺说道："人臣最大的不过宰相，如今，宋申锡已经是宰相了，假如真的像告发的那样要谋反的话，他的目的是什么？追求什么呢？宋申锡理应不会如此。臣为御史中丞时，爱宋申锡忠良，才推荐其为御史，臣敢以死保证宋申锡决无二心。"郑注唯恐这样下去，一旦进行复审，最终会真相大白，就劝王守澄请求文宗只将涉案人员予以贬谪算了。

三月五日，文宗下令将漳王李凑贬为巢县公，命中使对李凑说道："国法如此，不要有其他担忧！"又贬宋申锡为开州司马，马存亮当天就自请退休。晏敬则等人因之被处死或者流放的多达数十、上百人。宋申锡刚被诬陷时，毫不介意，也许当时他觉得与文宗君臣相得，文宗不会受到蒙蔽，然而，事情的发展出乎他的预料，他的妻子问他："大人身为宰相，人臣做到这一步已到了尽头，你为何要辜负天子而谋反呢？”宋申锡说道：“我生来受到天子厚恩，被破格提拔到宰相之位，却不能清除奸臣，反而被奸臣罗织诬陷，夫人，你看我岂能是个谋反的人？”说完，二人相对而泣，显然，宋申锡哭泣更多的是对文宗的失望，而文宗当时的心态应该是非常复杂的：一开始，他有可能真的相信了王守澄之言，觉得宋申锡脚踩两只船，辜负了自己的知遇之恩，随着事态的发展，也许他开始意识到这可能是王守澄等人的无端陷害。然而，文宗最为担心的是，一旦将宋申锡交给外廷公开审判，如果宋申锡说出点什么来的话，事情就不好了，因此，不论王守澄、郑注还是文宗，其实从他们各自的角度出发，都不愿将此事弄得水落石出。但从对宋申锡的最后惩处上来看，一开始文宗要处死宋申锡，继而，又要将其流放到岭南，但最终将其贬为开州司马，说明文宗内心其实已经察觉宋申锡可能是被冤枉的，但又不敢与王守澄等人正面摊牌，只好糊里糊涂地舍车保帅，牺牲了宋申锡。

史称：“中锡自居内廷，及为宰相，以时风侈靡，居要位者尢纳贿赂，遂成风俗，不暇更方远害，且与贞元时甚相背矣。申锡至此，约身谨洁，尤以公廉为己任，四方问遗，悉无所受。既被罪，为有司验劾，多获其四方受领所还问遗之状，朝野为之叹息。”到大和七年七月，宋申锡死于开州；八年，李湊也去世了。

宋申锡喊冤而死，在当时引起了很多人的同情，晚唐著名诗人许浑写《大和初靖恭里感事》：“清湘吊屈原，垂泪撷蘋蘩。谤起乘轩鹤，机沉在槛猿。乾坤三事贵，华夏一夫冤。宁有唐虞世，心知不为言。”又写《闻开江相国宋公下世二首》（一说为杜牧所作）：“月落清湘棹不喧，玉杯瑶瑟奠蘋蘩。谁令力制乘轩鹤，自取机沉在槛猿。位极乾坤三事贵，谤兴华夏一夫冤。宵衣旰食明天子，日伏青蒲不为言。”对宋申锡的冤死深表同情，对文宗不能庇护忠臣予以鞭挞。

# 五九七 僧孺罢相

大和五年五月四日，文宗发现太庙中有两间房屋漏雨，有关部门未及时修葺，罚将作监、度支判官、宗正卿俸禄，命令中使组织工人施工，停下宫中的土木工程，把建材用于整修太庙上。左补阙韦温劝谏道：“国家设置百官，各有职责，官员如果失职，应将其免职，以有能力的人替换。如今，仅仅对失职的官员罚了俸禄，陛下把最忧心的事情都交给宦官处理，这是把宗庙当成陛下私有的，朝廷百官也形同虚设了。”文宗听了，觉得他说得有道理，赶忙收回成命，命有关部门进行整修。

十九日，西川节度使李德裕上奏称：“派人前去南诏索要他们劫掠的百姓，南诏放回百姓、工匠、僧人道士约四千人。”

本年入夏后，各地阴雨连绵，苏州、杭州、湖南、剑南东西川等地都发生了水灾。八月，武昌节度使元稹去世，同月，文宗以河阳三城怀州节度使杨元卿代替宣武节度使李逢吉，而以李逢吉为检校司徒、兼太子太师，充东都留守，代替温造；以温造为河阳三城怀州节度使；又以陕虢观察使崔郾为鄂岳安黄观察使，以中书舍人崔咸为陕州防御使。

西川节度使李德裕上奏称：“巴蜀军队中的老弱之兵，从来都不进行沙汰，臣下令设立五尺五寸（一米七一）的标杆，凡是身高达不到这一标准的，一律退伍，淘汰了四千四百多人；又招募了一千多名精壮士兵予以补充。所招募的北方地区的士兵已经有一千五百人，与当地士兵居住生活在一起，他们相互学习，严加训练，素质日益提高。另外，蜀地工匠打造的兵器，华而不实，臣专门从安定请来打造铠甲的工匠，从河中请来制造弓箭的工匠，从浙西请来制造强弩的工匠，打造出来的武器非常锋利、耐用。”李德裕还组织起一支民兵武装，每两百户挑选一人进行军事训练，称为“雄边子弟”，其精兵称为南燕保义、保惠、两河慕义、左右连弩；骑兵称为飞星、鸷击、奇锋、流电、霆声、突骑，一共有十一军。李德裕又修筑了杖义城，控制大渡河、青溪关；又分别修筑了御侮城、柔远城，控制了各个险要。过去，西川每年要从嘉州、眉州运送粮食供应沿边各个堡垒的边防军，运粮船取道阳山江，到达大渡河，经常在盛夏季节运送，很多运输工人都因炎热和感染瘟疫而死。李德裕命令运送邛州、雅州的粮食，从十月开始运输，在夏季到来之前就运输完毕了。很多西川百姓把自己家的女儿卖给他人当小妾，李德裕下令：凡是买来他人家女儿，年龄在十三岁以上的，在买主家里干过三年活；十三岁以下的，干过五年，到期后就要还给人家的父母。李德裕又下令毁掉数千私人寺庙，把寺庙的土地还给百姓。刘备祠附近有个村子，村民全都剃光了头发，冒充和尚，却照样娶妻生子，李德裕知道后，也下令予以禁止。在李德裕的精心治理下，蜀地民风大变，也令吐蕃、南诏以及附近的山蛮害怕起来了。

九月，吐蕃维州（今四川省理县）副使悉怛谋请降，率领所部人马全部逃到成都。李德裕派部将虞藏俭暂代维州刺史，率部进入维州。维州距离成都四百里，地势非常险要，由维州东北索丛岭而下两百里，一马平川，再无山险，再行三千里可直抵吐蕃人的腹心之地，所以，维州的战略地位非常重要。二十五日，李德裕将事情的原委一一向朝廷禀报，并称："臣打算率领三千尚未汉化的羌族人，焚烧十三桥，直扑吐蕃腹地，以雪旧日之耻，这是昔日韦皋终生想做也没能做到的。"李德裕的奏疏送到长安后，文宗下令交付尚书省，由百官一起商议，大家都赞成李德裕的策略，可是，牛僧孺说："吐蕃境内，四面各有上万里之遥，丢掉一个维州，并不能给他们带来丝毫影响。最近两国和好，约定撤掉边防军，我们抵御蛮夷，就该信守承诺。如果他们来责备我们说：'为什么失信？'在蔚茹川（今甘肃省镇原县大葫芦河）牧马，向平凉阪（今甘肃省平凉市四十里铺）推进，以一万骑兵牵制回中（今甘肃省泾川县西），理直气壮，不出三日大军即可进抵咸阳桥。此时，我们的大军在西南数千之外，就算得到一百个维州又有什么用！丢掉诚信，有害无利，连平民百姓都不会去做，更何况是天子呢？"文宗觉得牛僧孺说得有道理，就下诏命令李德裕把维州交还给了吐蕃，还把归降的悉怛谋及其军队全部逮捕，交给了吐蕃人。吐蕃人用非常残酷的办法，将他们全部在边境上杀害。原本李德裕与牛僧孺二人就有隔阂，经过此事后，史称："德裕终身以为恨。"

十月十四日，李德裕上奏称，南诏进攻嶲州，攻下了三座县城。

大和六年（公元832年）一月一日，因京城一个多月来连绵下起大雨雪，天气异常严寒，朝廷取消了新年朝贺。十八日，文宗以天气异常下诏对囚犯减刑；京师各县常平仓拿出粮食赈济灾民。群臣给文宗上尊号为大和文武至德皇帝，右补阙韦温上书认为："如今灾害不断，恐怕不是接受尊号之时。"文宗遂推辞不受。

二月一日，文宗调任义昌军节度使殷侑为检校吏部尚书、充天平军节度、郓曹濮等州观察使，代替令狐楚，而以令狐楚为检校右仆射、兼太原尹、北都留守、河东节度使。二十六日，寒食节，文宗在麟德殿设宴款待群臣，席间，杂耍艺人戏弄孔子取乐，文宗说道："孔子乃古今之师，岂能如此羞辱！"当即命人将艺人驱赶出去。

三月八日，文宗调任武宁军节度使、守太傅、同平章事王智兴为兼侍中、充忠武军节度、陈许蔡观察等使；以邠宁节度使李听为武宁军节度、徐泗濠观察等使；以金吾卫大将军孟友亮为邠宁节度使；以前河东节度使柳公绰为兵部尚书。李听的一位奴仆如今当上了武宁镇的牙将，李听受命担任武宁节度使后，先派一名心腹前往徐州慰问将士们，这名奴仆不愿李听前来，就鼓动将士们杀了李听的这个心腹，剁成肉酱吃了。李听听说后，非常害怕，就称病坚决推辞这一任命。二十八日，文宗改任前忠武军节度使高瑀为检校右仆射，充武宁军节度、徐泗濠观察等使。

四月，柳公绰去世，文宗改任李听为太子太保。五月十二日，李德裕上奏称重修了邛崃关（今四川省汉源县北），并将嶲州治所迁至台登城（今四川省喜德县西）。二十八日，文宗下诏，以各地水旱灾害严重，传染病频发，向群臣征求直言；对于因传染病全家死亡的，由官府予以安葬；其余人家则根据遭灾人数，减免赋税；疾病还在流行之地，由官府发放医药；酌量简省宫中用度，以度灾荒。

七月二十三日，文宗调任灵武节度使李文悦为兖、海、沂、密节度使。二十九日，以河中节度使李程为左仆射；以户部尚书、判度支王起为检校吏部尚书，充河中晋、慈、隰节度使；以御史中丞、兼刑部侍郎宇文鼎为户部侍郎、判度支。九月一日，淄青镇两税税额确定，五个州一共有十九万三千九百八十九贯钱，淄青镇也从今年开始向朝廷进贡，距离宪宗元和十四年消灭李师道已过去十三年了。

十月五日，文宗下诏册立鲁王李永为太子。文宗只有两个儿子，王德妃生下鲁王李永，后宫宫人生下蒋王李宗俭。文宗的哥哥敬宗的长子晋王李普非常聪颖，文宗视若己出，一直想册立他为太子，不幸的是，到大和二年李普却去世了，文宗很是心痛，迟迟没有册立太子，至此才立李永为太子。

十一月二十七日，文宗调任荆南节度使段文昌为西川节度使。西川监军王践言入朝担任枢密使，屡屡在文宗面前说："把悉怛谋送回吐蕃，让吐蕃人称心如意，又断绝了将来归降之路，这根本就是一步昏着。"文宗听了，也后悔起来，觉得牛僧孺的建议非常失策。倾向于李德裕的人趁机对文宗说："牛僧孺和李德裕有矛盾，他这么说就是嫉妒李德裕立功。"文宗逐渐开始疏远牛僧孺起来，牛僧孺也有所察觉，感到非常不安。正巧，一次文宗在延英殿上对宰相们说："天下何时能够太平？爱卿们是否用心考虑到这一点？"牛僧孺回答道："太平没有一定之规。如今的情况是：四夷不来进攻，百姓不至于流亡，虽谈不上大治，也算是小康了。陛下要追求其他形式的太平，则不是臣等所能做到的。"退下后，牛僧孺对同僚们说道："主上对我们如此不满，我们岂能长久坐在这个位置上呢？"遂请求辞官。十二月七日，文宗以牛僧孺为同平章事、淮南节度使。十七日，昭义节度使刘从谏入朝晋见。不久，又以前西川节度使李德裕为兵部尚书。

# 五九八 德裕拜相

牛僧孺罢相后，朝中宰相只剩下路随、李宗闵二人了。

李德裕从西川回京后，文宗对他眷顾有加，在他人看来，随时就有可能被拜为宰相，这让李宗闵感到了前所未有的压力。李宗闵一直把李德裕视作眼中钉、肉中刺，他千方百计想阻止文宗将李德裕拜为宰相，可是，反复运作一番后，效果并不明显，这让李宗闵很是头疼。京兆尹杜悰（驸马都尉）是李宗闵一党，一次，他来到李宗闵家中探望，见李宗闵面露忧愁之色，就问道："大人莫非是在担心那个'大兵头'（对兵部尚书的戏称）？"李宗闵回答："正是。有什么办法挽救？"杜悰说道："我有一条计策，一定能够化解你们之间的怨恨，只是恐怕你不会采纳。"李宗闵问道："是什么计策？"杜悰回答："李德裕有文学才能，却不是科举出身，常以此深感遗憾，如果让他负责科举考试，他肯定会非常高兴的。"李宗闵想了半天，才说道："还有无别的办法？"杜悰回答："要是不行，就用为御史大夫。"李宗闵说："这还可以。"杜悰再三与之约定下来后，这才前去拜访李德裕。听说杜悰前来，李德裕赶忙出门相迎，作揖道："大人如何会想起我这个受到冷遇之人呢？"杜悰回答："靖安相公（指李宗闵）让我给您带个话。"遂把要任命其为御史大夫的意思说了。李德裕听后，又惊又喜，高兴得落下泪来，说道："这可是个'大门官'，我这个后进之人有何德何能当这个官！"根据唐朝制度，在朝会时，御史大夫要带着御史们纠察百官的站位等礼仪，然后站到最靠近皇帝的地方，故称之为大门官。感动之余，李德裕一再请杜悰向李宗闵道谢。然而，李宗闵与给事中杨虞士（杨汝士之弟）商量之后，又中途变卦了，李宗闵与李德裕和好的机会也就此丧失。

李德裕进京两个多月，到大和七年（公元833年）二月二十八日，文宗就任命他为同平章事了。李德裕入宫拜谢，文宗和他谈及朝中朋党之事，李德裕回答道："如今朝廷群臣有三分之一都是朋党。"当时，给事中杨虞卿和他的堂兄、中书舍人杨汝士以及弟弟、户部郎中杨汉公，还有中书舍人张元夫、给事中萧浣等人擅长拉帮结派，巴结权贵，上交结宰相，下影响朝廷，替士人们求官、求功名，无不如愿以偿，文宗听说后，很是厌恶，所以才与李德裕提及。李德裕拜相后，也借此得以打击自己的异己势力。左散骑常侍张仲方驳斥过朝廷赠予李德裕的亡父李吉甫的美谥，等李德裕拜相后，张仲方就称病再也不上朝了。三月五日，朝廷调张仲方为太子宾客，到东都洛阳办公。又过了数日，文宗与宰相们再次提及朝中朋党问题，李宗闵说道："臣素来知道，所以臣一直不给杨虞卿等人好官做。"李德裕当即说道："给事中、中书舍人不是好官，什么才是好官？"李宗闵听后，脸色苍白，无言以对。三月二十三日，文宗将杨虞卿贬为常州刺史，张元夫贬为汝州刺史；三十日，又将萧浣贬为郑州刺史。

翰林侍讲学士郑覃与李德裕私交很好，被认为是李党的核心人物。郑覃是德宗朝宰相郑珣瑜的儿子，宪宗时担任谏议大夫，穆宗时郑覃任给事中，敬宗时任御史中丞，文宗即位后，他相继被任命为左散骑常侍、翰林侍讲学士、工部侍郎。李宗闵非常讨厌郑覃利用侍讲学士接近文宗之机批评时政，免去了他的翰林侍讲学士一职，一次，文宗对宰相们说："殷侑的学问与郑覃相似。"李宗闵回答："殷侑、郑覃的学问确实不错，可是二人对世事的看法不值一提。"李德裕紧接着说道："殷侑、郑覃的见解，别人不喜欢听，唯独陛下想听听。"过了十几天，文宗从宫中直接下令，任命郑覃为御史大夫。李宗闵见到枢密使崔潭峻，发牢骚道："事情都由皇上直接决定，还要宰相干什么呢！"崔潭峻说道："当了八年皇帝，也该自己做主了啊！"李宗闵顿时一脸忧愁之色，快快而退。

六月十九日，文宗以中书侍郎、同平章事李宗闵为同平章事、充山南西道节度使；七月十七日，又以尚书右仆射王涯为同平章事、兼度支、盐铁转运使。过去，尚书左右丞、各部侍郎拜谒宰相时，要瞅宰相稍稍有闲暇时才敢命人通报，而更低级的郎官们不是公务不敢私下拜谒宰相。李宗闵当宰相时，这一制度受到冲击，经常让宾客到办公室谈话。太子太傅李听还领了一群朋友到李宗闵的办公室喝酒，众人喝得烂醉如泥才罢。李德裕拜相后，对御史们交代道："凡是因事要见宰相，一定要先到御史台登记才可接见；退朝时，御史们要从龙尾道退下。"从此以后，不再有擅自来到宰相办公室的人了。李德裕经常对文宗说："朝中只有正邪两条道，正直之人一定要去除邪恶之人，邪恶之人也必定要陷害正直之人，然而，二者说出来的话似乎都有道理，这就需要认真斟酌。不然，这两类人都混迹在朝廷，就算是圣人在主导着朝廷，也没有办法干成什么事。”

文宗觉得近来考取的文士虽然诗赋写得好，却不懂实务，李德裕建议朝廷采纳杨绾曾经的建议，进士科的考试改考议论文，不再考诗赋。李德裕又说：“昔日，玄宗皇帝以临淄王的身份平定了内乱，登上了皇帝宝座，从此以后，就开始猜忌宗室子弟，不让他们离开宫廷。天下之人都议论这种做法是在囚禁骨肉，伤害天伦人理。如果天宝末年、建中初年时，宗室子弟们散处全国各地，就算不能安定王室，尚可各自活命，他们之所以全被安禄山、朱泚杀害，就是全都聚居在一起。陛下趁着册立太子，下诏令宗室中年事已高、血缘关系较远的人离开宫廷，再任命他们当各州的高级幕僚，让他们带上儿女出外婚嫁。这样一来，这一延续了近百年的恶法，被陛下废除了，四海之内谁不高兴！”文宗说道：“朕也早就知道这样不行，如今的诸王岂能没有贤才之人？只是他们没有施展的机会啊！”八月七日，文宗正式册封太子，同时下诏：从今往后，诸王依次出宫，授予紫色官服（三品以上），担任上等州的刺史或者高级幕僚；十六宅内的县主，要及时嫁人；进士科停考诗赋。然而，诸王出宫一事，因所担任的官职问题，朝廷始终定不下来，最后，连出宫这事也搁置下来了。

李宗闵担任宰相时，朝廷内部纪律涣散，加上杨虞卿等人上下请托，弄得朝中乌烟瘴气，文宗免去李宗闵、提拔李德裕也有要整肃朝廷的意思。由于朝廷内部混乱，也让地方上的节度使们觉得朝中无人，更加轻视朝廷，在李德裕拜相之前，昭义节度使刘从谏和卢龙节度使杨志诚就没把朝廷放在眼里。如前所述，刘从谏之父刘悟在敬宗宝历元年去世，刘从谏以其父遗命接替留后，当时朝廷没有采纳李绛的建议，而采纳了李逢吉、王守澄的退让策略，承认了刘从谏，也开了昭义镇父死子继的先例，迄今，刘从谏已任节度使八年了。在李德裕入朝时，刘从谏也入朝了，原本他以忠义自许，想请朝廷把自己调派他处任职，如此一来，把昭义镇交给朝廷，也算是纠正昭义镇类似河朔藩镇的不良形象。然而，等他来到长安后，看到朝中朋党林立，朝中大员争权夺利，政出多门，士大夫们又纷纷向他索要东西或托付事务，这让他开始轻视朝廷。大和七年一月，文宗加刘从谏同平章事，又让他回到了昭义镇，刘从谏回去后，更加骄纵跋扈起来了。到了七月，宣武节度使杨元卿生病了，朝廷讨论接替人选，李德裕请求把刘从谏调往宣武镇，这样就结束了昭义镇军阀割据的局面，但文宗不愿生事，没有同意，而任命左仆射李程为宣武节度使。

卢龙节度使杨志诚比刘从谏更狂妄。杨志诚赶跑李载义后，牛僧孺建议朝廷予以承认，不久，将其任命为检校工部尚书、卢龙节度使，数月后，到大和七年二月，朝廷又给晋升为检校吏部尚书。幽州的进奏官徐迪态度傲慢地对宰相们说："军中不懂朝廷制度，只知道尚书改为仆射是升迁，不懂工部尚书改任吏部尚书也属于升迁，中使前去幽州，恐怕是回不来了。"当时的宰相还是李宗闵、路随，二人没有在意。果然，等中使来到幽州后，杨志诚发现朝廷没有给自己尚书仆射一职，不禁大怒，扣押了中使魏宝义、送春装使者焦奉鸾以及联络奚、契丹使者尹士恭。三月七日，杨志诚派遣牙将王文颖来到长安谢恩并辞官，朝廷把委任状以及批复让王文颖带回，但王文颖拒不接受，掉头就走。不得已，到了八月十九日，文宗只好给杨志诚加尚书右仆射，再派中使前去安抚解释。

# 五九九 杜牧论政

杜牧在大和二年进士及第，又中制举，被任命为弘文馆校书郎、试左武卫兵曹参军，时年二十六岁。

同年，他随江西观察使沈传师来到洪州，担任江西团练巡官，两年后，沈传师调任宣歙观察使，杜牧也随之来到宣州。大和七年，杜牧时年三十一岁，他应淮南节度使牛僧孺之召，来到扬州，担任牛僧孺的幕府推官，后任掌书记。杜牧目睹河朔三镇的跋扈，又痛恨朝廷一心忍耐姑息，相继写了《罪言》《原十六卫》《战论》《守论》等军事论著。

他在《罪言》中认为："国家自天宝年间安史之乱以来，河北一百余座城池，朝廷一座也控制不了，全国上下对那里像对待吐蕃、回鹘人一样，不敢多看一眼。淄青、宣武、淮西也受到他们的影响，开始实现割据，朝廷发动平叛战争，往往不出五年就要打上一场，这种局面已经持续了七十多年。如今，上策是先整顿朝廷政治，中策是先夺取魏博，下策是盲目发动战争，不考虑地势，也不问攻守形势。"

杜牧又惋惜府兵制的瓦解，撰写了《原（恢复）十六卫》这篇文章，他在文章中写道："国家立国之初，沿袭隋朝的制度，建立了十六卫，拿现在人的眼光来看，十六卫的官员是最无聊的。然而，追根溯源，其实十六卫是帝国最重要的官员。贞观年间，朝内设置十六卫以安置统兵将领，朝外开设五百七十四个折冲府、果毅府以屯兵；天下有事则由统兵大将率军出征，天下无事则交出兵权，回到朝廷。统兵大将们回到朝中，享受荣华富贵，他们统领的部队也都分散到各地。上等折冲府不过一千二百人，一年中有三季，士兵们都在务农，只有一季进行军事训练，士兵们的军籍由兵府掌管，人人都分散务农，力量分散，人人自爱，就算是蚩尤在世也无法将他们组织起来对抗朝廷。等统兵大将出征时，各部队都是临时奉命而来，前有赏赐，后有惩罚，人人忙于战斗，哪有时间胡思乱想！就算是蚩尤担任将帅，士兵们也不会跟着他叛乱的。从贞观年间到开元年间，其间一百三十余年，将帅、士兵从未出现叛乱现象，这就是大圣人之所以能够斟酌轻重、控制表里、神机妙算的结果啊。到开元末年，一些短视的文臣上书说：'天下太平，请求废除府兵。'武将们则说：'天下强盛了，开始拓边吧！'于是，府兵被废除，边防军逐渐建立起来，精兵猛将纷纷扑向边境，国内开始空虚起来了。尾巴大过身躯，外强而中干，幽州成为重镇，最终导致了安史之乱的发生，天下大乱，令肃宗、代宗、德宗、顺宗、宪宗、穆宗、敬宗这七位圣人处心积虑也未能将叛乱彻底扑灭，由此可见，统兵大将和军镇将士岂能片刻失去控制！然而，国家不能没有军队，而军队驻扎外地就有可能造反，驻扎在内地就有可能发动政变，让他们在外不造反，在内不政变，从古迄今，最好的办法难道不是十六卫制度吗？近代以来，统兵将领的素质更差，他们大多是些市井无赖，通过贿赂宦官才得到十六卫的官职，这些人根本不懂父兄礼仪，也没有慷慨报国之气，一旦他们被任命为节度使，到地方任职，一下子成了百城千里之内的地方大员，那些强暴之人就会藐视朝廷法纪，不受法律的约束；追杀忠良之人，令下属不敢违抗自己，一旦形势有利，权力无限，没有不对抗朝廷的。那些阴险狡诈的，也会挨家挨户地盘查，聚敛财物，投靠权贵，一点一点地往上爬，凡是自己统治过的地方，都视为自己家的别墅一样。如果其中一人不幸活得很长，当地百姓就一直受到他的欺压，天下也随之乱离。天下兵乱不止，都是这个原因，文皇帝设立十六卫的宗旨，到现在又有谁能予以恢复呢？"

杜牧在《战论》中指出："河北藩镇看待天下，就仿佛一颗珍珠，天下看待河北就好像身体的四肢。河北风俗淳厚，不论农耕还是战斗，都全力以赴，再加上本地出产良马，便于驰骋，所以，出征即可战胜，平时也可富足，无须其他地方的支援，就能自给自足，这就好比殷实之家，不一定家中非得有珍珠才称其为富裕。朝廷失去河北，就没了坚韧的铠甲、善战的将士、锋利的武器、优良的弓箭、矫健的战马，帝国就少了第一支军队；河东、孟津、滑台、大梁、彭城、东平，这几个要害之地，朝廷需要屯驻大量军队，以抵御河北藩镇南下，无法用于其他方向，这是朝廷又少了第二支军队；这六个军镇的军队，人数有三十万之多，全靠朝廷供给衣食，就算什么事不做，黄河以南、淮河以北、东到大海、西至洛阳，要刮尽这里地上的一切东西，才供养得了，这是朝廷第三支钱财又丢了；咸阳西北，吐蕃驻扎了重兵，朝廷需要将吴、越、荆、楚大地上的财货都搜刮过来，才能供应这里的驻军，这是朝廷第四支财源也丢了。天下四肢都被肢解，只剩下脑袋还留着，岂能长治久安？如今，如果真的能医治帝国存在的五种弊端，则一战可定，四肢可以再生。这五种弊端就是：一是天下无事之时，朝廷重臣苟且偷生，战士流离失所，兵器生锈，铠甲破败，这都是平时不注重训练之过；二是只有一百名战士，军籍上却能有一千个空额，大小将领大肆吃空饷，以敌人强大为幸运，拖延不战，真正的战士人数太少，而吃空饷的人太多，这是没有认真审核、虚报给养之过；三是取得一点小小的胜利就虚报战功，慌忙向朝廷请功，有时一天之内赏赐几次，有时一月之内晋升几次，还没有取得最终的胜利，可是爵位已经升到极致。爵位不可能再高，田宅不可能再大，金银财宝也已经很多了，子孙也都被任命为官，岂能出生入死、奋勇杀敌？这是赏赐太厚之过；四是有些将领屡屡战败，失去了很多将士，丢掉了名城大都，但只要单身逃回京师，朝廷也不会对其予以严惩，只不过是贬他当个刺史，回望那些刑具，丝毫也不害怕，不出一年半载，就又重回指挥台之上，这是处罚太轻之过；五是统兵大将无法独断专行，权贵、幸臣指手画脚，临阵杀敌之前，一会儿要排成却月阵，一会儿又要改为鱼丽阵，三军将士游移不定之间，敌人已经瞅准了机会，发起了进攻，这是不信任将帅之过。现在真要重整旗鼓，荡涤污垢，建立万世太平之业，如果还犯从前的这些个错误，是不会有什么大的作为的。”

杜牧在《守论》中写道：“现在的舆论一般认为：‘对付那些倔强的军阀，朝廷最好用良将精兵为控制工具，用高官厚禄喂饱他们，令其生活舒适而不予打扰，这就好像是豢养野兽，不刺激他的本性，他也就不会爆发了。这就是大历、贞元年间的应对之策，又何必去作战，令生灵涂炭，然后才快意呢？’我则认为：‘大历贞元年间这种应对之策，恰恰是取祸之道。当时，无论是什么人，只要控制几十座城池，拥有成百上千士兵，朝廷就会另眼相看，对他网开一面，于是，这些人就自高自大起来，大言不惭，为所欲为，破坏国家法律，天子不予追究，有关部门更是不敢纠正。朝廷处处事事都迁就他们，没有什么功劳，却给予他们高官厚禄；他们从不来京师朝见，却赏赐给他们茶几、拐杖；皇室的公主却嫁给叛贼的儿子，还陪送了丰厚的嫁妆，这样一来，这些叛贼占据的土地越来越多，军队越来越强，野心也越来越大，朝廷的爵位、土地被瓜分殆尽，而叛贼们的欲望却无法满足，就出现了有的称帝、有的称王，他们毫不畏惧，结成同盟，四处劫掠，满足私欲。成德、魏博、幽州、淄青最先叛乱，继而宣武、淮西、浙西、西川也相继叛乱，其余小镇的叛乱也比比皆是。宪宗即位后，日夜不忘改变这一局面，处心积虑，朝夕谋划，终于铲除了大的军阀，招抚了小的军阀。大体而言，人们生来就有很多欲望，欲望得不到满足，就会产生愤怒，一旦产生愤怒，争斗就随之而起，所以，在家中要用板子惩罚犯错的孩子，国家则有刑罚、军队，以维持社会秩序，其目的就是压制人们的欲望，消除社会纷争。大历贞元年间却反其道而行之，想用朝廷有限的资源来杜绝人们无限的欲望，最终导致四肢瘫痪，不能相互照顾。如今之人不知其非，反而当作成功经验，我认为，强盗不仅仅是横行河北的藩镇啊，大历贞元年间所谓的守邦之术，应该永远作为教训啊！’”

杜牧还给《孙子》作注，并写了一篇序，他在序言中写道：“军事是一种刑罚，而刑罚也是一种政治。作为孔子的门人，传播儒家思想，这是仲由、冉有该做的事。不知道从什么时候开始，也不知是什么人将学术分为文武两道，从而令士大夫们不敢谈论军事，有的以谈及武事为耻，有人谈及武事，世人都觉得此人是个粗暴之人，与常人不同。得失的根本，这一点最为离谱！《礼记》上说：‘国家遭受兵灾，这是士大夫们的耻辱。’观察历代兴亡，建国、亡国，没有一个不是来自军事。掌握兵权的必须是那些圣贤、贤能、多学博闻之人，才能立下战功，在朝堂上定下谋略，而后交给统兵大将执行。汉高祖说过：‘指挥的是人，抓住野兔的是猎犬。’说的就是这个意思。那些担任宰相的人如果说：‘军事不属于我的职责范围，我不应懂得。’君子说：‘如果有这种想法，就不该当这个宰相。’”

# 六〇〇 德裕罢相

文宗即位至今已经八年了，大和七年（公元833年）十二月，群臣给文宗上尊号为大和文武仁圣皇帝。

正巧，五坊中使薛季稜从同州、华州回京，称一路上百业凋敝，非常萧条。文宗听了，不禁叹息说道："关中今年收成尚好，百姓生活尚且如此，何况长江淮河之间连年遭灾，百姓生活又会怎样？我没有治国之术以救万民，岂敢再接受虚名？"遂将一条通天带赏赐给了薛季稜。群臣一共恳请四次，但文宗始终没有接受。

由于前邠宁行军司马郑注依靠王守澄，权势很大，令文宗非常厌恶，就在本年九月，侍御史李款曾上书弹劾郑注，称：其"内通中使，外连朝臣，两处来往，收受贿赂，昼伏夜出，窃弄权柄，人不敢言，道路以目。请求将其交付法庭审判"。十几天内连续上了数十道奏章。王守澄将郑注藏匿于神策右军军中。神策左军护军中尉韦元素、枢密使杨承和、王践言也都讨厌郑注，左军将军李弘楚劝韦元素道："郑注狡猾多端，如今不趁机将其除掉，等到他羽翼丰满之后，一定会给国家带来大患。现在趁着御史弹劾、他藏匿在军中之际，我想以大人之意，对其谎称大人患病了，请其前来诊治，他来之后，大人请他坐下，我侍卫一旁，等大人示意，我即将其拿下乱棍打死。大人再面见陛下，叩头请罪，说出此人的奸诈，杨承和、王践言二人也一定会替大人说话的，何况大人有拥戴之功，岂能因为除掉奸臣而获罪呢？"韦元素觉得有理，遂依计而行。郑注来了之后，态度非常谦恭，巴结之词滔滔不绝，一时间说得韦元素心花怒放，不知不觉间拉起郑注的双手，专心致志地倾听郑注之言，竟然忘记了疲倦。李弘楚再三提醒韦元素，可是韦元素根本不理，最后还送给郑注很多财帛。郑注走后，李弘楚发火道："中尉今天不当机立断，白白坐失机会，将来一定难逃一死啊！"遂要求辞去军职，不久，背上生疮就死了。

王涯之所以能够当上宰相，郑注是出了力的，他又畏惧王守澄，所以就把李款的弹劾奏疏压了下来。王守澄又找到文宗解释，不久，又奏请郑注担任侍御史、充右神策军判官，朝野闻讯都非常震惊。十二月十八日，文宗突然中风，口不能言，王守澄又推荐了已任昭义行军司马的郑注。郑注确实有两下子，他来到京师后，给文宗诊治，文宗服用了郑注的药后，病情出现很大好转，遂慢慢亲近郑注起来了。

大和八年（公元834年）一月，文宗的病情有所好转，五日，他驾临大和殿接见近臣，然而，他的精神疲惫，已大不如前了。六月，文宗以老天一直不下雨，下诏征求上天降雨之法。司门员外郎李中敏上书认为："连年大旱，并非陛下没有圣德，只因宋申锡之冤枉，郑注之奸邪所致。如今的降雨之法，莫过于斩杀郑注，洗雪宋申锡。"文宗不听，李中敏遂称病辞官，回到了东都。

前河阳掌书记李仲言是前宰相李逢吉的侄儿，九年前，他曾因参与到李程与李逢吉之间的争斗而被流放到象州，遇到大赦后，他回到了东都洛阳，而此时李逢吉正担任东都留守。李逢吉被罢相后，一直盘算着再度入相，李仲言就说自己与郑注私交很好，李逢吉遂让他拿了很多钱送给了郑注。郑注把李仲言介绍给了王守澄，王守澄又把李仲言推荐给了文宗。当时，李仲言的母亲刚刚去世，不便进入宫中，就穿了一件平民衣服，自称王山人入宫见驾。李仲言容貌俊伟，倜傥洒脱，擅长《易经》，又工于文辞，口才很好，还精通权术。文宗一见之下，大喜过望，认为李仲言是个奇才，对他非常器重。不久，李仲言服丧期满，到了该年八月，文宗打算任命李仲言为谏官，并安排在翰林院上班。

宰相李德裕提出反对意见，他对文宗说道："李仲言昔日的所作所为，陛下应该心知肚明，这种人岂能安排在身边？"文宗说道："就算如此，就不让人家改过自新吗？"李德裕回答："臣听说只有颜回才能做到不第二次犯错，圣贤们犯错，只是因为思虑不周，或者偶尔失去公正而已，至于像李仲言这种人，其邪恶来源于内心，岂能改正？"文宗又说："是李逢吉推荐的，朕不想食言。"李德裕回答："李逢吉身为宰相，竟然推荐祸国殃民的贼人，也是有罪的。"文宗说道："那么另外给他一个官职。"李德裕回答："也不行。"文宗扭头看了看王涯，征求王涯的意见，王涯回答："行。"就在这当儿，李德裕挥手制止，而正巧文宗扭头看见了，顿时脸色变得非常难看，退朝回宫。开始时，王涯听说文宗要起用李仲言，起草劝谏奏疏，言辞非常愤激，不久，他又发现文宗态度非常坚决，又畏惧李仲言背后的同党，遂中途改变了主意。不久，文宗任命李仲言为四门助教，给事中郑肃、韩佽驳回诏书。李德裕将要离开中书省时，对王涯说道："幸亏给事中驳回了诏书！"王涯听后，当即召来郑肃、韩佽，对二人说道："李大人刚才留话，让二位不必驳回诏书。"二人遂将诏书下发了。次日，二人前去李德裕那里禀报，李德裕大惊道："我如果不愿二位驳回，会当面告知，岂能让人传话？况且，你们自有驳回的权力，岂能看宰相的态度？"二人懊恼而去。元和三年制举案中，王涯受到牵连被贬，与李德裕之父李吉甫有很大关系，也许如今的王涯回想到了这一层，开始站到李德裕的对立面了。

文宗最讨厌的就是宰相们结党营私，当他看到李德裕给王涯使眼色时，顿时觉得李德裕是在结党营私，对抗皇权，李德裕拜相一年半后就失宠了。九月三日，文宗下诏召昭义节度副使郑注回京。李德裕失宠后，文宗又想到了李德裕的对头李宗闵，十四日，他下诏召回了李宗闵。

十月四日，幽州再次发生兵变，乱兵们驱逐了节度使杨志诚、监军李怀仵，推举兵马使石元忠为幽州留后。十三日，文宗下诏任命李宗闵为中书侍郎、同平章事，十七日，改任中书侍郎、同平章事李德裕为同平章事、充山南西道节度使；又以李仲言为翰林侍讲学士。给事中高铢、郑肃、韩佽、谏议大夫郭承嘏、中书舍人权璩等人极力反对，却无济于事。李德裕罢相后，他在任期间为数不多的改革也夭折了。二十八日，贡院上奏请求恢复进士考试诗赋的办法，文宗表示同意。李德裕面见文宗，请求让自己留在京师，文宗同意了，遂以其为兵部尚书。

李载义的母亲和哥哥埋在幽州，杨志诚赶走李载义后，竟然挖开他们的坟墓，盗取随葬财宝。如今，杨志诚也被人驱逐，他经过太原时，正遇上时任河东节度使的李载义。仇人相见，分外眼红。气急败坏的李载义见到杨志诚后，禁不住怒火中烧，亲自上前动手殴打，还打算杀了他。经过幕僚们的一再解救，李载义这才作罢，但还是杀了杨志诚的妻子及其从行的士兵。朝廷以李载义过去有功，也没再追究。李载义还上奏请求挖掉杨志诚的心，以祭奠亡母，但朝廷不许。

十一月，成德节度使王庭凑去世，军中推举王庭凑的儿子都知兵马使王元逵为成德留后。王元逵一改其父对抗朝廷的做法，对朝廷非常恭顺有礼。新任幽州留后石元忠向朝廷献上杨志诚织造的皇帝朝服以及其他皇帝所用器皿，十一月二十一日，文宗下令将其流放到岭南，并在途中派人将其杀死。

李宗闵认为，李德裕的诏命已经公布，不宜根据他的意思变动。二十九日，朝廷又以李德裕为镇海节度使，不再兼任宰相。当时，李德裕和李宗闵各有朋党，相互倾轧，文宗每当想到这一层，总会叹息说："灭掉河北叛贼还算容易，去掉朝中的朋党就太难了啊！"三十日，李仲言请求改名为李训。

十二月三日，文宗任命昭义节度副使郑注为太仆卿。谏议大夫郭承嘏（郭子仪的曾孙）屡屡上书劝阻，但文宗就是不听。郑注上书推辞，文宗派中使把委任状送到郑注家中，郑注拒不接受。由于王璠出卖了宋申锡，郑注对他非常感激，等李训、郑注得势后，就一起推荐王璠，把王璠从浙西观察使调回了朝廷，担任尚书左丞。

# 六〇一　整顿朝政（一）

大和九年（公元835年），是年文宗已二十七岁了。

大和八年，朝廷上的重臣分别是：太傅王智兴，太保李载义，司徒裴度，同平章事路随、王涯、李德裕、李宗闵。其中，李德裕于十月被罢相，李宗闵于同月拜相。实际上，至迟在大和八年，郑注和李训二人已经成为文宗的心腹，只不过除了三人之外，包括宦官、朝廷重臣在内的其他人都还被蒙在鼓里。

文宗是个有雄心、有抱负的君王，也想有一番作为，对藩镇割据、宦官专权、朋党之争痛心疾首。讨伐李同捷的沧景战事，让文宗深刻地意识到：以朝廷现有的财力物力，根本不可能彻底消灭河北藩镇，而只有先解决好朝中的宦官专权和朋党之争问题，才能为最终解决藩镇割据创造条件，因此，沧景战事结束之后，文宗就着手清除朝中骄横的宦官。但是，文宗是一个从十六宅迎出、受到宦官集团的拥戴而登基的皇帝，他不像宪宗即位后有东宫幕僚可以依靠，朝中又没有得力的重臣可以利用，而宦官专权又由来已久，要想彻底解决这一问题谈何容易！《旧唐书·李训传》记载当时的情况：“文宗性守正嫉恶，以宦者权宠太过，继为祸胎，元和末弑逆之徒尚在左右，虽外示优假，心不堪之。思欲芟落本根，以雪雠耻，九重深处，难与将相明言。”这段记载说出了文宗的尴尬，看似有满朝的文武，却没有一个是文宗的心腹，很难说出内心真实的想法。文宗即位之前，没有一个自己的执政班底，只能在即位后慢慢建立，但是，通过数年的观察，让文宗大失所望，首先是裴度、白居易等老臣历经宦海沉浮，早已萌生了退意，裴度“稍浮沉以避祸”，白居易也在大和三年称病要求离开朝廷，闲居洛阳。其次是以李德裕、李宗闵为首的李党和牛党，一直忙于政治斗争，根本不愿替皇帝分忧解难、与宦官为敌，当文宗试探宰相们的口风时，牛僧孺就曾直言如今已经是国泰民安了，直接把文宗给顶了回去，不久又自请罢相。还有，大和年间，南衙（外朝）北司（宦官）之争还远没有晚唐时期那么激烈，南衙的宰相们与掌握实权的宦官还维系着和平，牛李两党多多少少都还想寻求宦官们的支持，想依靠他们清除宦官，根本是不可能的。

文宗只好转换思路，从孤寒而进的士人中间寻找合适的人选，他很快就选中了宋申锡，可是，宋申锡同样存在一个孤立于朝的问题，大和四年，由于机事不密，宋申锡反被诬陷，这一事件也差一点牵连到文宗自己。宋申锡事件给了文宗一个非常沉痛的教训，一是，他发现了宦官内部也不是铁板一块，可以各个击破。宋申锡事件中，同为宦官的马存亮、杨承和等人都站在了宋申锡一边，与王守澄相抗；二是，为了避免引起宦官们的警觉，不仅要起用孤寒之人，而且这些人还得与宦官集团有一定的瓜葛，而郑注和李训恰恰符合这个条件。郑注出身寒微自不待言，李训也是戴罪之人，只是遇到大赦才得以回到中原，而他们两人又都是顶尖聪明之人，一个深通医学；另一个熟悉经书，还都是通过王守澄引荐的，完全符合文宗的要求。大和八年九月，郑注给文宗献上药方一卷，文宗命令王守澄召来郑注，在浴堂门予以接见，并赏赐给郑注锦彩。十二月，文宗又拜郑注为太仆卿、兼御史大夫。在此期间，李训也于同年十月由四门助教晋升为国子《周易》博士，充翰林侍讲学士。他在给文宗讲解《易经》之际，谈及古代宦官专权之事，言辞愤激，暗合文宗之意。文宗再三试探后，觉得李训、郑注是最合适的人选，二人能力超群，言论恣肆，一定能办成大事，遂将内心的真实想法告诉了二人。

《两唐书》的史官们对郑注和李训二人的评价都不高，甚至直接将二人视为奸臣，这与他们对王叔文等永贞革新党人的评价非常相似，大致说来，史官们秉承正统的儒家思想，对于那些要么是出身寒微的，要么是革新失败的，要么是入仕不由"正途"的人，都是白眼相看，很难客观予以评价；在今天看来，评价一个历史人物的优劣，更多的还是要看他们的所作所为是否有利于当时社会的发展，而不宜将古代史官们的评论作为定论对待。就拿文宗意欲清除跋扈宦官来说，这符合一般人对当时朝局稳定的期盼，因此，无论郑注、李训内心出于何种目的，也不论结果如何，他们协助文宗重整朝纲的努力，也都是值得肯定的。

文宗与郑注、李训达成默契之后，就采取了一系列的措施，为下一步清除宦官做着准备工作。首先是清除朝中朋党。李德裕当然不会知道文宗与李训、郑注之间的交易，因此，强烈反对文宗重用李训，这引起了文宗的不满，由于郑注和李训当时的地位还不高，所以，文宗就把李德裕的死对头李宗闵召回了京师，将李德裕罢相。李德裕不愿离京，文宗改任其为兵部尚书，但李宗闵不同意，当时，郑注、李训一起推荐浙西观察使王璠，朝廷就将王璠调回，担任尚书左丞，而以李德裕为浙西观察使。漳王李凑的养母杜仲阳因宋申锡一案被遣返金陵，李德裕奉命将她安置在道观中，大和九年（公元835年）三月，尚书左丞王璠、户部侍郎李汉上奏称，李德裕到任后，给杜仲阳送去很多财物，以联络漳王，图谋不轨。四月，文宗于蓬莱殿召见宰相王涯、御史大夫李固言、宰相路随、王璠、李汉、郑注等人，当面讨论此事，王璠和李汉言之凿凿，但路随说："德裕肯定不会干出这种事。假如真如二人之言，臣也有罪。"遂改任李德裕为太子宾客，分管东都，当月，文宗又下诏称，当初自己生病时，王涯曾叫李德裕一起问安，结果李德裕却借故推托，又称，李德裕在西川时，征收三十万串百姓拖欠的赋税，弄得百姓生活非常困苦，又将其贬为袁州长史。路随因替李德裕说话，也于同月被贬为镇海节度使，文宗命其立即离京上任，不得当面辞行。李德裕、路随相继被罢相后，朝廷宰相只剩下王涯、李宗闵，四月，文宗又提拔京兆尹贾餗为中书侍郎、同平章事。贾餗，字子美，进士及第，又登制策甲科，长庆制举考试时，贾餗与白居易均为考官，选举公平。此后，他历任知制诰、库部郎中、常州刺史、太常少卿、中书舍人、礼部侍郎、兵部侍郎。大和八年十一月，晋升为京兆尹、兼御史大夫。贾餗与李德裕不和，而与李宗闵、郑注关系很好。大和九年上巳日，文宗在曲江款待百官，根据惯例，京兆尹要在大门外下马，向御史们作揖，贾餗虽然是京兆尹，却兼任御史大夫，是御史们的顶头上司，他骑马径直入门，殿中侍御史杨俭、苏特与其争论，贾餗骂道："黄脸小儿胆敢如此！"结果被处以扣发俸禄的处罚，贾餗以此为耻，要求离开京师。文宗下诏任命其为浙西观察使，还未成行，在郑注的运作下，又将贾餗拜为宰相。

贾餗拜相不久，京城就传出流言，称郑注替文宗配制金丹，用的是小孩们的心肝，这让京城百姓一片惊恐。显然，这一流言把矛头直接对准了文宗、郑注二人，居心叵测，文宗得知后，非常恼火。贾餗拜相后，在李宗闵的安排下，将工部侍郎杨虞卿提拔为了京兆尹。史称："虞卿性柔佞，能阿附权幸以为奸利……而李宗闵待之如骨肉，以能朋比唱和，故时号党魁。"是李宗闵一党的核心人物。京城流言四起，御史大夫李固言素来痛恨杨虞卿结党营私，就上奏称："臣昨天严查流言的来源，出自京兆尹杨虞卿的家人，他们想以此来引起京师人心浮动。”文宗听了，非常气愤，当即下令将杨虞卿打入大牢。杨虞卿的弟弟杨汉公以及儿子们一起鸣冤，文宗下诏将杨虞卿放回家中，次日，贬为虔州司马，又贬为虔州司户。郑注将李宗闵引入朝廷后，自己也想先到中书、门下省任职，但李宗闵不同意，郑注就在文宗面前说了李宗闵的坏话，正巧如今李宗闵又到文宗面前替杨虞卿求情，文宗大怒，当即将他赶出殿去，又将其贬为明州刺史。李固言是赵郡人，原本是李宗闵一党，李宗闵对其也是爱护有加，大和四年李宗闵第一次拜相时，提拔他为给事中，后晋升为工部侍郎、尚书左丞。到大和八年李德裕拜相后，就把李固言贬出京师，出任华州刺史，当年十月，李宗闵第二次拜相，就把他又召回京师，晋升为吏部侍郎，大和九年五月刚刚晋升为御史大夫。李固言揭发杨虞卿，也许是出于个人私怨，也许是被郑注收买，内情已不得而知了。当初李宗闵担任吏部侍郎时，通过驸马都尉沈𫍯结交了女学士宋若宪、知枢密使杨承和，由此才得以第一次拜相，等李宗闵被贬为明州刺史后，郑注揭发了此事，文宗又将其贬为处州长史。李宗闵被贬后，其同党吏部侍郎李汉、刑部侍郎萧浣也分别被贬为汾州刺史和遂州刺史。到八月，文宗又下诏再将李宗闵贬为潮州司户，将宋若宪赐死。

实际上，李宗闵从去年被召回朝廷，文宗不过是拿他来对付李德裕，也因为他与宦官集团走得更近罢了，充其量也只是个过渡人物，文宗真正想重用的还是郑注和李训二人。因为在他看来，只有这两个人才能实现他清除跋扈宦官的计划。

# 六〇二　整顿朝政（二）

文宗在清除李德裕、李宗闵党羽的同时，也在不断地提升郑注、李训的官职，有意识地培植二人的势力。自从大和七年郑注、李训二人得到文宗的赏识之后，在很短的时间里二人就飞黄腾达了：郑注先从一个行军司马被提拔为从六品下的侍御史、右神策军判官，很快就被任命为昭义节度副使，数月后又被召回朝廷。仅仅过去一年，到大和八年年底，郑注就又被晋升为从三品的太仆卿、兼任正三品的御史大夫，郑注谦虚一番后，到大和九年三月才正式接受了这一任命。他推荐曾经弹劾过自己的仓部员外郎李款来代替自己的原职时说："虽然他加于臣头上的罪状纯属子虚乌有，但他的表现说明了他对君王是一片忠诚的。"八月四日，文宗又晋升郑注为工部尚书（正三品）兼翰林侍讲学士。李训则更为神速。在大和八年八月，他才被文宗任命为从八品上的四门助教，十月，在贬出李德裕后，文宗就又晋升其为翰林侍讲学士。大和九年七月，文宗晋升其为兵部郎中（从五品上）、知制诰，九月二十七日，正式任命其为礼部侍郎、同平章事。俗话说，一个好汉三个帮，仅仅郑注、李训二人还远远不够，文宗还有意识地培植另外两人的势力：一是王璠。因宋申锡事件，郑注对王璠非常感激，而王璠又曾经是李训叔父李逢吉的老部下，所以，二人一起向文宗推荐王璠，大和八年，文宗将王璠从浙西观察使任上召回朝廷，担任尚书左丞，数月后，到了大和九年五月，又晋升其为户部尚书、判度支。二是舒元舆。元和八年进士，大和初，入朝担任监察御史，后转为侍御史、刑部员外郎。舒元舆自恃才高，热衷于往上爬，把自己写的文章呈给宰相们看，希望能够得到重用，可是当时的宰相却认为此人过于急功近利，并没有提拔他。大和五年八月，舒元舆改任著作郎，分管东都。当时，李训正在洛阳给母亲服丧，二人见面后非常投机，等李训受到文宗重用后，舒元舆也被召回朝廷，担任尚书郎。大和九年以右司郎中知台杂，七月，权知御史中丞事。大和九年九月，被拜为御史中丞，兼判刑部侍郎，同月二十七日，与李训一起被拜为宰相。舒元舆担任御史中丞期间，凡是郑注、李训讨厌的人，他都千方百计予以弹劾，并且，此人“深谋诡算，荧惑主听”，再加上，文宗认为李宗闵、李德裕太多朋党，而贾餗、舒元舆都出身寒微，应该不会结党营私，所以才将他们一并拜为宰相。三是郭行余。此人也是进士出身，大和初已官至楚州刺史。李训在东都时，与郭行余私交很好，后被任命为大理卿。四是罗立言。贞元进士，宝历初，为检校主客员外郎，担任盐铁河阴院官。宝历二年，他涉嫌贪污一万九千贯，盐铁使爱惜人才，只削夺其兼任的侍御史。文宗即位后，罗立言担任司农少卿，管理太仓，给郑注送去大量财物，取得了郑注的欢心，李训对其也很看重。五是李孝本。此人系李唐宗室子弟，官至刑部郎中，李孝本也想通过巴结郑注、李训往上爬，李训、舒元舆拜相后，就以其为知台杂，权知中丞事。

只要看看大和九年朝廷中令人眼花缭乱的人事变动，就知道这一年肯定会有大事发生。文宗先是将李德裕赶出了京师，接着又把路随罢相，也赶出京师，然后把李宗闵、杨虞卿贬官，再把李宗闵一党一网打尽。在赶走李宗闵之后，文宗又以御史大夫李固言为门下侍郎、同平章事，接替李宗闵。李固言，赵郡人，元和七年进士，历任贺部郎中、知台杂；大和四年，李宗闵拜相后，提拔他为给事中，六年，晋升为工部侍郎，八年，李德裕辅政，被贬出为华州刺史；同年十月，李宗闵再次入相，又将其召回朝廷，担任吏部侍郎。九年五月，晋升为御史大夫。李宗闵被贬后，李训、郑注迫于舆论压力，以李固言为门下侍郎、平章事，但内心却以李固言为李宗闵一党而对其非常猜忌。除此之外，文宗、郑注、李训等人也开始朝宦官集团动手了。

其实，文宗先把李德裕和李宗闵这两个朋党核心人物赶出朝廷，就是为最终消灭宦官集团创造一个良好的外部环境，像李宗闵这种与王守澄有着千丝万缕关系的人，如果还将他留在朝廷，势必会对消灭宦官集团产生消极影响。在清除了外廷之后，文宗等人这才开始把目光转向了宦官集团。由于宦官内部也并非铁板一块，相互之间也是争权夺利，这就为郑注、李训分化瓦解宦官集团、进而各个击破创造了条件。宦官集团最有权势的就是所谓的“四贵”，即左右神策军中尉和两个枢密使，而左神策军护军中尉韦元素、枢密使杨承和、王践言三人，因权力之争都与王守澄不和，同时，右领军将军仇士良也与王守澄有矛盾——当初拥立文宗时，仇士良也有功劳，而王守澄却一直压着仇士良，令其非常不满。文宗等人最终的目标是大宦官王守澄，但是，如果以韦元素等人来对付王守澄，这显然不符合文宗等人的利益，这是因为，韦元素等人本来权力就很大，用他们的力量扳倒一个王守澄，反而会产生三个“王守澄”，因此，在清除王守澄的同时，一并清除这三人，先扶持资历较浅、地位较低的仇士良与王守澄对抗，等清除王守澄之后，新上位的仇士良应该更容易被掌握，这样一来才符合文宗的利益。于是，在郑注、李训的建议下，大和九年五月，文宗任命仇士良担任左神策军护军中尉，与王守澄相抗，这让王守澄很不高兴。紧接着，文宗又以韦元素、杨承和、王践言与王守澄争权不和为由，将三人同时赶出京师，以杨承和担任西川监军，韦元素担任淮南监军，王践言担任河东监军，同时，还将与王守澄不和的其他宦官田全操、刘行深、周元稹、薛士干、似先义逸、刘英俐等人也贬出京师，在外担任监军，表面上是对王守澄予以安抚，抵消任命仇士良引起他的不安，实际上起到一箭双雕的作用。果然，到了七月、八月、九月，朝廷开始掀起一场空前的贬官风潮。七月，郑注揭发李宗闵结交枢密使杨承以及女学士宋若宪才得以拜相，文宗将吏部侍郎李汉等李宗闵一党全部贬出朝廷，又将宋若宪赐死，当时传言郑注随时会拜为宰相，侍御史李甘扬言道：“要是诏书真的下来，我会在大庭广众之下撕掉它！”文宗得知后，将李甘贬为封州司马。郑注以隐士自居，文宗把他当成自己的良师益友，不以臣下看待。文宗刚宠信郑注时，曾问翰林学士、户部侍郎李珏：“你知道郑注这个人吗？也曾与之谈过话吗？”李珏回答：“臣不仅知道此人姓名，也深知其为人。此人阴险狡诈，陛下却对其宠信，恐怕没有好处。臣身为近臣，岂敢与这种人交往！”到了八月，李珏也被贬为江州刺史。八月二十三日，文宗下诏称，杨承和庇护宋申锡，韦元素、王践言与李宗闵、李德裕内外联络，收受贿赂，将杨承和在驩州安置，韦元素在象州安置，王践言在恩州安置，一路上戴上枷锁，用囚车押送。此时，文宗把王守澄之外的宦官头目与外廷朋党连在一起打压，把杨虞卿、李汉、萧浣定为朋党之首，再将杨虞卿贬为虔州司户，李汉贬为汾州司马，萧浣贬为遂州司马，不久，又将杨承和、韦元素、王践言赐死。当时崔潭峻已经死掉，文宗又下令开棺鞭尸。社会上传言，宪宗系宦官陈弘志亲手所杀，当时，陈弘志担任山南东道监军，李训给文宗出主意，将其召回京师，行至青泥驿站，文宗命人携带刑杖，将其打死。

郑注进入翰林院时，中书舍人高元裕起草诏书，称郑注以医术才得以受到皇帝的宠信，这让郑注怀恨在心。郑注上奏称，高元裕曾经出城送别李宗闵，八月二十九日，文宗将高元裕贬为阆州刺史。当时，郑注和李训厌恶的人，都被指为二李一党，朝中贬谪了一大批人，弄得人人自危，连文宗也有所耳闻。李训、郑注担心有人趁机动摇自己的地位，遂于九月一日建议文宗下诏安抚大家，文宗下诏称："李德裕、李宗闵的亲戚、朋友以及门生故吏，除了今天之前收到贬谪的，其余人等一概既往不咎。"诏书下发后，人心才稍稍安定下来。

九月二十六日，文宗下诏任命右神策军中尉、行右卫上将军王守澄为左右神策军观军容使，兼领十二卫统军，也就是说，王守澄成为朝廷南衙北司军队的最高统帅。表面上，王守澄官位升了，但其实这是郑注、李训替文宗出的一条明升暗降的妙计，实际上夺去了王守澄的实权。次日，文宗就把李训拜为宰相。李训当上宰相后，时而在中书省办公，时而到翰林院，天下大事全由其一人决定，而王涯等人都听从他的意见，根本不敢违背。神策军中尉、枢密使以及禁卫军各个将领，见到李训也都非常害怕，谦恭地迎上前去，跪下叩头。等李训坐稳了宰相之位后，他与郑注就一起建议文宗除掉王守澄。十月九日，王守澄当上观军容使仅仅十余天，文宗就派遣中使李好古来到王守澄的家中，赏赐给他一杯毒药，将其毒死。王守澄被杀后，文宗追封其为扬州大都督。不久，文宗又将王守澄的弟弟、武宁镇监军王守涓召回，并派人在中牟将其杀死。李训、郑注依靠王守澄才爬上高位，最终又杀掉了王守澄，虽然人们对王守澄的死拍手称快，但对郑注、李训二人的阴险狡诈也十分痛恨，至此，宪宗元和时期以来那些宦官逆党基本上被都清除了。

# 六〇三　甘露之变（一）

假如此时文宗等人收手，也许李唐朝廷会是另外一个局面。

按理说，文宗已经清除了那些跋扈忤逆的宦官，可以说替父祖出了一口恶气，也整顿了朝纲，那些新晋升的神策军头头脑脑们已经对外廷宰相俯首帖耳了，暂时收手也未尝不可，然而，文宗等人的志向却是要彻底清除长期以来宦官专权的这一痼疾。在这一点上，也许文宗与李训、郑注二人的目的不完全一致：文宗在诛杀了王守澄、陈弘志等弑杀宪宗的元和逆党之后，文宗下一个目标就是仇士良。仇士良的资历与王守澄等人相比自然要逊色一些，但却也是一个有一定实力的宦官头目，并且此人也非良善之辈，宪宗时，就是他与元稹敷水驿争上房，将元稹打伤；后来，仇士良又数次担任内外五坊使，“秋按鹰内畿，所至邀吏供饷，暴甚寇盗。”《唐会要·内侍省》称：“文宗即位，以仇士良等威福任己，思渐除之，”云云，可以证明，而李训、郑注他们的最终目的也许是要把神策军从宦官手里收回来吧？《新唐书·仇士良传》也称：“已而训谋悉逐中官，士良悟其谋，与右神策军中尉鱼弘志、大盈库使宋守义挟帝还宫。”云云，这与文宗的目的是有细微差别的。

然而，主导这一计划的两个核心人物李训和郑注，尤其是李训对郑注却产生了猜忌之心。首先，李训是通过郑注才爬上来的，但相对而言，李训的出身比郑注高，出于士人的劣根性，李训对郑注暗中猜忌，不愿郑注与自己一样拜为宰相。其次，李训和郑注二人之间在一些政见上也出现一些不和。李训曾上奏认为僧尼数量太多，浪费国家大量资财，在他的建议下，大和九年七月，文宗下诏各地举行考试，对于那些诵经不合格的僧尼，全部勒令还俗，同时，禁止各地擅自修建寺庙，私下剃度僧人。然而，这一命令仅仅颁布两个多月，郑注想寻求僧尼集团的支持，坚决请求文宗收回成命，到了十月，文宗又下令收回了这一命令。

郑注经常自诩理财能力第一，文宗询问其富国、富民之术，他却无言以对，只想出一条茶叶专卖的办法，于是，文宗就让宰相王涯兼任榷茶使，虽然王涯情知不行，但又不敢违抗，这一政策将茶农的茶场收归国有，百姓深受其苦。《旧唐书·文宗》称，这一政策是王涯本人所献，与郑注无关。最后，李训与郑注商议，打算里应外合诛杀全体宦官，决定让郑注担任凤翔节度使，但实际上他打算在诛杀宦官们之后，再顺势收拾掉郑注。郑注就请求担任凤翔节度使，而门下侍郎、同平章事李固言却不同意。大和九年九月，文宗下令以李固言为山南西道节度使、以郑注为凤翔节度使，同意郑注每月可以进京汇报工作，而以原任凤翔节度使李听为忠武节度使，接替忠武节度使杜悰。然而，李听自恃出身高贵，根本不把郑注放在眼里，郑注先派牙将丹骏前往军镇安抚将士，回朝后，诬陷李听在镇贪婪残暴。十月三日，文宗改任李听为太子太保、分司（到洛阳办公），恢复了杜悰忠武节度使职务。

虽然李训是郑注引荐的，但李训此时的权势已远远大于郑注，凤翔镇是京师抵御吐蕃的前哨，历来是德高望重的名臣担任节度使的，如果能够出任凤翔节度使，对以后拜相非常有利，同时，凤翔镇掌握重兵，又距离长安较近，可以与朝中的李训相互呼应。郑注被任命为节度使后，并没有立即上任，而是暂时留在长安，挑选有才能的名望之士充当自己的幕僚，他请礼部员外郎韦温担任副使，但韦温却拒绝了。有人对韦温说："拒绝的话恐怕会招致灾祸。"韦温回答："在面临灾祸时，就挑选一个相对较轻的去承受。拒绝他充其量是被贬到边地，而追随他就会有不测大祸。"郑注请李训给自己配备幕僚，李训和舒元舆商议，最终还是要杀掉郑注的，担心给他配备一些豪杰辅佐，将来难以控制，就给他挑选了一些忠厚长者：以钱可复为副使，李敬彝为司马，卢简能、萧杰为判官，卢弘茂为掌书记。钱可复，其祖父钱起，为大历十才子之一；卢简能之父卢纶也是大历十才子；萧杰的哥哥萧俛是宪宗穆宗朝的宰相；李敬彝、卢弘茂生平不可考。另外，郑注的妻兄魏逢成为郑注的得力助手，勇而多谋的魏弘节也为郑注所用。

郑注在京期间，一方面挑选僚属；另一方面与李训商议下一步行动计划。二人商定，等郑注到镇后，挑选数百名壮士，手持木棍，怀揣利斧，担任亲兵。到十一月二十七日，王守澄将在浐水下葬，届时，郑注奏请入京护送葬礼，遂率领亲兵前来，再请文宗命神策军中尉以下的宦官们都到浐水送葬，然后，由郑注命令亲兵关闭屋门，将宦官们一网打尽。商定之后，郑注走马上任，根据旧例，凡是节度使上任时，要身着戎装，前去兵部拜谒。随着朝廷权威的下降，这一制度逐渐废弃了。郑注旨在恢复朝廷的权威，他上书请求恢复这一制度。十月十三日当天，度支部门和京兆府等有关部门负责安排仪式，而后，郑注入宫辞行，文宗赏赐给他一条通天犀牛腰带。这一天的场面十分排场，仪式也很隆重，然而，就在郑注一行人浩浩荡荡出了长安城门时，他的帅旗旗杆却突然折断了，这让郑注暗暗吃了一惊，心头不禁涌起一丝不安。由于对李训不放心，郑注派遣魏逢秘密往来于凤翔、京师之间，密切关注京师的一举一动。

为了配合清除宦官，李训、郑注起用昔日的一些元老重臣，以争取人心。十月二十八日，文宗下诏以东都留守、司徒兼侍中裴度为兼中书令，其余官职照旧。裴度原来受到排挤，置于闲散之地，李训建议文宗给其加官，以示尊崇，除了裴度之外，还有令狐楚、郑覃等人也都一一被加官，这一举措也收到了预期的效果，很多士大夫也从内心深处希望看到李训等人能够重整朝纲，干出一番事业来。在拉拢元老重臣的同时，李训、郑注等人还将自己的亲信安排在京畿附近的军镇，以备不测。十一月五日，文宗下诏任命大理卿郭行馀为邠宁节度使；十二日，调回河东节度使、同平章事李载义，以其为兼侍中；十六日，以户部侍郎、判度支王璠为河东节度使；十七日，以京兆尹李石为户部侍郎、判度支；以京兆少尹罗立言为代理负责京兆尹。李石是唐初襄邑王李神符的五世孙。十八日，以太府卿韩约为左金吾卫大将军。

要想发动政变，除了确保京畿周围安全之外，更重要的是掌握京师武装力量，然而，到中唐时期，京师禁卫军已分为北衙禁军和南衙卫兵，北衙禁军是宦官掌握的神策军，兵力雄厚，而南衙十六卫，随着府兵制的败坏，其中的十四卫已名存实亡，只剩下了负责宫中、京城巡逻的金吾卫还有一定兵力，因此，金吾卫军就成了李训唯一可以依靠的力量。在文宗任命王璠、郭行馀担任节度使后，李训就密令二人以挑选随从为名，暗中招募社会上的豪杰以及金吾卫军中的将士，作为政变时的有生力量，同时，又任命亲信韩约取代崔鄯（无病暴死）担任了左金吾卫大将军。韩约，本名重华，曾任安南都护，在任期间，聚敛了大量钱财。而当时的左金吾将军、宗室子弟李贞素似乎也参与了李训清除宦官的计划，同时，左金吾还设有街使，李训等人也拉拢了、像左金吾的、像左街副使张元昌等中下级军官。然而，像韩约、张元昌（像张元昌这种地位很低的官员都用金子做的痰盂，此后文宗叹息吏治腐败曾有提及）等人不过是一些贪图财货的“狂险之徒”，本无舍身报国的大志，这就给李训计划失败埋下了伏笔。

崔鄯无故而死，韩约神奇地当上了左金吾卫大将军，这让李训欣喜异常。他与同党商量：“如果按照郑注的浐水计划，事成之后，郑注就立下了头功，不如让郭行馀和王璠以上任为名，多多招募手下，并兼用金吾军队和宰相衙门的卫兵，提前杀掉宦官们，再趁势杀了郑注。”郭行馀、王璠、罗立言、韩约以及御史中丞李孝本等人都是李训的心腹，已经占据了朝廷要职，李训只与这几个人和舒元舆商议，把郑注晾在了一边。

# 六〇四　甘露之变（二）

要想厘清甘露之变，还是先了解清楚大明宫的布局。

大明宫位于长安太极宫的东北角，经过历代增修，成为一片庞大的建筑群，中唐以后成为皇帝居住办公的场所。大明宫采用前朝后寝的格局，中轴线上由南而北依次修建含元殿、宣政殿、紫宸殿三座大殿。其中，含元殿为大朝会之所、宣政殿为平常朝会之所、紫宸殿为内朝正殿。由此，含元殿区域被称为外朝，宣政殿区域被称为中朝，紫宸殿以北被称为内朝，含元殿和宣政殿区域大体上呈长方形，而紫宸殿以北的后宫大体呈梯形。整个建筑群的西南角与东宫相望，南临光宅坊、翊善坊、长乐坊，南面由西而东共开五座城门，依次是兴安门、建福门、丹凤门、望仙门、延政门，其中丹凤门为正门。由丹凤门向北进入皇宫，就是含元殿广场，广场两侧分别是左金吾卫仗院和右金吾卫仗院，前方横亘着龙首渠，过了御桥就是含元殿。含元殿两侧是含元殿宫墙，东为昭训门，西为光范门。过了含元殿区域，继续往北，前面是一道宫墙，正中为宣政门，两侧分别是日华门和月华门，在含元殿和宣政门之间这一小广场的东西两侧，又有宫墙分割，西面是中书省、命妇院、御史台、殿中内院等办事机构，东面是门下省、弘文馆、史馆等办事机构。过了宣政门就是宣政殿。沿宣政殿另有一道宫墙，西为光顺门，东为崇明门。以这道宫墙为基线，向北就是后宫。宣政殿以北依次是紫宸门和紫宸殿，西侧分别有内侍省别院、含象殿、思政殿、延英殿等建筑，东侧有望仙台等建筑。紫宸殿往北是太液池西池，上有蓬莱岛，东有太液东池，围绕着太液池，分散修筑了很多宫室，这是皇帝和后妃们的居住场所，后宫西侧有两个宫门，南为右银台门，北为九仙门；北宫墙有三座城门，西为凌霄门、玄武门、银汉门；东侧只有一座城门，即左银台门。

李训等人议定之后，决定提前发动政变，诛杀宦官余党。就在韩约上任的第四天，即十一月二十一日，文宗驾临紫宸殿。百官站定之后，根据惯例，左金吾卫大将军要向皇帝奏报："左右厢房内外平安！"然而，韩约却没有奏报平安，而是上奏称："左金吾厅事房后面的石榴树上夜里降下了甘露，我已经趁夜从宫门门缝递进了紧急奏疏！"说完，他跪倒叩拜，李训等宰相们也随即率领百官向文宗道贺。接着，李训和舒元舆请求文宗亲自前往观看，以接受上天的祝福，文宗表示同意。百官退下，来到含元殿，站列两旁等待着文宗。过了一会儿，文宗乘坐着软轿，从紫宸门出来，驾临含元殿。他先命令宰相以及中书、门下两省的官员先去左金吾卫衙门察看，过了很久，他们才回来。李训上奏称："臣与众人一起察看，恐怕不像是真甘露，不可匆匆忙忙对外宣布，恐怕引起全国纷纷祝贺。"文宗说道："怎么会有这事？"回头示意左右神策军中尉仇士良和鱼弘志（又称鱼志弘）二人率领随驾各位宦官前往验视。

当时，王璠和郭行馀二人都谎称于当日辞行赴镇，二人招募的数百名部众已经全副武装，在丹凤门外等待。等宦官们离开含元殿之后，李训立即命人传令："两镇军人入宫接受诏命！"可是，不知什么原因，只有王璠的河东兵进来了，而郭行馀的邠宁兵却没有进来。王璠吓得两腿发抖，不敢上前，只有郭行馀在殿下叩拜。仇士良等人来到左金吾卫衙门后，韩约却紧张过度，面如土色，汗流满面，不敢抬头。仇士良等人非常奇怪，说道："将军，你这是怎么回事？"话音未落，正巧一阵微风吹动帐幕，只见帐幕后面有很多手持武器的士兵，又听见兵器相互碰撞的声音，仇士良等人大吃一惊，狂奔而出。负责把门的人正要关门，仇士良等人厉声呵斥，门来不及关上，宦官们一涌而出，朝含元殿狂奔而来，高呼发生了政变。

李训一见仇士良等人从左金吾衙门顺利逃出，心知韩约已经失手了，他急中生智，连忙向殿上的金吾卫士兵们大喊："来上殿保护陛下，上殿的，每人赏钱一千串！"殿上金吾卫兵们并没有被李训收买，不过，李训这一临时召唤，倒也唤来一些士兵上到殿上。宦官们对文宗说："事情危急，陛下应该回到大内！"金吾卫能够控制的范围是宣政门之外的外朝，而一旦进入宣政门内，就是宦官们的天下了，因此，宦官们见李训也在招呼殿上金吾卫兵，就赶忙挟持文宗回宫。他们当即举起软轿，扶着文宗登上，冲烂御座后面的屏风，向北狂奔。李训慌忙赶上，抓住软轿，说道："臣还没有奏完事，陛下不可离开！"这时，金吾卫兵已经走上了大殿。仇士良说道："李训造反了！"文宗说："李训没有反。"仇士良用手猛拉李训，自己反被扯倒在地，李训趁机压在他的身上，准备从靴子中抽出匕首，杀掉仇士良，但周围的宦官一拥而上，把仇士良救走。罗立言率领京兆府的三百巡逻士兵从含元殿东侧赶来，李孝本率领御史台的二百余众也从西边冲出，他们登上大殿，奋力冲杀，见到宦官就打，宦官们个个高呼冤枉，血流满地，当场被打死了十余人，可是，他们却没有追上文宗的软轿。

罗立言和李孝本的人并没有赶上文宗一行，当他们在含元殿一带砍杀宦官、殿上一片混乱之时，文宗在一群宦官簇拥下向宣政门跑来，一旦他们进入宣政门，那就是宦官们的天下了。李训深知这一点，他紧紧地跟着文宗，死死地拉着软轿，此时文宗表态李训并没有谋反，宦官们匆忙之间也无暇与李训纠缠，就这样李训连拉带拽地也在顷刻之间就到了宣政门外了。一路上，想必文宗内心也是翻江倒海，此时自己就在宦官们的控制之下，一方面事发突然，他早已乱了方寸；另一方面，他本来性格就偏于懦弱，缺少英武之气，也根本不敢厉声阻止宦官们，此时此刻，他完全像个傀儡一般任人摆布，眼看快到了宣政门，李训更是高声大喊，苦苦阻止，文宗几乎不假思索地反而怒斥起李训来。见文宗这样，随行宦官郗志荣挺身挥拳打到李训胸脯上，当即把李训打倒在地。文宗的软轿随即被宦官们从东上阁门抬入宫中，阁门当即关上，宫中宦官们高呼万岁，含元殿内尚在观望的百官顿时感到大势已去，纷纷四散而逃。

此时的李训已知自己已无力回天，赶忙穿上小吏身上的绿色衣服，跨马从宫中飞奔而出，路上他还扬言说："我有什么罪过却被贬谪！"外人不知内情，也深信不疑，只觉得他是被文宗贬官了。舒元舆虽然知道内情，但并没有告诉王涯，他与王涯、贾餗一起回到中书省，相互说道："陛下将驾临延英殿，召见我等商议今日之事。"中书、门下省的官员们来见询问缘故，三人都说："不知道是怎么回事，各位大人各自安心工作。"

惊魂甫定的仇士良等人知道文宗也参与了这次政变，都非常愤怒，在文宗面前口出恶言，文宗既惭愧又害怕，面红耳赤，不发一言。仇士良等人随即命令左右神策军副使刘泰伦、魏仲卿、陈君奕等人各自率领五百神策军，抽出大刀，从阁门冲出内廷，见人就杀。王涯等人还在中书省内正准备一起吃饭，小吏慌慌张张地赶来禀报道："从大内出来很多兵，见人就杀。"王涯等人一听，顿时吓得面如土色，狼狈而逃，两省官员以及金吾卫的兵丁一千多人乱作一团，争相夺门而出，但不一会儿，宫门就被关上了，关在含元殿广场内的六百余人全部被神策军杀死。由于文宗本人担心被宦官杀害，不发一言，宦官们才得以肆意妄为。紧接着，仇士良等人又下令关闭各个宫门，派兵搜捕朝廷各部门，凡是见到各部门内的官吏、兵丁统统杀死，甚至有些送货入内的民间商贩也被冤杀，又死了一千多人。外朝、中朝成了杀人场，到处都是尸体，血流成河，一片狼藉，各个单位的印章、图书、账簿、器皿也都荡然无存。杀完了宫内，仇士良等人以文宗之命又派遣一千余神策军骑兵出城，赶赴咸阳、奉天追捕逃犯，派兵在长安城内大肆搜查，分别查抄王涯、李训等人的家。

舒元舆换身衣服，单人匹马从安化门逃出长安，准备投奔郑注，但被追兵擒获。王涯徒步逃到永昌里的一个茶馆内，也被神策军抓住，押送左神策军衙门。当时王涯已七十多岁了，被戴上枷锁，严刑拷打，他忍受不住痛苦，自诬说自己与李训阴谋发动叛乱，推翻文宗，拥立郑注为帝。王璠回到长兴坊家中，关上家门，以自己的私人卫队自卫。神策军将士们来到他的门外，谎称："王涯等人谋反，皇上打算起用你接任宰相，鱼护军派我们前来向你问候！"王璠竟然信以为真，顿时心花怒放，开门相见。见到王璠后，神策军将领们故意反复向他道贺，动作十分夸张，王璠这才明白自己受骗了，但悔之晚矣，哭着说："李训连累我了！"他被押到左神策军，见到王涯后，王璠说道："二师兄你自己谋反，为什么要牵连我？"王涯回答："昔日五弟你当京兆尹，不向王守澄泄密，怎么会有今日？"王璠这才低头不语。神策军又在太平里逮捕了罗立言以及王涯等人的亲属、奴婢，也都关押在左右神策军内。户部员外郎李元皋是李训的再从弟，与李训非常疏远，也被神策军逮捕杀掉。前岭南节度使胡证，家里非常有钱，神策军贪图财物，借口到其家中搜捕贾餗，抓住其子胡溵，杀掉；又闯入左常侍罗让、太子詹事浑鐬（浑瑊之子）、翰林学士黎埴家中以及贾耽的家庙里，把他们的家财劫掠一空。当天，长安城内一片大乱，一些地痞流氓也趁乱起来报仇，杀人越货，相互厮杀，闹得沸反盈天。

# 六〇五　甘露之变（三）

次日，也就是十一月二十二日，文宗下令召集群臣上朝。太阳升起以后，才打开了建福门（紧挨大明宫宫城正门丹凤门西边的城门，其南面为百官待漏院），百官的随从被拒之门外，只让一名随从入内。人们迤逦进入宫城，一路上全是神策军将士，抽出长刀，列队两侧。过了含元殿广场，含元殿西侧的光范门还紧闭着，百官只好由金吾右仗衙门进入宣政殿区域。到宣政门前，大门还未打开，当时宰相、御史中丞都没在场，百官都随意站立。过了很久，阁门使马元贽打开宣政门宣布诏命，任命张仲方为京兆尹。文宗当时还不知道王涯等人已经被逮捕，问道："宰相们为何不来？"仇士良回答："王涯等人谋反，已经被打入大牢。"遂将王涯的招供呈上，文宗看后，连忙召来尚书仆射令狐楚、郑覃、兵部尚书王源中、吏部侍郎李虞仲等人，将王涯的供述交给众人看。文宗悲不自胜，对令狐楚等人说道："这确实是王涯本人所写吗？"令狐楚看后回答："确实是其所书，王涯真的参与了阴谋，罪该处死。"文宗说道："真是这样的话，杀了他也有余辜。"遂命令狐楚和郑覃留在中书省，处理军国大事；又令令狐楚起草诏书，布告天下。令狐楚起草的诏书在叙述王涯、贾餗谋反之事时，言辞含糊，令仇士良等人十分不满，遂反对文宗将其拜为宰相。当天，京师治安依然非常混乱，不少乱兵还在抢劫杀人，乱民们也趁机而起，长安城内死了很多人。文宗命令左右神策军将领杨镇、靳遂良等人各自率领五百人马驻扎在长安各个交通要道，擂鼓警告，又诛杀了十余人之后，长安城内的秩序才得以恢复。贾餗藏匿在民间，过了一夜后，自感已无路可逃，遂身着素色衣服，骑着毛驴来到大明宫城最西边的兴安门，自称："我就是宰相贾餗，被奸人诬陷，你们可以把我送到左右神策军！"守门人将其送到了右神策军。李孝本改穿绿色衣服，但腰间还缠着金腰带，用帽子遮住脸颊，单人匹马直奔凤翔，想要投奔郑注，行至咸阳以西，被追兵抓获。李训平素与终南山的僧人宗密是好友，就投奔到宗密那里。宗密让他削发为僧，藏匿起来，但李训的随从却不同意，建议他转投郑注，企图东山再起。李训就出了终南山，准备投奔凤翔，行至盩厔，被盩厔镇遏使宋楚抓获，押回京师。行至昆明池，李训担心自己落入宦官之手，遭受酷刑折磨，就对押送之人说道："能抓住我就可以受到重赏了！听说京师兵在四处搜捕我，一旦到了京师，肯定会从你们手中把我劫走，不如取下我的人头送去。"押送的人觉得有理，就砍下他的人头，送到了京师。

十一月二十三日、二十四日，文宗分别任命尚书右仆射郑覃、户部侍郎判度支李石为同平章事；前河东节度使李载义恢复旧职。李石，字中玉，元和十三年进士及第，曾担任李听从事。他口才很好，又有韬略，非常能干，是李听的得力助手。大和三年，李石升任郑滑行军司马。当时李听领兵讨伐李同捷，李石奉命回京汇报战况，他应答如流，文宗对他很是赏识，不久就将其晋升为工部郎中，后调任刑部郎中。此后，李石一路高升，历任给事中、权知京兆尹事、户部侍郎，判度支事。郑覃，是代宗时期的宰相郑珣瑜之子。以门荫入仕，历任弘文校理、拾遗、补阙、考功员外郎、刑部郎中、谏议大夫、给事中、御史中丞、京兆尹。文宗即位，改任左散骑常侍、翰林侍讲学士。大和四年被拜为工部侍郎。郑覃与李德裕私交很好，也曾受到李宗闵的打压，李宗闵被贬后，郑覃被晋升为尚书右仆射，兼判国子祭酒。

二十四日当天，左神策军出动三百人，以李训的人头作为先导，押送着王涯、王璠、罗立言、郭行馀四人；右神策军出动三百人，押送着贾餗、舒元舆、李孝本一起前往太庙、地坛呈献，而后经过长安东西两市示众。长安百姓不明真相，怨恨王涯担任茶叶专卖使，有人朝他谩骂，有人朝他投掷砖头瓦块。朝廷下令百官临观，将王涯等人全部腰斩在独柳之下，而后砍头示众。贾餗临刑时非常悲愤，只有舒元舆说道："晁错、张华尚且被皇帝冤杀，岂止我们啊！"韩约是最后一个被逮捕的，宦官们斥责他谋反，但韩约毫不屈服，也被斩杀；又杀了李训的弟弟李仲褒和李元皋。起初，李元皋称自己仅仅是李训的远亲，宦官们释放了他，不久，仇士良审讯李训的家奴，家奴供述在事发前一晚，李元皋还留宿在李训家中，仇士良遂派人将其追上杀死。李训被杀后，仇士良逮捕了宗密和尚，要将他处死。宗密毫不介意，说道："我与李训交往很久了，佛法教导我们遇到落难之人就要拯救，死是我的本分。"仇士良遂把他放了。王涯有个再从弟王沐，家住江南，又老又穷，听说王涯当上了宰相，就骑着毛驴不远千里来投亲，希望能得到个主簿、县尉一类的小官。王沐在长安住了两年多，才有个机会见到王涯，王涯对他很是冷淡。又过了很久，王沐通过王涯的一个心腹奴才说出自己的心愿，王涯也答应了，从此以后，王沐每天都跑到王涯家里等消息，王涯被逮捕的当天，王沐正巧就在王涯家中，同时被逮捕腰斩。舒元舆有个同族侄儿叫舒守谦的，聪明谨慎，舒元舆很是喜爱，跟着舒元舆十年。突然有一天，舒元舆无缘无故对他改变了态度，大发雷霆，从此每天都要斥责他一番，舒家的奴仆们也开始对他白眼有加。舒守谦内心不安，就请求返回江南老家，舒元舆也不挽留，舒守谦惆怅而去。当晚，行至昭应，就听说舒元舆被抄家的消息，舒守谦侥幸逃出一命。当时，数日之间，生杀大权都掌握在仇士良、鱼志弘两个中尉之手，文宗事先根本不知。

当初，王守澄厌恶宦官田全操、刘行深、周元稹、薛士幹、似先义逸、刘英俐等人，李训、郑注趁机把这些人贬出京师，让他们前往盐州、灵武、泾原、夏州、振武、凤翔视察边境，命令翰林学士顾师邕起草密诏给六道节度使，让他们诛杀这些人。很快地，甘露之变爆发，李训失败，六道节度使得到诏书后，都不再执行。十一月二十五日，宦官们追究顾师邕矫诏之罪，将其打入御史台监狱，此后，将其流放崖州，行至商山，又把他赐死了。

在甘露之变发生之前，郑注已经按原计划率领五百骑兵从凤翔出发了，准备实施浐水计划。当他们行至扶风时，李训却提前发动了甘露之变，此时，消息已经传到了扶风，扶风县令韩辽已经得知李训、郑注的计划，带上印绶和扶风大小官吏逃到了武功。郑注很快就知道李训已经失败的消息，也慌忙折返凤翔。仇士良等人派人携带密诏送给凤翔监军张仲清，要求他见机行事，杀掉郑注。当时虽然杀了李训等人，但仇士良等人对手握重兵的郑注还很忌惮，京师戒严，泾原、鄜坊节度使王茂元、萧弘都严阵以待，以防万一。张仲清得到密诏后，不知该如何是好，押牙李叔和建议道："叔和替大人向其转达大人的好意，请他来见，支开他的卫士，在座位上拿下他，大功当即就可告成。"郑注的妻兄魏逢因郑注之故而得到了率更令、凤翔少尹之职，原任少尹陆畅早已对郑注等人心怀不满，因此，也参与了张仲清的计划。在李叔和给张仲清献计的同时，郑注的手下魏弘节也劝郑注果断斩杀张仲清以及军中大将贾克中等十余人，然而，郑注自从得知李训被杀的消息后，一直是魂不守舍，方寸大乱，未来得及实施。李叔和见到郑注后，转达了张仲清之意，郑注自恃身边有人护卫，遂大胆来到张仲清住所。张仲清早已埋下伏兵，李叔和又把郑注的卫队安排在屋外吃喝，郑注仅带几个人来到屋内。刚刚落座，还未喝一口茶，李叔和突然拔出佩刀，手起刀落，将郑注人头砍下，又紧闭院门，将郑注的亲兵全部杀死，后拿出文宗的密诏，向全体将士展示，遂屠杀了郑注全家，又杀掉了副使钱可复、节度判官卢简能、观察判官萧杰、掌书记卢弘茂及其同党一千余人。钱可复被杀前，替十四岁的小女说情，可是女儿却说："你们杀了我的父亲，我还有什么脸面再活着！"抱住钱可复求死，遂一并被害。卢弘茂的妻子萧氏临刑时谩骂道："我是太后之妹，奴才们你们来杀吧！"士兵们都不敢动手了，萧氏才免于一死。二十七日夜，张仲清将郑注的人头送到京师，高悬兴安门示众，京师戒严。抄没郑注家财，得百万匹绢，其他物品也数不胜数。提拔张仲清为内常侍，韩辽为咸阳令，李叔和为检校太子宾客，陆畅为凤翔行军司马，又以左神策大将军陈君弈为凤翔节度使。

甘露之变中一共被杀十一族，这十一家的家财全被乱兵劫掠，王涯住在永宁里杨凭的旧宅，家财巨万，人们搬运几天都没搬完。王涯酷爱收藏，家中所藏古籍、书画与皇家秘府相当，藏匿于重重墙垣之中，人们毁坏墙垣，搜罗财宝，却将这些名书画随意扔在路上。王涯的儿子王孟坚为工部郎中、集贤殿学士，王仲翔为太常博士，王季琰为校书郎，全部罹难。王仲翔原来藏匿在侍御史裴鐇家中，裴鐇将他告发，王仲翔悲愤地说："就算容不下我，我自会求生，为何反而咬我一口呢？"此后，令狐楚见到文宗时，从容说道："昔日与臣同朝为官的，都已被灭族了，可是他们却暴尸在外，令人非常痛心。"文帝听了，也生出恻隐之心，下诏命京兆尹薛元赏将王涯等十一人予以安葬，赏赐葬服。仇士良余怒未消，命人挖开坟墓，将尸骨扔到渭水之中。王璠的儿子王遐休也一并被杀，昔日，王璠在润州期间，曾开挖润州护城河，挖到一块石头，石上刻着一行字："山有石，石有玉，玉有瑕。"等王璠死后，术士们称，王璠的祖父王崟生王礎、王礎生王璠，王璠生王遐休，王家就绝后了。

# 六〇六　甘露之变（四）

宦官们对李训等人恨入骨髓，过去凡是与李训等人稍有瓜葛，或者曾经受过他们提拔奖励的人，都大肆贬谪、诛杀，这一状况持续了很长时间。尤其是李训、郑注被杀后，朝廷召回了田全操等六道巡边使，而田全操扬言：“等我入城后，凡是身穿儒生衣服的，不分贵贱，我一定要把他们杀光！”

十二月九日，文宗问宰相李石、郑覃：“大街小巷是否已经恢复平静？”李石回答：“已逐渐安定下来了，然而，近几天天气寒冷异常，这大概是刑杀太过所致吧。”郑覃也说：“罪犯们所有的亲人都已被杀，其余人等就不宜再追究了。”十二日，田全操等人乘坐驿马车从长安的金光门（长安西城北面第二门）疾驰入城，长安城内一片恐慌，传言强盗进了城，百姓们吓得四散而逃，街市烟尘四起。中书、门下两省的官吏听说田全操等人进城了，也都纷纷逃走，甚至有人来不及扎上腰带、穿上袜子，就跳上马背逃去。郑覃、李石正在中书省办公，发现手下的小吏、卫士陆续逃走，郑覃便对李石说道：“情况有些异常，还是暂时躲避一下的好。”李石回答：“宰相德高望重，人心所系，不可轻易躲避。如今事情真假不辨，坐镇不动，才能安定人心。如果连宰相也都逃走了，则中外一定会大乱，况且，假如真有大祸来临，躲是躲不掉的！”郑覃听后，觉得李石说得有理。李石像往常一样，泰然自若，继续处理公文。中使接连传话：“关闭皇城各个城门！”长安城总称为京师，皇帝居住之地称为宫城、子城、北司、北衙，政府办公之所以被称为皇城、南衙、南司。左金吾大将军陈君赏率众排列在望仙门（丹凤门东面）外，对中使说道：“强盗到了，再关闭城门也不迟，请静观其变，不宜示弱！”直到傍晚时分秩序才得以恢复。当天，长安城内的流氓无赖都已装束整齐，手持刀枪弓箭，只等皇城城门一关，就要四处抢劫，要不是李石、陈君赏临危不惧，长安城内又将再度陷于大乱。当天轮到值班的两省官吏，离家前都与家人郑重辞行，像诀别一样。

十二月十六日，文宗下诏称："逆贼的亲戚朋友，除非是已经诛杀、命令通缉的，其余一律不再追究。朝廷各部门的官员，虽然受到胁迫犯了错误，也一律赦免。其他人等不得再行告发或者相互恐吓。逃亡在外的，不再追捕，三日之内听任各归本部门正常上班。"当时，神策军非常骄横，京兆尹张仲方不敢过问，宰相以其不胜任，将其贬为华州刺史，而以司农卿薛元赏接任。一次，薛元赏曾去拜谒李石，听见李石正与一人在大声争吵，就让手下偷偷察看。手下回报说那人是神策军的一名将领，在给宰相汇报事情，薛元赏一听立即入内，责备李石道："大人身居宰相，辅佐天子，治理四海。如今，在你的眼皮底下尚且不能约束一名军将，使其如此无礼，怎么能震慑四夷呢！"说完，快步出门上马，命令左右逮捕了那位将领，押解到大明宫建福门北的下马桥，等薛元赏走到那里，已将那人剥去上衣，勒令其跪在地上了。仇士良得知后，连忙派宦官请薛元赏："中尉委屈大尹前去相见。"薛元赏回答："正遇上有公事，等我处理完了立马前去。"遂将那位将领活活打死。打死那人后，薛元赏换上白色衣服，以示等待处罚，来见仇士良。仇士良说道："你这个呆书生，竟敢乱棍打死禁军的大将！"薛元赏回答："中尉是大臣，宰相也是大臣，宰相手下如果对中尉无礼，你会怎么办？中尉手下对宰相无礼，岂能原谅？中尉与国家休戚与共，就该替国家珍惜国法，元赏我已身穿囚服而来，是死是生，全看中尉你了！"仇士良见那位将领已死，再惩处薛元赏也于事无补，反而加深南衙北司之间的矛盾，就设宴款待薛元赏，欢饮而散。当初武元衡被杀后，朝廷下诏将内库中的弓箭、长刀配发给南衙的金吾军，令他们在宰相上朝时一路护卫，到建福门后再退下，甘露之变后，在宦官们的干预下，朝廷不得不撤销了这一安排。

转眼就是新年，进入公元836年。一月一日，文宗驾临宣政殿，宣布大赦天下，改元为开成元年。李石等人斟酌赦文，免除京师附近百姓一年的租税，又取消三年之内各地端午等节日的进奉；各道除了药物、茶果之外，一律不得进献；朝廷各部门向各地布置的制造任务，也一律停三年。公布大赦令后，文宗驾临紫宸殿，与宰相商议政务。郑覃说："陛下改元，赦免内容十分丰富，这是近年以来所没有的事。"文宗说道："朕就是要务实为民，不想只做空头文章。"李实回答："大赦令应该交到内廷一份，以供陛下随时御览。"过去，虽然皇帝也多次颁布过大赦令，但时间一长，皇帝就置之脑后了，有些官员再投皇帝所好，昔日的大赦令也就成了空文，所以，李石才这么建议。仇士良请求以神策军负责警卫大殿殿门，谏议大夫冯定认为这不合适，仇士良这才作罢。

进入新年后，因甘露之变带来的影响还未消除。昭义节度使刘从谏上书请求朝廷宣布王涯等人究竟犯了什么罪，并称："王涯等人不过儒生出身，受到国家厚恩，都想保全身家性命，岂肯阴谋造反！李训等人内心不过是要清除宦官，神策军两个中尉自己为了活命，才相互杀戮，而污蔑人家造反，李训等人确实是冤枉的。就算宰相们确实有异心，也该交付有关部门，明正典刑，哪有宦官擅自领兵，肆意劫掠，以致平民百姓也横遭杀戮的？京师血流宫门，死尸上万，搜捕牵连，人人惊慌失措。臣打算亲自回到长安，面陈是非，只是担心自己也遭到迫害，也于事无补。只好整顿辖区，训练士卒，在内作为陛下的心腹，在外则是陛下的藩篱。如果陛下无法约束住奸臣，臣发誓要以死清除陛下身边的奸臣！"二月，文宗加授刘从谏为检校司徒。三月，尚书左仆射令狐楚上奏："王涯等人已经伏法，也已灭族，遗骸暴露原野，无人埋葬。请求政府出面掩埋，以顺应阳春和暖之气。"文宗伤心很久，下令京兆尹组织人力将王涯等十一人的尸骨掩埋于长安城西，每人赏赐一件衣服遮体。仇士良暗中派人又将十一人的尸骨挖出，扔到渭河冲走。三月八日，皇城留守郭皎上奏称："朝廷各部门仪仗队中凡是带刀的，请全部上交军器使，遇到值班时再配发木刀。"文宗同意。刘从谏又派牙将焦楚长来到京师，辞让检校司徒一职，又称："臣所说的关乎国家大体，要是陛下听从，王涯等人均将蒙受昭雪；要是陛下不听，也不该随意给臣赏赐。哪有冤死之人还没被昭雪而活着的人却享受俸禄的道理！"并强烈指斥仇士良等人罪恶。三月二十二日，文宗召见焦楚长，予以解释安抚。自从甘露之变后，仇士良等人无法无天，朝廷群臣每天都忧心忡忡，唯恐大祸临头，等刘从谏呈上奏表之后，仇士良等人才有所忌惮，稍稍收敛一些，宰相郑覃、李石勉强能维持朝廷运转，文宗也稍稍有了点发言权。

郑覃虽然精通经文，但写文章却不行，进而嫉妒那些能诗善文的进士们，上奏请求取消进士科。文宗在紫宸殿召见郑覃、李石时，谈到选人用人问题，郑覃说："南北朝时期朝廷选用的大多是能诗善文之人，所以才导致政治混乱，只要一个人有才能朝廷就可以重用，何必非要看他能不能写诗作文？"文宗说道："已经担任州县官的及第进士，方镇推荐的，即可批准，其余则不可以。"郑覃说："这一科录取的大多是些轻薄之人，不可全用。"文宗反驳道："轻薄、敦厚，各科都有，未必只有进士科，进士科已经设置了二百年了，不可轻易废除。”郑覃接着说：“也不可过分推崇。”文宗喜欢诗文，《杜阳杂编》就记载，文宗皇帝尚贤乐善，罕有伦比。每与宰臣学士论政事之暇，未尝不话才术文学之士。故当时以文进者，无不谔谔焉。于是每上视朝后，即阅群书，见无道之君行状，则必扼腕唏嘘；读尧舜禹汤传，则欢呼敛衽，谓左右曰：“若不甲夜视事，乙夜观书，何以为人君耶？”每试进士及诸科举人，上多自出题目。及所司进所试，而披览吟诵，终日忘倦。常延学士于内廷，讨论经义，较量文章，令宫女已下侍茶汤饮馔云云。因此，在这一点上与郑覃意见不同，一次，文宗对宰相们说：“朝廷各部门纪律松弛，要加强管理。”顺手指着身边的香炉说道：“这座香炉起初也很华美，使用时间长了，就没有光彩了，如果不加以装饰，怎么能恢复如初？”郑覃回答：“移风易俗，要注重实效。长期以来，朝廷多不务实，只注重外在，像晋朝嵇康、阮籍之流，不抓具体事务。”李石说道：“这是因为天下太平，人人无事，过于安逸。现在的人们也羡慕晋朝王衍的做派，以不能赶上他为耻。”文宗说道：“你们辅佐朕，重点要抓好纪律的落实。”还有一次，文宗在延英殿讨论古今诗句优劣，这不是郑覃的强项，他说：“最好的诗歌，就是孔子删改过的《诗经》，除此之外的五言七言诗歌，华而不实，不足令帝王吟咏。《诗经》的雅颂，都是国人讥刺时政所作，国家搜集起来以反思时政得失，孔子删改作为后世之规。近代陈后主、隋炀帝也都工于作诗，而不知帝王大道，最终不免亡国。写诗作文，不过是小道，希望陛下不必过分留意。”显然文宗对此并不认同。

# 六〇七　甘露之变（五）

江西、湖南两道观察使以刚刚经过甘露之变，朝廷死了很多吏卒，进奉一百二十份吏卒衣服、粮食，以供宰相招募侍从。李石上奏认为：“宰相辅佐陛下，下理群司。如果忠正无私，宗庙庇护，就算遇到盗贼，也无法伤害；如果居心不良，心怀欺诈，即便护卫重重，也会受到鬼神诛杀。臣请求按照以前惯例，只需金吾卫士护卫即可。”文帝答应了。文帝又嘱咐道：“宰相的首要任务就在选贤任能。”李石回答：“臣与郑覃经常将此事作为首要任务，然而，由于人人各有欲望，假如能够得到满足，就会对宰相赞赏有加，一旦稍不如意，就会物议沸腾。因此，应该把选人之事交付有关部门，由他们举荐，臣等选择合适的人予以任用，这样一来，各种议论就会平息了。”文宗又说：“为国之道，能够治理好国家确实太难了。”李石回答：“朝廷的法令能够得到切实的执行就容易。”文宗又说：“治乱是因为有好人奸人，还是由于国运、天时使然？”郑覃回答：“是由于有贤明的皇帝和忠臣，完全在人。”李石说：“也与国运有关系。九庙圣灵，给陛下降下恩德，这就是天时；陛下遵从大道，这就在人。前代很有圣德的帝王处于乱离之时，无可奈何，又岂能不关注时运呢？”文帝说道：“你说得对。”

四月，朝廷以山南西道节度使李固言为门下侍郎、同平章事，以尚书左仆射令狐楚接替李固言为节度使。《北梦琐言》《补录记》《感定录》《续定命录》《酉阳杂俎》等书记载了李固言很多逸事，大致说来，说他出生农村，为人质朴，元和年间入京应试时，住在表亲柳氏家。柳氏子弟经常戏弄他，当时，许孟容任常侍，朝中上下对此官都瞧不上眼，称为“貂脚”，不能替举子们抬高身价。柳氏子弟却故意让李固言去许孟容那里，送去写的文章。李固言不知就里，就去了许家，许孟容很是羞愧，知道自己给李固言出不上力，但表示自己已铭记在心。次年许孟容阴差阳错竟然负责科举考试，就将李固言定为当年的状元。李固言元和七年状元及第，大和初官至贺部郎中、知台杂。李宗闵对李固言很赏识，大和四年李宗闵拜相后，提拔其为给事中；六年，晋升为工部侍郎；七年转尚书左丞；八年，李德裕拜相后，就将他贬出京师，担任华州刺史。同年十月，李宗闵入朝，又拜其为吏部侍郎；九年五月，晋升为御史大夫。李训、郑注当政后，将李宗闵贬谪，以李固言暂代李宗闵的职务，不久就将其贬出京师，担任山南西道节度使。如今，李训、郑注被杀，文宗又逐渐开始起用牛、李两党的人员，再次拜李固言为宰相就是一个突出的信号，在此之前，文宗已分别下令将袁州长史李德裕晋升为滁州刺史，潮州司户李宗闵晋升为衡州司马了。

文宗当然知道郑覃是李德裕一党，也知道李固言是李宗闵一党，把李固言征召入朝，大约是文宗出于平衡两党势力的考虑吧。然而，正如文宗曾经说过的那样，去河北贼易，去朝中朋党难，李固言入朝后，两党政争就显现了出来。《旧唐书·郑覃传》记载："固言与李宗闵、杨嗣复善，覃憎之。"当时，起居舍人李褒得了重病，请求辞职。李石上奏称起居舍人空缺，文宗说："褚遂良为谏议大夫就曾经兼任此官，爱卿可以把谏议大夫们的人名都报上来。"李石就报上李让夷、冯定、孙简、萧俶四人。文宗说："李让夷就行。"而李固言想起用崔球、张次宗、周敬复。郑覃提出反对意见，他说："崔球经常出入于李宗闵之门，况且，起居郎一职在中央起草诏命，为万代之法，不可以用朋党中人。像裴中孺、李让夷这种人，臣不敢有丝毫异议。"文宗很不耐烦，说道："你不要总是在公务上反对。"郑覃却说："如果宰相们意见总是相同，那么，肯定有些事情在欺瞒陛下了！"结果，崔球的事就泡汤了，李让夷当上了起居郎，不久晋升为起居舍人。李让夷，字达心，元和十四年进士，大和初担任右拾遗、充翰林学士，不久转任左补阙；三年晋升为职方员外郎、左司郎中，九年拜为谏议大夫。由于郑覃的推荐，李让夷深受牛党李珏、杨嗣复的排挤，文宗一朝一直没有显达。李珏，字待价，进士及第，与李宗闵、牛僧孺一党，大和五年二人当政时，提拔李珏为度支郎中、知制诰，翰林学士，七年拜为中书舍人；九年转为户部侍郎，不久，李宗闵被贬，李珏也随之被贬为江州刺史。李固言拜相后，将李珏召回朝廷，担任户部侍郎。《旧唐书，李珏传》称："珏与固言、嗣复相善，自固言得位，相继援引；居大政，以倾郑覃、陈夷行、李德裕三人。凡有奏议，必以朋党为谋，屡为覃所廷折之。"

在文宗召回李固言不久，五月十一日，文宗驾临紫宸殿，宰相借奏事之时叩拜谢恩，外面立刻就传出了谣言，称："天子打算让宰相掌握神策军，宰相已经叩拜谢恩了。"本已恢复平静的朝廷又开始人心惶惶，宦官集团与外朝朝臣再次相互猜疑起来，一连数日，长安百姓也都吓得不敢解衣就寝。二十七日，李石上奏文宗请求召来仇士良等人，当面解释，以打消他们的顾虑。文宗答应了李石的请求，请仇士良等人来到外朝，文宗与李石等人一起向仇士良等宦官首脑解释，劝说他们不要怀疑害怕，此事才算化解。

甘露之变后，李孝本被杀，其两个女儿被没入右神策军为女奴，文宗怜悯她们的不幸遭遇，就命人将二女召入后宫。七月，魏征的五世孙、右拾遗魏谟上书认为："陛下不贪恋女色，屡屡释放宫女出宫嫁人，臣听说数月以来，教坊挑选了数百美女，庄宅使仍在四处物色；又将李孝本的两个女儿召入后宫，不避同姓血亲，令人们议论纷纷，臣深感痛惜。昔日，东汉光武帝曾看一眼画着美女的屏风，宋弘尚且严肃地予以批评，光武帝当即命人撤掉了屏风。陛下岂能不想想宋弘之言，而甘愿居于光武帝之下吗？"文宗当即命人送出二女，并提拔魏谟为补阙，说道："朕挑选女子，是想赏赐给诸王。怜悯李孝本之女年幼孤苦，才养在宫中。魏谟在疑似之间尚且能规劝朕，可谓是真正爱我，没有辜负了他的祖先。"命令中书省起草优美的诏书予以表彰。《北梦琐言》记载，文宗对宰相们说："太宗得魏征，朕得魏谟，在疑似之间，虽然不敢奢望开创贞观之治，至少可以让我少犯错误。"又问魏谟："你家还存有什么图书没？"魏谟回答："只留下文贞公（魏征）的笏。"文宗令拿来看看。魏谟说："在人不在笏。"文宗说道："这你就不知道了，这是甘棠之义，不是我要笏的。"

九月十一日，李石上书称宋申锡忠诚正直，为奸人诬陷，流放远地，未蒙昭雪。文宗低头很久，默不作声，继而，忍不住泪流满面，说道："此事朕很久就知道错了，奸人逼迫于我，以江山社稷大计，与漳王我们兄弟之间差一点不能相容，别说是宋申锡了，也仅仅没有腰斩、砍头而已。当时，不久有内臣，外朝也有人落井下石，这都是朕糊涂，假如是汉昭帝，一定不会出现这种冤案啊！"郑覃和李固言也称其冤枉，文宗非常内疚，既痛心又惭愧。十四日，文宗下诏恢复宋申锡的官爵，以其子宋慎微为城固县尉。

自从甘露之变后，文宗一直闷闷不乐，组织左右神策两军的踢球比赛也减少了十之六七，即便是身处喧嚣的宴会，观看优美的歌舞，文宗也丝毫露不出一点欢喜之色，他经常郁郁寡欢，或散步远眺，或喃喃自语，或扼腕叹息。他对甘露之变中被杀的王涯、李训等人充满了怀念、痛惜之情，但又无可奈何。舒元舆曾经写过一篇《牡丹赋》，在当时很是有名。舒元舆死后，一次文宗观赏牡丹，凭栏背诵该赋，突然悲从中来，为之泣下。还有一次，他怀念起李训来，屡屡在李石、郑覃面前称赞其人的才华。十一月十七日，文宗在延英殿召见宰相，说道："朕每每与爱卿们讨论天下大事，就难免忧愁。"宰相回答："治理国家，难以速成。"文宗又说："朕常读书，不想当一个平凡之主。"李石回答："如今内外之臣，仍然有很多小人在挑拨离间，希望陛下能宽厚相待，像刘弘逸、薛季稜这样公正清廉、奉公守法的宦官，陛下也该加以赏赐，以鼓励善行。"十九日，文宗又对宰相们说："我与爱卿们讨论天下之事，有些事情迫于形势根本难以实行，回到后宫后，我也只能饮酒，只求一醉了！"宰相们纷纷谢罪，说道："这都是臣等的罪过啊！"

# 六〇八　开成年间（一）

甘露之变在唐朝历史上影响巨大，甚至不少学者以此作为划分中晚唐的界限。从表面上看，这是朝臣与宦官之间争夺权力的斗争，即所谓的南衙、北司之争，但实际上是一场由文宗主导的恢复皇权的斗争。

这场斗争以文宗一方的失败而告终，主要是由于文宗的清除宦官行动在朝臣中没有得到普遍的认同，真正意义上的南衙、北司之争主要发生于宣宗一朝以后，在文宗时期主导朝臣集团的主要矛盾还是朋党之争，牛、李两派为了确保自身的地位，往往与宦官集团保持一定的关系，而受到宦官专权损害最大的是文宗而非朝臣，因此，文宗不得不从更底层的官员中间挑选合适的人选，这就是李训、郑注得以受到重用的根本原因。但是，新生的除宦朝臣力量薄弱、各人能力参差不齐等，最终让文宗这场豪赌输得一塌糊涂。以仇士良、鱼志弘为首的宦官集团当然对此心知肚明，他们以无情的屠杀这种异常惨烈的方式教训了文宗以及全体朝臣们，事变之后，仇士良和鱼志弘每当想起文宗参与了甘露之变，都是恨得咬牙切齿，屡次想废掉文宗。据《新唐书·仇士良传》记载，一次，翰林学士崔慎由深夜值班，有一个中使将其召至内殿，仇士良早已坐在那里，对崔慎由说："皇上病了很久，自从他即位以来，出了很多差错，皇太后有令要另立皇帝，学士起草诏书吧。"崔慎由闻言大惊，说道："皇上圣明，天下皆知，岂能轻易废掉？我崔家全族一千多人，岂能干出这等灭族之事？我死也不从。"仇士良等人听后沉默不语，过了很久，才打开后门，将其带到后面一座小殿。文宗就坐在殿内，仇士良等人历数文宗的过失，文宗低头不语，数落一通后，仇士良又指着文宗的鼻子说道："要是没有崔学士，你就再也坐不到这个位子上了！"遂把崔慎由送出，并告诫他道："不可泄露此事，要不你全家不保！"此事过后，仇士良等人也不敢再冒天下之大不韪，公然废黜文宗，另立皇帝，双方达成了某种政治默契，相互提防又不撕破脸面，维系着一种脆弱的平衡。

文宗从公元826年年底即位到公元840年一月去世，一共在位十四年，大和年号用了九年，开成年号用了五年。在开成年间，文宗处于宦官集团的严密控制之下，内心非常郁闷，在政治上几乎是无所作为。开成年间虽说是五年，但开成五年一月文宗就驾崩了，实际上，从甘露之变之后，文宗仅仅郁闷地生活了四年多一点。除了形同软禁的生活，令文宗郁闷的事还有很多。曾几何时，文宗雄心万丈，先要消除朋党之争，次要结束宦官专权，再要消灭藩镇割据，最后还想收复被吐蕃侵占的河湟之地，如今，一着不慎满盘皆输，过去的打算一个也没有实现，自己反而大权旁落，形同傀儡，文宗的心情可想而知。

内廷之事也让文宗身心俱疲。首先是给母后寻亲之事。据《因话录》记载，"元和长庆中，两京闾巷间相见，多云：'合是阿舅。'及大和以来，文宗俗崇树外戚，而诈称国舅者数辈，竟不得其真，合是之说，果有验矣。"文宗的母亲萧氏是福建人，当初家乡乱离，流落到王府，生下文宗。萧氏离开家乡时，父母已死，只有一个弟弟，等文宗继位后，就派人到福建一带多方打听，寻找舅舅。有个叫萧洪的运茶工人自称有个姐姐自幼失散，不知下落。商人赵缜就把此事给萧太后的姐姐徐国夫人的女婿吕璋说了，通过吕璋把萧洪带到徐国夫人那里，让徐国夫人辨认，可年代久远，徐国夫人也认不出来，遂一起来见萧太后。萧洪见到萧太后以后，痛哭流涕，文宗自以为找到了真舅舅，当即就拜萧洪为太子洗马，后来，又逐渐将其晋升为金吾将军、检校户部尚书、河阳怀州节度使、检校尚书左仆射、鄜坊节度使。李训很早就知道萧洪是假冒的，萧洪担心李训说出来，就征辟李训的哥哥李仲京当自己的从事，以结好李训。过去，神策军有一条不成文的规矩：凡是出身左右神策军出外担任节度使的，神策两军军中都会出钱资助，等此人到任后，再搜刮钱财，以三倍偿还。萧洪的前任就是出自左神策军，此人上任后还没还完钱就死在了任上，神策军的债主就找到了萧洪，让萧洪还钱。这当然是无理要求，萧洪自恃有李训这个靠山，就把宦官们的要求给顶了回去。神策军内的这些债主又找死者的儿子要账，萧洪又给死者儿子出主意，让他拦住李训的马诉冤，结果，李训判决死者儿子可以拒绝偿还。此事让左神策军中尉仇士良一直是怀恨在心。

其实，萧太后的真弟弟还在福建，为人非常懦弱，不会表达。有一个叫萧本的人从他那里探听出了萧太后一家内外亲戚的名讳，通过仇士良称自己是太后的真弟弟，并揭发了萧洪的欺君之罪，由此萧洪在享受十年的荣华富贵之后，事情败露。开成元年八月，文宗下诏将萧洪流放到驩州，并在流放途中将其赐死，当时的介绍人赵缜、吕璋也因此受到牵连，被流放到岭南。这一次，文宗自以为找到了真舅舅，就提拔其为右赞善大夫，追封其父祖三公高官，赏赐给他很多钱财。后又晋升萧本为卫尉少卿、左金吾将军。开成二年十月，福建观察使唐扶上奏称，晋江县得到一个叫萧弘的人的奏表，称自己是太后亲弟弟，将萧弘送到了长安。文宗下令御史台派人核实，结果发现萧弘说的全是假话，文宗下诏将其押回原籍，不予处罚，希望能找到真正的舅舅。萧洪事发后，相继出现了萧本、萧弘二人，最终御史台确认萧弘是假，萧本是真，这当然有宦官集团的影响，因此社会上不少人议论纷纷，认为萧弘是真的，萧本是假的。到开成四年八月，昭义节度使刘从谏上书详细阐述了萧本是假的理由，并称："如今，大家众口一词，都说萧弘是真的，萧本是假的，由于萧本是左神策军推荐的，所以当时御史台就认定萧弘是假的。现在萧弘就在我这里，求我奏请陛下核实，现请求陛下追回萧弘，与萧本对质，以辨真假。"文宗遂下诏命御史中丞高元裕、刑部侍郎孙简、大理卿崔郇三法司会审二人，会审的结果令人大跌眼镜，不仅被告萧本是假，也查明原告萧弘也是假的！这个结果让文宗很是无奈，下诏将萧本除名，流放爱州，将萧弘流放儋州，而太后的真弟弟却一直生活在福建，始终过着困苦的生活。

寻舅之事让文宗哭笑不得，而太子也让他头疼不已。文宗子嗣稀少，只有两个儿子：一个是王德妃生的鲁王李永；另一个是地位更低的女人生的蒋王李宗俭。文宗对这两个儿子的母亲都不喜欢，因此，对这两个儿子也不喜欢，反而非常喜欢他哥哥敬宗的长子晋王李普，觉得李普非常聪明，将李普视如己出。文宗继位后，一直没有给自己的儿子封王，目的就是打算立李普为太子。然而，事与愿违，李普在大和二年六月就因病去世了，这让文宗十分痛心，追赠李普为悼怀太子。李普去世后，文宗只得把目光转向自己的儿子，大和四年才将长子李永封为鲁王，但依旧没有给次子李宗俭封王。由于李永一直得不到重视，朝廷给他配备的王傅和元亮也出身低微，没有什么学问，在李永封王时，文宗召见了和元亮，顺便提了几个问题，和元亮却回答不上来，这让文宗很是恼火，又责备宰相们道："王是可以教育成才的，下属应该挑选贤才，怎么配备像和元亮之类的人呢！"于是，朝廷给李永挑选户部侍郎庾敬休兼任王傅，太常卿郑肃兼任长史，户部郎中李践方兼任司马。大和六年，文宗遂册立李永为太子。虽然出于政治考虑，文宗不得不立李永为太子，但他仍然瞧不上太子之母王氏，而喜欢另一个女人杨氏，可杨氏又没有给文宗生下子嗣，这让文宗很是郁闷，所以，在李永被立为太子后，文宗并没有把王氏立为皇后，仅将她（时任昭仪）立为德妃，而将昭容杨氏立为贤妃（皇后下面有四妃：贵妃、淑妃、德妃、贤妃）。

文宗一朝外朝斗争此起彼伏，后宫争斗也是连绵不断。杨贤妃自恃文宗的恩宠，不断在文宗面前说王德妃的坏话，最后，王德妃最终被杨贤妃谗害而死。开成二年，文宗加封自己的次子李宗俭为蒋王，封敬宗的次子李休复为梁王，三子李执中为襄王，四子李言扬为纪王，五子李成美为陈王。又封李执中的次子李宷为乐平郡王。此时，从小缺乏父爱，又失去母亲保护的太子李永的地位已岌岌可危，然而，李永却浑然不觉，得过且过。给事中韦温时任太子侍读，早晨来到东宫讲课，可是李永却迟迟不起，韦温在东宫门外一直等到中午才见到李永。韦温劝谏道：“太子应当鸡鸣即起，向父皇问安，伺候父皇吃饭，不该只顾自己饮宴玩乐。”但李永却拒不采纳，韦温遂提出辞职。开成三年，文宗下诏命令东宫官员每月初一、十五，到崇明门晋见皇帝，太子侍读每逢双日要面见皇帝，接受皇帝的问话，这显然是在加强对李永的管理。李永确实喜欢饮宴玩乐，又亲近地位低下的人，杨贤妃借机屡屡说李永的坏话。开成三年九月七日，文宗终于忍无可忍，非常恼怒，他驾临延英殿，召见宰相以及中书门下两省首脑、御史、郎官，一一说出李永的过错，并下诏道：“太子太多过失，不可以继承天下，你们大家商议废黜了他。”群臣叩头道：“太子年纪尚轻，虽有过失，但还能改正。况且，太子是天下的根本，不可轻易更换，希望陛下宽恕。”御史中丞狄兼谟泪流满面，坚决反对。给事中韦温说道：“陛下只有这一个儿子了（文宗次子李宗俭可能已死），没有好好教育，以致他走到这一步，这难道是太子一个人的责任吗？”九月八日，六名翰林学士、十六名神策军的军使联名上书劝谏，文宗这才稍稍平息了怒气。当晚，李永才被允许回到少阳院（大明宫蓬莱殿正东），由宦官负责看护；文宗又下令诛杀了太子亲近的如京使王少华等人，流放、诛杀东宫宦官、宫女数十人；命令太子侍读窦宗直、周敬复到少阳院教书。

# 六〇九 开成年间（二）

有唐一代，皇帝父子之间少有十分亲近的，不少势同水火，皇位继承也是充满了血腥，并且，有趣的是，不少皇子还是很有个性的，受到打压，也不低头，我想李永就是这么一个人。

文宗震怒，作为儿子的李永，他的内心应该更加痛苦。母亲出身低微，得不到父皇的宠爱，自己从小可以说与母亲相依为命，虽为父皇的儿子，却无缘当上太子，李永对父皇可以说根本没有什么好感。原本无缘当上太子、不受朝野重视的李永，如果一直这样下去，当一个与世无争的王爷也就罢了，可是，机缘巧合，悼怀太子李普的死，又把李永推上了前台。当然，李永也知道，这是父皇的无奈之举，就算当上了太子，他也丝毫不感激父皇，相反，由于自己当上了太子，失宠的母亲随之被排在了杨贤妃之前，让原本平静的后宫斗争陡然激烈了起来。杨氏争的是名位，假如李永不被立为太子，王氏虽然给文宗生了一个王爷，也不会排在杨氏之前，如今，一直夹着尾巴做人的王氏却成了后宫之首，这让杨氏心有不甘。这场女人之间的斗争，最终以王德妃的死、以杨贤妃的胜出暂时告一段落，然而，王德妃的死肯定在太子李永的心中留下难以磨灭的创伤，如果李永最后顺利继位，那么，杨贤妃及其同党将面临灭顶之灾，因此，他们必须要将李永从太子之位上弄下来。

李永为什么不反击？《新唐书·十一宗诸子》称，在李永被安置到少阳院之后，“太子终不能自白其谗，而行己亦不加修也。”王德妃死后，杨贤妃就成了文宗后宫的第一人，后宫就是杨贤妃的天下，李永处于杨贤妃的掌握之中，他哪有机会向文宗道出自己的不白之冤？况且，杨贤妃是文宗最心爱的女人，就算李永有机会一一解释，文宗岂能相信？在少阳院内短短的一个月里，身边都是皇宫的宦官、宫女，自然传到文宗耳朵内的，统统是李永的过失，哪有半点好的？十月七日，李永在少阳院突然死去，文宗追谥其为庄恪太子。

史称，庄恪太子死后，文宗也后悔了。显然，李永的死与文宗和杨贤妃有直接关系，也极有可能死于二人之手，而文宗之所以要杀死自己的儿子，大约是杨贤妃诬陷李永要谋反篡位，父子之间已形同水火，这让文宗非常痛心，这才痛下杀手。李永死后，杨贤妃请求册立文宗的弟弟、安王李溶为皇太弟，文宗与宰相李珏商量，李珏反对。开成四年（公元839年）十月十八日，文宗册立哥哥敬宗的小儿子、陈王李成美为皇太子。次日，文宗驾临会宁殿庆贺。宴会上，一个儿童表演攀爬高杆杂耍，儿童的父亲担心儿童从高杆上掉下来，不停地奔走跳跃，在高杆下面守护，如同发狂一般。文宗见状，非常感动，对身边的侍从说道："朕虽然贵为天子，只有一个孩子，却不能保全！"当即流下眼泪。召来教坊刘楚才等四人以及张十十等十名后宫宫女，斥责道："陷害太子的都是你们这群人，如今，朕另立了太子，你们还想故技重演吗？"遂下令将刘楚才等人送交京兆尹，用棍棒打死；将张十十等十人在宫中永巷打死。

内廷烦心事一个接着一个，外廷也好不到哪去。

开成年间朝廷重臣主要有：开成元年，司徒裴度，太傅李载义，同中书门下平章事郑覃（李党）、李石、李固言（牛党），盐铁使令狐楚（四月出为山南西道节度使）（牛党）度支使李石（四月兼任，八月解除所兼度支使）王彦威（七月，户部侍郎判度支），左军中尉仇士良，右军中尉鱼志弘，枢密使刘弘逸、薛季稜；二年，李载义去世，司徒裴度，同中书门下平章事郑覃（李党）、李石、李固言（十月出为西川节度使）（牛党）、陈夷行（四月工部侍郎晋升）（李党），度支使王彦威（九月晋升卫尉卿）、杜悰（十二月工部尚书判度支），左军中尉仇士良，右军中尉鱼志弘，枢密使刘弘逸、薛季稜；三年，司徒裴度，同中书门下平章事郑覃（李党）、李石（一月出为荆南节度使）、陈夷行（李党）、杨嗣复（户部尚书，一月晋升）（牛党）、李珏（户部侍郎，一月晋升）（牛党），度支使杜悰（改户部尚书），盐铁使杨嗣复兼领，左军中尉仇士良，右军中尉鱼志弘，枢密使刘弘逸、薛季稜；四年，司徒裴度（闰一月入朝，三月去世），同中书门下平章事郑覃（五月，罢为尚书左仆射）（李党）、陈夷行（五月，罢为户部侍郎）（李党）、杨嗣复（牛党）、李珏（牛党）、崔郸（七月太常卿晋升），度支使杜悰，左军中尉仇士良，右军中尉鱼志弘，枢密使刘弘逸、薛季稜；五年，一月文宗去世，同中书门下平章事杨嗣复（五月罢为吏部尚书）（牛党）、李珏（八月罢为太常卿）（牛党）、崔郸、崔珙、李德裕，度支使杜悰，盐铁使崔珙，左军中尉仇士良，右军中尉鱼志弘，枢密使刘弘逸、薛季稜（八月二人一并被杀）。

牛党的主要人物：李逢吉、令狐楚、李宗闵、牛僧孺、李固言、杨嗣复、李珏、白敏中、杨虞卿、杨汝士、令狐绹等。李党主要人物：李德裕、郑覃、陈夷行、李绅、李让夷等。李训、郑注当权时，逐出了牛党人物李固言，等甘露之变后，文宗"思其谠正"，又召回了李固言。开成元年，朝中三个宰相李石中立，牛、李两党各用一人，文宗的愿望是想让两党握手言和，但事与愿违，李固言回到朝中后，就与郑覃发生了矛盾。先是在起用崔球为起居郎一事上，李固言与郑覃发生激烈的争吵。次年，文宗在紫宸殿询问宰相们是否听说哪些地方官不称职，李固言就说郑覃推荐的邓州刺史王堪和随州刺史郑襄不行，一个老了，一个无能。文宗说："王堪是德宗贞元时期的御史，现在就剩下这一个了。"郑覃听了，也立即反驳李固言道："臣也是因为王堪是位老臣，才推荐其为刺史的。郑襄近期也遵纪守法，没干什么错事。假如说地方官员无能，又何止这两个？"文宗见二人争吵起来，就把话岔开了，他说道："济济多士，文王以宁。德宗时，朝中很多空缺，难道是当时缺乏人才吗？"李石回答："十室之邑，必有忠信。哪有像我们这样的大国无人才的？这都是因为贞元时期没有及时增补人才之故。"李固言说道："求才之道，只要有人推荐，就该任用，以后再看绩效进行赏罚。"文宗说道："宰相推荐人才的时候，不要顾及亲疏。朕听说窦易直当宰相时，从未提拔过自己的亲戚。如果自己没有宰相之材，就该自行辞职。假如亲戚真的有才能，何必要避嫌呢？世上很少有全才之人，只需用其所长就行了。"

四月，文宗在便殿与中书舍人、翰林学士兼侍书柳公权等人在一起，谈及汉文帝勤俭的美德，他把自己的袍袖抬了抬，对大家说："这件衣服已经洗过三次了。"众人都称赞文宗节俭的美德，唯独柳公权没有言语。文宗询问缘故，柳公权回答："陛下贵为天子，富有四海，应该做的是引进贤才，辞退不称职的官员，采纳忠言，严明赏罚，如此一来才能让国家富庶稳定。身穿洗过的衣服，这不过是细枝末节而已。"当时，直学士周墀就在一旁，听了柳公权之言，吓得噤若寒蝉，但柳公权却不以为意。文宗说道："虽然朕知道中书舍人不该再当闲差谏议大夫，但因爱卿有诤臣的风采，就委屈一下爱卿了。"遂改任柳公权为谏议大夫，兼知制诰，翰林学士照旧。柳公权，字诚悬，唐代著名书法家、诗人，兵部尚书柳公绰之弟。其楷书与颜真卿齐名，人称“颜柳”。他二十九岁时进士及第，早年曾任秘书省校书郎，后入李听幕府。柳公权由于字写得非常好，在穆宗、敬宗、文宗三朝都在宫中担任侍书，就是皇帝的书法老师。他的哥哥柳公绰就给宰相李宗闵写信，说：“我弟弟苦心钻研书法，朝廷只任他侍书，这种职务与占卜小吏没什么两样，我也以此为耻，请给他换一个闲散的职务。”李宗闵就把柳公权升为右司郎中，后转为司封郎中、兵部郎中、弘文馆学士。后来，文宗又想起他，再把他召回，担任侍书、谏议大夫，不久改任中书舍人、翰林学士。文宗对柳公权很器重，每次在浴堂问话，常常蜡烛都烧完了，文宗还是谈兴很浓，又不肯浪费时间去取蜡烛，就让宫女用蜡油蘸纸点燃照明。开成三年，柳公权调任工部侍郎，当时，文宗晋升左金吾大将军郭旼担任邠宁节度使。一次，文宗询问柳公权外面有什么议论。柳公权回答：“郭旼升任邠宁节度使，人们议论纷纷。”文宗说道：“郭旼是尚父郭子仪的侄子，是太皇太后郭氏的叔父，当官没犯什么错，从金吾大将军调任一个小镇当节度使，外面为何议论纷纷？”柳公权回答：“不是说郭旼不该当节度使，听说陛下近日召了郭旼两个女儿入宫，真有此事？”文宗回答：“有这事，不过他两个女儿入宫，只是来探望太后的。”柳公权说道：“外面的人们不知缘由，都说是郭旼把女儿送进了后宫，这才当上了节度使。”文宗低头不语，过了很久，才说道：“然而，该如何是好？”柳公权继续劝说：“常言说得好，瓜田不拾履，李下不整冠，如果没有嫌疑，为何要让这事闹得家喻户晓呢？”他趁机举出王珪劝说太宗送出庐江王妃的旧事来说明利害，文宗当天就派人把郭旼的两个女儿送回家了。

# 六一〇　开成年间（三）

文宗告诫宰相们举人不避亲，其实是反话，其目的就是想拿窦易直为榜样，让宰相们别搞小团体，总是搞朋党之争，然而，文宗的告诫根本没有丝毫效果。

见李固言和郑覃二人争吵不休，到开成二年四月，文宗就提拔翰林学士、工部侍郎陈夷行为同平章事，于十月将李固言调出京师，改任其为同平章事、西川节度使。陈夷行，字周道，颍川人。元和七年进士，历任侍御史、虞部员外郎、起居郎、史馆修撰、司封员外郎、吏部郎中、翰林学士、兼充皇太子侍读、谏议大夫、知制诰等职。陈夷行为人孤立特行，讨厌牛党结党营私，因此被人认为是李党人物。一般认为，牛党人物很多都与宦官集团有着千丝万缕的联系，当牛党人物都被文宗逐出朝廷之后，宦官集团就担心外朝会形成一股对抗自己的势力，就在李固言调出京师一个月之后，就发生了宰相李石被人射伤这一严重事件。

甘露之变后，幸赖李石坐镇，才令朝廷转危为安。史称：“石以身徇国，不顾患难，振举朝纲，国威再复，而中官仇士良切齿恶之，而伏戎加害。”开成三年（公元838年）一月五日清晨，李石从亲仁里家中上朝，仇士良安排的杀手提前埋伏在郭子仪的旧宅内，朝李石射箭，幸好李石只受了一点轻伤，他身边的侍从都吓得四散而逃，李石的坐骑受到惊吓，狂奔回家。谁知，另外一股杀手也埋伏在坊门口，见李石逃回，当即冲上前去，挥刀就砍，所幸马快，杀手的刀砍断了马尾，李石侥幸逃过一死。文宗听说后，大惊失色，派遣中使来到李石家中慰问，派遣三十名神策六军将士前去保护，并下诏命令搜捕，但始终未能抓获凶手。当天，京师内外一片大乱，入朝的文武官员只有九个人，十余日后，京师人心才安定下来。

刺杀李石事件，是宦官集团对文宗的一次警告，也许只是一个孤立事件，也许是对文宗驱逐牛党集团的反击。对此，文宗心知肚明，但又无可奈何，在事件发生四天之后，即到了一月九日，文宗就下诏晋升牛党人物盐铁转运使、户部尚书杨嗣复和户部侍郎、判户部李珏为同平章事，十七日，在李石的一再恳请下，文宗将其罢相，改任其为同平章事、荆南节度使。李石罢相后，陈夷行也借口脚病提出辞职，但文宗没有同意。

杨嗣复，字继之，是前尚书仆射杨于陵的儿子。当初，杨于陵进士及第后，被任命为句容县尉。时任浙西观察使的韩滉会看相，对妻子柳氏说："我看过的人多了，没一个像杨生既尊贵又长寿的，生个儿子一定能当上宰相。"就把爱女嫁给了他，生下杨嗣复。后来，韩滉看到外孙，摸着杨嗣复的脑袋说道："官位果然超过你的父亲，真是你们杨家之庆啊。"遂给杨嗣复取字庆门。杨嗣复七八岁的时候就会写文章、二十岁进士及第、二十一岁又中博学鸿词科。历任秘书省校书郎、右拾遗、直史馆、太常博士、刑部员外郎、兵部郎中、库部郎中知制诰、中书舍人。杨嗣复和牛僧孺、李宗闵都是权德舆的门生，史称他们"情义相得，进退取舍，多与之同"。牛僧孺和李宗闵当权时，杨嗣复当上了礼部侍郎、尚书左丞，等李德裕当权时，就把他贬出京师，担任西川节度使。同为牛党的李固言担任西川节度使后，杨嗣复被召回京师，担任了户部侍郎，领诸道盐铁转运使。

李珏，字待价，赵郡人，与李宗闵、牛僧孺关系很好。二人当宰相时，将李珏提拔为度支郎中、知制诰、翰林学士、中书舍人。李宗闵倒台后，李珏也受到牵连，被贬为江州刺史。李珏与同党的李固言、杨嗣复也很好，李固言拜相后，又把李珏召回，拜为户部侍郎。如今，杨嗣复被拜为宰相，就推荐了李珏。史称：李珏"自固言得位，相继援引；居大政，以倾郑覃、陈夷行、李德裕三人。凡有奏议，必以朋党为谋，屡为覃所廷折之"。

杨嗣复、李珏拜相后，加上郑覃和陈夷行，朝中宰相就有了四个人。两个是牛党，两个是李党，双方势均力敌，势必要发生一场火并。杨嗣复、李珏一上台，就想给同党李宗闵恢复名誉，但又唯恐郑覃从中作梗，就先让宦官给文宗吹风。文宗临朝后，对宰相们说："李宗闵长期在外，应该给他升一下官。"果然，文宗此语一出，郑覃就以辞职相抗，他说道："陛下如果可怜李宗闵被贬得太远，只能斟酌往北调数百里，不宜再予以重用。如果陛下要重用此人，臣请求先辞职，给他让位。"陈夷行也附和道："李宗闵昔日因朋党乱政，陛下为何垂青于这种小人？"杨嗣复说道："什么事都该适可而止，不要总以自己的爱憎行事。”文宗说道：“可以给他一个刺史当当。”郑覃回答：“给他一个州，对他太优厚了，只可给他一个洪州司马。”双方就在文宗面前相互指责对方是朋党。文宗再次说道：“给他个刺史当当也无妨。”郑覃等人退下后，文宗对起居郎周敬复、舍人魏谟说道：“宰相们如此喧哗吵闹，成何体统？”二人回答：“确实不妥。但郑覃等人尽忠为国，十分激愤，才不知不觉这样的。”开成三年二月，文宗下诏任命衡州司马李宗闵为杭州刺史。

自从四位宰相一起执政后，杨嗣复、李珏一方，郑覃、陈夷行为另一方，每次遇到讨论朝政，四人总是意见相左，吵得一塌糊涂，让文宗左右为难，心情更加郁闷。开成三年七月，朝廷任命王彦威为忠武节度使，史孝章为邠宁节度使，都是杨嗣复的意思。延英殿奏事时，文宗问陈夷行：“昨天任命的两位节度使，是否妥当？”陈夷行回答：“如果出自陛下的意思，就都妥当。”杨嗣复接着说：“如果出自陛下之意，人人都深感满意，但如果出现不妥，臣下岂能闭口不言？”文宗说道：“确实如此，朕当然没有私心。”陈夷行说道：“数年以来，奸臣弄权，陛下不可倒持太阿，将权力让人。”杨嗣复反驳道：“齐桓公重用管仲，难道有倒持太阿之虑？”见二人唇枪舌剑，文宗一脸不悦。

一次，文宗在紫宸殿讨论政务时，对宰相们说道：“天宝中政治确实不好，当时姚崇、宋璟还活着吗？”李珏回答：“姚崇已经死了，宋璟也被罢相了。”接着，他说道：“君王聪明睿智，到晚年就更难以做好。玄宗曾经说过：‘自从即位以来，未尝妄杀一人。’然而，他到晚年却重用李林甫，杀害了很多人，玄宗岂不是太糊涂了吗？”陈夷行趁机说道：“陛下不可将权力交给他人。”杨嗣复说道：“陈夷行站着说话不腰疼。太宗皇帝重用房玄龄十六年，重用魏征十五年，什么时候干错事了？臣以为皇帝重用房玄龄、魏征那么久，也不会治理不好国家，但如果重用奸佞之臣一天，就足以令国家受到损害。”文宗任命郭薳为坊州刺史，右拾遗宋邟认为不行，郭薳就因贪污犯法了。文宗想起宋邟，就对宰相们说：“宋邟论事还行，他当这个官多久了？”杨嗣复回答：“去年。”又说：“谏官议论政务，陛下应该记住人名，稍稍予以奖励，如果他们说得不当，也该让他们知道。”陈夷行反驳道：“谏官们论事，是其本职工作。如果他们论一事就加一官，恐怕会有人情。”文宗觉得陈夷行说得太过分了，就说：“人情固然难以避免，就是合理的时候，也难免有人情。”

八月，杨嗣复趁紫宸殿奏事时，对文宗说：“圣人在上，野无遗贤。陆洿上疏论兵，虽然与时事不合，但对其忠心可以予以褒奖。他已闲居苏州多年，应该给他一官半职。”李珏立即随声附和说：“现在，士人们趋炎附势的很多，如果能够奖励一下陆洿，大家都会相互勉励起来。昨日窦洵直论事，陛下就赏赐给他财物了，何况是给陆洿一个官呢？”文宗说道：“赏赐窦洵直是表彰他正直，不谈他说的事是否可行。”郑覃说道：“内心究竟如何，谁也不知。”杨嗣复说道：“臣深知窦洵直为人，内心没有邪恶，所奏陆洿的事，陛下还未明示。”郑覃说道：“陛下要提防有人再结党。”杨嗣复说道：“郑覃怀疑臣结党，臣请求陛下让臣辞职还乡。”李珏说道：“朝中朋党近来已经不见踪影了。”郑覃反驳道：“现在已经出现小朋党了。”文宗说道：“那些朋党人物差不多都死完了。”郑覃说道：“杨汉公、张又新、李续之现在还活着。”李珏想把话题岔开，说道：“现在臣有边事上奏。”郑覃却死死咬住不放，说道：“讨论边事安危，臣不如李珏，但疾恶奸党，李珏则不如臣。”杨嗣复说道：“臣听说一个人左右佩剑，相互嘲笑。臣不知郑覃所说的朋党是谁？臣身为宰相，却被人以朋党讥笑，臣请求辞去相位。”文宗安慰勉励他一番才罢。

相对于杨嗣复和李珏二人，郑覃、陈夷行说话太直，不善于巴结文宗。比如，《唐语林》就记载一件事，一次，文宗把自己写的一首诗拿来给郑覃看，郑覃不仅没有赞赏，反而说：“希望陛下把心思花在政务上，这才是万民希望看到的。”文宗顿时很不高兴。等郑覃退下后，文宗又把那首诗让李宗闵欣赏，李宗闵连连叹赏，每读一句都要跪下叩拜，弄得文宗心情大好，笑着说道：“别让刚才那老头看见了。”这一记载虽然是拿李宗闵与郑覃比较的，但由此也可以看出郑覃个性，慢慢地，文宗开始疏远郑、陈，而亲近杨、李起来。《旧唐书·杨嗣复传》就称：“文宗方以政事委嗣复，恶覃言切。”《旧唐书·陈夷行传》也称：“上竟以夷行议论太过，恩礼渐薄。”郑覃见状，屡屡上书提出辞职，三年十二月，文宗下诏命其退居二线，三五天上班一次。史称：“覃少清苦贞退，不造次与人款狎。位至相国，所居未尝增饰，才庇风雨。家无媵妾，人皆仰其素风。然疾恶太过，多所不容，众惮而恶之。”

# 六一一　开成年间（四）

开成三年年底，河东节度使、司徒、中书令裴度因病回到了东都，十二月七日，文宗下诏命令裴度入京担任宰相，并派遣使者敦促裴度上路。

史称：裴度“素称坚正，事上不回，故累为奸邪所排，几至颠沛。及晚节，稍浮沉以避祸。”文宗明知裴度病重不起，却下诏命令他带病上路赴京，这确实非常反常，这明明是想要了裴度的老命！显然，文宗这一诏命当出自杨嗣复、李珏以及宦官集团之手。裴度是牛党的死对头，早已与李逢吉、李宗闵、牛僧孺等人势同水火，到了晚年，裴度已不想过多地参与朝政，在东都集贤里又安了一个家，过着潇洒自在的生活，史称：“自是，中官用事，衣冠道丧。度以年及悬舆，王纲版荡，不复以出处为意。东都立第于集贤里，筑山穿池，竹木丛萃，有风亭水榭，梯桥架阁，岛屿回环，极都城之胜概。又于午桥创别墅，花木万株；中起凉台暑馆，名曰绿野堂。引甘水贯其中，釃引脉分，映带左右。度视事之隙，与诗人白居易、刘禹锡酣宴终日，高歌放言，以诗酒琴书自乐，当时名士，皆从之游。”虽然如此，甘露之变后，宦官们将李训、王涯、贾餗、舒元舆四家家属、门客数百人打入大牢，打算流放到边地，裴度上书劝说，救活了数十家。这当然也令仇士良等对他怀恨在心。

要说到文宗，还是对裴度比较器重的。凡是见到从东都回来的人，文宗总会问：“见到裴度了吗？”开成二年五月，文宗还下令让裴度兼任了河东节度使。裴度不愿再掌握兵权，以免引起政敌们的猜忌，连连上书推辞，但文宗就是不同意，还特意派使者到东都给裴度传话：“爱卿虽然年老多病，不愿再掌握兵权，但你只躺在太原，替朕镇守帝国北门就可以了。”河东军力较强，文宗在甘露之变后重新起用裴度，似乎就是让裴度来震慑仇士良等人的，裴度不得已只好上任。过了一年多后，裴度病情加重，他上书朝廷希望能回到东都养病。然而，诡异的是，朝廷下来的命令却是，拜其为中书令，令其回京。

开成四年（公元839年）闰一月十六日，重病的裴度终于回到了长安，经过长途颠簸，到长安时，裴度已经无法入宫晋见文宗了，直接回到了长安家中。文宗派人安抚慰问，又派御医到裴度家中诊治。三月三日上巳节，文宗在曲江设宴款待群臣，群臣依例饮酒赋诗。裴度因病不能参加。次日，文宗亲自作诗一首，派中使来到裴度家中赐给裴度，诗是这样写的：“注想待元老，识君恨不早。我家柱石衰，忧来学丘祷。”又给裴度写了一封亲笔信，信中，文宗写道：“朕的诗集中想有爱卿的唱和诗，所以才写了一首给爱卿。爱卿尚未痊愈，自然有心无力，等来日病好之后再呈上你的唱和诗。俗话说，春天难以护理，你小心养护身体，早早恢复健康。思绪万千，就不一一说了。需要什么药物，不要担心反复奏请之烦。”然而，当文宗派来的使者来到裴度家门口时，裴度已经去世了，终年七十五岁。文宗听说后，哀悼良久，命人把书信重新抄写一遍，放在裴度的灵牌前；追赠裴度为太傅，谥号文忠。

裴度去世后，文宗奇怪裴度临终前没有呈上遗表，就派人到裴度家中询问，裴度家人送上半张草稿。开成三年，太子李永死于非命，文宗还未来得及再立太子，在这篇未完成的遗表中，裴度关心的一直是还未册立新的皇太子，对此，他深感忧虑，而没有一句话谈及私事。裴度在宪宗一朝一举平定淮西，成为中兴名臣；到元和、长庆年间，一些乱臣贼子，也忌惮裴度，不敢张扬跋扈。裴度虽然长相非常一般，但却神采飞扬，言辞雄辩，摄人魂魄。其威名令敌国丧胆，凡是出使外国的使者，总是被异族头领提及他，总会问他年龄多大，相貌如何，天子是否重用，其个人进退关乎一国安危，凡二十余年，与昔日的尚父郭子仪相似，时人将其比作东晋名臣王导、谢安。

开成四年朝中宰相是杨嗣复、李珏、陈夷行，郑覃此时已经退居二线。四月十七日，文宗称赞判度支杜悰能干，杨嗣复和李珏趁机请求任命杜悰为户部尚书，但陈夷行却说：“一切权力都该归于陛下，陛下看是否合适？自古以来，丢掉国家的都是因为权力被臣下攫取了。”李珏说道：“太宗重用宰相，天下大事都先与之商议，所以才称之为平章事。宰相代替天子处理天下事务，君臣相互信任，所以才赢得了贞观之治。如果朝廷每提拔一人，都要由君主决定，那还要宰相干什么？昔日，隋文帝事必躬亲，臣下有点意见，他就怀疑是不是出于私心。陛下经常对臣说：‘窦易直劝我，宰相提交的拟任人选，五个人只同意两三个人，要淘汰一个人。他应该劝我好好挑选宰相，而不该劝我怀疑宰相。’”文宗接着说：“窦易直这话太龌龊了。”五月七日，文宗再次与宰相们讨论政务，陈夷行又提及皇帝的权力不可交给下属。李珏反驳道：“陈夷行怀疑宰相中间有窃弄陛下权威之人。臣屡屡请求辞职，就算让臣当一个王傅，臣就心满意足了。”郑覃说道：“陛下在开成元年、二年时，政务处理得非常好，到三年、四年，已大不如前了。”杨嗣复说道：“元年、二年时，郑覃和陈夷行当权，三年、四年以后，臣与李珏开始主持政务，罪过全在臣一人！”遂跪下叩头说道：“臣再也不敢进中书省上班了！”说完，径直退下。文宗派遣中使将其召回，慰问道：“郑覃言语失当，爱卿何必如此？”郑覃起身谢罪道：“臣愚蠢笨拙，本意并非说杨嗣复的，杨嗣复突然做出如此举动，这是他容不下臣啊。”杨嗣复说道：“郑覃称政事一年不如一年，不仅臣有罪过，也是在指责陛下啊。”说完，杨嗣复退出大殿，三次上书请求辞职，文宗派遣中使将其召回朝廷，到五月十三日，杨嗣复才恢复上班。《唐会要》也记载了此事，文宗派去的使者传达文宗的口谕，称：“大臣进退，取决于朕的内心，而不应该仅仅因为同僚的一言半语，就毅然决然地弃朕而去。明天朕将驾临延英殿议事，爱卿如果不来的话，朕也不上朝了。”杨嗣复只好上朝，文宗又安慰他说：“我还不放你走，你怎么就舍得离开我呢？”文宗的爱妃杨氏是杨嗣复的姑姑，因而文宗对杨嗣复更为偏爱，这场闹剧让文宗对郑覃和陈夷行很是不满，十六日，文宗就下诏将郑覃罢相，贬为尚书右仆射，将陈夷行贬为吏部侍郎。

文宗罢免郑、陈两位宰相后，又于七月提拔太常卿崔郸为同平章事。崔郸是前中书舍人崔邠的弟弟，崔邠兄弟六人，都官居三品，其中崔邠、崔鄯、崔郾、崔郸比较有名。崔鄯官至左金吾卫大将军；崔郾官至中书舍人、礼部侍郎、浙西观察使；崔郸也是进士及第，历任监察御史、翰林学士、中书舍人、工部侍郎、兵部侍郎等职。一次，文宗谈及选人用人问题，对宰相们说：“吏部不会挑选人才，如何才能挑选出真正的人才？过去制度是否应该改革？”又说：“按照旧例，又如何才能甄别是否有才？”文宗又召来具体负责的官员问话。崔郸回答：“资历相当的，就考查其政绩，看是否适当。”文宗又说：“如果按资历可以予以任命，可是又才能低劣，这种情况该怎么处理？”崔郸回答：“授予其偏远地区的官。”文宗说道：“假如让无能之人去治理边民，结果可想而知。只要朝廷想治理好天下，不论距离远近，都应该让称职的人担任地方官。假如提拔了无能之人，百姓就要跟着受苦了。”开成二年，崔郸被任命为宣歙观察使。开成四年，他又被朝廷召回，担任了太常卿。崔郸的政治态度不详，《旧唐书》记载得非常简单，并称崔郸与李德裕是好友，而2006年出土的崔郸墓志铭则说崔郸后来受到李德裕的迫害，究竟哪个是真，已经不可考了。开成四年五月，文宗对宰相们说：“贞元政务，早期还是比较好的。”李珏回答：“德宗晚年贪图财物，藩镇进贡的，朝廷总会给其加官晋爵。田租都是出自百姓，贪心的小吏们趁机在正常的赋税之外再行盘剥，这是那时的弊端。”文宗说道：“君王减轻赋税，节约用度，就可以了吧？”李珏又说：“贞观年间，房玄龄、杜如晦、王珪、魏征给太宗出的主意，就是如此啊，不过，事情总会一波三折，不会一帆风顺的。”文宗说道：“朕的初心始终不会改变的。”十月十七日，文宗让起居舍人魏谟拿来起居注看，魏谟不从，说道：“起居注上对皇帝的善恶都会记载，其目的就是警醒君王。陛下只需努力行善，不必翻阅史书。”文宗说道：“朕以前就看过。”魏谟回答：“那是过去的史官有罪。如果陛下亲自翻阅史书，那么，史官一定会有所顾忌，将怎么取信后人呢？”文宗听了，这才作罢。

# 六一二　文宗驾崩

开成年间，河北藩镇依然故我，还时不时地向朝廷施加压力。

开成三年，灵武节度使王晏平（王智兴之子）监守自盗，贪污了七千余串钱，事发后，文宗以其父对朝廷有功，免去了他的死罪，将其流放到康州。王晏平暗中派人向魏博、幽州、镇州求情，三镇节度使上表请求朝廷宽恕，文宗不得已，只好改判，将王晏平贬为永州司户。

义武（治所河北省定州市）节度使张璠镇守义武十五年，为幽州、镇州所忌惮。开成三年，张璠得病，上书请求入朝，朝廷还没反应过来，张璠的病情加重，他告诫儿子张元益不得效仿河北藩镇，等自己死后，要带着全族老少返回朝廷。等张璠去世后，军中有人打算拥立张元益为节度使，观察留后李士季不同意，众人将其杀死，又杀害了十余名大将。开成三年九月十七日，文宗下诏任命泉州刺史李仲迁为义武节度使。义武镇骑兵都虞候何清朝逃出义武，返回朝廷，文宗晋升其为仪州刺史。十月，义武监军上奏称，军中不接受李仲迁，请求以张元益为留后。

义武发生兵变后，宰相们商议发兵讨伐。文宗说道：“易州、定州土地狭小，百姓贫困，军中花销有一半依靠朝廷度支部门。如果我们把他们逼得太急，他们什么事情都能干出来；不如稍稍延缓一下，军中必然生变。只需命令附近军镇加强戒备即可。”遂任命张元益为代州刺史。果然，不出文宗所料，不久，义武军中就有人发生动摇了，上书称他们仅仅不愿让李仲迁当节度使而已，并非要对抗朝廷，朝廷方面就取消了李仲迁的任命。十一月八日，文宗再次下诏称，等张元益离开定州后，对于一开始要拥立张元益的义武将士，朝廷一概既往不咎。与此同时，张元益的母亲侯莫陈氏也不断说服义武将士，并告诫张元益要服从朝廷，到十三日，张元益最终离开了定州。次年七月，朝廷又改任张元益为左骁卫将军，以其母侯莫陈氏为赵国太夫人，赏赐给她二百匹绢。

虽说文宗对太子李永并不亲近，但李永毕竟是自己的亲生骨肉，李永死后，文宗已无后嗣，不得不改立侄儿为太子，这自然让他内心很不是滋味。这些年来，一系列不顺心的事加在一起，让他更加感伤，身体再也扛不住了，旧病复发，终于一病不起。应该说，文宗是一个十分在意个人形象的人，他试图翻看起居注，就是一个明证。开成四年十二月十七日，文宗的身体稍稍好转，就从床上起来，坐在思政殿内，派人召来了直学士周墀谈话。文宗命人赏赐给他三杯美酒，就问周墀道："你说朕与前代的君主哪个相似？"周墀跪下回答："小臣不足以知大君之德。全国上下都说陛下是有唐尧之圣、虞舜之明、殷汤之仁、夏禹之俭。"文宗说道："卿爱护君王，不得不这么说。朕岂敢与尧舜相提并论！之所以问你，就是想让你告诉我，我能不能比得上周赧王、汉献帝啊！"周墀闻言大惊，连忙说道："陛下睿圣，就算周成王、周康王、汉文帝、汉景帝也比不过陛下，周赧王和汉献帝都是亡国之君，岂能与陛下相比！"文宗痛心地说道："周赧王和汉献帝不过受制于强盛的诸侯，而如今朕则受制于家奴，以此来说，朕连他们都不如啊！"说完，他顿时泪流满面，周墀跪地哭泣，再不敢言。这是文宗最后一次接见臣下，从此以后，再也不出宫上朝了。

开成五年（公元840年）一月二日，文宗下诏立弟弟、颖王李瀍为皇太弟，全权处理所有军国大事；并称，太子李成美年幼，离不开师父教导，仍然恢复陈王之位。这道诏书当然不是出自文宗的意思。当时，文宗已经病危，命令知枢密刘弘逸和薛季稜把宰相杨嗣复和李珏召到内廷，打算令太子监国，然而，等杨嗣复等人入宫后，事情却发生了变化。神策军中尉仇士良和鱼志弘二人认为，李成美立为太子，并非出自他们的意思，他们也没有援立之功，就提出太子年幼，并且身体还不好，要另立太子。李珏说道："太子之位已定，岂能中途变更！"但后宫是仇士良和鱼志弘的天下，二人根本不听，遂假传圣旨强行册立李瀍为皇太弟。当天，仇士良和鱼志弘派兵前往十六宅，把李瀍迎到少阳院，又将他接至思贤殿，接受百官的朝见。另据《唐阙史》记载，迎立李瀍还极富戏剧性：当时，仇士良、鱼志弘派遣左右神策军以及飞龙、羽林、骁骑军数千人来十六宅，原本是要迎接安王李溶的。领兵将领临行前，仇士良等人连喊几次："迎大的，迎大的！"意思是安王李溶年龄大，但是，等到众人来到李溶、李瀍住处时，士兵们交头接耳说："让迎大的，但不知安王、颖王哪个是大的。"这时，李瀍的爱妾王夫人听到了，当即走出，谎称："大的就是颍王。皇帝因颍王身材高大，都称其为大王，并且，颍王与中尉有生死之交，你们要是迎错了，可是要灭族的！"当时，安王李溶自以为年龄居长，肯定会轮到自己，反而心生犹豫，不敢出门，而王夫人则把李瀍推了出来。众人不辨真假，就一拥而上，把李瀍扶上了马，簇拥到了少阳院。等李瀍来到后，仇士良等人才知道迎错了，但事已至此，也无人敢说，只好在马前叩拜，然后将错就错，下诏以李瀍为皇太弟。

一月四日，文宗就在大和殿驾崩了，终年三十三岁。李瀍在文宗灵前即位，朝廷命杨嗣复暂时摄政。史称，文宗恭俭儒雅，仁爱孝顺，出于自然，他当藩王时，就非常喜欢阅读《贞观政要》，对太宗皇帝勤政心向往之，登基之后，每次在延英殿接见群臣，总是不知疲倦。过去，唐朝皇帝都是双日才上朝听政，文宗对宰相说："朕想每天都与爱卿们相见，至于因事休息以及遇到雨雪天气时，再用双日吧。"文宗时期，宪宗郭皇后住在兴庆宫，称为太皇太后；敬宗之母王氏称为宝历太后，住在义安殿，后改称义安太后；文宗之母萧氏为皇太后，住在大内，三个太后号称三宫太后。文宗对三个太后一视同仁，都非常尊敬，每五天都要亲自前去三个太后的住处进行参拜。一次，有关部门献上新鲜的瓜果、樱桃，文宗命令献给宗庙之后，再分送三宫、十六宅。过去，凡是送给三宫的财物，有关部门一律称是皇帝的赏赐，这次，文宗发现了这一错误，他说道："送给三宫的物品，岂能称赏赐？"当即用笔把"赐"改为"奉"字。开成年间一个元宵节，文宗在咸泰殿与家人欢宴，三宫太后、亲王、公主、驸马、近亲都参加了。文宗素来节俭，当他看到妹妹延安公主的衣襟宽大，顿时变了脸色，将其赶出宫去，又罚了驸马窦浣两个月的俸禄。文宗对于政务非常用心，凡是有关部门草拟的人选，文宗一定会当面询问此人有什么才能，得到肯定答复后，才表示同意。中书省任命鸿胪卿张贾为衢州刺史，张贾此人喜欢赌博，拜辞之日，文宗对他说："听说爱卿擅长赌博。"张贾回答："政务之余，与客人打发时间而已，不会误事。"文宗说道："岂有喜欢而不会误事的道理！"群臣听到后，个个都吓得不敢吱声。

甘露之变后，一向有着雄心壮志的文宗的心情跌落到了极点。《唐语林》记载，郁闷的他曾经题诗一首："辇路生春草，上林花满枝。凭高何限意？无复侍臣知！"《丽情集》记载，宫女沈翘翘善舞，给文宗舞了一曲《何满子》，曲中有句"浮云蔽百日"，文宗说道："你识字吗？这是《文选》古诗第一首。说的是君臣被奸邪压制的事，说的正是今日！”《松窗杂录》也记载，一次文宗行至三殿东廊，看到一幅《开元东封图》，他拿着白玉如意指着图中张说等几个人，叹息道：“假如我能得到其中一个人，也能开创出开元盛世了！”遂命人拿来几杯酒，一口气喝下，醉醺醺地回到了寝宫。

如果甘露之变成功，以文宗的才能，要恢复其祖父宪宗中兴大业，也不是没有可能，然而，历史没有假设。甘露之变让他的一切希望都化为泡影，宦官势力得到进一步加强，南衙、北司之间的矛盾一度凸显起来，外朝群臣更加屈服于宦官势力，社会积弊一个也没有得到解决，而接下来登基的颖王李瀍又是宦官们拥立起来的，他是否会屈从于宦官集团，当一个无所事事的傀儡皇帝呢？

让我们拭目以待。

# 六一三 武宗继位

因果相循，宦官集团走到今天这一步，可以说与前代皇帝的姑息纵容有直接关系。

如前所述，玄宗时期宦官势力极具膨胀，大宦官有杨思勖、高力士等人，此后肃宗时有李辅国，代宗时有程元振、鱼朝恩，鱼朝恩被元载所杀后，宦官势力受到一定程度的打击。回顾六七十年前的代宗、德宗两朝，那时候，社会的主要矛盾是中央与河北藩镇之间的矛盾，代宗、德宗在即位之初都一心想要完成统一大业，频频向河北用兵，在朝廷内部，皇帝为了防止功臣功高震主，往往暗中支持宦官集团，与朝臣相抗衡。比如，代宗时期的鱼朝恩与郭子仪的矛盾就是如此。大历五年，代宗利用元载诛杀了鱼朝恩之后，就不再让宦官掌握兵权了，但此后，代宗还需要得到宦官们的支持，因而对他们非常优厚。德宗继位前，对大历年间代宗纵容宦官深有感触，继位之后，仍然命白志贞掌握禁军，然而，建中之乱发生后，德宗逃离长安，身边只有旧时东宫亲信宦官窦文场和霍仙鸣等人护驾，这让德宗感到危急关头，还是这些宦官们对自己才最忠诚。平定朱滔之后，德宗回到长安，当时不少功臣拥兵自重，引起德宗的猜忌，遂任命窦文场和霍仙鸣分别担任监神策军左右厢兵马使，从此以后，宦官开始控制了禁军。到贞元十二年六月，德宗正式设置神策军护军中尉、神策军中护军各两名，以窦文场为左神策护军中尉、霍仙鸣为右神策护军中尉、右神威军使张尚进为右神策中护军、内谒者监焦希望为左神策中护军，宦官掌兵已经制度化了。

与此同时，由于“安史之乱”前后，府兵制瓦解，来源于府兵的南衙十六卫禁军名存实亡，来源于招募的北衙禁军地位凸显出来。从名义上说，南衙禁军由宰相掌握，北衙禁军由皇帝直接掌握，伴随着南衙禁军的消亡，北衙禁军却不断得到加强：除了原来就有的左右羽林军、左右龙武军（即所谓的北门四军）之外，肃宗增设左右神武军，代宗增设左右神策军，德宗增设左右神威军，组成了北衙十军，而左右神策军势力发展最快，成为天子禁军，由宦官控制。

可以说，宦官集团在德宗贞元年间得到空前的发展，此后，第五守亮、杨志廉、孙荣义、俱文珍等人相继成为宦官集团的首脑，掌握着神策军的兵权。德宗去世后，顺宗即位，王叔文等人阴谋夺取宦官们的兵权，结果，被宦官俱文珍、刘光琦等识破，继而，他们支持宪宗登基，废杀了王叔文等人，永贞革新失败。此时，宦官集团已经成为一支不容小觑的政治势力，左右着朝廷政局。宪宗即位后，对昔日拥立自己的旧宦官集团并不放心，有意疏远俱文珍等人，并大力重用自己的东宫宦官吐突承璀等人。随着时间的推移，宪宗逐渐让吐突承璀等自己的亲信宦官取代了俱文珍等人，宦官集团内部发生分裂，表面上宪宗牢牢掌控着大局，但实际上，宦官集团内部的矛盾一刻也没有停息。元和末年，朝中就在立嗣问题上形成两派，吐突承璀主张另立澧王李恽，这让太子李恒非常担心。接着，就发生了宦官陈弘志弑杀宪宗这一恶性事件，宦官集团中的另一派梁守谦、马进潭、刘承偕、韦元素、王守澄等人杀掉吐突承璀和澧王李恽，拥立了穆宗李恒。

宪宗虽然英武，但其一生一直致力于平定河北藩镇，在统一天下之后，消除宦官专权，应当是他必做之事，然而，他还来不及去做这件事，就被宦官弑杀了。穆宗即位后，耽于玩乐，不久死掉，儿子敬宗继位，更是游乐无度，结果又像他祖父宪宗那样，被刘克明等宦官杀害。刘克明等人打算拥立穆宗的弟弟、敬宗的叔父绛王李悟为帝，并想借拥立之功换取高位，以取代宦官集团中的实力派王守澄等人，王守澄、杨承和、魏从简、梁守谦等实力派宦官为了保全自己的权力，就带兵迎立了敬宗的弟弟江王李涵，是为文宗。从宪宗元和末年去世迄今二十年间，宦官集团的势力得到进一步加强，他们直接掌握着皇帝的生死，相继弑杀了宪宗、敬宗两位皇帝，拥立了穆宗、敬宗、文宗、武宗四位皇帝，也更加专横跋扈，文宗继位后，一心想彻底清除宦官专权这一毒瘤，先是与宋申锡密谋，后又在甘露之变前，轻松搞定王守澄等人，然而，功亏一篑，甘露之变失败，宦官集团疯狂反扑，诛杀了很多南衙朝臣，局势一度陷于失控状态，“无轻重悉毙两军，公卿半空。”（《新唐书·仇士良传》）如今，仇士良、鱼志弘等人不顾文宗遗愿，强行废黜太子李成美，率军拥立李瀍为帝。皇帝重用宦官，原本是像以家奴对付藩镇和朝臣，谁知时间一长，就形成了太阿倒持的尴尬局面，导致皇帝自己反被宦官控制、废立的情形，这也是咎由自取。

如前所述，穆宗李恒一共有五个儿子，分别是李湛（敬宗）、李昂（文宗）、漳王李凑、安王李溶、颍王李瀍。漳王李凑因宋申锡冤案，被文宗外贬已死；现在只剩下安王李溶和颍王李瀍二人，二人都有可能成为下一任皇帝，总的来说，李溶的可能性要更大一些。这也许就是《唐阙史》记载迎错人的缘由，但是，仔细分析一下，《唐阙史》的这种说法可信度并不高。其一，像迎立皇帝一事，不可能如此草率，自然要指名道姓。其二，《旧唐书·武宗》明确记载："是夜，士良统兵士于十六宅迎太弟赴少阳院，百官谒见于东宫思贤殿。"这就排除了他人带兵迎错人的事情。其三，仇士良等人之所以要违背文宗的意思另立他人，一方面出于贪功；另一方面则是对文宗仇恨心态在作怪。文宗与朝臣的意思是立陈王李成美，宦官集团要贪拥立新帝之功，自然要另立他人。既然决定另立他人，那么是立安王还是颍王呢？宦官们选择颍王，完全在情理之中。这是因为：1. 文宗最心爱的女人杨妃支持的人是安王李溶，仇士良等人与文宗为敌，必然也与杨妃的关系不和，肯定不会支持杨妃所选之人；2. 李瀍作为穆宗李恒最小的儿子，在与哥哥李溶的竞争中，自然处于劣势，宦官集团拥立这个原本无望帝位的人，他们希望李瀍会对他们更加感激，他们所能得到的利益可能也会更大；3.《新唐书·武宗贤妃王氏传》记载，王氏"性机悟。开成末，王嗣帝位，妃阴为助画，故进号才人，遂有宠。"也就是说，在武宗即位之前，王氏曾暗中替他谋划过，武宗是有过积极努力的。据此，仇士良等人拥立李瀍应该是顺理成章的。

李瀍，临终前改名李炎，他就是历史上的唐武宗。拥立李瀍是一场彻头彻尾的政变，也伴随着一场血雨腥风。凡是文宗生前亲近的人都遭到灭顶之灾，三日，仇士良派人抓捕了仙韶院（管理伶人之所）副使尉迟璋，将其杀害，并屠杀了尉迟璋全家。尉迟璋不过是一个小小的乐工，仇士良与他有什么深仇大恨，在拥立武宗的次日、文宗尚未咽气之时就匆匆将其全家屠杀？这其实又是一件耐人寻味的公案。

《唐阙史》记载，"开成初，文宗皇帝耽玩经典，好古博雅，尝欲黜郑卫之乐，复正始之音。有太常寺乐官尉迟璋者，善习古乐，为法曲……遂成《霓裳羽衣曲》。诏中书门下及诸司三品以上，具常朝服班坐以听"云云。甘露之变以后，文宗不能公然与宦官发生冲突，但他丝毫没有停下与宦官作斗争，只不过采取了更为隐秘的手段而已，大力提倡雅乐，打击俗乐，就是他曲折地传达自己意志的措施之一。数年后，当仇士良退休时，曾经对一班宦官头脑们传授掌控皇帝的经验，他说："天子不可令闲暇，暇必观书，见儒臣，则又纳谏，智深虑远，减玩好，省游幸，吾属恩且薄而权轻矣。为诸君计，莫若殖财货，盛鹰马，日以球猎声色蛊其心，极侈靡，使悦不知息，则必斥经术，阇外事，万机在我，恩泽权力欲焉往哉？"这话的核心就是让皇帝整日贪图享受，不问朝政，宦官们就可以高枕无忧了。要达到这一目的，靡靡之音，声色犬马，是必不可少的东西。儒家历来都有"乐与政通"的思想，在儒家看来，雅乐崇尚尊王，建立正常的封建秩序，可以反映社会现实，可以调和身心，可以端正政风，可以打击邪恶，与宦官专权格格不入。文宗大力倡导雅乐，从表面上看只是一场音乐创制活动，但其思想是与其打击宦官专权这一政治理想一脉相承的，也是对宦官集团企图以靡靡之音麻痹君王、朝臣背道而驰的。尉迟璋就是积极参与文宗创制雅乐的实践者，他精心创作了《霓裳羽衣曲》，得到了大家的一致认可。文宗也对他欣赏有加，力排众议，提拔他担任王府率。《霓裳羽衣曲》让人们想起了盛唐的辉煌，勾起人们重振朝纲的信心，这当然会引起宦官们的不安，也最终给尉迟璋召来了杀身之祸。

六日，仇士良又向李瀍透露杨妃曾经建议册立安王李溶之事，建议李瀍将杨妃、安王李溶、前太子李成美赐死。又规定，四日去世的文宗尸体等到十四日再入殓，届时再改穿丧服。这十天里，文宗的尸体就这样放着，这一反常做法估计仍然是仇士良在泄愤。另外，也给他们留下了充足的时间来打击异己分子，巩固自己的权力。谏议大夫裴夷直上言间隔的日子太长，但无人采纳。杀掉尉迟璋后，仇士良等人"追怨"文宗，还杀死、贬谪了很多文宗亲近的乐工、宦官。裴夷直再次上书劝阻，称："陛下从藩王继承大统，应该谨慎忧惧，早行丧礼，早议大政，然而，不出几天，却屡屡诛杀先帝近臣，令四海人士惊骇不已。这些人如果没有犯罪，就不该惩处；就算有罪，他们也都在天网之中，无处可逃，过几天再执行也不晚啊！"但李瀍不从。

十四日，朝廷才对文宗进行大殓，当天，李瀍在正殿正式登基即位，时年二十七岁；十七日，武宗追赠亡母韦氏为皇太后；二月八日，武宗宣布大赦天下；十九日，追谥韦太后为宣懿皇太后。

# 六一四　起用德裕

《旧唐书·杨嗣复传》记载："武宗之立，既非宰相本意，甚薄执政之臣。"《新唐书·仇士良传》记载："帝明断，虽士良有援立功，内实嫌之，阳示尊宠。"

父亲穆宗、哥哥敬宗不是什么有为之主，但文宗、武宗这兄弟二人却都是有抱负的君主。史称，武宗"沉毅有断，喜愠不形于色"。从这一点来讲，他又比优柔寡断的哥哥文宗要强些。虽然对仇士良等非常忌惮、厌恶，但毕竟他们是佐命功臣，武宗的表面文章还是要做足的。在他即位后不久，就分别晋升仇士良为骠骑大将军，封楚国公，鱼志弘为韩国公，二人均实封三百户，以示尊宠。至于对待文宗的宠臣杨嗣复和李珏，武宗就不那么客气了。五月四日，武宗下诏将杨嗣复罢相，贬为吏部尚书，同日提拔刑部尚书崔珙担任同平章事兼盐铁转运使。崔珙，是东都留守崔琯的亲弟弟。崔氏兄弟一共八人，都很有才华，被当时的人们比作汉代"荀氏八龙"。崔珙还有五个弟弟比较有名：崔璠（刑部郎中）、崔璪（给事中）、崔玙（礼部员外郎）、崔球（尚书郎）、崔珦。崔珙精于吏治，历任泗州刺史、岭南节度使、右金吾大将军、京兆尹。在担任京兆尹期间，发生了仇士良派人刺杀宰相李石一案，有些蛛丝马迹显示罪犯就出自神策军，但崔珙却不敢得罪宦官，没有追查，声望有所降低。文宗末年牛党得势，武宗打压了牛党，就需要取得李党的支持。崔珙与李德裕私交很深，武宗起用崔珙就给重用李德裕创造了条件，七月，武宗下诏征召淮南节度使李德裕进京；与李德裕同时召回京师的，还有前宰相、被文宗贬出京师担任华州刺史的陈夷行。

在开成末年商议文宗后嗣问题上，杨嗣复和枢密使刘弘逸倾向于安王李溶，李珏和枢密使薛季棱则倾向于陈王李成美，在武宗看来，这四人都是异己分子，当然需要把他们都打压下去。在将杨嗣复罢相后，到了八月十七日，朝廷将文宗安葬于章陵。据《旧唐书·武帝》记载："知枢密刘弘逸、薛季稜率禁军护灵驾至陵所，二人素为文宗奖过，仇士良恶之，心不自安，因是掌兵，欲倒戈诛士良、弘志。卤簿使兵部尚书王起、山陵使崔稜觉其谋，先谕卤簿诸军。是日弘逸、季稜伏诛。"《新唐书·武帝》："内枢密使刘弘逸、薛季棱以兵杀仇士良，不克，伏诛。"其他如《王起传》也是"武宗即位，八月，充山陵卤簿使。枢密使刘弘逸、薛季稜惧诛，欲因山陵兵士谋废立。起与山陵使知其谋，密奏，皆伏诛。"但《杨嗣复传》则称："明年，诛枢密薛季稜、刘弘逸。"《武宗实录》《献替记》的记载与之相同，《资治通鉴》采纳了后一种说法，即刘弘逸、薛季稜被杀时间并非本年八月，而是次年年初。此事已不可考。安葬文宗数日后，武宗又借口李珏担任山陵使时，文宗的灵柩车塌陷，将其贬为太常卿，又将京兆尹敬昕贬为郴州司马。

九月一日，李德裕回到了长安。四日，武宗任命他为门下侍郎、同平章事。七日，李德裕入宫谢恩，对武宗说道："治理国家的关键就在于君主能够分辨出群臣哪个是忠臣、哪个是奸臣。忠奸两者，势不两立，忠臣称奸臣是奸，奸臣也说忠臣是奸，君主高高在上，确实很难分辨。臣认为，正直的忠臣如同松柏，特立独行，而邪恶的奸臣则如同藤萝，不依附于别的东西就无法自存，所以，正直的忠臣一心一意侍奉君主，而奸邪的小人则竞相结为朋党。先帝深知朋党的危害，可是，最终重用的又都是朋党之人，这是为什么呢？全是因为内心不够坚定，才使得奸邪之人乘虚而入啊。君王任命的宰相不可能每一个都是忠良之人，一旦有些宰相干出欺瞒之事，君王就会产生疑心，于是开始征询身边一些小臣对宰相的意见，就像德宗末年，皇帝听信裴延龄等人，宰相被弃之一旁，只是在文书上署名而已，这就是国家政治日益混乱的根本原因。陛下如果真能做到谨慎挑选贤才，让他们担任宰相，一旦在宰相中间发现奸佞小人，立刻予以罢免，而日常朝廷事务完全交给中书省由宰相们处理，对宰相们推心置腹，坚定不移，就不用担心天下治理不好的。"又说："先帝对于朝廷重臣喜欢保持一团和气，有些大臣犯了点小错，往往隐忍不言，这样一来，日积月累，小错变成大错，这种做法大错特错了，希望陛下引以为戒。臣等以后犯了什么错，陛下要当面质问。假如属于子虚乌有，臣等也可以把事情说明；如果事情属实，臣等自然会理屈词穷。如果犯的是小错，陛下允许我们去改正；犯了大罪，陛下可以对我们诛杀、贬谪，什么事情都不埋在心里，说在明处，这样，君臣之间就不会出现隔阂、猜疑和误会了。”武宗高兴地接受了。李德裕核心意思说了三点：一是指斥朋党；二是让武宗放权宰相；三是君臣之间要有良好的沟通。后来也有学者认为，牛、李党争并非指牛僧孺和李德裕两人各为朋党，其中的李是指李宗闵，牛、李党争是指李宗闵和牛僧孺二人结为朋党，排挤李德裕，李德裕并未结党。同月，武宗又将杨嗣复贬为湖南观察使，将李珏贬为桂管观察使；以李德裕的好友、宣武节度使李绅接替李德裕，担任淮南节度使。

李德裕早已出场，但我们还没有对其个人做一个系统的介绍，此人作为中唐晚期一位颇具影响力的人物，我们有必要浓墨重彩地说一下：李德裕，字文饶，父祖分别是声名显赫的李栖筠和李吉甫。李德裕出身贵公子，又非常聪明，从小就立下了雄心壮志，刻苦读书，精通《左传》《汉书》，不屑于参加科举考试。《北梦琐言》记载，宪宗曾见到年幼的李德裕，非常喜爱，将他抱在膝上，后来，其父李吉甫让他参加科举考试，但特立独行的他却回复道：“好骡马不入行。”拒不参加，最终以门荫入仕；此后，李德裕与科举出身的李宗闵、牛僧孺等人格格不入，这大约也是一个原因，《玉泉子》也称，“李德裕以已非由科第，恒嫉进士举者”。李德裕从小就很聪明，当时，其父李吉甫与同为宰相的武元衡有矛盾，每次退朝，李吉甫都很不高兴。李德裕见状，就给其父说：“将他弄出朝廷不难。”就建议朝廷整修狄仁杰的庙。狄仁杰被认为是阻扰武氏代唐的名臣，此举就是为了刺激武元衡，果然，武元衡开始自请离京到外地任职了。

这次李德裕能够入京拜相，多多少少也与宦官有关。李德裕在淮南时，淮南监军是宦官杨钦义。杨钦义出身于中晚唐显赫的杨氏宦官家族，杨氏家族从杨钦义的养祖父杨延祚开始，就已经爬上宦官高层，担任内侍省内常侍；杨延祚的养子杨志廉在德宗贞元末年取代窦文场，担任左神策军护军中尉；杨延祚的另外一个养子杨惟良，则担任内侍省内常侍，杨家成为当时炙手可热的权宦；杨志廉有五个养子，杨钦义是他的三子；杨钦义还有三个养子，杨玄翼、杨玄价、杨玄寔，三人在晚唐都是宦官高层，杨玄翼为枢密使、杨玄价当过神策军左军中尉、杨玄寔当过神策军右军中尉；杨玄翼的养子杨复恭、杨复恭的从弟杨复光在唐末都是手握兵权的大宦官。李德裕在淮南期间，一次，朝廷下诏征召杨钦义入朝，人们传言此次进京，杨钦义一定会接任枢密使，然而，李德裕却对他并没有显出特别的尊敬，这让杨钦义很不满意。有一天，李德裕在中堂大厅设宴，专门宴请杨钦义一人，规格非常高；又将金银珠宝摆满了几张床，罢宴后全部送给了杨钦义，让杨钦义大喜过望。杨钦义行至汴州，朝廷又下诏命其返回淮南，回到淮南后，垂头丧气的杨钦义把李德裕赠送给自己的礼物如数退还。李德裕却说：“这能值几个钱！”最终还是送给了他，这让杨钦义对李德裕既感激又佩服。后来杨钦义还是当上了枢密使，李德裕得以当上宰相，杨钦义出了大力。《幽闲鼓吹》也有类似记载。

# 六一五　援救政敌

公元841年一月九日，武宗祭祀天神，大赦天下，改元为会昌元年，历史进入武宗的会昌年间（共计六年）。

武宗对李德裕寄予厚望，对他非常倚重。李德裕拜相后，开始大力推荐自己的人，他原本打算以尚书左仆射郑覃为相，但此时郑覃已老，“固以足疾不任朝谒”，次年，郑覃自请就退休了（《郑覃传》）。李德裕转而推荐了前宰相陈夷行。三月三日，武宗晋升御史大夫陈夷行为门下侍郎、同平章事，至此，朝廷宰相分别为崔郸、崔珙、李德裕、陈夷行四人。在这四个人中，大体上都是李德裕的人，唯独崔郸在杨嗣复当权时左右逢源，在李德裕看来，也许是个态度不太坚定的人。

在陈夷行拜相后不久，据《资治通鉴》的记载，到了三月二十四日，就发生了武宗下令诛杀杨嗣复、李珏之事。如前所述，刘弘逸和薛季稜被杀时间，各书记载的时间不同，《资治通鉴》则称二人就是这一天被武宗赐死的。真实情况可能是，上一年八月文宗下葬之际，刘薛二人阴谋发动政变，当时，王起、崔稜密奏武宗，武宗下令将二人诛杀，到了如今，仇士良等人又诬陷杨嗣复、李珏参与了刘弘逸、薛季稜的阴谋，令武宗勃然大怒，派遣中使前往潭州、桂州就地处死杨嗣复和李珏二人。

户部尚书、驸马杜悰得知消息后，飞马来见李德裕，说道：“天子年纪尚轻，刚刚即位，杀人的事不宜手滑！”《献替记》是李德裕本人撰写，对此也有记载，上面称，三月二十四日这一天，李德裕休息在家，傍晚时，有人来说见一个中使向东，一个中使向南去了，说是要处置两个前宰相以及裴夷直。（按：裴夷直在武宗即位之初，对很多事情连连上书提出不同意见，被贬为杭州刺史。）李德裕得知后，就派人去询问崔珙等人，都说知道此事，但不知是什么原因，李德裕遂开始起草奏表。

二十五日一大早，李德裕第一个来到中书省，崔珙、崔郸、相继而至，陈夷行最后到来，已是巳时（9~11时）了。李德裕让其他三人一起吃饭，自己则来到办公室写奏表，请求武宗驾临延英殿召见宰相。奏表送入宫后，全无回应，到了午时（11~13时），李德裕又写了一道奏表送入，并请枢密使来中书省问到底是否真有此事。枢密使来到后，对宰相们说："刚才不敢说，现在既然相公们知道了，杀的只是杨嗣复和李珏二人。"李德裕说道："这事太重大了，陛下连我们都不征求意见，就派人前去，令人十分震惊。请您带入我的奏表，圣上如果怀疑我的真心，就请先将我远远贬谪，唯独此事不可不改变！德裕等人就算等到深夜，也不敢擅自远离中书省，请求陛下早早驾临延英殿，召见我们。"李德裕的奏表内容大体相同，但理由说得更详尽："德宗怀疑刘晏会对太子不利而将其诛杀，朝野都认为是个冤案，河北藩镇从此心生恐惧，以此为借口要求朝廷予以澄清，德宗最终后悔，又给刘晏的子孙授予官职；文宗怀疑宋申锡交结藩王李凑，将其贬谪而死，不久就后悔了，念及宋申锡之冤，为之流泪。杨嗣复和李珏等人如果犯了罪，就该再予以贬谪；非要杀掉不可的话，也该先由有关部门进行审理，等到他们的罪行大白于天下后，再杀也不迟。如今陛下不与臣等商量，就匆匆派人行刑，令群臣大为惊骇。"

一直到申时（下午3~5时）时，中使才传达武宗的命令，开延英殿召见。李德裕对其他三位宰相以及两省头脑们说道："陛下性格刚强，如果有一人再递入奏表询问此事，一定不会收回成命了。让德裕先极力挽救，再叩头流血，德裕救不下来，别人肯定不行了啊！"等李德裕与其他三位宰相入内后，流着眼泪，极力劝说武宗："陛下应该特别慎重，不要以后后悔。"武宗说道："朕不会后悔！"再三命宰相们站起身来坐下，李德裕等人说道："臣等希望陛下免除二人一死，别等二人死后，众人都以为二人是冤枉的。如今，臣等没有接到陛下的诏命，不敢就坐。"武宗沉默了很久，才说道："看在你们的面子上，今天特地饶了他们。"李德裕等人赶忙又走下台阶，行三跪九叩大礼。武宗将他们召上殿来，命其就坐，叹息道："朕即位之际，有哪个宰相支持朕？李珏和薛季稜想拥立陈王李成美，杨嗣复和刘弘逸想立安王李溶。立陈王李成美还算是文宗的遗愿，安王李溶完全是依附杨妃的，杨嗣复还给杨妃写信说：'姑姑你为何不效仿武曌临朝称制？'假如安王当上皇帝，哪里有朕今天？"李德裕等人说道："这是捕风捉影，真假难辨。”武宗又说：“杨妃曾经生病，文宗让她的弟弟杨玄思入宫服侍一个多月，他们就是通过这一渠道联络的。朕曾经亲自询问过宫女宦官，证据确凿，一点也不假。”遂追回了那两个使者，又命李德裕召来两省官员予以传达，将杨嗣复再贬为潮州刺史、李珏为昭州刺史、裴夷直为驩州司户。

李德裕在对待昔日的政敌杨嗣复、李珏上，显示了一种高门贵族气质，确实有古人之风，与牛党一些落井下石之人不可同日而语。不少人认为，在牛、李党争中，牛党集团代表了寒门新兴士子，李党集团则代表了高门子弟，可是，实际上，牛党当权后的表现却不尽如人意，而李党人物不论是政治经验还是在对待藩镇等方面都有可圈可点之处，然而，《旧唐书》却采取了偏袒牛党、贬低李党的态度，对李德裕这一中晚唐杰出的政治家的评价有失公允。究其原因，与《旧唐书》的实际执笔人张昭元、贾纬等人出身寒门有着一定的关系。唐朝中期以后，普通士人考中进士的人越来越少，李德裕（赵郡李氏代表）甚至提出过要取消进士科中的诗赋考试，这一想法是与郑覃（荥阳郑氏代表）的思想一脉相承的，在这种情况下，不少文学之士入仕无门，只能投奔藩镇，他们要么在藩镇任职，要么由藩镇推荐到朝廷，韩愈写的《送董邵南游河北序》就是一例。

当时的情况是：一方面权贵们在取士时“请托大行”，“每岁策名，无不先定；另一方面，底层士人却无出头之日，“无媒无党，有行有才，处卑位之间，仄陋之下，吞声饮气”。武宗出于限制朋党的考虑，要求严格录取条件，致使每年录取的人数更少，同时，李德裕也与武宗相向而行，努力改革科举考试中的陋习。根据《册府元龟·贡举部条制三》记载，过去，每次发榜之前都交由宰相定夺，称之为“呈榜”，这就为宰相徇情留下了余地，李德裕从自身做起，上奏认为：往往宰相“多有改换，颇致流言”，“宰相稍有寄情，有司固无畏忌。取士之滥，莫不繇斯”。

当时，尚书左仆射王起多年主持科举考试，在执行过程中，武宗的意图并没有得到正确的贯彻，具体做法有些矫枉过正了。到会昌五年，李德裕等人在延英殿向武宗提出：“有关部门主管考试，不该由宰相定夺，近期以来，录取的举子人数太少，这恐怕不是朝廷搜罗天下贤才之道。”武宗说道：“考试部门没有领会我的意思。不录取高门子弟做得有点过分了，不论是高门或者寒门，只需录取那些有真才实学的人即可。”李德裕说道：“郑肃（时与李德裕同为宰相）、封敖（时任御史中丞）家有优秀的子弟，但不敢参加考试。”武宗说道：“我是听说杨虞卿家子弟联络贵臣，妨碍平民士人入仕之路，如今，把杨知至（杨汝士之子）等人也一并弄落榜，做得过分了。”李德裕说道：“臣不是进士出身，不该说进士们的坏话，然而，臣的祖父李栖筠在天宝末年因入仕没有别的出路，只好勉强从众，结果一举及第。及第之后，我们就再也不藏《文选》了，就是讨厌那种推崇浮华之风，不求真才实学。然而，朝廷上的大官都该出自公卿子弟，这是为何？这些子弟们从小就受到过良好的教育，自然熟悉朝廷的规矩，言行举止、朝廷礼仪，不学就会；出身寒门的低层士人纵是有过人之才，及第之后，才刚入仕途，一切都从头学习；公卿子弟一旦有了些名气，就不可轻视啊。”很多人也根据李德裕的这番话，断言李德裕出于维护高门既得利益集团的需要，则看轻寒门的新兴士人。

但实际情况并非如此，很多野史有着截然不同的记载。《诗话总龟》记载：“李太尉德裕颇为寒畯开路，及谪官南去，或有诗曰‘八百孤寒齐下泪，一时南望李崖州。’”《云溪友议》《唐语林》也有类似的记载，《玉泉子》也称：“李相德裕抑退浮薄，奖拔孤寒，于时朝贵朋党，掌武破之，由是结怨，而绝于附会，门无宾客。”《南部新书》记载了一件事很能说明问题，原文是：白少傅居易，文章冠世，不跻大位。先是，刘禹锡大和中为宾客时，李太尉德裕同分司东都。禹锡谒于德裕曰：“近曾得白居易文集否?”德裕曰：“累有相示，别令收贮，然未一披，今日为吾子览之。”及取看，盈其箱笥，没于尘坌，既启之而复卷之，谓禹锡，曰：“吾于此人，不足久矣。其文章精绝，何必览焉!但恐回吾之心，所以不欲观览。”其见抑也如此。衣冠之士，并皆忌之，咸曰：“有学士才，非宰臣器。”识者于其答制中见经纶之用，为时所排，比贾谊在汉文之朝，不为卿相知，人皆惜之。很多人把这则故事当作李德裕排挤以白居易为代表的文学之士的又一例证，但正如该书作者的评论那样：李德裕猜忌白居易，“举类而知”。当初，文宗问李德裕朝中朋党是谁，李德裕首先就举出杨虞卿和牛僧孺二人，而这两人都是白居易的密友。李德裕之所以不愿提拔白居易，就在于此，而并不是看轻白居易的文章学识，是担心白居易上位后会与牛僧孺等人结为朋党而掣肘自己罢了。这一判断还是比较接近实际的，李德裕以浮薄之名排挤的还是那些进士出身、已身居高位的牛党集团，厌恶的是科举中“不根艺实”“附党背公、自为门生”的习气，至于能为已所用的寒门新人，他还是大力提拔的。

# 六一六　回鹘败亡（一）

武宗即位前后，吐蕃、回鹘都分别发生了内乱，给唐朝也带来了不同程度的影响。

如前所述，在南北朝时期，回纥是高车（又称敕勒、铁勒）十五部之一，称为袁纥、乌护、乌纥、韦纥，隋朝时臣属于突厥，隋炀帝时，回纥头领与仆骨、同罗、拔野古背叛突厥自立，头领称为俟斤。第一任俟斤叫特健（《新唐书》称时健），特健死后，其子菩萨，与薛延陀一起击破突厥欲谷设十万大军，威震北方。太宗时期，突厥瓦解，中国北方只有薛延陀和回纥最为强盛，此时，菩萨已死，回纥俟斤名吐迷度，太宗册封北突厥莫贺咄为可汗，命其统领回纥、仆骨、同罗、思结、阿跌等部一起击破薛延陀，回纥遂占据薛延陀之地。贞观二十年，唐朝在原突厥之地均设置了都督府，回纥为瀚海府（今贝加尔湖），两年后，吐迷度被其侄儿乌纥所杀，唐朝杀死乌纥后，册立吐迷度之子婆闰为酋长。唐高宗永徽二年，西突厥阿史那贺鲁可汗击破北庭都护府，唐朝命令婆闰率领回纥之众与契苾何力等人击败阿史那贺鲁，收复了北庭。婆闰死后，其子比栗继位；比栗死，其子独解支继位；独解支死，其子伏帝匐继位，时在武曌时期。开元年间，伏帝匐死，儿子承宗继位，因王君㚟诬陷而被唐朝流放而死，回纥遂背叛唐朝，切断了唐朝与西域各国的联络，后唐朝又立承宗之子伏帝难为酋长。伏帝难之后，瀚海都护府被废。伏帝难的兄弟骨力裴罗逃往突厥，担任叶护，又联合拔悉密击破后突厥汗国乌苏米施可汗；后又转而击破拔悉密，建立回纥汗国。

回纥原有药罗葛、胡咄葛、咄罗勿、貊歌息讫、阿勿嘀、葛萨、斛嗢素、药勿葛、奚耶勿九个部落，骨力裴罗击破拔悉密和葛逻禄后，又收服了这两部的余众，号称回纥十一部。骨力裴罗自称骨咄禄毗伽阙可汗，玄宗加封其为怀仁可汗，是为回纥的第一任可汗，不久他又击败突厥白眉可汗，完全占领了原突厥之地。

怀仁可汗死后，其子磨延啜立，自称葛勒可汗，回纥步入兴盛。期间，唐朝发生了“安史之乱”，葛勒可汗派长子叶护率军协助唐军讨伐叛军；乾元元年，肃宗加封葛勒可汗为英武可汗，并将幼女宁国公主嫁给了他。

不久，英武可汗去世，长子叶护先已被人所杀，叶护弟弟移地健继位，号称牟羽可汗，被唐朝加封为登里可汗，其妻即仆固怀恩之女。代宗即位后，登里可汗帮助唐朝最终平定了史朝义叛乱，但因仆固怀恩之乱，回纥与唐朝之间的关系蒙上了一层阴影，此后双方还因马匹交易问题冲突不断。

德宗即位后，登里可汗意欲大举入侵唐朝，其登里可汗堂兄、宰相顿莫贺在反复劝说无果的情况下，发动兵变，杀死了登里可汗，自立为汗，是为武义成功可汗。贞元四年，德宗接受了李泌联络回纥、对抗吐蕃的建议，改武义成功可汗为长寿天亲可汗，将女儿咸安公主嫁给了他，同年，回纥改称回鹘。

次年年底，武义成功可汗（即长寿天亲可汗）去世，其子多逻斯继位，被唐朝册封为忠贞可汗。忠贞可汗在位仅四个月，就被人杀害，忠贞可汗弟弟趁机继位；出征在外的大将颉干迦斯从前线返回后，杀死了忠贞可汗的弟弟，拥立忠贞可汗的儿子阿啜为可汗，是为奉诚可汗。

五年后，奉诚可汗去世，国相骨咄禄自立，被唐朝加封为怀信可汗。回鹘原可汗出自药罗葛氏，骨咄禄出自跌跌氏，从血统上来说，药罗葛氏经六世而亡。

顺宗永贞元年，怀信可汗去世，唐朝册封其子为腾里可汗（史称腾里可汗是怀信可汗的“嗣”，是否是其子存疑）。宪宗元和三年（公元808年），腾里可汗去世，继任可汗被唐朝封为保义可汗。穆宗长庆元年（公元821年），保义可汗去世，继任可汗被唐朝封为崇德可汗。腾里、保义、崇德这三位可汗与怀信可汗的关系不详，三者之间的关系也不详。长庆二年，穆宗将自己的妹妹、宪宗之女太和公主嫁给崇德可汗。长庆四年，崇德可汗去世，其弟弟曷萨继位。敬宗继位后，册封曷萨为昭礼可汗。文宗大和六年，昭礼可汗被其下属所杀，其侄儿胡继位。次年，唐朝册封其为彰信可汗。开成四年，其国相安允合、公爵（特勒）柴革阴谋作乱，被彰信可汗发觉后，将二人杀掉。另一个国相掘罗勿正领兵在外，以三百匹战马贿赂沙陀酋长朱邪赤心（朱邪执宜之子），借来沙陀兵反攻彰信可汗。彰信可汗兵败，自杀，回鹘国人共立公爵㕎馺为可汗。当年，回鹘国内发生大范围的瘟疫，又天降大雪，病死、冻死了大批的羊、马，天灾加上人祸，回鹘开始衰落了。

回鹘西北有个部族叫黠戛斯，居住在今叶尼塞河上游、萨彦岭以北、安加拉河以南地区，汉代称为坚昆国。坚昆国本是强国，疆域与突厥大体相同，东到骨利干（在回鹘以北、今贝加尔湖以北），南接吐蕃，西南与葛逻禄相邻。大多数黠戛斯人都是红头发，绿眼睛，是典型的白种人，而黠戛斯酋长却是黑头发、黑眼睛，他们自称是西汉降将李陵的后代。李唐自称是李广之后，黠戛斯酋长在贞观年间入朝，一方面是来朝贡；另一方面是来认亲的，唐朝以其地设置坚昆都护府。肃宗时，坚昆国被回纥臣服，回纥人称之为黠戛斯。黠戛斯的酋长叫阿热，在青山（今叶尼塞河以西）建立牙帐，与回鹘的牙帐的距离，骆驼要行四十日。黠戛斯人非常骁勇，回鹘人和吐蕃人都争相拉拢他们。回鹘逐渐衰落后，阿热才开始自称可汗。回鹘人派遣倾国之兵进攻黠戛斯，双方打了二十余年的战争，回鹘人屡屡被黠戛斯人击败，阿热曾大骂回鹘人道："你们的气数已尽，我发誓一定要夺取了你们的金帐（今蒙古国哈拉和林）。"等回鹘国相掘罗勿杀害彰信可汗、另立㕎馺后，回鹘的另外一位将领句录莫贺投靠了黠戛斯，领着十万联军一路东来，大破回鹘军队，又杀掉了掘罗勿和㕎馺，焚烧了回鹘金帐，回鹘各个部落纷纷四散而逃。一部由国相馺职、公爵厖等十五部向西逃到葛逻禄；一部向西南投靠了吐蕃；一部逃奔安西；剩下一部由㕎馺的兄弟嗢没斯以及国相赤心、仆固，公爵那颉啜各自率领本部部众南逃到天德军（今内蒙古自治区乌拉特前旗东北）塞外，向塞外其他少数民族购买粮食，并请求唐朝收容他们。

开成五年十月十四日，天德军使温德彝上奏称："回鹘的散兵游勇逼近西城（西受降城，今内蒙古自治区五原县西北），连绵六十里，无边无际。边民因回鹘人突然来到，都惊恐不安。"已经即位的武宗下令振武节度使刘沔率军进驻云迦关（在天德军以北），以备不测。刘沔，字子汪，徐州彭城人。其父刘廷珍，在奉天之难中因护驾之功，后被加封为左骁卫大将军、东阳郡王。刘沔年幼时父亲就去世，客居振武，被节度使范希朝任命为牙将，后入朝担任神策将。太和末年，被晋升为泾原节度使，调任振武节度使。

会昌元年一月，刘沔上奏称，回鹘残军已经北撤，武宗下诏命刘沔返回本镇。留在回鹘金帐附近的十三部部众拥立乌希公爵为乌介可汗，南下驻扎在错子山（今内蒙古自治区狼山，在今内蒙古自治区五原县西北）。当初黠戛斯击破回鹘之后，得到了太和公主，由于他们自称是李陵之后，与唐朝是一家人，就派遣十名将领护送公主，返回唐朝。乌介可汗率军截击了黠戛斯人，将他们全部杀死，劫持了公主，南度沙漠，驻扎在天德军辖境。公主也派人上书唐朝，称新任可汗已经继位，请求唐朝进行加封。乌介可汗又让国相颉干迦斯等人上书，想借振武城（今内蒙古和林格尔县），让公主和可汗有一个栖身之所。

天德军使田牟、监军韦仲平想发兵进攻回鹘立功，上奏称："回鹘叛将嗢没斯等人入侵塞下，吐谷浑、党项、沙陀都与其是世仇，请求出兵将他们驱逐。"武宗命令朝廷群臣商议，大家都认为嗢没斯等人是回鹘可汗的叛徒，不可接纳他们，应该接受田牟等人的建议，出兵进攻。武宗询问李德裕的意见，李德裕回答："走投无路的小鸟投入人们的怀抱，尚且应予保护，何况回鹘屡立大功，如今被邻国击破，部落离散，无路可走，远来投靠天子，对边塞秋毫无犯，为何趁着人家困难之时发起进攻呢！应该派遣使者前去镇抚，运送粮食予以接济，这正是汉宣帝之所以能够令匈奴呼韩邪单于归顺的道理。"陈夷行反对道："这才是在资助敌人粮食武器，不如发兵进攻。"李德裕又说："吐谷浑等各有各自的部落，见到利益就争相抢夺，遇到失利就惊慌而逃，各归巢穴，岂肯拼死替国家效力！如今，天德城内仅有一千多军队，如果一战失利，城池肯定要陷落。不如以恩义善待嗢没斯他们，他们肯定不会骚扰边塞。就算他们入侵我国边境，也该征调各路大军前去征讨，岂能只派天德军讨伐？"

# 六一七　回鹘败亡（二）

当时，武宗已经派遣鸿胪卿张贾担任巡边使，命其察看回鹘的虚实，尚未返回。

武宗询问李德裕道：“嗢没斯等人请求投降，你敢保证他们是真心实意的吗？”李德裕回答：“朝中之人在臣的眼前，臣尚且不敢担保，岂敢担保数千里之外夷狄之心！然而，称他们是可汗的叛将，恐怕不妥。如果可汗还活着，嗢没斯等人率众前来，则于国体固然不可接受。如今，听说其国破败，国中无主，将相逃散，有的逃奔吐蕃，有的逃奔葛逻禄，只有这一支远道而来依附大国。我看其奏表，言辞恳切，处境窘迫，岂可称其为叛将！何况嗢没斯等人从去年（开成五年）九月已经来到天德军，今年二月回鹘人才拥立了乌介可汗，双方之间并无君臣名分。希望陛下下诏命令河东、振武约束军队，保护边境，以备万一，等回鹘人一旦骚扰边境，再用武力驱赶。如果他们对吐谷浑等部落进行小小的劫掠，听任他们相互报复，我们的军队也不可参与。再下诏田牟、韦仲平不得贪图立功，无事生非，要遵守信义，妥善处置，他们虽然是夷狄之人，但必定知道感恩。”会昌元年（公元841年）八月二十四日，武宗下诏命令田牟约束将士以及各少数民族部众，不得先侵犯回鹘人。九月一日，武宗又下诏命令河东、振武两镇整顿军队，以备不测。田牟是前魏博节度使田弘正之子、田布之弟。

虽然武宗部分采纳了李德裕的建议，但李德裕还建议派遣使者前去回鹘人那里予以安抚，并给回鹘人运送三万斛粮食，武宗对此还是心有疑虑。闰九月三日，武宗驾临延英殿召集宰相们讨论。宰相们在殿外等候的时候，陈夷行屡屡对李德裕说此举不可。李德裕说道：“如今，我们征调的各镇军队尚未集结，天德军远在边塞，非常危险。如果不拿出粮食接济他们，令其暂时稳定下来，万一他们进攻天德军，天德城陷落，那谁来承担这个责任！”听了李德裕的话，来到武宗面前后，陈夷行遂不敢再反对了。武宗最终同意运送两万斛谷米接济回鹘嗢没斯等人。

就在朝廷讨论如何应对回鹘人的时候，九月二十六日，卢龙发生兵变，乱兵杀死了节度使史元忠。史元忠驱逐杨志诚后，当了七年的节度使，如今又被牙将陈行泰所杀，乱兵推举陈行泰为留后，但还没过多久，军中再次发动叛乱，乱兵又杀死了陈行泰，推举牙将张绛为主。陈行泰杀了史元忠后，就派遣监军宦官的随从携带将士们的奏表，请求朝廷颁发委任状。李德裕说："河朔旧事，臣最清楚了。近来，朝廷颁发委任状往往太急了，所以军中人心更加稳定。如果朝廷置之不理，数月之后军中一定会发生变故。如今，请求陛下留下这位随从，朝廷也不往幽州派出使者，以静观其变。"不久，军中果然杀了陈行泰，拥立了张绛。张绛被拥立后，也派人向朝廷请求颁发委任状，但朝廷依然不予理睬。不久，雄武（今河北省兴隆县）军使张仲武起兵进攻张绛，并派遣军吏吴仲舒来到长安，称张绛残暴，请求朝廷允许自己率领本军前去讨伐。十月，吴仲舒来到长安，武宗下诏命令宰相们向其询问幽州的情况。吴仲舒回答："陈行泰和张绛都不是本地人，所以人心不服。张仲武是幽州的老将，性情忠义，通晓文学，熟悉军事，深得人心。前不久，张绛杀死陈行泰后，就曾想将幽州留后让给张仲武，其手下有一二百人不同意，等张仲武走到昌平时，张绛又反悔了。如今以我推算，张仲武已经从雄武出发，幽州军中也已经把张绛赶跑了。"李德裕问："雄武有多少军队？"吴仲舒回答："士兵八百人，外面还有五百民团。"李德裕说道："兵力太少，怎么能成功？"吴仲舒回答："在于得不得人心。如果不得人心，就是有三万人马又有什么用呢？"李德裕又问："万一失败，又该怎么办呢？"吴仲舒回答："幽州的粮食都存放在妫州和北边的七个军镇里，万一不能顺利进入幽州城，就袭占居庸关，切断幽州的粮道，幽州自然会被困死。"李德裕上奏武宗："陈行泰、张绛都让手下大将上表，胁迫朝廷，索要委任状，因此不可授予。如今，张仲武自请发兵为朝廷平定叛乱，授予给他留后，似乎有点道理。"武宗遂以张仲武为幽州留后，不久，张仲武就拿下了幽州。数月后，武宗正式任命其为卢龙节度使。

十一月，李德裕对武宗说："如今回鹘败亡，太和公主下落不明，如果不派人前去查访，夷狄一定会觉得我们嫁给他们的公主，本来就不得宠，这既会令公主伤心，又伤害了夷狄的感情。请求派遣通事舍人苗缜携带诏书，前往嗢没斯那里，命其给公主带个话，又可以试探嗢没斯是不是真心要归顺我们。”武宗听从了。到该年年底，乌介可汗也率部来到了唐朝边境，驻扎在错子山附近。十二月十四日，武宗派遣右金吾大将军王会等人携带诏书前去慰问乌介可汗，也给他们送去了两万斛粮食；又给乌介可汗送去书信，要求他们“应该率领部众逐渐收复失地，漂泊在异乡，终归不是一个好办法……你们想借振武城，这在前代是从未有过的事情。如果想另外找一个好地方居住，请我们予以声援，也必须暂且在漠南停下。朕答应先让公主入朝，亲自询问，假如回鹘确需支援，朕一定会毫不吝惜。”接着，武宗就任命兵部郎中李拭（李鄘之子）担任巡边使，前往边境察看边防军将领们的能力，做好两手准备。

河东节度使苻澈下令整修杷头烽（在今山西省朔州市西北）已经废弃的营垒，以防回鹘南下。李德裕上奏请求增兵镇守，并重修东受降城（今内蒙古自治区托克托县南）、中受降城（今内蒙古自治区包头市），以声援天德军（今内蒙古自治区乌拉特前旗东北），武宗表示同意。回鹘人再次向唐朝求粮，又请求唐朝调查吐谷浑、党项人劫掠的他们的财物，并再次要求借住振武城（今内蒙古自治区和林格尔县）。武宗下诏派遣中使杨观给乌介可汗送去书信，告知他借住振武城一事是不可能的，其他事宜将尽量予以满足。

会昌二年（公元842年）三月，李拭从边塞回朝，汇报称振武节度使刘沔有勇有谋，堪当大任。当时，河东节度使苻澈已经生病，武宗遂于三月二十五日下令由刘沔接任河东节度使；以金吾上将军李忠顺担任振武节度使。武宗又派遣将作少监苗缜携带册封乌介可汗的诏书北上，但告诫他要慢慢前行，停在河东，等乌介可汗政权稳固之后再行册封。不久，乌介可汗率众屡屡侵扰唐朝边境，苗缜遂返回了朝廷。

嗢没斯与乌介可汗不同，他是真心想归顺唐朝的。嗢没斯深知前国相赤心内心狡诈，居心叵测，就偷偷向天德军使田牟报告，称赤心阴谋侵犯唐朝边境。田牟遂引诱赤心、仆固，将二人诛杀，那颉啜公爵接管了赤心七千多帐部众，向东逃去。河东镇上奏称：“回鹘乌介可汗的军队推进到横水（今山西省大同市西北），杀伤官民，如今撤离，驻扎在释迦泊（今内蒙古自治区包头市以北）以东。”李德裕上言：“释迦泊西距乌介可汗大帐三百里，不知这支军队到底是那颉啜的逃亡军队，还是乌介可汗派来的。请求陛下命令刘沔以及卢龙节度使张仲武先对付这支部队，如果能够将他们消灭，也是师出有名。消灭了这支军队，乌介可汗一定会害怕。”

四月十六日，天德军都防御使田牟上奏称：“回鹘不断侵扰，臣不等诏命，已经派遣三千人马出击了。”十八日，李德裕上奏认为：“田牟根本不懂军事，夷狄擅长野外作战，而短于攻城。田牟只需固守城池，等待各路大军集结以后再出击，如今却命令天德军全军出战，万一失利，城内空虚，怎么才能守住！希望陛下速速派遣中使前去制止。如果双方已经交锋，就立即命令云州（今山西省大同市）、朔州（今山西省朔州市）、天德（今内蒙古自治区乌拉特前旗）所属的羌族、浑族部众各自出兵，一起向回鹘人发起进攻，凡是他们各自夺取的财物，都归他们各自所有。回鹘人已经漂泊在外两年了，粮食缺乏，人心不安，应该下诏命田牟招诱他们投降，凡是归降的都发给他们粮食，送到太原，不可让他们继续留在天德军。虽然不知道嗢没斯的真心，但应该早早给其委任官职，就算他不是真心的，此举也足以令回鹘内部分崩离析。石雄骁勇善战，请求陛下提拔他担任天德军都团练副使，辅佐田牟作战。”武宗一一答应。石雄原任武宁捉生兵马使，因受到王智兴的猜忌，被贬到白州（今广西壮族自治区博白县），文宗太和年间，河西党项人骚扰唐朝边境，文宗将白州刺史石雄召回，担任振武军的裨将。石雄虽然屡立战功，但文宗顾及王智兴的感受，一直对他没有重用。四月二十日，嗢没斯率领手下公爵、国相等两千二百余人向唐朝投降。

五月十四日，武宗派遣鸿胪卿张贾前去安抚嗢没斯等人，并任命嗢没斯为左金吾大将军，封怀化郡王；其余酋长也都一一封赏，又赏赐给其部众五千斛米，三千匹绢。那颉啜率领那七千余帐部众经过振武、大同，一直向东，而后南下进攻雄武军（今河北省兴隆县），企图进攻幽州。卢龙节度使张仲武派遣弟弟张仲至率领三万人马迎战，大破那颉啜，斩杀、俘虏了很多回鹘人，将其降众分别安置到各地。那颉啜单枪匹马逃出一命，但又被乌介可汗抓获杀掉。

当时，乌介可汗的势力虽已衰弱，但对外仍然号称有十万之众，转而驻扎在大同军（今山西省朔州市）以北的闾门山。杨观从乌介可汗那里回朝后，乌介可汗上表请求唐朝送来粮食、牛羊，并要求唐朝将嗢没斯等人逮捕，送交给他处置。武宗下诏回复乌介可汗，称：“你们所需的粮食，允许你们到振武镇用马换三千石。牛是我国用来耕种的，一律禁止国民屠宰；羊是我国很少蓄养的，出自北方各少数民族，我国从未征收过。嗢没斯在汗国崩溃之初就来到我国边境，两年之间从未追随过可汗，唯恐可汗猜忌，才投奔我国。你们前任彰信可汗就是因为猜忌暴虐，才导致众叛亲离，如今可汗你失去国家，远道而来，尤其应该彻底引以为戒。如果你们还要骨肉相残，可汗你身边的近臣们谁敢自保？朕对所有的人都一视同仁，已经接受了嗢没斯的投降，自然不会交出。这对可汗而言可以显示恩德，对我们来说也不失信义，岂不是两全其美的事？”

# 六一八　回鹘败亡（三）

嗢没斯很快就来到了长安。

会昌二年六月二十一日，武宗以嗢没斯所部为归义军，以嗢没斯为左金吾大将军，以天德军为归义军，由其充任归义军使；以嗢没斯弟弟三个弟弟为郡公：阿历支为宁边郡公、习勿啜为昌化郡公、乌罗思为宁朔郡公，均为冠军大将军、左威卫大将军；以国相爱邪勿为宁塞郡公，为右领军大将军。武宗下诏命李德裕搜集整理自秦汉以来归顺中原王朝立下大功的三十名少数民族将领的事迹，编纂了一本《异域归忠传》赏赐给嗢没斯。嗢没斯请求将家眷安置在太原，与几个弟弟一起捍卫唐朝边境，武宗表示同意，命令刘沔在云州、朔州之间给他们找一个地方。

乌介可汗再次上书请求唐朝借给他军队，帮助他复国，又再次请求借天德城（今内蒙古自治区乌拉特前旗东北）居住，武宗再次拒绝了他的请求。当初，乌介可汗就在天德城和振武城之间活动，劫掠羌族和浑族部落，又南下进驻杷头烽以北，朝廷屡屡派人传达武宗的命令，要求他们返回漠南，但乌介可汗根本不听。李德裕认为："那颉啜驻在山北（恒山以北），乌介可汗担心其与奚人、契丹人联络截击，所以不敢远离塞下。希望陛下命令张仲武给奚人、契丹人传话，让他们一起消灭那颉啜，好让可汗北返。"等那颉啜死后，可汗还是不离去。朝廷有人认为乌介可汗之所以不走，是在等待唐朝支付马匹的价款，武宗下令一次性全部支付，然而，乌介可汗还是不走。

八月，乌介可汗率众南下，突过杷头烽以南，进入大同川（今山西省桑干河上游地区），劫掠河东各少数民族数万牛马，一路打杀到云州（今山西省大同市）城下。云州刺史张献节紧闭城门固守，吐谷浑、党项人纷纷举家逃入山中避难。九日，武宗正式下诏命令陈州（今河南省淮阳县）、许州（今河南省许昌市）、徐州（今江苏省徐州市）、汝州（今河南省汝州市）、襄阳（今湖北省襄阳市）等军队进驻太原、振武、天德等地，以待来年春天驱逐回鹘。十六日，武宗给嗢没斯四兄弟赐姓李，以嗢没斯为李思忠，以阿历支为李思贞，以习勿啜为李思义，以乌罗思为李思礼，给国相爱邪勿赐姓爱，赐名爱弘顺，并以爱弘顺为归义军副使。武宗派遣原来入朝的回鹘使者石戒直回国，携带送给乌介可汗的书信，信中说道："自从你国被黠戛斯所破，来到我国边境，我朝对你们照顾得无微不至，如今，可汗仍然滞留在我国边境，再也不提回国之事，有时入侵云州、朔州等州，有时劫掠羌族、浑族等部。我想你的心思，似乎是自恃我们双方有姻亲之情，但观察你的举动，则包藏祸心，随时会对我们发动进攻。朝野将相一致请求朕发兵讨伐，但朕看在昔日的情分上，一直不忍落井下石。可汗应该速速抉择，免得以后后悔！"武宗又让李德裕以刘沔的口吻给回鹘国相颉干迦斯写信，信中写道："回鹘远来投靠我们，应当像汉朝呼韩邪单于那样，给朝廷送来儿子当侍从，自己也亲自入朝觐见皇帝，并送太和公主进京，拜谒太皇太后，恳请我国怜悯，这才说得过去。而今你们却觊觎我国边境，胆大妄为，所求过分，就像是在自己国中一样，又深入边境，劫掠不已，假如你们的本意是请求援助，继续发展两国的友好关系的，怎能干出这种事来？你们来信称，云州胡人容易骚动，假如激起他们的愤怒，就难以控制了。回鹘被黠戛斯所破，举国将相的尸体遍布原野，历代可汗的坟墓远隔天涯，回鹘愤怒之心不向你们的仇人发泄，却抛弃仁义，企图加害我中华，天地神灵岂能允许你们这么做？昔日，郅支单于不侍奉我大汉，最终落得个身死国灭的下场，这种历史教训，你们岂能不时刻放在心上？"

二十七日，李德裕等人上言："如果遵循陛下前不久的诏书，河东等三道厉兵秣马，等来年春天驱逐回鹘人，一方面回鹘人人困马乏；另一方面我军又免受严寒之苦，那么，幽州的军队也应该停止军事行动，等到朝廷下一步命令。如果担心冬季黄河河床结冰，回鹘人会趁机南下，我们应该早早发起行动，那么，就应当在冬季来临之前，提前发起进攻。命令河朔藩镇的军队增援河东军队，勒令他们在两个月之内取得战果。如今，臣听说外面议论纷纷，各持己见，倘若不征询大家的意见，势必会受到蒙蔽，请求陛下召集群臣一起商议。"武宗表示同意，最终经过群臣的商议，多数意见是等到来年春季再发动进攻。

九月，唐朝朝廷任命刘沔兼任招抚回鹘使，一旦发起军事行动，各道军队的指挥权暂且由其统一行使；以张仲武为东面招抚回鹘使，其本道军队以及奚人、契丹人、室韦人等少数民族军队由其统一指挥；又任命李思忠为河西、党项都将兼任回鹘西南面招讨使，与其他各道军队都到太原集结，接着，朝廷又命令刘沔率军进驻雁门关（今山西省代县北）一线待命。当初，奚人和契丹人都隶属于回鹘人，回鹘人对各部落都派驻有使者，每年监督各部缴纳赋税，并指令他们侦察唐朝的动向。张仲武派遣牙将石公绪统领两部，杀掉回鹘派来的使者等八百余人。张仲武击破那颉啜后，得到了室韦酋长的妻子。室韦人拿出金帛羊马，想要赎回，张仲武拒不接受，说道："你们只需杀了回鹘人的使节，就立即送还。"

九月十二日，李德裕等上奏称："河东奏事官孙俦刚刚进京，据他汇报，回鹘人又向南进驻了四十里。刘沔判断这肯定是因为契丹人与他们不一心，他们担心契丹人从背后袭击。根据这一情况，现在正是发动进攻的好机会。臣等询问孙俦，如果与幽州军队遥相配合，还需要增加多少军队。孙俦认为不需要增兵，只是大同兵力薄弱，只需易州、定州派来一千人就足够了。"武宗一一采纳，下诏命令河东、幽州、振武、天德各自出兵，稍稍向前推进，以进逼回鹘人。不久，李思忠请求与契苾部、沙陀部、吐谷浑部六千骑兵，一起进攻回鹘乌介可汗。刘沔将沙陀军交由李思忠指挥，又派遣五百河中骑兵协助爱弘顺。十四日，武宗以银州刺史何清朝、蔚州刺史契苾通（契苾何力五世孙）分别率领河东镇的少数民族军队赶赴振武，接受李思忠的指挥。

十月，黠戛斯派遣将军踏布合祖等人来到天德军，称："前不久，我们派遣吕施合等人侍奉太和公主归唐，至今音信全无，不知是否安全到达，也许已被奸人阻隔。如今，我们将出兵寻找，就算是上天入地，也一定要找到。"又称："我们将迁往合罗川（今蒙古国中部），在回鹘人的旧地居住，并且，我们业已控制了安西、北庭鞑靼等五部。"

十一月一日，昭义节度使刘从谏上奏请求出兵五千讨伐回鹘，武宗没有同意。武宗派人送给太和公主棉衣，命李德裕起草给公主的书信，信中写道："先朝割爱和亲，安定国家，设想回鹘人一定能替朝廷抵御外侮，安定边疆。如今看回鹘人的所作所为，太不像话了，竟然马头向南，难道他们不害怕高祖、太宗的余威！还想侵扰边境，竟然不追思太皇太后的慈爱！你身为他们的王后，应该有权发号施令。如果回鹘人不接受你的命令，就意味着断绝了两国的亲情，从今往后，再也不可拿你这个姑妈当借口了！"

在出兵时机上，唐朝内部将领们仍然还有争论。刘沔、张仲武二人反复强调天气太冷，等到明年年初再行动，可是，振武节度使李忠顺却请求与李思忠一起出击，武宗同意了。十二月七日，李德裕报告称，李思忠率部进驻保大栅（今地不详）。李忠顺上奏称已击破回鹘人。

# 六一九　回鹘败亡（四）

会昌三年（公元843年）一月，回鹘乌介可汗率众逼近振武城。

刘沔派遣麟州刺史石雄、都知兵马使王逢率领沙陀朱邪赤心三部以及契苾部、拓跋部三千骑兵趁夜从云州出发，奔袭回鹘牙帐，刘沔亲自率领大军紧随其后。唐军一路走来，经过马邑，进抵安众塞，与回鹘人遭遇，将敌人击破，而后继续向振武城挺进。

石雄率军来到振武城，见回鹘人正逼近城池，连忙指挥军队突破回鹘人的包围圈，冲入城内。入城之后，石雄登上城楼眺望回鹘兵力多少，看见有数十辆毡车，附近来回走动的人有的身穿绿色衣服，有的身穿红色衣服，类似汉人。石雄就派间谍前去探听，得知这是太和公主的大帐。石雄又让间谍告诉他们说："公主到此，就算是到家了，应该想个脱身回来的办法。如今，我们将要出兵进攻可汗，请公主与侍从们保持镇定，停下车辆不要乱动。"石雄遂下令在城墙上挖了十余个洞穴，趁夜率军突出城外，直扑可汗大帐。唐军攻到乌介可汗的大帐外面时，回鹘人才发觉，可汗大惊失色，顿时六神无主，丢掉辎重，狼狈而逃，唐军紧追不舍。一月十一日，石雄率军在杀胡山（今内蒙古包头市以北大青山）大破回鹘，乌介可汗也在混战中负伤，与数百骑兵逃离战场。此战，唐军斩首一万级，俘虏两万余人，又迎回了太和公主。十七日，刘沔报告大捷的奏章送到了长安。二十一日，武宗晋封石雄为丰州都防御使。乌介可汗投奔黑车子部落，回鹘的败兵纷纷前往幽州投降。《新五代史·四夷附录二》："又北，黑车子，善作车帐，其人知孝义，地贫无所产。"

李思忠进京朝见，他觉得自己身为回鹘降将，担心受到边将们的猜忌，就请求与弟弟李思贞、爱弘顺等人一起留在长安，武宗同意了。二月十二日，黠戛斯派使者注吾合索来到长安，贡献了两匹良马，武宗下诏命令太仆卿赵蕃负责接待。十五日，武宗召见注吾合索，将他的座位摆在渤海国（首都龙泉府，今黑龙江省宁安市东京城）使者之上。武宗还想让赵蕃从黠戛斯手里要回安西、北庭之地，李德裕等人反对道："安西距离长安七千余里，北庭也有五千多里，就算得到了这两地，还需重新设置都护，派遣一万多唐军驻守在那里。臣等不知这些军队从何处征调，粮食供应经何处运送，这确实得不偿失，不是个好主意。"武宗听了，也就不再坚持了。

黠戛斯请求唐朝册封，李德裕认为应该与之搞好关系，命其出兵向诛杀他们使者的人（指回鹘乌介可汗）寻仇并讨伐黑车子。武宗担心一旦加封黠戛斯可汗之名，就可能对唐朝不再顺服，而会像回鹘人一样每年请求唐朝的封赏以及强行将马匹卖给唐朝，因而犹豫不决。李德裕说道："黠戛斯已经自称可汗，如今我们要想借助他们的力量来对付回鹘，就不能舍不得这个可汗之名。回鹘有平定'安史之乱'之功，因此，我们每年会赏赐给他们两万匹绢，并与之通商，而黠戛斯对我们并没有立下什么功劳，岂敢冒昧地索要赏赐！如果担心他们不顺从，也可以与他们约定，一定要像回鹘那样向我们称臣，我们再给他们册封；同时强调双方是同姓，让他们向我们行晚辈之礼。"武宗答应了。

三月一日，太和公主来到长安，武宗将她改封为安定大长公主，下诏宰相率领百官前往章敬寺前迎接。太和公主从穆宗长庆元年七月出嫁回鹘，迄今已过去了二十三年，如今重返母国。她来到大明宫宣政殿西侧的光顺门，脱去华丽的外衣，卸下珠宝首饰，对回鹘忘恩负义以及自己未能完成和亲使命，向武宗表示谢罪。武宗派遣中使前去安慰，然后，太和公主这才进宫。阳安长公主（顺宗第九女、太和公主之姑）、宣城公主（宪宗第四女）、义宁公主（宪宗第十六女）、真源公主（宪宗第十二女）、真宁公主（宪宗第八女）、临真公主（宪宗第十女，她们都是太和公主的姐妹）等七位公主拒不从命，不肯出迎。武宗大怒，各被处罚俸禄及丝绸。

三月，武宗任命太仆卿赵蕃为黠戛斯安抚使。武宗命李德裕起草《赐黠戛斯可汗书》，指出："贞观二十二年，黠戛斯当时的君主曾经来朝晋见，被天子授予左屯卫将军、坚昆都督，直到天宝年间，你们对我朝的朝贡，一直都没有间断，后来，回鹘从中阻挠，才算中断。回鹘欺凌各部，可汗能够报仇雪恨，丰功伟业，迄今无人能比。如今，回鹘残余人马不足一千，分散在荒野山谷之中，可汗既然已与其结怨，就该一网打尽，不留后患。又听说可汗的姓氏来源与我们同族，我们的祖先是北平太守李广，而可汗的祖先则是都尉李陵，因李陵是李广之孙，我们之间尊卑显而易见。如今，本想册封可汗，并增加优美的形容词，只是不知可汗的真心，暂时派遣使者表明我们的立场，等赵蕃回来后，再行册封。”自从回鹘来到塞上以来，到黠戛斯入贡，武宗每次颁布诏命都让李德裕亲自起草，李德裕请求让学士们起草，武宗却说：“学士们不能准确传达我的意思，还需要爱卿亲自起草。”

刘沔上奏称：“根据诏命，归义军回鹘三千余人以及酋长四十三人，应当分配给各个战区，他们拒不从命，大声呼号，拒守滹沱河，我已派兵将他们全部消灭。回鹘投降幽州的也有三万余众，都已分别遣送到各个军镇。”

李德裕追究十二年前自己担任西川节度使时朝廷勒令释放吐蕃降将悉怛谋一事，他说道：“维州（今四川省理县）居于高山之巅，三面临江，是敌人重要的门户，又是我们进兵的要道。当初，河西、陇右同时沦陷，唯独维州还在我们之手。吐蕃人将一名妇女嫁给维州的看门人，二十年后，这个妇女生下的两个男子长大了，偷偷打开了维州城门，吐蕃军队趁夜入城，维州这才沦陷，吐蕃人得到维州城后，号称为无忧城。从此以后，吐蕃人没了南面之忧，才得以全力进攻我国西部边疆，骚扰长安，让历代皇帝寝食难安。贞元中，韦皋打算经营河西，必须先拿下此城，他组织了上万精锐部队，连续强攻数年之久，虽然生擒了论莽热，但始终未能拿下此城。臣刚到西蜀时，对外宣扬国威，对内整顿军备，吐蕃维州守将响应我的号召，空城归降，臣刚一接受，南方各族蛮夷都大为震动，成都以西的八九个部落都愿意投降。吐蕃合水、栖鸡等城，失去维州这一屏障，势必纷纷投降，我们可以减少八个地方的镇兵，不费一兵一卒就收复了上千里的土地。况且，维州没投降的前一年，吐蕃尚且包围着鲁州（河曲六胡州之一），他们岂能顾及盟约？臣接受悉怛谋投降时，曾指天发誓，转奏文宗，各自予以封赏。当时，那些排挤臣的官员（指牛僧孺等人）嫉妒臣，怂恿文宗下诏命臣逮捕悉怛谋等人，交还吐蕃，让吐蕃人杀掉他们。臣岂能断送三百余人的性命，不顾信义，苟且偷生！臣连连上书，反复陈述，乞求怜悯赦免，而诏书严厉督促，最终还是将悉怛谋等人送回了。悉怛谋等人身披枷锁，装在竹筐之内，临上路前，一片哀号，将士们面对我，也无不落泪。吐蕃将领们更是嘲笑我们负责押送的士兵们：‘既然他们都已经投降了，为什么还送回来！’将这些投降的人残杀在边境上，以震慑叛逃之人，甚至将婴儿抛向空中，再用枪尖接住。断绝境外归顺之路，让敌人称心如意，从古到今，还从来不曾发生过此等怪事！此事虽然过去十几年了，但其不良影响却可以延续千年，请求追赠忠魂。”武宗下诏追赠悉怛谋为右卫将军。

# 六二〇　吐蕃内乱

宪宗十年（公元815年），吐蕃赞普赤德松赞去世，其子赤祖德赞继位，史书旧译可黎可足，因其年号为彝泰，故又称为彝泰赞普。两年后，吐蕃向唐朝告哀，宪宗派遣右卫将军乌重骙、殿中侍御史段钧为吊祭使，出使吐蕃。

穆宗继位后，赤祖德赞派人求和，双方分别于长庆元年、二年两次结盟，此后，两国大体上维持和平关系，到文宗五年，维州悉怛谋投降，牛僧孺担任宰相，认为应该遵守两国盟约，不可接纳吐蕃降将，与李德裕意见相左。赤祖德赞在位期间，非常推崇佛教，建立了七户养僧制度，每七户人家都要养活一位僧人。他坚持以佛法治国，规定所有法律和国策都必须以佛法为基准，所修建的著名的九层神殿，佛像在上三层，高僧在中三层，王公贵族位于最底层，出现了佛权高于世俗权力的迹象。

赤祖德赞在位期间，一直身体多病，将国事交给大臣们处理，吐蕃国势开始衰落，“仅能自守，久不为边患”。赤祖德赞的佞佛行为，导致国内信奉苯教的人的不满，他们先诱使赤祖德赞将已出家的哥哥臧玛流放，继而又污蔑宰相贝吉云月与王妃私通，将贝吉云月处死，到文宗开成三年（公元838年），信奉苯教的大臣韦·甲多热等三人发动政变，将赤祖德赞杀死，拥立其弟达磨继位。

达磨为人荒淫残暴，嗜酒，喜欢打猎，吐蕃政治更加混乱。达磨与哥哥赤祖德赞秉性相反，他非常讨厌佛教，在他在位的短短四年间，他下令大肆灭佛。命令出家僧人还俗，要么当屠夫，要么强迫他们狩猎，如果不从，就被杀害。他还下令摧毁佛寺，烧毁佛经，此后一百年间，佛教在藏地几乎绝迹了。文宗开成四年，唐朝派遣太子詹事李景儒出使吐蕃。一路上，他发现吐蕃国内发生严重的地震灾害，百姓饥寒交迫，死了很多人。

武宗会昌二年（公元842年），达磨赞普被贝吉多杰刺杀而死，武宗命令将作监李璟出使吐蕃进行凭吊。达磨生前有个佞幸之臣，达磨拜其为宰相。达磨死后，因其没有孩子，这位佞幸之臣就拥立达磨的妃子綝氏之兄尚延力年仅三岁的儿子乞离胡为赞普，这位宰相和王妃一同操纵吐蕃国是，其他数十位老臣则受到排挤，不得干预国事。首相结都那见到乞离胡，也不肯参拜，说道："赞普宗族子弟很多，如今却拥立綝氏之子，国人谁服从他的号令？鬼神谁享用他的祭祀？国要灭亡了啊！近年来，国家接连出现灾祸，原因就在于此啊。老臣手中没有权力，无力拨乱反正，以报答赞普之德，唯有一死了！"遂抽出佩刀划破脸庞，大哭而去。那位奸佞宰相就杀了这位首相，灭了他全族，吐蕃国民得知这一消息，都非常愤怒。

洛门川（今甘肃省武山县洛门镇一带）讨击使论恐热凶悍残忍，诡计多端，他煽动部众们说："奸臣舍弃赞普皇族而另立綝氏之子，专门残害忠良，胁迫群臣，况且，还没有受到大唐的册封，凭什么称赞普？我将与你们一起起兵，返回国都，诛杀綝妃以及掌权者，以安定国家。上天会帮助名正言顺的人和事，我们此举一定能够成功！"遂说服了三个部落，与他一起发动叛乱，集结了一万名骑兵。论恐热还拉拢青海节度使与他一起起兵，二人结下盟约，论恐热遂自称国相。叛军行至渭州（今甘肃省陇西县），遇到宰相尚思罗率军驻扎在薄寒山（今甘肃省陇西县南），论恐热发起攻击，尚思罗被击败，丢下辎重仓皇逃往松州（吐蕃境内的松州地名不详，非唐朝松州），论恐热遂将渭州屠城。

尚思罗逃到松州后，又调集苏毗部落（今青海省杂多县）、吐谷浑部落（今青海省境内）、羊同部落（今西藏自治区西部）的军队共计八万人，退守洮水（今洮河），烧毁桥梁，企图阻止论恐热西进。论恐热来到河边后，隔着河水对各部说："宰相兄弟祸乱国家，上天派遣我前来讨伐，你们为何要帮助贼臣！如今我已经当上了宰相，国内的军队我都可以调遣，你们如果不服从我的命令，我将灭了你们部落！"苏毗等部落的军队心生疑虑，不愿出战。论恐热率领轻装骑兵强渡洮水，苏毗等部落的军队纷纷投降，尚思罗逃走，被论恐热擒获杀死。论恐热吞并了各部降众，手下军队达到十万余众，从渭州到松州，一路走来，全部予以摧毁，到处都是尸体。

会昌三年，当唐朝正忙于处置回鹘事宜之际，吐蕃论恐热正朝逻些（今西藏拉萨市）挺进。当时，吐蕃鄯州（青海省海东市乐都区）节度使尚婢婢，姓没卢，名赞心牙，是羊同国人，他的家族世代担任吐蕃国相。尚婢婢生性喜欢读书，不喜欢入仕为官，他为人宽厚，在吐蕃国民中享有很高的声望，赤祖德赞强行命他担任了鄯州节度使。尚婢婢到任后，果然没有让赞普失望，他有勇有谋，很快就将鄯州的军队训练成了一支精锐部队。

论恐热率领的叛军名义上是一支勤王军，但其内心企图夺取政权，因此，唯恐尚婢婢会从背后偷袭自己，遂决定在挺进逻些之前，先把尚婢婢消灭掉。会昌三年六月，论恐热率领二十万大军进攻尚婢婢，军中的锣鼓、旌旗、牛马、骆驼连绵上千里。行至镇西（今青海省循化县），突然遭遇恶劣天气，天上刮起了大风，霎时雷电交加，大地震动，军营起火，烧死十余名低级军官和上百牲畜。论恐热心生厌恶，遂下令军队停止前进。

尚婢婢对属下们说道："论恐热大军压境，根本不把我们放在眼里，把我们当作蚂蚁一样，觉得不够他们屠杀的。突然遇到天灾，开始犹豫起来，我不如表示暂时归顺，先把他打发回去，令其更加骄傲自大，然后我们才有机会下手。"遂派人给论恐热送去了大批财物，以犒劳其军队，并给其送去一封书信。尚婢婢在信中写道："相公起义兵以匡复社稷，我们全境军民谁不顺从！只需大人派来一名使者，携带一封书信，我怎敢不从命？何必劳动大军长途跋涉，来到此地？尚婢婢我生性愚蠢，只喜欢读书，前赞普任命我当这个节度使，确实是对我不了解，上任以来，我日夜忧虑，一直想辞职回家。相公如果答应让我回家闲居，才算遂了我生平的夙愿了。"论恐热看了尚婢婢的书信，顿时大喜，让手下将领们一一观看，说道："尚婢婢只会读书，怎会用兵？等我当上赞普后，就算让他当个宰相，他也只会坐在家中，什么事也干不了。"遂命人给尚婢婢回信，态度也很诚恳，就率军返回了。尚婢婢听说后，拍着大腿笑道："我国无主，我将归顺大唐，岂能侍奉这个鼠狗之辈！"

论恐热退兵大夏川（源于甘肃省和政县南，注于洮河）。到会昌三年九月，尚婢婢派遣大将厖结心、莽罗薛吕率领五万精兵进击论恐热。行至河州（今甘肃省临夏市）以南，莽罗薛吕率领四万人马埋伏在险要之处；厖结心率领一万人马提前埋伏在柳树林中，然后又率领一千骑兵登上高山，把羞辱论恐热的书信射到论恐热的军营内。论恐热得到书信后，顿时勃然大怒，立即率领数万骑兵追击厖结心。厖结心假装败退，还不时装作人困马乏，行动困难之状。论恐热见状，追赶得更快了，不知不觉之间就追了数十里，进入到尚婢婢军预设的伏击圈。突然，莽罗薛吕一声令下，伏兵出现，立即切断了论恐热的退路；就在这时，狂风大起，暴雨如注，顿时飞沙走石，河水暴涨，论恐热的追兵大败，尸体连绵了五十余里，被淹死的人数不胜数，论恐热单枪匹马，侥幸逃出一命。

战败之后，论恐热心生郁闷，变得更加猜忌残忍，大肆杀戮以立威，不久，其部将岌藏、丰赞都投降了尚婢婢。会昌四年（公元844年），论恐热再次发兵进攻鄯州，尚婢婢分五路抵御，论恐热未能得手，只好退守东谷山（今甘肃省临夏市东南），固守不战。岌藏用木栅栏将论恐热之军团团围住，又切断了他们的取水之路，十余日后，论恐热率领一百多名骑兵突围，逃回薄寒山（今甘肃省陇西县南），剩余部众都投降了尚婢婢。会昌五年（公元845年）十二月，论恐热再次纠集各部进攻尚婢婢，尚婢婢派遣部将厐结心率领五千人马抵御，论恐热又被打得大败，与数十名骑兵一起逃走。尚婢婢向河湟一带发布檄文，历数论恐热的残暴罪行，并称："你们原本就是唐朝人，吐蕃如今无主，你们就该一起逃回唐朝，不要像野兔一样被论恐热猎杀！"于是，归附论恐热的各个部落逐渐脱离了论恐热。虽然论恐热接连战败，但尚婢婢始终无法将其彻底消灭，双方之间的战争就这样一打就是二十多年。

在尚婢婢和论恐热打得不可开交之时，吐蕃也出现了两个赞普，王国正式一分为二了。綝氏在拥立三岁的乞离胡时，达磨的侧妃蔡邦氏已真怀上了达磨的儿子，等达磨的这个遗腹子生下后，被取名为沃松，沃松被人保护着回到了赞普王室悉勃野家族的兴起之地雅砻河谷，沃松也被拥立为赞普，正式与逻些政权分裂，此后，双方的争斗一直持续了二十六年之久。

# 六二一　讨平泽潞（一）

回到国内。

武宗在位六年，大体而言，主要办了三件大事：第一件是抵御回鹘；第二件是讨平泽潞；第三件就是会昌灭佛。这三件事的时间分野也非常清晰：从会昌元年到二年，武宗和朝廷群臣主要是在处理回鹘问题；会昌四年和五年则是在平定泽潞叛乱；会昌六年开展灭佛运动。

据《唐将相大臣年表》，这六年里，唐朝朝廷重臣分别是，会昌元年，宰相：崔郸（十一月出为西川节度使）、崔珙、李德裕、陈夷行（三月任命），盐铁使崔珙，左右神策军中尉：仇士良、鱼弘志；会昌二年，宰相：李德裕（一月晋升司空兼同平章事）、崔珙（一月加尚书右仆射）、陈夷行（一月加尚书左仆射，六月贬为太子太保）、李绅（二月任命）、李让夷（七月任命），盐铁使崔珙，左右神策军中尉：仇士良、鱼弘志；会昌三年，宰相：李德裕（六月晋升为司徒，仍兼任同平章事）、崔珙（二月贬为尚书右仆射）、李绅（五月加尚书右仆射）、李让夷、崔铉（五月任命），盐铁使崔珙，左右神策军中尉：仇士良（晋升为观军容使兼领左右神策军，六月死，马元贽继任）、鱼弘志；会昌四年，宰相：李德裕（八月晋升为守太尉，仍兼同平章事）、李绅（闰七月出为淮南节度使）、李让夷、崔铉、杜悰（闰七月由淮南节度使任命），度支盐铁转运使杜悰（以宰相兼管二使）、度支使卢商（兵部侍郎判度支）、盐铁使崔铉、左右神策军中尉马元贽、鱼弘志；会昌五年，太尉李德裕、宰相李让夷、崔铉（五月贬为户部尚书）、杜悰（五月贬为尚书右仆射）、李回（五月任命）、郑肃（七月任命），盐铁转运使薛元赏、度支使卢商（出为东川节度使），左右神策军中尉马元贽、鱼弘志；到六年三月武宗去世，光王李怡继位，朝中又发生了重人变化，暂且不说。

李德裕个性张扬，疾恶如仇，以天下为己任；而崔郸则老成持重，明哲保身，不愿卷入中枢激烈的政治斗争旋涡，过去就曾请求辞去翰林学士，李德裕拜相后，二人仅仅共事一年左右，崔郸就请求辞去宰相一职。《崔郸墓志》记载：“时李宰相德裕方固权稔奸，惮公之正，且嫉其恩隆。公以明哲之道，坚词乞免，三进方遂，乃命为剑南西川节度使、检校吏部尚书、平章事。人皆惜其去而执柄者益横。”由此可见以下几点：一是崔郸与李德裕的关系并不亲密，如果二人性格、政见一致的话，他也不会很快就辞去相位的；二是崔郸辞职，主要是个人避祸，不愿介入牛、李党争，免得像杨嗣复、李珏那样落得个悲惨的下场；三是在崔郸辞职一事上，李德裕并未介入。《崔郸墓志》暗示崔郸辞职是受李德裕的排挤，而《旧唐书·崔郸传》称李德裕与崔郸私交很好。《崔郸墓志》出于宣宗朝牛党领军人物令狐绹之手，肯定会往李德裕身上泼脏水，即便如此，《崔郸墓志》也没有明确说李德裕在武宗面前进了什么谗言，崔郸才辞职的。

崔郸在任时，就发生了回鹘残余部众来到唐朝边境之事，当时，朝廷在这一事件的处置问题上发生了激烈的争论。包括崔郸在内的宰相们一致认为应当采纳天德军使田牟等人的意见，发兵进攻，唯独首相李德裕持反对意见，反对主动寻衅，以天德孤军打击回鹘人。最终武宗力排众议，采纳了李德裕的意见，对回鹘人采取安抚与防备并重的策略，一方面先满足回鹘的要求；另一方面则暗中调集各路兵马，以防不测。在这场争论中，尤其是陈夷行反复与李德裕争执，二人发生激烈的言语冲突，此后，陈夷行总与武宗争执，言辞不留情面，弄得武宗很不高兴。在崔郸外调半年后，到会昌二年六月，武宗又将陈夷行罢相，改任尚书左仆射，后为守吏部尚书。会昌三年，随着回鹘事件的平息和泽潞刘稹叛乱的发生，武宗又任命其为检校司空、平章事、河中尹、河中晋绛节度使，负责讨伐刘稹。会昌四年，陈夷行病故。

随着崔郸、陈夷行前后罢相，武宗相继晋升淮南节度使李绅、尚书右丞李让夷为宰相。李绅是李党的核心人物之一，与李德裕是旧交，武宗把李绅召回朝廷，就是让他辅佐李德裕，干出一番事业。李让夷同样被牛党视为李党，在文宗一场一直受到打压，李德裕拜相后，破格将其提拔为工部侍郎、户部侍郎，很快就晋升为尚书左丞（《资治通鉴》称右丞），后又晋升为检校尚书右仆射，会昌二年七月就拜为中书侍郎、同平章事，至此，武宗朝廷的四个宰相是清一色的李党人物，武宗对李德裕的信任也达到了顶峰。

外朝不再是一盘散沙，这让以仇士良为代表的内臣深感不安。会昌元年八月，武宗晋升仇士良为观军容使，但平时，武宗对仇士良不冷不热，表面上对他尊崇，内心却极为厌恶。仇士良见武宗对李德裕信任有加，就打算给李德裕制造麻烦。会昌二年四月，武宗将要接受仁圣文武至神大孝皇帝尊号，并驾临丹凤楼宣布赦令。有人向仇士良禀报，宰相和度支部门在起草诏书时，想要削减禁军将士们的俸禄以及战马的粮草，仇士良故意在众人面前说："要是这样的话，届时，士兵们肯定会在楼前大吵大闹的！"李德裕听说后，赶忙向武宗报告，请求开延英殿说明情况。武宗听说后，勃然大怒，连忙派遣中使到左右神策军中宣布："诏书中根本就没有此事，完全是无中生有。况且，诏书内容出自朕的旨意，并非是宰相的主意，你怎敢口出此言！"仇士良这才惶恐谢罪。会昌三年六月，仇士良以左卫上将军、内侍监职务退休。

会昌三年除了内臣仇士良退休之外，外朝也发生了一些变化。

李让夷拜相后，又引荐了翰林学士崔铉，担任户部侍郎承旨。崔铉，字台硕，是崔元略的儿子。《南楚新闻》称，崔铉小的时候，其父崔元略带着他去拜见韩滉。崔元略称赞儿子作诗还行，韩滉随手指着架上的一只鹰，让崔铉作诗一首。崔铉略加思索，脱口而出："天边心性架头身，欲拟飞腾未有因。万里碧霄终一去，不知谁是解绦人。"韩滉听后叹息道："这孩子真是前程万里啊！"后来，崔铉进士及第，一直在节度使幕府工作。会昌初年，被召回朝廷担任左拾遗，又晋升为员外郎，知制诰、翰林学士。崔铉素来与崔珙不和，等崔铉担任户部侍郎后，就搜罗出盐铁使崔珙的种种过错。甘露之变后，昭义节度使刘从谏屡屡指斥仇士良的罪恶，在萧本、萧弘是不是文宗的舅舅一事上大做文章，与仇士良作对，二人闹得不可开交，虽然文宗赖其稍稍能够控制一下局面，但刘从谏也付出了很大代价，仇士良也在皇帝和朝臣们中间散布刘从谏图谋不轨的谣言，因此，朝廷方面对刘从谏的态度也很微妙。刘从谏当然知道武宗是依靠仇士良继位的，刘从谏也想在新皇帝面前表现一下忠心，另外也是想试探一下武宗对自己的态度。刘从谏有一匹九尺高的大马，武宗刚一继位，刘从谏就要把那匹马献给武宗，当时武宗并不明白刘从谏的用意，连同沧州所献的白鹰一起拒绝了，可是，这却让疑神疑鬼的刘从谏非常失望，愤怒之下杀了那匹马。等到武宗将李德裕拜相后，刘从谏再一次试探一下朝廷的态度。会昌二年十一月，刘从谏上书请求率领五千人马讨伐回鹘，但朝廷却没有同意。朝廷方面之所以没有同意，大约因为当时朝廷已经命令幽州、天德、河东、振武出兵了，且已经令朝廷信任的刘沔作为朝廷军队讨伐回鹘的主力，刘从谏有使相之尊，如果他亲自出兵的话，朝廷军队势必要听从他的指挥，这当然不是武宗等人愿意看到的，于是就拒绝了他的好意。当然，刘从谏与宰相李德裕的关系也不好。刘从谏与牛党人物关系都不错，大和六年底，刘从谏入朝，李德裕曾经建议文宗将刘从谏调到宣武，而最终在宰相李宗闵、牛僧孺（当时牛僧孺虽然已经任命为淮南节度使，但应还为成行）等人周旋下，刘从谏不仅没有被调离昭义，反而如愿以偿地得到了使相（即节度使带同平章事官衔），后来，李德裕与李训、郑注集团交恶，而刘从谏却与李训等人过从甚密，显然二人不可能亲密。没有了武宗和李德裕的支持，刘从谏在与仇士良的较量中立刻就处于下风了，看到武宗的态度，刘从谏心也凉了，从此与朝廷走得越来越远，到会昌三年时，刘从谏与朝廷之间的隔阂已越来越深了。这时，崔铉就又向武宗揭发崔珙曾经保护过刘从谏，武宗就把崔珙罢相了。

崔铉的出现和崔珙的罢相让原本稳定的朝局出现了波澜。崔珙会昌三年二月罢相，三月，李德裕就提出追赠维州吐蕃降将悉怛谋一事，四月李德裕又提出了辞呈，三者当然存在联系。李德裕在这个节骨眼上旧话重提，借追赠悉怛谋来提醒武宗牛党曾经犯下的错误，目的当然是要让武宗继续打压牛党，但武宗只是追赠悉怛谋了事，对牛党人物并没有进一步的惩处，这大约是四月李德裕提出辞职的原因之一。崔铉过去官位不高，此时还不能称为牛党人物，他是因为与崔珙的个人恩怨，进而得罪了李德裕，此后二人交恶，最终投入牛党的怀抱。回鹘之事刚刚处理得差不多，泽潞之事又凸显出来，在这当儿口，武宗当然不会让李德裕辞职。他对李德裕说："爱卿每次提出辞职，都令朕十几天六神无主，如今大事都还没完成，爱卿岂能离开朝廷！"

# 六二二　讨平泽潞（二）

会昌三年四月李德裕提出辞职，五月，武宗就任命翰林学士承旨崔铉为中书侍郎、同平章事，而且，崔铉的这次任命非常奇怪，完全出于武宗本人的决定，根本没让宰相、枢密使知道！五月的一天夜里，武宗召来翰林学士韦琮（韦乾度之子），让他起草晋升崔铉的诏书，绕过了宰相和枢密使。时任枢密使的是刘行深和杨钦义，二人都比较老实，一些年老的宦官纷纷嘲笑二人道："都是因为这两个人胆小怕事，坏了以前的规矩。"

几年来，刘从谏招降纳叛，整修军备，其邻近军镇也都暗中防备着他。为了筹措资金，刘从谏征收马税和商业税，每年收入五万串钱，又贩卖铁器、食盐，每年也收入数万钱。他还授予一些商人军职，让他们前往各道，以出使之名行交易之实。这些商人们有了刘从谏这个靠山，趁势作威作福，欺凌各地的将士，惹得大家都非常不满。到会昌三年，刘从谏一病不起，病中，他对妻子裴氏说道："我一颗忠心对待朝廷，而朝廷却不明白我的真心，各道也不和我们一心。我死后，如果让别人来主持本镇，我们家就没活路了啊！"就与幕僚张谷、陈扬庭策划效仿河朔三镇那样，让其弟弟右骁卫将军刘从素的儿子刘稹担任衙内都知兵马使，侄儿刘匡周担任中军兵马使，孔目官王协担任押牙亲事兵马使，家奴李士贵担任使宅十将兵马使，又让亲信刘守义、刘守忠、董可武、崔玄度分别统领亲兵。

不久，刘从谏就去世了，刘稹秘不发丧。王协替刘稹策划道："我们应当像宝历年间（当时刘悟去世、刘从谏继位）那样，不出百日，朝廷的正式任命书一定会送来。我们只需恭敬地对待监军，重重地贿赂中使，不要向四邻出兵，城中暗中戒备即可。"刘稹派遣押牙姜崟来到长安，请求朝廷派遣御医给刘从谏治病。武宗派遣中使解朝政带着御医来到昭义镇探望。刘稹又逼迫监军崔士康上奏称，刘从谏病重，请求任命其侄儿刘稹担任昭义留后。武宗派遣供奉官薛士幹来到昭义镇传话："朕担心刘从谏还没有好转，认为应该前往东都治疗；等病情稍微好转，朕将另有委任。现在要派刘稹进京，朕一定会给其高官厚禄。"

武宗召集宰相们商议昭义镇的事情，宰相们大多认为："还没有彻底消灭回鹘的残余部众，如果再讨伐泽潞，国家财力不支，请求让刘稹暂且主持泽潞军务。"朝廷谏官以及群臣们纷纷上书，都赞同这一观点，唯独李德裕反对道："泽潞的情况与河朔三镇不同。河朔三镇很久以来已习惯了割据一方，人心很难在短时间内挽回，因此，历朝以来都把他们置之度外。泽潞则邻近朝廷心腹之地，泽潞军素来号称忠义之师，昔日曾击破朱滔，生擒卢从史。当时，朝廷大多任命文官担任此镇统帅，像李抱真，他是首位节度使，德宗尚且不允许他传之子孙，令李缄护送其灵柩回京。敬宗不问国事，当时的宰相又没有长远的打算，刘悟死后，姑息迁就，竟然把节度使一职交给了刘从谏。刘从谏张扬跋扈，屡屡上书胁迫朝廷，如今临死之际，又把兵权擅自交给不懂事的娃娃。朝廷如果又予以认可，那么各地藩镇谁不想效仿？朝廷的威信和号令还有谁听从呢？"

武宗问道："爱卿有什么办法，保证一定能成功呢？"

李德裕回答："刘稹依仗的就是河朔三镇，只要镇州和魏博两镇不支持他，就可以了。朝廷如果派遣重臣前往游说镇州的王元逵和魏博的何弘敬，明确告诉他们，自从非常事变（指德宗建中三年四王二帝事件，迄今已六十年）以来，历朝皇帝都允许三镇世袭，这已经成为惯例，所以，你们与泽潞（指昭义镇）不同。如今，朝廷将要对泽潞用兵，不打算进攻泽潞镇下属的太行山以东的邢州（今河北省邢台市）、磁州（今河北省磁县）、洺州（今河北省邯郸市永年区）三个州，这三个州就交给你们两镇攻取。再通令两镇官兵，等平定叛乱之后，朝廷一定重重有赏。如果两镇听从朝廷命令，不从中作梗，那么就一定能够消灭刘稹。"他还说："如果师出无功，臣自请受罚，不要连累了李绅和李让夷等人。"

武宗听了，很是高兴，说道："我与德裕的意见一致，绝不后悔！"于是，朝廷就定下了讨伐刘稹的基本方略，朝中反对之声随之销声匿迹了。

李德裕之所以说只需镇州和魏博不捣乱就可以了，是因为：一是幽州不与昭义接壤，地处偏远；二是节度使张仲武是会昌元年刚刚上任的，对朝廷还是心存感激的。确实像吴仲舒说的那样，张仲武"年五十余，兼晓儒书，老于戎事，性抱忠义，愿归心阙廷”，在讨伐回鹘之战中，张仲武立下大功，唐僖宗时的宰相郑畋甚至说张仲武“会昌时功第一”，因此，李德裕判断张仲武肯定不会支持刘稹。何弘敬是原魏博节度使何进滔的儿子，原名何重顺。大和三年，文宗讨伐横海节度使李同捷后，想趁得胜之师，顺便将魏博史宪诚调离，由李听继任节度使，将魏博也纳入直接听命于朝廷的藩镇，但史宪诚在临行前搜刮了军镇财物，惹恼了本镇将士，引发魏博军乱，杀死史宪诚，逼退李听，推举衙内都知兵马使何进滔为留后，文宗无奈只好承认。何进滔在位十一年，将魏博镇治理得井井有条，到文宗开成五年，何进滔去世，军中推举其子何重顺为留后。当时武宗刚刚继位，就承认了既成事实，会昌元年正式任命其为节度使。会昌三年二月，武宗又给其赐名为何弘敬。如前所述，王元逵是前任成德节度使王庭凑之子，大和八年王庭凑去世，王元逵继任。他继任之后，一改其父飞扬跋扈之风，对朝廷非常恭顺，每年都要向朝廷贡奉很多财物。文宗为了拉拢他，还在开成二年将绛王李悟（宪宗第六子）的女儿寿安公主（即文宗的堂姐妹）嫁给了他，拜他为驸马都尉。当时，诗人李商隐听说后，还写了一首《寿安公主出降》予以嘲讽此事：“沩水闻贞媛，常山索锐师。昔忧迷帝力，今分送王姬。事等和强虏，恩殊睦本枝。四郊多垒在，此礼恐无时。”

武宗命令李德裕起草送给王元逵和何弘敬的诏书，李德裕在诏书中写道：“泽潞一镇，与你们二位的情况不一样，你们二位不要自以为替子孙打算，想与泽潞互为唇齿，只需替朝廷立下功劳，自然能泽被后世。”武宗看了草稿，连连称赞道：“就该这样明明白白地告诉他们！”又给张仲武送去诏书，主要内容是要求他“回鹘余党尚未全部消灭，塞上还有很多威胁，朝廷交你全权处理。”王元逵和何弘敬收到诏书，都战战兢兢，表示听从朝廷的命令。

解朝政来到上党（昭义镇总部潞州，今山西省长治市）后，刘稹对他说：“相公病危，无法跪拜诏书。”解朝政想冲进房内一看究竟，兵马使刘武德、董可武脚踩门帘，站立两旁，不让他进去。解朝政担心有变，急忙退出屋外。刘稹送给解朝政数千串贿赂，又派遣牙将梁叔文入朝谢恩。薛士幹进入昭义境内后，闭口不提刘从谏的病情，暗示朝廷已经知道刘从谏已死。昭义都押牙郭谊等人率领大批军队赶往龙泉驿（今山西省屯留县西北），迎接薛士幹一行，当面请求按照河朔三镇的办法，让刘稹担任节度使。他们又一起来见监军崔士康，提出同样的要求，崔士康胆怯，不敢提出反对意见，于是，刘稹这才在众人的搀扶下出来宣布刘从谏已死的消息。薛士幹最终也没能进入昭义衙门，刘稹也没有接受朝廷的命令。解朝政回京后，武宗大怒，将其杖打一顿，发配到恭陵（高宗之子李弘坟墓）守陵。朝廷方面囚禁了姜崟、梁叔文，四月二十二日，武宗下令停止朝会，哀悼刘从谏，下诏命令刘稹护送刘从谏的灵柩返回东都；又召见刘从素，命其写信劝说刘稹，但刘稹不从。二十九日，武宗调忠武（今河南省许昌市）节度使王茂元担任河阳（今河南省孟州市）节度使，以邠宁节度使王宰为忠武节度使。

# 六二三　讨平泽潞（三）

黄州刺史杜牧也密切关注着事态的发展。

杜牧，字牧之，系德宗、顺宗、宪宗朝宰相杜佑之孙。杜牧天资聪颖，敬宗宝历元年二十三岁时就写出了著名的《阿房宫赋》。文宗大和二年，二十六岁的他进士及第，闰三月又制策登科，被任命为弘文馆校书郎、试左武卫兵曹参军，十月随江西观察使沈传师外放到洪州（今江西省南昌市），担任巡官、试大理评事，大和八年又随沈传师来到宣州，继续当幕僚。杜牧“弱冠成名，名振京师”（《本事诗》语），但他自恃才高，性格放荡，“虽为检刻，而不能自禁”（《唐阙史》语），特别好色。

牛僧孺于大和六年十二月罢相担任淮南节度使，大和七年杜牧到扬州办事，被牛僧孺挽留，召入幕府，担任掌书记。杜牧在扬州三年，到大和九年被朝廷拜为监察御史，分管东都，因此，他的“十年一觉扬州梦，赢得青楼薄幸名”，又记作“三年一觉扬州梦，赢得青楼薄幸名”。在淮南期间，杜牧与牛僧孺结下了很深的友谊。《唐阙史》《唐语林》《芝田录》等书都记载了这样一件事：当时的扬州非常繁华，“九里三十步街中，珠翠填咽，邈若仙境”，杜牧每晚都混迹于妓院之中，都虞候也不敢管，只好偷偷禀报了牛僧孺。杜牧自以为做得天衣无缝，牛僧孺故作不知，还派三十名小吏换成平民衣服暗中保护着他。直到杜牧拜为监察御史后，牛僧孺才委婉地告诫他要稍稍节制一下，以免影响到身体健康，并从关心他的角度说深夜独行，一旦出事，后悔就来不及了。杜牧一开始还辩解说自己一直洁身自好，让牛僧孺放心。牛僧孺听了，笑而不答，让人拿来一个小书箱，里面全是记载着某月某日杜牧留宿某家妓院的报告。杜牧一见之下，顿时既羞愧，又感动，“终身感焉”（《唐阙史》语）。

不过，牛僧孺的告诫似乎并没有起到应有的作用。杜牧分司洛阳两年，期间，《苕溪渔隐丛话》记载，当时，李愿（李愬之兄）罢职闲居，别墅豪华，经常与洛阳名士们在一起饮宴作乐。因杜牧是监察官员，就没敢请他，可是杜牧早有耳闻，尤其是听说那里美女很多，就主动要求参加。宴会上美女上百人，个个都是倾国倾城，杜牧一个个看过后，连喝了三大杯，直接问："哪个是紫云姑娘？"李愿指了指，杜牧凝视一会儿说道："果然名不虚传，你把她送给我好了。"众人都惊愕不已，一群美女也都低头窃笑。杜牧又喝了三大杯，大声吟了一首诗："华堂今日绮筵开，谁唤分司御史来？忽发狂言惊满座，两行红粉一时回。"《侍儿小名录》也说崔紫云是李尚书的乐伎。（按：李愿其实在宝历元年就去世了，据杜牧分司洛阳已过十年，并且也没有当过河东节度使和兵部尚书，虽然李愿死后也被追赠为司徒，但文中的司徒应该是当时闲居洛阳的司徒裴度。）

三年后，开成二年，三十五岁的杜牧到扬州探望患了眼病的弟弟杜顗，后带着杜顗再次来到宣州，当了崔郾的幕僚。《丽情集》《唐阙史》记载，杜牧宣州期间，听说湖州有很多美女，特意前去寻找。湖州刺史与他有些交情，把所有的妓女都弄来，杜牧一一看过，没一个看上眼的。刺史问怎么办，杜牧提出举办一个龙舟巡游，让当地的百姓们都出来观看，也许能遇上一个如意的女子。刺史大喜，就照着杜牧的话办了，当天果然百姓们倾城出动观看，杜牧苦苦搜寻，但一直没有找到。快日落时，才在人堆之中看到一个女人带着一位十几岁的小女孩，杜牧顿时两眼发光，说道："这才是国色啊！"命人把母女二人叫到船上。母亲听后，大吃一惊，杜牧赶忙说道："我并非现在就娶，以后等她长大再娶。"老婆婆说："以后你失信了，我可怎么办呢？"杜牧说道："不出十年，我一定会当这里的刺史。如果十年之内我不来这里，随你把她嫁给谁都成。"遂给那位母亲很多钱定下了这门亲事。开成五年，杜牧入朝担任膳部员外郎，会昌元年调任比部员外郎，次年，外派担任黄州刺史。此后，他又历任池、睦刺史、司勋员外郎、吏部员外郎，他一直对湖州约定念念不忘，直到唐宣宗大中四年（公元850年），他与曾任宰相的周墀私交很好，在他再三恳请下，时年已四十八岁的他才如愿以偿。上任第一件事，他就找到了那户人家，但此时那位姑娘已经在三年前嫁人了，并生下了两三个儿子。那位母亲害怕杜牧强行把女儿夺走，只带上最小的外孙前来。杜牧怒气冲冲地责问，那位母亲回答："过去我们约定的是十年，等了你十年，可是没见你来，三年前才嫁人。"杜牧低头不语，过了很久，才说道："这话说得也直爽，强行夺取不合适。"又送给她一些财物，放她走了。杜牧大半辈子声色犬马，但其实内心一直想找到心目中的女神，可是总算找到了，造化弄人，竟然是一场空。这次对他的打击是沉重的，他写下了那首著名的《怅诗》："自是寻春去较迟，不须惆怅怨芳时。狂风落尽深红色，绿叶成荫子满枝。"两年后，杜牧入京拜为中书舍人，不久就去世了。《丽情集》把杜牧初遇该女的时间定为他第一次在宣州当沈传师幕僚时，二次相距七年，考察杜牧担任湖州刺史的时间，应当是他第二次在宣州当崔郸幕僚发生的事，那年，杜牧三十五岁。

话说远了，如今，已经当了一年黄州刺史的杜牧四十一岁。杜牧游离于牛、李两党之间，杜牧的祖父杜佑与李德裕的父亲李吉甫同为宰相，有些交情，杜牧的堂兄杜悰之所以能够娶到岐阳公主，也是李德裕的父亲李吉甫从中牵线搭桥的结果，开成二年李德裕接替牛僧孺担任淮南节度使时，还照顾性地将患有眼病的杜牧弟弟杜顗召入幕府，然而，事情却并非那么简单。杜氏兄弟与李党的核心人物李绅矛盾甚深，这源于杜佑与元稹、白居易和李绅之间的宿怨。昔日，元稹曾触怒过杜佑，而李绅却帮助元稹，嘲笑杜佑，李德裕又与元稹、李绅很好，杜氏兄弟自然会在牛、李党争中稍稍偏向于牛党。大和六年文宗想起用李德裕时，李宗闵极力反对，杜悰也积极给其出谋划策，杜牧又曾任牛僧孺的幕僚，内心一直对牛僧孺有一种感恩之情，这也是人们把他视为牛党一员的原因之一，然而，现在是李德裕的天下，杜牧要想出人头地，就不得不极力巴结李德裕，而朝廷决心讨伐泽潞就给了杜牧一个机会。杜牧远远不是一个只会写诗作赋的文人，他还博览群书，一直想干出一番惊天动地的事业来，过去就曾写过《原十六卫》等文章，还曾经给《孙子兵法》作注，因此，当他听说朝廷要讨伐刘稹后，就给李德裕写信，积极建言献策。

杜牧在信中写道："我曾经亲自询问淮西将领董重质，当年淮西凭借光州、蔡州、申州三州之地对抗天下之兵，仗却一直打了四年之久的原因，董重质认为是因为朝廷的军队兵员太杂，那些来自其他军镇的兵员人数太少，不能自成一军，要加入主要讨伐军中，一旦作战，势力弱小，人心不一，往往失败，所以，战争开始的两年里，淮西军一打就赢，杀死的大多是这些'客军'。等两年以后，这种军队减少了，只与陈许、河阳全军搏杀，就算唐州的军队不趁雪夜入蔡州，淮西也坚持不下去了。当时，如果朝廷只命令鄂州、寿州、唐州的军队只守住各自的边境，不用出战，只用陈许和郑滑两路全军，再加上宣州和润州（今江苏省镇江市）的弓箭手，扼守淮西四境的咽喉要道，不出一年，淮西就投降了。如今上党叛乱又与当年淮西不同。淮西背叛朝廷将近五十年，那里的军民只看到背叛朝廷的好处，已经习以为常，自以为天下之兵也打不过他们，上下盘根错节，打起来确实很难。上党就不是这样。自从'安史之乱'以来，上党就没有依附叛党；建中之后，往往参加平叛，立下战功，因此李抱真能够击败田悦、朱滔，以孤寒穷苦之军打败河朔强悍之众，由此看来，该军赤胆忠心，习惯忠于朝廷。刘悟去世后，刘从谏想继任，响应的只有其父从郓州带来的两千中军罢了。当时正值宝历年间，朝廷多事，才答应了他的要求。如今才刚刚过去二十多年，风俗还未彻底改变，过去的老人们还健在，就算刘稹想胁迫大家，众人也一定不会替他出死力的。现在，成德、魏博虽然也表示效忠朝廷，但他们也不过是包围一座城池，进攻一座堡垒，牵制一下昭义的一部分老弱之兵而已。如果朝廷命令河阳一万人修筑堡垒，封锁住天井关（今山西省晋城市南），深沟高垒，不与其正面作战，只以忠武、武宁两支军队，再加上青州五千精兵，宣州、润州两千弓箭手，径直直扑上党，不出数月，一定能够平定叛乱。"

史称，李德裕在部署讨伐刘稹之战中采纳了杜牧的建议。虽然李德裕厌恶白居易，但对杜牧的才华还是肯定的，不过，此后杜牧并没有受到重用，这也许与李绅从中阻挠有关。另外，杜牧张扬多言、嗜酒好色的个性也与李德裕格格不入，《旧唐书·李德裕传》称李德裕"不喜饮酒，后房无声色之娱"，他的前妻徐盼早逝，后纳婢女刘氏为妾，虽然李德裕与刘氏二人相守四十一年，感情深厚，但他坚守儒家传统，终生未将刘氏立为正室。显然，纵情声色的杜牧不会入李德裕的法眼。再者，杜牧毕竟与牛党关系复杂，也让李德裕对其不甚放心。牛僧孺在淮南节度使任上干了六年，到开成二年五月调任东都留守，史称，开成年间"搢绅道丧，阍寺弄权，僧孺嫌处重藩，求归散地"，在洛阳期间，牛僧孺"筑第于归仁里……馆宇清华，竹木幽邃。常与诗人白居易吟咏其间，无复进取之怀。"开成三年九月，入朝拜为尚书左仆射，只是个虚名，次年八月又被拜为山南东道节度使。武宗即位后，李德裕拜相，他始终没有忘记政敌牛僧孺，会昌二年，"罢僧孺兵权"，征召为太子少保，等于令其退休了。《旧唐书·牛僧孺传》称："僧孺少与李宗闵同门生，尤为德裕所恶。会昌中，宗闵弃斥，不为生还。僧孺数为德裕掎摭，欲加之罪，但以僧孺贞方有素，人望式瞻，无以伺其隙。德裕南迁，所著《穷愁志》，引里俗犊子之谶以斥僧孺。又目为‘太牢公’，其相憎恨如此。”会昌三年五月，李德裕对武宗称，时任太子宾客、分司李宗闵与刘从谏私下有来往，不宜让其留在东都，十日，武宗下诏将李宗闵贬为湖州刺史。李德裕与牛僧孺和李宗闵积怨很深，更不会提携与二人眉来眼去的杜牧了。

# 六二四　讨平泽潞（四）

李德裕对武宗的决心还没有把握。

他找个机会对武宗说："群臣有人议论说刘悟对朝廷有功劳，不可这么急着讨伐刘稹，应该体现朝廷的恩典。请求让百官一起讨论，让大家畅所欲言，以统一思想。"武宗说道："他刘悟有什么功劳，当时只是自救罢了，才不是为了报效国家的。就算他对朝廷有功，他们父子身为将相二十余年，朝廷对他们的回报也足够了，刘稹又有什么理由自立？朕认为，凡是立下功劳的，就该公开予以赏赐；凡是犯了罪的，也不可让其逃脱惩罚。"李德裕回答："陛下的话确实说出了治国理政的关键啊！"

河阳节度使王茂元率领三千步骑进驻万善（今河南省沁阳市北），河东节度使刘沔率领两千步骑驻守芒车关（今山西省武乡县东北），另以一千五百步骑驻扎于榆社（今山西省榆社县）；成德节度使王元逵以三千步骑守卫临洺（今河北省邯郸市永年区），劫掠尧山（今河北省隆尧县）；河中节度使陈夷行率领一千步骑驻守翼城（今山西省翼城县），以五百步兵劫掠冀氏（今山西省安泽县南）。会昌三年（公元843年）五月十三日，武宗下诏削夺刘从谏、刘稹所有官爵，任命王元逵为泽潞北面招讨使，何弘敬为泽潞南面招讨使，与陈夷行、刘沔、王茂元三将合力讨伐泽潞；又以武宁节度使李彦佐为晋绛行营诸军节度、招讨使，刘沔从代州返回了太原。过去，河北各个藩镇发生自立事件后，朝廷方面总是先派遣吊祭使，而后再派遣策赠使、宣慰使，前去打探军情，假如最终决定不予同意，就又另外给继任者任命一个官职，再等到军中强烈挽留这位继任者以后，朝廷这才决定出兵。如此下来，一来二去地，往往要拖上半年之久，继任者趁着这段时间稳定内部，加强战备，朝廷方面常失去战机，讨伐战争经常徒劳无功的原因也在于此。而这一次讨伐战争，宰相们也有人建议这么做，但武宗乾纲独断，当即就颁布了讨伐诏书。王元逵接到诏书的当天，就率军进驻了赵州（今河北省赵县）。也就是在武宗颁布讨伐诏书的次日，武宗又绕过宰相和枢密使，任命了崔铉为中书侍郎、同平章事。武宗即位之初，采取了打压牛党、独任李党的策略，会昌二年李党势力得到空前发展，经过一年的观察，武宗似乎发现李党内部某些人的表现不尽如人意，比如崔珙就与刘从谏存在相互勾结的情况等，对自己前段的做法进行了修正，暂且起用牛党崔铉，采取参用两党人物、仍以李党为主的做法，再观察一段。

六月，王茂元派遣兵马使马继等人率领两千步骑驻扎于天井关以南的科斗店，刘稹派遣衙内十将薛茂卿率领两千亲兵抵御。十九日，武宗下诏命令王元逵、李彦佐、刘沔、王茂元、何弘敬于七月中旬从五路一齐向潞州方向发起攻击，刘稹就算投降，各路亦不得擅自接受；又下诏命令刘沔亲自率军夺取仰车关（今山西省武乡县东北），挺进到昭义境内。七月，武宗调任山南东道节度使卢钧为昭义节度使。

卢钧，字子和，元和四年进士，大和五年，迁左补阙，历任尚书郎、常州刺史、给事中、华州刺史、岭南节度使。卢钧为官仁爱宽厚，清正廉洁，会昌元年，卢钧被调任山南东道节度使。卢钧所到之处很得人心，武宗就任命他为昭义节度使，以招抚昭义军民。与此同时，武宗还派遣刑部侍郎兼御史中丞李回赶赴河北三镇，命令幽州节度使张仲武趁着秋高气爽，早早平定回鹘残余势力，督促成德、魏博积极投入到平定泽潞之战中。李回，字昭度，是唐高祖李渊的堂兄弟李德良的六世孙，系比较疏远的宗室子弟。长庆初年，李回进士及第，又登贤良方正制科。此后历任扬州掌书记、京兆府户曹、起居郎，史称，他“强干有吏才，遇事通敏”，深得李德裕的赞赏。开成初年，李回晋升为知制诰、中书舍人。武宗即位后，又被晋升为工部侍郎，后调任户部侍郎，会昌三年，兼任御史中丞。

七月十七日，李德裕向武宗禀报：“臣见以前朝廷用兵河朔，各道节度使军队贪图离境之后，军费全都由朝廷供应。有的暗中与叛匪勾结，从敌人那里借来一个县城或者一座碉堡，向朝廷谎报自己的战功，坐在那里什么事也不干，白白浪费朝廷从千里之外调运过来的粮食。如今，请求陛下给各军颁布命令，在命令中明确要求王元逵的任务就是打下邢州，何弘敬的任务就是打下洺州，王茂元的任务就是拿下泽州，李彦佐和刘沔是任务就是打下潞州，不能仅仅夺取县城和营寨。”武宗采纳了李德裕的意见。晋绛行营诸军节度使李彦佐率军从徐州出发之后，一路上行动迟缓，来到绛州（今山西省新绛县）之后，又就地休整，还上书朝廷请求增兵。李德裕对武宗说道：“李彦佐逗留观望，根本没有讨伐反贼之心，他向朝廷提出的各种要求一概不要答应，反而应该下诏严厉地斥责他一番，命令他率军进驻翼城（今山西省翼城县）。”李德裕趁机请求武宗任命天德防御使石雄担任李彦佐的副将，等石雄来到军中之后，再下令他取代李彦佐。十八日，武宗下诏任命石雄为晋绛行营诸军节度副使，并命令李彦佐进驻翼城。

刘稹上书替自己辩解道：“亡父（实际上是伯父）刘从谏替李训鸣不平，称仇士良的罪恶，因此而受到权臣们的嫉恨，说臣父怀有异心，这是臣不敢归朝的原因。希望陛下明察，让臣在外苟活。”何弘敬也替刘稹说好话，但武宗一概不听，也不予回复。李回来到河朔后，何弘敬、王元逵、张仲武都是全副武装，出城迎接，站立路边，礼数非常周到，态度也非常恭敬；他们自己亲自拉着马，不敢让士兵们代劳，还让钦差大臣先行，自从天下大乱以来，这种情况是从来都没有过的。李回口齿伶俐，有胆有识，三镇无不奉诏。

王元逵上奏称自己的军队攻克了宣务栅（今河北省隆尧县西北），正向尧山（今河北省隆尧县）发起进攻。刘稹派兵救援尧山，又被王元逵击败。武宗接到王元逵的奏表后，又下诏严厉斥责李彦佐、刘沔、王茂元等人，督促他们速速进兵，逼近敌境，又赞扬了王元逵新立的战功，以激励他们，还加王元逵同平章事。

八月九日，昭义镇大将李丕归降。朝廷上有人认为李丕是诈降，以迷惑官军。李德裕对武宗说道：“用兵半年以来，还没有投降的，如今还计较是真降还是诈降呢？只用重重赏赐以激励后来之人，只是不要放在关键位置就可以了。”武宗用平静的语气又对李德裕说：“文宗喜欢听外面的议论，谏官论事往往不署名，就好像是匿名状子一样。”李德裕说道：“臣过去在中书省任职时，文宗还不是如此。这都是李训、郑注给文宗出主意，来驾驭臣下，逐渐就形成了这种风气了。君王只用诚心待人，遇到欺瞒之人，再予以严惩，如此一来，谁还敢糊弄陛下呢？”武宗听了，认为说得有理。

王元逵的前锋进入邢州已经一个多月了，可是何弘敬的军队还没出发，王元逵屡屡暗中上表，称何弘敬怀有二心。八月十一日，李德裕对武宗说道：“忠武军（即陈许军）屡立战功，军威很盛，王宰年轻力壮，足智多谋。请求陛下给何弘敬下诏，就说：‘河东、河阳都有山险阻隔，无法进军，敌人还屡屡出兵焚烧、劫掠晋州、绛州。如今朝廷派遣王宰率领忠武军全军将取道魏博，直抵磁州，以分散敌人的兵力。’何弘敬肯定会很担心，这是一种攻心的谋略。”武宗听从了，下诏命令王宰挑选精锐部队从相州、魏博向磁州挺进。

八月十八日，叛军将领薛茂卿攻破官军科斗寨，生擒河阳将领马继等人，焚毁十七座小营寨，兵锋距离怀州才十余里。薛茂卿因为没有接到刘稹的命令，遂不敢继续深入。消息传到朝廷，反战人士再次议论纷纷，有人说刘悟对朝廷有功，不可令其绝嗣，还有人说刘从谏拥有十万精兵，屯粮足以应付十年，根本难以攻取。武宗听到这种论调，不禁也心生疑窦，就问李德裕。李德裕回答：“小小失利，是兵家常态。希望陛下不要听信外面的议论，就一定能成功。”武宗就对宰相们说：“替朕给群臣们传话：有人再敢反战，我一定会把他绑到敌境上斩首！”

何弘敬听说王宰的军队要到了，果然害怕忠武军队进入魏博境内后，军中会发生兵变，赶忙集结军队，仓促出兵。八月二十日，何弘敬禀报称，自己已经亲自领兵渡过了漳水，朝磁州进发了。

# 六二五 讨平泽潞（五）

科斗店战败后，在一定程度上影响了官军的士气，一旦叛军抓住时机南下，河阳、洛阳危急，局势就会发生逆转。

李德裕立刻意识到问题的严重性，就在科斗店之战后的第六天，会昌三年八月二十四日，他上书武宗称：“河阳兵力薄弱，自从科斗店败后，敌人声势更大。王茂元身体不好，河阳人心浮动，守军打算退守怀州（今河南省沁阳市）。臣发现自从元和以来，那些叛将们往往找驻官军的薄弱之处，集中兵力进行打击，击败一支官军之后，再转攻其他地方。如今，魏博军队尚未与敌人作战，西面的河中、河东军队也被山险阻隔，无法前进，所以敌人才得以全力南下。如果河阳军队后撤，不仅打击军心士气，而且会令东都军民惊恐不安。希望陛下下诏命令王宰不要再去磁州了，转而以忠武军增援河阳，这样一来，不仅保护东都，而且也能监视魏博。如果担心供应忠武军全军粮饷有难度，就先命令王宰派遣五千先锋赶赴河阳，这也可以增加河阳方向的声势。”二十八日，李德裕又上奏请求王宰率领忠武军全军随后进发，并火速向河阳调派武器、布帛，以保证前线的物资供应。武宗一一听从了。

果然不出李德裕的预料，在取得科斗店大捷之后，刘稹就命令薛茂卿等将率军继续南下，又增派牙将张巨、刘公直等人与薛茂卿会师，一起进攻王茂元驻扎的万善（今河南省沁阳市北），约定于九月一日完成对万善的合围。八月二十九日，刘公直等人率军偷偷越过万善，进抵万善以南五里，焚烧了雍店。张巨领兵紧随其后，可是，就在张巨经过万善时，他发现城内的守军非常薄弱，觉得凭借自己的军队完全有把握拿下兵力薄弱的万善，一旦自己单独打下了万善，那可是立下了大功了，于是，他临时起意，决定以自己的军队立即向万善发起进攻。战斗打到傍晚，张巨眼看城池即将陷落，这才派人去告诉刘公直等人。

城内的王茂元见情况危急，打算率众弃城南逃，而这时，恰巧义成军的增援部队赶到了。都虞候孟章拦住王茂元的战马，劝谏道："敌人一半在雍店，一半在这里，他们内部意见不一，这是乱兵啊。如今义成军刚刚到来，还没吃上一口饭，如果听说大人要逃跑，肯定会自行溃散了。希望大人勉强留下。"王茂元听了，这才停下。又过了一会儿，夜幕降临下来，张巨见刘公直等人迟迟不来，自己已无力拿下万善，只好撤出战斗。当时，天上下起小雨，天色漆黑，他们刚登上高山，军中就有人惊叫道："追兵赶上了！"顿时慌作一团，人人争相逃命，人马相互践踏，很多人在黑暗中坠落悬崖而死。

武宗觉得王茂元和王宰两个节度使都在河阳不太合适，九月四日，李德裕等人建议道："王茂元擅长行政而不是将才，请求陛下让王宰担任河阳行营攻讨使。王茂元痊愈后，只令其镇守河阳，如果病重，也不会影响大事。"九月五日，武宗下诏任命王宰担任河阳行营攻讨使。何弘敬上奏称攻克了肥乡（今河北省邯郸市肥乡区）、平恩（今河北省曲周县东南），杀伤了很多敌人。得到刘稹发布的公告，称官军都是贼，要求一旦遇到即应格杀勿论。二十日，武宗对宰相们说："何弘敬已经攻克了两座县城，可以对他放心了，他已经杀伤了敌人，就算想左右观望也不行了。"遂晋升其为检校尚书左仆射。同日，河阳上奏称王茂元病故。李德裕上奏称："王宰只可让其以忠武节度使的身份统领万善大营的军队，不可让他兼任河阳节度使，恐怕其不爱惜河阳下属州县的百姓，肆意骚扰。另外，河阳节度使过去同时兼任怀州刺史，经常以判官代理自己处理州务，另把河南尹的五个县的税赋交给河阳，不如干脆将这五个县单独设置孟州，怀州另外设置刺史。等昭义叛乱平定之后，再将泽州划归河阳，这样太行山的险阻就不归昭义了，而河阳就成为一座重镇了，东都也可以高枕无忧了。"武宗同意了。二十二日，武宗任命河南尹敬昕为河阳节度使、怀州孟州观察使，王宰只负责军事，敬昕负责后勤保障。二十四日，武宗以石雄取代李彦佐担任晋绛行营节度使，命令他率军从冀氏（今山西省安泽县南）方向东进夺取潞州（今山西省长治市），并分兵驻扎翼城（今山西省翼城县）以防备敌人偷袭。

二十五日，石雄在接替李彦佐的次日，就率军翻越乌岭（今山西省翼城县东北六十五里），一连攻破了昭义军的五座营寨，杀伤、俘获敌人上千人。当时，王宰驻扎在万善，刘沔驻扎在石会（今山西省榆社县西），都是迟疑不进。武宗得到石雄的告捷文书后，不禁大喜。十月五日，武宗驾临大殿，对宰相们说道：

“石雄真是位良将啊！”李德裕趁机说道：“前些年，潞州有个男子弯着腰唱道：‘石雄七千人到啦！’刘从谏以为是妖言，将这个男子杀了。破潞州的一定是石雄此人！”武宗下诏给石雄赏赐了很多财物。石雄把朝廷赏赐的绸缎都放在大营门前，自己按照士兵的标准先拿了一匹，其余全部分给将士们，所有的将士都愿意替他出死力。

年初，刘沔派遣石雄等将击破回鹘，救回了太和公主，立了大功，这让卢龙节度使张仲武很是嫉妒，二人之间产生矛盾。朝廷特意派遣李回来到幽州和解，但张仲武始终无法释怀。武宗担心二人之间的矛盾会影响到讨伐泽潞之战的顺利进行，再加上刘沔统领的河东军队进展迟缓，十月十六日，武宗将刘沔调任义成（河南省滑县）节度使，改任前荆南节度使李石（原宰相）担任河东节度使。

就在泽潞前线激战正酣之际，党项也趁机骚扰盐州（今陕西省定边县）起来。朝廷方面赶忙以武宁节度使李彦佐为朔方、灵盐节度使，以应对党项人的入侵。十一月，邠宁镇上奏称党项入侵。李德裕上书认为：“党项人开始猖獗起来，一定要认真对付。臣听说党项人散布于绥州（今陕西省绥德县）、银州（今陕西省榆林市）、盐州（今陕西省定边县）、灵州（今宁夏回族自治区灵武县）、夏州（今陕西省榆林市横山区）、邠州（今陕西省彬县）、宁州（今宁夏回族自治区宁县）、麟州（今陕西省神木市）、胜州（内蒙古自治区托克托县）、庆州（今甘肃省庆阳市）等各州，他们在这个州劫掠以后，就逃往到另外一个州内。各州节度使贪图他们的骆驼、马匹，不肯追究他们在其他州的暴行，因此，他们才越来越猖獗。臣屡屡上奏请求不如令一个军镇统领党项人，陛下认为这样的话该镇节度使权力太大了。如今，臣请求陛下派遣一名皇子统领各道，挑选朝中一名重臣担任副使，以夏州为据点，专门负责党项人的日常事务，这样的话可能会比较合适。”武宗遂任命兖王李岐为灵州、盐州、夏州、泾州、邠州、振武六道元帅兼安抚党项大使，又以御史中丞李回为安抚党项副使，史官修撰郑亚为元帅判官，命令他们携带诏书前去安抚党项和六镇百姓。不久，朝廷又看到吐蕃内乱、回鹘衰落，就打算趁机收复河湟四镇秦州（今甘肃省秦安县西北）、原州（今宁夏回族自治区固原市）、河州（今甘肃省临夏市）、渭州（今甘肃省陇西县）、兰州（今甘肃省兰州市）、鄯州（今青海省海东市乐都区）、阶州（今甘肃省陇南市武都区）、成州（今甘肃省成县）、洮州（今甘肃省临潭县）、岷州（今甘肃省岷县）、临州（今甘肃省临洮县）、廓州（今青海省化隆县）、叠州（今甘肃省迭部县）、宕州（今甘肃省舟曲县）、甘州（今甘肃省酒泉市）、凉州（今甘肃省武威市）、瓜州（今甘肃省酒泉市瓜州县）、沙州（今甘肃省敦煌市）十八州，又任命给事中刘濛（刘晏之孙）担任巡边使，命其在边境筹备武器装备、探听吐蕃虚实；又命令天德军、振武军、河东军厉兵秣马，等次年秋天到来、黠戛斯进攻回鹘之时，截杀溃逃南下的回鹘余众，一切战备工作都由刘濛与节度使、团练使一起商定上奏。

昭义将领薛茂卿取得科斗店胜利后，原本指望着能够加官进职，但是，有人向刘稹建议道："留后大人您的目的是得到朝廷的认可，薛茂卿太过深入，杀伤太多的官军，这是在激怒朝廷，正是这个原因，朝廷才迟迟不给大人正式的委任状。"刘稹听信了这话，竟然没给薛茂卿一点赏赐，这让薛茂卿是满腹牢骚，暗中与王宰联络，打算归顺朝廷。十二月三日，王宰率军进攻天井关，薛茂卿与官军稍微一交手，就率军后撤，王宰轻松拿下了天井关。天井关东西两座营寨的昭义士兵，听说关口失守也都弃寨而逃，王宰遂命令军队焚烧了大小箕村（在今山西省晋城市南）。薛茂卿退入泽州（今山西省晋城市）后，偷偷派人约王宰前来进攻，自己作为内应。王宰却心生疑虑，不敢前进，在约定的日期没有抵达泽州城下，薛茂卿捶胸顿足，却也无可奈何。很快就有人向刘稹密报了此事，刘稹将薛茂卿引诱到潞州，将其全家全部处死，另派兵马使刘公直代领薛茂卿的军队，又以安全庆率军驻守乌岭（今山西省安泽县西），以李佐尧驻守雕黄岭（今山西省长子县西南），以郭傺（昭义都押牙郭谊的侄儿）驻守石会（今山西省榆社县西），康良佺驻守武乡（今山西省武乡县）。

十二月十四日，王宰才向泽州发起进攻，昭义军在刘公直的带领下击破官军，并乘胜收复了天井关。昭义军取得大胜之后，低估了王宰的忠武军，六天之后，稍作整顿的王宰又卷土重来，向刘公直发起反击，结果大破昭义军，反而包围了陵州（今山西省陵川县），并拿下了陵川。同日，河东军也上奏攻下了石会关。昭义下辖的洺州刺史李恬是新任河东节度使李石的堂兄，李石到任后，刘稹派使者贾群带着李恬的家书来见李石，并说："刘稹愿意带着全族投奔大人，护送刘从谏的灵柩前往洛阳安葬。"李石囚禁了贾群，将书信呈给朝廷。李德裕对武宗说道："如今，官军已对泽潞完成四面包围，各路官军捷报频传，刘稹已经穷途末路，所以才谎称要归顺朝廷，其目的就想要我们暂停攻击，给其一个喘息的机会，等到他恢复元气之后，又会与朝廷对抗。希望陛下下诏命李石给他回信：‘来信不敢上奏。如果郎君真心改过，全家捆绑着，前往边境等待朝廷惩处，如此，李石我一定亲自前往接受你的投降，护送你入京。如果你是诈降，目的是想先让朝廷退兵，再等朝廷赦免，那么我李石肯定不敢拿全家一百多口人来替你担保的。’并请陛下向各道下诏，趁其上下离心之际，速速进兵，不出十天半月，刘稹内部一定会发生变故的。”武宗采纳了李德裕的意见。昔日李训、郑注以及一些牛党残余势力还都在昭义的庇护之下，他们与朝中一些人有着千丝万缕的联系，这些人不愿看到朝廷真的消灭了刘稹，这时，就有人跳出来建议朝廷接受刘稹投降，比如，右拾遗崔碣就上书表达了这种观点，武宗看后大怒，将其贬为邓城县令。

# 六二六　讨平泽潞（六）

天有不测风云。

就在官军胜利在望之时，河东讨伐军却发生了兵变。当初，刘沔击破回鹘之后，在横水栅（今山西省大同市西北）留了三千驻军。河东军队攻下石会关后，由于兵力不足，无法向潞州纵深深入，身在前线的河东行营兵马使王逢请求朝廷向榆社增兵，朝廷下诏命令河东派遣两千人马驰援前线，可是，当时的太原城内已经无兵可调，李石只好把守卫仓库的以及城内的工匠们也都组织起来，又命令横水栅的守军抽出一千五百人，以都将杨弁统领，赶回太原。会昌三年十二月二十八日，杨弁带着这一千五百人回到了太原。根据过去不成文的习惯，凡是士兵去打仗之前，军镇都要发给每人两匹绢进行犒劳，可是，前任节度使刘沔离任时，却把河东城内仓库的钱财布帛一扫而空，李石刚刚到任，情况又不熟悉，根本拿不出东西赏赐大家，万般无奈之下，李石拿出自己家里的绢分给士兵们，但数量毕竟有限，每人才分得一匹。当时，马上就要过年了，士兵们请求过了大年初一以后再走，监军吕义忠却置之不理，屡屡下令催促部队出发，一来二去，把将士们都惹火了。都将杨弁看到军中不稳，又发现太原城内空虚，打算趁机到城内劫掠一番，遂起兵作乱。

会昌四年（公元844年）一月一日，杨弁率领乱兵诛杀都头梁季叶，劫掠太原集市，李石逃往汾州（今山西省汾阳市）。杨弁占领太原后，释放了贾群，命自己的侄儿随贾群来到潞州，面见刘稹，二人结为兄弟，刘稹大喜过望。石会关守将杨珍听说太原发生兵变后，也献出关城，投降了刘稹。

四日，消息传到朝廷，顿时朝廷上下一片哗然，反战派再度活跃起来。就在这时，前线将领王宰也上书称："侦察兵将领接到刘稹的奏表，臣今日派人前往泽潞，刘稹确实有意归顺。如果朝廷接受，请求正式下诏。"是进是退？是见好就收、功败垂成，还是不忘初心、咬牙坚持？在这关键时刻，李德裕表现出杰出的战略定力，他力排众议，对武宗说道："王宰擅自接受刘稹的奏表，还瞒着朝廷派人前去与叛贼联络，以臣观察，他王宰是想独占招抚刘稹之功。昔日，韩信击破田横，李靖生擒颉利可汗，都是趁着敌人想要投降之际，突然发起掩袭，才成就大功。现在，宁可让王宰个人失信，也不能放纵敌人，损害朝廷的声威。建立奇功，就在今日！千万不可因太原发生了一点小小的动乱，而影响到整个平叛大局，失去战机。希望陛下立即派遣供奉官前往各处行营，临阵督促各路速速进兵，趁敌人疏于戒备，发起突然袭击，必须刘稹及其众将全族捆绑投降，前线指挥官方可接受。另外，还请陛下派人前往晋绛行营，偷偷给石雄传话，就说：'假如王宰接受了刘稹的投降，你一点功劳都没有了。现在正是即将成功的关键时刻，你必须抓住战机，立下奇功。'"

李德裕又以宰相的名义给王宰写信，他在信中说："昔日，王承宗虽然反叛，尚且派弟弟王承恭来到朝廷，面见宰相张弘靖苦苦哀求，又派遣其子王知感和王知信入朝做人质，即便如此，宪宗皇帝也没有答应。如今，刘稹不亲自捆绑到你处投降，也不派血亲子弟向朝廷求饶，将奏表放在大路之上，侦察将领见到后不立即予以焚毁，反而上呈朝廷，这恐怕很不合适。何况刘稹还与杨弁勾结，有如此忤逆行径，而在前线的领兵大将（指王宰）却落入其奸计之中，这是个人在向其卖好，把不赦的怨恨归于朝廷，恐怕事情不该这样办吧？从今往后，刘稹再有奏表，应该就地焚毁，除非他刘稹亲自捆绑到你军门投降，一概不得接受！"

针对太原兵变，李德裕又建议武宗道："太原人心一直以来都忠于朝廷，此次兵变只因仓库空虚，赏赐不足才引发的，何况一千五百人又能干成什么大事！朝廷一定不要姑息迁就！不过，朝廷正在对泽潞用兵，一旦处置不当，恐怕会动摇前线军心。过去，张延赏被张朏驱逐，逃奔汉州，此后又领兵打回了成都，希望陛下下诏命令李石、吕义忠前往太原行营，召集附近的军队回师讨伐太原乱兵。"武宗一一采纳了李德裕的建议。当时，李石已经到了晋州（今山西省临汾市），打算返回朝廷，他接到诏书后，不得不折返太原。一月七日，武宗再次下诏，命令王逢将太原兵全部留在榆社，率领行营内的易州、定州一千骑兵和宣武、兖海三千步兵回师讨伐杨弁，又下诏命令王元逵率领五千步骑从土门（今河北省石家庄市鹿泉区）西上，接应王逢的军队。忻州刺史李丕上奏称："杨弁派人前来游说，臣已经斩杀了来人，并已经切断了其北上之路，请求朝廷早日出兵讨伐。”十七日，武宗再次召集宰相讨论太原兵变之事，李德裕说道：“如今太原军队都在前线，作乱的只有一千多人，太原下辖各州县肯定无人响应，臣判断不出数日一定能平定叛乱，现在我们需要做的就是下令王逢速速进兵，等官军到达太原城下，城内一定会发生内变。”武宗问道：“张仲武看到镇州、魏博讨伐刘稹立下了战功，肯定会生出艳羡之心，命其参与讨伐太原之战，你看是否合适？”李德裕回答：“镇州距离太原最近，张仲武去年讨伐回鹘，曾与太原兵争功，如果让他前来，恐怕他到了太原，会向太原军民泄私愤，白白令太原百姓受难。”武宗听了，这才作罢。

武宗派遣中使马元实来到太原，一方面向乱兵解释朝廷的政策，另一方面了解太原城内的虚实。杨弁以为朝廷会赦免自己，大摆筵席，与马元实连连痛饮三天，还给他送了很多财物。二十四日，马元实回到长安，武宗命宰相们听取他的汇报。马元实在众人中提高嗓门说道：“宰相们应该早早正式任命杨弁！”李德裕问道：“为什么？”马元实故意说谎：“杨弁的精兵从太原大营门口一直排到太原城西南的柳子列河堤，十五里内铠甲拖地，金光耀眼，你说怎么打败这种军队？”李德裕说道：“李石就是因为太原城内无兵可派，才调派横水栅的守军赶赴榆社，太原仓库内的铠甲都在前线行营，杨弁又从哪里弄来这么多军队的？”马元实还嘴硬：“太原人素来强悍，人人都可打仗，这都是杨弁自己招募的。”李德裕一语戳穿了他的谎言：“要有钱才能招募到军队！李石就是因为仅仅拖欠了军人一匹绢，在太原城内都弄不来，才激起了这次兵变的，杨弁又是从哪里弄来这么多钱的？”马元实张口结舌，不知该如何回答了。李德裕接着坚决地说道：“即便其有这十五里的精兵，也要诛杀了此贼！”会后，李德裕上奏武宗道：“杨弁地位低贱，决不可宽恕。如果国力不足，宁可放弃讨伐刘稹！”

驻扎在榆社的河东兵听说朝廷命令其他军队讨伐太原，都担心留在太原城内的妻儿老小在城破之后受到伤害，大家自告奋勇，一起要求让监军吕义忠统领着前去讨伐乱兵。一月二十八日，在杨弁叛乱二十八天之后，太原行营的军队一举攻克了太原城，生擒杨弁，将参与叛乱的那一千五百名乱兵全部屠杀。三月二日，吕义忠上奏称已经平定了太原乱兵。次日，李德裕对武宗说道：“王宰早该拿下泽州了，但他已经拖延了两个月。期间的原因：王宰和石雄素来不和，如今他就算拿下了泽州，尚且距离潞州还有二百里，而石雄的军队距潞州只有一百五十里。王宰担心自己向泽州发起总攻，会引来昭义军的主力，而石雄会趁机拿下上党，独占大功。另外，王宰的儿子王晏实，深得祖父王智兴喜爱，以孙为养子，现在这个王晏实就在刘稹下辖的磁州当刺史，已被刘稹扣为人质。王宰之所以迟迟不进，原因也许就在于此。”武宗又命李德裕起草诏书送给王宰，督促其进兵，他在诏书中说：“朕对此小贼，肯定不会姑息。朕也知道王晏实是爱卿的爱弟，希望爱卿能够以大义为重，克制一下私情。”三月四日，武宗又以李石为太子太傅、分司，以河中节度使崔元式（此时原节度使陈夷行已死）为河东节度使，以石雄为河中节度使。崔元式是崔元略的三弟、崔铉的三叔。

# 六二七　讨平泽潞（七）

会昌四年三月六日，石雄率部攻克了良马（今山西省安泽县西）等三座叛军营寨。八日，杨弁及其同党五十四人被押解到长安，武宗下令将他们全部斩杀于长安城西的狗脊岭。

十九日，李德裕对武宗建议："有些时候，一些人需要刺激一下才能办成大事：陛下命令王宰赶赴磁州，而何弘敬就出兵了；我们派遣外镇军队讨伐太原，河东军提前回师消灭了杨弁。现在，王宰迟迟不进，请求陛下调义成节度使刘沔为河阳节度使，并命其率领两千义成精兵直抵万善，迫近王宰。如果王宰明白朝廷此举的含义，一定不敢再拖延不进；如果王宰出兵，刘沔率领大军驻扎在后方，也可增加王宰军的声势。"武宗说道："好！"二十五日，朝廷遂任命刘沔为河阳节度使。在督促南线王宰出兵的同时，北线河东军队在消灭了杨弁之后，也向昭义发起了攻势，河东行营兵马使王逢向昭义守将康良佺部发起进攻，将其击败。康良佺放弃石会关，退守鼓腰岭（今山西省榆社县西南）。四月，王宰也开始向泽州发起进攻，但在此后的数月内，战事却陷于胶着，官军迟迟没有进展。

七月十日，武宗与李德裕商量打算将北线的王逢调往西线翼城（今山西省翼城县）。武宗说道："听说王逢执法太严，有这事吗？"李德裕回答："臣就此也曾当面问过他，王逢回答：'战场上，士兵们面对的是白刃长枪，军法不严，谁还肯卖命上前？'"武宗说道："这话也有点道理，但你还是要劝劝他。"李德裕又谈及刘稹，称朝廷决不可赦免此人。武宗回答："这是自然。"李德裕又说："昔日，朝廷还未讨平李怀光，京师却发生了严重的蝗灾，一斗米高达一千钱，太仓供应天子和后宫的粮食也只够吃一二十天，当时，德宗召集群臣，派遣中使马钦绪询问大家的意见，左散骑常侍李泌捡起一片桐树叶子，用手搓破后交给马钦绪，送给德宗。德宗询问原因，李泌回答：‘陛下与李怀光之间君臣名分，就像这片桐树叶子一样已经搓破，再也回不到从前了！’德宗就此下定了把平叛战争进行到底的决心。平定李怀光后，德宗遂以李泌为宰相，令其单独执掌朝政数年。”武宗说道：“李泌也是个奇才！”

武宗听说扬州的卖酒女精通酒令，就命淮南监军挑选十七名献上。监军请淮南节度使杜悰一起挑选，还想找一些良家美女，教会她们酒令后献上。杜悰说道：“命令是下给监军您的，我不便参与。”监军再三恳请，杜悰就是不从，这让监军很是恼火，直接上书武宗告了杜悰一状，武宗看了奏表后，沉默不语。侍从们请求武宗再下一道命令让节度使和监军一起主持，武宗说道：“下令方镇挑选卖酒女入宫，岂是天子该干的事！杜悰不听监军的话，深得大臣之体，真是宰相之才啊！让朕很是羞愧。”连忙给监军下诏停止挑选。七月二十三日，武宗晋升杜悰为同平章事，兼度支、盐铁转运使。等杜悰来到长安谢恩时，武宗勉励他说：“爱卿不听监军之言，朕由此知道你有爱护君王之心，今日拜爱卿为相，朕就好像得到一个魏征了！”武宗仅凭杜悰不参与挑选卖酒女，就断定杜悰是第二个魏征，显然，这次，武宗是看走了眼。《北梦琐言》记载：（杜悰）“累居大镇，复居廊庙。无他才，未尝延接寒素，甘食窃位而已……凡莅藩镇，未尝断狱，系囚死而不问。”《旧唐书，杜悰传》也记载，他“虽出入将相，而厚自奉养，未尝荐进幽隐，佑之素风衰焉，故时号‘秃角犀’。”可恨的是，后来此人又到地方上任职，当时发生严重的旱灾，百姓们没有吃的，争相到运河上淘洗漕运船遗留到河中的陈米，吃完了沟渠内生长的茭白，杜悰竟然上奏说这是天降祥瑞！他整天花天酒地，根本不坐堂问案，任凭监狱内数千囚犯自生自灭，这样一个尸位素餐的人与名臣魏征相比何啻天壤之别！也许，武宗已经看到不日将平定泽潞，牛党将会受到空前打击，李德裕的威望也势必达到顶点，到时候李党势力将空前强大，为了避免出现这一情况，武宗已提前考虑打压一下李党，兼用牛党杜悰，以平衡朝中格局，这与去年武宗果断任用崔铉的思路是一致的。果然，在将杜悰拜相的同时，闰七月十一日，武宗就下诏以中书侍郎、同平章事李绅为同平章事、充淮南节度使，将打击牛党最力的李德裕的心腹李绅逐出了朝廷。

李德裕上奏称：“镇州奏事官高迪秘密提出两项意见：一是，他认为敌人擅长游击战术，主要做法是，暗中从各处抽调一部分军队集结在一地，然后向官军发起猛攻，官军处处防守，处处被动；敌人打败我一处守军后，过一两个月，再转攻别处。官军应该对此予以高度警惕，除非敌人前来强攻营栅，就不要意气用事，主动出战。集结起来的敌兵在一地不过逗留三天，此后就又各回各的防地了，出现几次扑空，自然会打击他们的士气，官军派出间谍，掌握了他们是从什么地方抽调的军队，再乘虚进攻该地，一定能够胜利。二是，镇州和魏博的军队人数虽多，但却无法起到迫使敌人分兵的效果，原因就在于：两地的讨伐军把大营还设在本镇，经常是两三个月出一次兵，深入一下敌境，劫掠焚烧一番就撤了。敌人只需严守营栅就安然无事，至于那些城外百姓的死活，他们也根本不关心。应该命令两镇进兵，扼守敌人的要害之处，逐步挤压敌人的生存空间。如果还是像现在这种打法，敌人根本不怕。臣认为高迪这些意见很对，希望陛下下诏令各道节度使知晓。”

刘稹的心腹大将高文端投降了朝廷，称敌人城内粮食不足，令妇女搓碎谷米外壳，再捣烂供应军队。李德裕询问高文端破敌之策，高文端献计：“官军如今如果强攻泽州，恐怕会损失很大，城池也很难攻下。泽州敌兵人数大约有一万五千人，敌人经常分出一多半兵马，偷偷埋伏在城外山谷之中，等官军攻到筋疲力尽时，再从四面杀来，官军肯定失利。如今，请求下令让忠武军（即陈许军）渡过乾河构筑营栅，然后以该营栅为中心，一口气修筑一座座夹城，把泽州包围起来，每天派出军队在外围抵御敌人的救兵。敌人见即将完成包围圈，势必会出城大战，进行破坏，等敌人大败一场后，泽州就有望拿下了。”李德裕把高文端的建议制作成诏书，给王宰送去参考。高文端又称：“西线的固镇寨（今山西省沁源县西南三十里）四面悬崖，地势险要，难以攻取，然而，寨内没有饮用水，寨内敌军只能吃距离寨东南一里多的山涧之水，应该命令王逢进兵，切断水源，不出三天，敌人一定会弃寨而逃，官军就可以跟踪追击了。再往前十五里是青龙寨，也是四面悬崖，水源在寨外，同样可以按照原来的办法攻取。再往东十五里就是沁州（今山西省沁源县）城了。”李德裕又奏请武宗下诏将这一建议交给王逢执行。高文端又对东部战事提出建议，他说：“敌人的都头王钊领兵一万多人，驻扎在洺州（今河北省邯郸市永年区东南），刘稹诛灭薛茂卿后，又诛杀了邢州、洺州救援兵马使谈朝义兄弟三人，自此王钊开始惊恐不安。刘稹曾派人召其返回潞州，但王钊拒不从命，手下士兵也喧哗不已，由此可见，王钊肯定不会再替刘稹出死力了。但是，王钊及其下属士兵们的家属都在潞州，而且士兵们担心一旦投降，会被朝廷所杀，现在朝廷招降他们，他们肯定不会投降。只有告诉王钊，让他倒戈，率领本部人马反攻潞州，拿下刘稹，将功折罪，并答应事成之后，在其他地方给他安排一个节度使级别的官，重赏其军队，也许他会听命朝廷的。”

# 六二八　讨平泽潞（八）

刘稹年少懦弱，押牙王协、宅内兵马使李士贵掌握了潞州大权，二人贪婪吝啬，四处搜刮钱财，将仓库都堆满了，然而却不拿出来赏赐给有功将士们，令人人怨恨，军心离散。

刘从谏的妻子裴氏，是裴冕的孙女，担心这样下去，势必要失败，其弟裴问驻防在山东（太行山以东）三州，裴氏就打算让裴问回到潞州，主持大局。李士贵担心裴问回到潞州后，会把自己的权给夺了，还有可能揭发自己为非作歹之事，就说："山东之事全仰仗五舅，如果召回五舅，山东三州就丢了。"刘稹就作罢了。为了筹措军饷，王协建议刘稹向商人征收捐税，每个州任命一名将领主持，由于没有那么多商人，在具体执行过程中，就演变成了对每家每户都调查资财，连一些微不足道的日常用品也都一一登记、估价，折合成绸缎，一律征收十分之二的税，百姓们的家财、粮食都上交给了他们，还不够高估的税收，弄得昭义各地民怨沸腾。一个名叫刘溪的将领尤其贪婪残暴，刘从谏在世时就没有重用此人，等王协当权后，刘溪就给王协送了很多钱，买通了王协。王协知道邢州富商很多，就让刘溪去邢州负责征税。裴问统领的军队号称"夜飞军"，军中很多人都是富商子弟，刘溪到任后，将这些人的父亲兄弟们都关押起来。将士们向裴问投诉，裴问又找到刘溪说情，但刘溪置之不理。裴问大怒，就打算与部下一起杀掉刘溪，归顺朝廷，主意已定，裴问就把计划告诉了邢州刺史崔嘏，崔嘏也同意了。闰七月二十五日，崔嘏、裴问关闭邢州城门，斩杀城内四名大将，向王元逵投降。当时，高元武在党山（今地不详），听到消息后，也向王元逵投降了。

王协推荐王钊担任洺州都知兵马使，王钊任职后，行事不遵常规，同僚高元武、安玉向刘稹密报其怀有二心。刘稹要召回王钊，但王钊却说："我到洺州之后，寸功未立，实在是非常惭愧，请求让我再留数月，然后再回去。"刘稹最终同意了。后来，潞州总部赏赐给洺州将士每人一端布，不久，又有命令称把这次赏赐当作冬季的赏赐，冬季不再发给例行赏赐了。正巧，征收税赋的将领也来到了洺州，王钊见人心浮动，为了收买人心，就对大家说："留后年轻，政令出自他人之手。如今，总部仓库充实，十年也用不完，怎能不拿出一点来赏赐给寒苦的将士？这命令不当。"遂擅自打开仓库，赏赐给士兵们每人一匹绢、十二石谷米，全军大喜。见已经安抚了众人，王钊就关闭城门，派人向何弘敬投降。安玉领兵驻守在磁州，听说邢州的裴问和洺州的王钊都已投降，也向何弘敬投降了。尧山都知兵马使魏元谈等人也投降了王元逵，王元逵因其一直拒不投降，将他们全部处死了。

八月十一日，镇州、魏博两镇上奏朝廷，邢州、洺州、磁州三州都已投降，宰相们入宫向武宗道贺。李德裕说道："昭义的根本就在山东三州，三州投降后，上党内部很快就会内乱。"武宗说道："郭谊肯定会杀掉刘稹来赎罪。"李德裕回答："正如陛下所料。"武宗又问："如今应该先做什么？"李德裕请求以给事中卢弘止担任三州的留后，并说："一旦镇州和魏博占领了三州，朝廷也不好再说什么了。"武宗答应了，下诏以山南东道兼昭义节度使卢钧乘坐驿马快车，火速赶往山东上任。

潞州军民听说山东三州都已投降，都非常害怕。郭谊、王协阴谋杀掉刘稹向朝廷赎罪。刘稹的堂兄、中军使刘匡周兼任押牙，郭谊担心刘匡周会挫败自己的阴谋，就对刘稹建议道："十三郎在牙院，众将都不敢向其汇报军务，唯恐被十三郎怀疑而受罚，正是这个原因，我们才失去了山东三州。如今，只要十三郎不来上班，众将才敢于放心说出真话，我们博采众议，肯定能想出一个万全之策。"刘稹信以为真，就把刘匡周召来，让他称病不再上班了。刘匡周大怒，说道："我在衙门，所以众将才不敢心生异志，一旦我离开衙门，我们刘家肯定要被人灭族了！"刘稹再三要求，刘匡周不得已，只好手指相弹，长叹而出。

刘匡周一离去，刘稹就被架空了。郭谊又让刘稹的亲信董可武对刘稹说："山东背叛，出自五舅这个至亲，如今我们谁还敢担保城内不会再出一个叛徒？留后下一步打算怎么办？"刘稹说道："城内尚有五万人马，暂且闭城自守而已。"董可武说道："这不是好办法啊。留后不如单枪匹马归顺朝廷，像张元益那样还能当个刺史。暂且以郭谊为留后，等到大人得到朝廷正式任命后，再从容护送太夫人、全家人以及家财回到东都，岂不更好？"刘稹说道："郭谊怎会这么办？”董可武说道：“我已经和他发了重誓，他肯定不会违背誓言的。”说完，就把郭谊带入屋内，当面说定了此事。刘稹与郭谊秘密发誓后，又来到后堂，面见母亲裴氏，把此事告诉了母亲。裴氏说道：“归顺朝廷确实不错，只是已经太晚了。我尚且不敢保证自己的亲弟弟不会背叛我家，岂敢担保他郭谊不会背叛你呢？你自己看着办吧！”刘稹脑子早已糊涂，就脱下官服，改穿素色衣服出来，以母亲之命任命郭谊为都知兵马使。

王协早已命令众将排列在外面，郭谊叩谢刘稹后，就出来面见众将，刘稹则回到内厅收拾行装。李士贵听说此事后，当即率领后院数千士兵要诛杀郭谊。郭谊斥责李士贵的手下说：“为何不自己去拿赏赐，却在这里要与李士贵一起去死呢？”这些士兵们就纷纷退下，一起杀掉了李士贵。郭谊把自己的心腹都安排到了重要岗位，调兵遣将，只用一个晚上一切都已安排妥当。次日，郭谊又命董可武入内面见刘稹，说道：“请大人出来商议公务。”刘稹说道：“何不在这说？”董可武回答：“恐怕会惊扰了太夫人。”刘稹听了，就随董可武出了内宅大门，一起来到了北宅院。到了北宅，这里早已设下酒宴，众人纷纷入座，一边饮酒，一边听音乐，气氛十分融洽。酒酣耳热之际，董可武又对刘稹说道：“今天，我们是想保全太尉（指刘稹祖父刘悟）全家，需要留后您自行了断，如此一来，朝廷肯定会宽恕的。”刘稹说道：“真像你说的话，我也心甘情愿了。”董可武遂上前抓住刘稹的双手，崔玄度从背后一刀砍下了他的人头，杀害刘稹后，众人又逮捕了刘稹全族，上自刘匡周，下到襁褓中的婴儿，一个不留，全部杀死；同时，他们还杀死了刘从谏的亲信张谷、陈扬庭、李仲京（李训的哥哥）、郭台（郭行馀的儿子）、王羽（王涯的堂孙）、韩茂章、韩茂实（二人系韩约之子）、王渥（王璠之子）、贾庠（贾餗之子）等十二家，连同他们的儿子、女婿、外甥、侄儿都不放过。甘露之变后，李训一党的家人都逃到昭义避难，如今全被郭谊等人杀害。郭谊还大开杀戒，睚眦必报，凡是军中昔日有点小矛盾的，都难逃一死。他每天都要杀人，潞州街道上被鲜血染红，泥土都成了红色。郭谊将刘稹的人头装入盒子中，派人带上投降书信，向王宰投降。路过泽州时，城内守将刘公直率领守军失声痛哭，也举城向王宰投降了。

八月十六日，宰相们进宫向武宗道贺。李德裕上奏称：“如今不用再设置邢州、洺州、磁州留后了，只让卢钧宣慰三州和成德、魏博两地。”武宗说道：“该如何处置郭谊？”李德裕回答：“刘稹不过是个黄口小儿罢了，其称兵对抗朝廷，全是郭谊的主意，等到走投无路时，又卖主求荣。这种家伙不予严惩，还谈什么惩罚罪恶？应该趁着各军尚在昭义边境，将郭谊等人一并杀掉。”武宗说道：“朕也是这么想的。”于是，下诏命令石雄率领七千人进入潞州城内，以应验以前的民谣。杜悰认为，后勤供应跟不上，可以赦免了郭谊等人，武宗死盯着杜悰，一句话都不说。李德裕说道：“今年春天时，泽潞还没平定，太原又发生了兵变，如果不是陛下果断，朝廷又怎能平定刘稹、杨弁这两处叛匪？外面就有人议论，要是放在前朝，朝廷早就赦免二人了。”武宗说道：“卿难道没有发现，文宗与卿的见解不同，岂能沟通！”遂免去卢钧山南东道节度使，只保留昭义节度使。十八日，刘稹的人头被送到了长安。武宗下诏称：“免去昭义五州百姓一年税赋，凡是讨伐军经过的州县，免去百姓今年秋季税赋。自从刘从谏以来，昭义镇增加的额外税赋一律取消。昭义镇征召的民团，全部遣散，恢复农民身份。各道有功将士，按照功劳大小一一赏赐。”

# 六二九　讨平泽潞（九）

郭谊杀掉刘稹以后，天天盼着朝廷能任命他当节度使，过了很久还没一点消息，就自我安慰道："肯定要把我调到别处吧。"于是，开始准备行装。

等到听说石雄率领七千人马就要到了，不禁大惊失色。石雄入城后，郭谊等人参见后，中使张仲清说道："郭都知的委任状不日将至，诸位高级将领的委任状都在我这里，晚上集会时再来领取。"于是，命令石雄带来的河中军队环绕球场，等晚上集会时，郭谊等人到后，一一点名入内，凡是桀骜不驯和奸诈狡猾、与官军死磕的将领，全都就地逮捕，押送京师。八月二十七日，武宗下诏挖出刘从谏的尸首，置于潞州街市示众三天，三天后，石雄下令将其尸体在球场上肢解，骨头砸碎。

八月二十八日，武宗下诏加李德裕太尉、赵国公，李德裕坚决推辞。武宗说道："只恨没有更高的官爵赏赐你了，要是爱卿不该得到这个赏赐，朕也不会给你的。"当初，李德裕认为："自从韩全义出兵讨伐淮西以来，朝廷将帅出征胜少败多，原因主要有三：一是，每天皇帝直接给前线下达三四道诏书，而宰相们都不知道；二是，前线每支军队都设置有监军，监军各以自己的意见左右军事行动，前线将领没有独断专行的权力；三是，前线监军往往从军中挑选数百最为骁勇的将士，组成一支专门保护自己的卫队，留在前线与敌人作战的反而都剩下些怯弱之人。每次作战，监军们都有自己的令旗，他们骑马站在高处，以卫队保护着自己，一旦看到战场形势稍稍不利，就拔下旗帜，狼狈先逃，正在作战的将士们一见也都四散溃逃。"为了去除这一弊端，李德裕就与枢密使杨钦义和刘行深商议，约定监军不得干预军事行动，军中一千人中允许监军从中选出十名士兵，担任监军的卫兵，全军立功时，监军也可以随之得到赏赐。两位枢密使也觉得有理，就上报武宗照此办理了。从抵御回鹘到这次讨伐泽潞，都是这么执行的，而且，也基本杜绝了皇帝直接下诏的现象。

自从泽潞用兵以来，河北三镇每次派使者来到京师，李德裕总会当面告诫他们："河朔兵力虽强，但不能脱离朝廷独立，还要依靠朝廷的官爵来笼络民心军心。回去告诉你们节度使：与其让大将们胁迫中使想得到朝廷的官爵，倒不如奋勇杀敌，建立功勋，让明主赏识，朝廷主动授予官爵，岂不更加荣耀？况且，举个我们大家都耳闻目睹的例子，李载义在幽州，替国家平定了沧景，等到他被军中驱逐后，朝廷还是任命他当了节度使，后来又镇守太原，当上了宰相。杨志诚派遣大将们围住中使索要官爵，等到他被军中驱逐，朝廷最终也没有赦免他的罪过。这两个人的下场你们可以予以参考。"李德裕又把这些话转述给了武宗，武宗听了，说道："就该如此直白地告诉他们。"在武宗和李德裕的争取下，河朔三镇在武宗一朝都听命于朝廷。

九月，武宗下诏将泽州划归河阳。七日，卢钧进入潞州。卢钧宽厚爱人，刘稹被杀前，卢钧已经被朝廷任命为昭义节度使了，卢钧所领襄州兵马在与昭义叛军对阵时，将士们就经常向昭义人宣传卢钧的美德。卢钧上任途中，进入天井关后，对投奔他的昭义散兵游勇，卢钧都一一从优安抚，昭义人大喜，民心很快安定下来。刘稹原大将郭谊、王协、刘公直、安全庆、李道德、刘佐尧、刘武德、董可武等人被押送到京师后，全部被杀。

王羽、贾庠等人被郭谊所杀后，李德裕又起草诏书称："逆贼王涯、贾𫗧等人的子孙已经在昭义被杀。"通告全国，令有识之士很是反感。刘从谏的妻子裴氏也被朝廷赐死。武宗和李德裕又下诏，命令昭义降将李丕、高文端、王钊等人列出与刘稹一起作恶的昭义将士，然后全部予以诛杀，一次杀掉了很多人。卢钧对此提出质疑，请求予以赦免，但朝廷不从。昭义下属一座城池曾对王元逵无礼，王元逵查出二十余人，全部斩杀，剩余部众担心受到连累，又关闭城门抵抗。九月十八日，李德裕上奏称："既然已经平定了叛乱，昭义各地又都成为国家的城池，岂可让王元逵一直打个不停？希望陛下派遣中使给城内将士们下诏，予以安抚，并命令王元逵领兵返回本镇，再下诏让卢钧自己派人前去安抚。"武宗都一一听从了。

九月二十五日，李德裕等人上奏请求武宗加尊号，并说："自古帝王，建立大功后一定要向太庙汇报，另外，自从皇太后的牌位送到太庙后，陛下还一直没去拜谒。"武宗听了，吃了一惊，说道："祭祀天地以及太庙之礼，确实应该立即去办，至于尊号一事，朕不敢当。”李德裕等人一连上了五次奏表，武宗这才答应。李德裕又上奏称：“根据幽州奏事官禀报：侦察得知回鹘残余部众上下离心，乌介可汗想逃到安西，其下属都说他们的亲戚都在我们这里，不如归降我们。另外，回鹘人又与室韦人矛盾重重，预料不久他们就会来降，或者会自相残杀。希望陛下派遣中使给张仲武下诏，通告他镇州、魏博已经完成了消灭泽潞的任务，现在只剩下回鹘还未被完全消灭，他还有回鹘北面招讨使的头衔，要求他尽快出兵讨伐回鹘，建功立业。”

李德裕怨恨太子太傅、东都留守牛僧孺和湖州刺史李宗闵，他对武宗说：“刘从谏盘踞上党十年，大和中入朝，当时牛僧孺和李宗闵执掌朝政，没有把刘从谏留下来，反而给其一个宰相头衔，放回本镇，结果造成今日之祸，朝廷用尽天下之力才平定了叛乱，这都是二人之罪。”李德裕又命人去潞州寻找李宗闵、牛僧孺与刘从谏往来的书信，结果一无所获，就命孔目官郑庆称刘从谏每次得到牛僧孺和李宗闵的书信，都亲自焚毁了。武宗下诏将郑庆押到御史台审问，御史中丞李回、知杂郑亚认为郑庆的口供属实，应予采信。河南少尹吕述给李德裕写信，揭发刘稹被杀的捷报传来后，牛僧孺曾出声叹息。李德裕将吕述的书信转呈武宗，武宗见信后，勃然大怒，将牛僧孺贬为太子少保、分司，李宗闵贬为漳州刺史。十月九日，又将牛僧孺贬为汀州刺史，李宗闵为漳州长史。十一月，再将牛僧孺贬为循州长史，李宗闵终身流放封州。

十二月，武宗任命忠武节度使王宰为河东节度使，以河中节度使石雄为河阳节度使。

也许牛僧孺和李宗闵牵连到了杜悰和崔铉，次年五月，武宗又下诏将牛党的杜悰、崔铉一并罢相，改任杜悰为尚书右仆射，崔铉改任户部尚书，又相继任命与李德裕亲善的户部侍郎李回、山南东道节度使郑肃担任宰相。平定刘稹叛乱之后，昭义镇在次年，即会昌五年（公元845年）又发生了一次短暂的叛乱。这年七月，朝廷下诏调派昭义五百骑兵、一千五百名步兵镇守振武，节度使卢钧前往裴村给部队送行。昭义镇的士兵素来骄横，不愿戍守边地，在践行宴会上趁着酒醉，一哄而起，返回了潞州，关闭城内，大呼小叫，卢钧逃奔潞城（今山西省潞城市）躲避。监军王唯直出来解释，反被乱兵痛打一顿，打成重伤，十余天后不治身亡。李德裕上奏称：“请求陛下下诏命令河东节度使王宰率领一千步骑进驻石会关，以三千人马驻守武安（今山西省武安市），切断潞州与邢州、洺州之间的联系；再命河阳节度使石雄率军进驻泽州，河中节度使韦恭甫率领一千步骑进驻晋州（今山西省临汾市），如此一来，乱兵就没有出路了。”武宗一一听从。乱兵推举都将李文矩担任头领，但李文矩不从，乱兵也不敢加害。李文矩给他们摆事实，讲道理，指出利害祸福，乱兵逐渐开始后悔起来，遂派人前往潞城向卢钧谢罪。卢钧回到上党，又派遣他们前往振武。等乱兵们走了一个驿站之地（三十里）后，卢钧暗中挑选军队开始追赶。次日，追兵在太平驿站（今山西省长治市北六十里）追上了乱兵，将乱兵全部杀死。卢钧将事情经过向朝廷禀报，并请求朝廷撤回河东、河阳军队，朝廷接受了。

# 六三〇　会昌灭佛（一）

会昌五年（公元845年）一月初一，群臣给武宗上尊号为仁圣文武章天成功神德明道大孝皇帝，尊号中原本没有“道”字，武宗特意要求加上。次日，武宗亲自前往太庙祭祀。三日，又祭祀了昊天上帝，宣布大赦天下。

武宗即位之前就笃信道教中的神仙之说，学习道教养生之术，开成五年，武宗即位之初，就于当年秋天将道士赵归真等八十一人召入皇宫，在三殿修金箓道场。武宗驾临三殿，于九天坛亲自接受法箓。右拾遗王哲上疏劝谏，称武宗刚刚继位，不该对道教过于迷信，武宗看后，将王哲贬为河南府功曹。会昌元年三月，武宗又下令在龙首池建造灵符应圣院。六月，武宗任命衡山道士刘玄靖为银青光禄大夫、充崇玄馆学士，赐号“广成先生”，令其与赵归真一起在皇宫修法箓。左补阙刘彦谟上疏切谏，被武宗贬为河南府户曹。会昌四年三月，武宗以赵归真为左右街道门教授先生。会昌五年一月一日，武宗下令在南郊坛修建望仙台。当时，武宗对赵归真非常宠信，朝廷谏官时不时地上书劝谏，武宗专门开延英殿与宰相们讨论此事。武宗对宰相们说道：“谏官们指斥赵归真，朕这么做的本意你们要知道。朕在后宫戒掉声色，只是让他们与朕谈论大道而已。”李德裕回答：“臣不敢言前代得失，只因赵归真在敬宗朝也曾出入宫掖，因此大家不愿陛下再亲近此人。”武宗说道：“我那时就认识这个道人，只是不知他的名字，此人在敬宗时也没有什么过失。我与之谈话，只是为了解闷罢了，至于军国政事，我只会与爱卿以及次对官们讨论，不会去问道士的。不仅一个归真，就算一百个归真也不能迷惑我的。”赵归真因为自己受到朝野的指斥，就举荐罗浮山道士邓元起有长生之术，武宗遂派遣中使前往迎接。对于武宗信奉神仙之说，很多史料都有记载。《杜阳杂俎》记载：“上好神仙术，遂起望仙台以崇朝礼，复修降真台，舂百宝屑以涂其地。瑶楹金栱，银槛玉砌，晶莹炫耀，看之不定。

内设玳瑁帐、火斋床，焚龙火香，荐无忧酒。”《剧谈录》记载，赵归真擅长制造铅汞，还有金陵人许元长、王琼，二人擅长变幻之术。一次，武宗提起前朝的明崇俨，能万里弄来岭南的柑橘，让许元长也试一试。许元长遂于一天之内从东都弄来十颗石榴。王琼则在一年冬天，让数棵杏树开了花，开了一个多月才谢。《武宗实录》称，赵归真自称数百岁，“上敬之若神”。

在尊崇道教的同时，武宗就开始思考如何才能限制佛教的发展。武宗作出这一决定，可以从政治、经济、文化等诸多方面找出答案。

从政治层面来讲，武宗作出这一决定有维护皇权的因素，武宗是个有为的皇帝。《清异录》就记载，一次，武宗独自一人在灯下看了很长时间的书，夜深之后才回到寝宫。王才人问：“陛下今天是怎么消遣的？”武宗回答：“朕在灯下熟读《尚书·无逸》数遍。朕并非不能热闹快活，是专门与管弦、美酒暂时分开的。”做出大规模取缔佛教，是与巩固统治基础密不可分的。中国传统儒家思想是入世的，儒家知识分子的理想是要修身、齐家、治国、平天下，致君尧舜；而佛教则是出世的，认为活着就是受苦，要脱离苦海。儒家思想最重视的是孝道；而佛教主张轮回报应，“不忠不孝，削发而揖君亲”（傅奕语），两者之间存在不可调和的矛盾和冲突，因此，武宗认为：“我高祖、太宗，以武定祸乱，以文理华夏，执此二柄，足以经邦，岂可以区区西方之教，与我抗衡哉!”会昌三年六月十三日，太子詹事韦宗卿撰《涅槃经疏》呈给武宗，武宗看后勃然大怒，下诏道：“韦宗卿，忝列崇班，合尊儒业；溺于邪说，是煽妖风……素儒士林，衣冠望族，不能敷扬孔墨，翻乃溺信浮屠，妄撰胡书，辄有轻进。”命令焚烧该书，不得外传。武宗认为儒家思想是治国的根本，只有用儒家思想抵制佛教，才能治理好国家，韦宗卿身为国家官员，理应宣扬儒家思想，却迷信佛教，“妄撰胡书”，非常错误。

根据日本和尚圆仁撰写的《入唐求法巡礼行记》记载，当时社会上流传着一句谶言：“李氏十八子昌运方尽，便有黑衣天子理国。”这句谶言表明的意思非常明白，就是指唐朝第十八任皇帝武宗死后，要有一个黑衣之人当天子。当时的和尚身穿黑衣，就是指和尚。我们知道，武宗去世后，宣宗李怡（后改名李忱）继位，那么，李怡在继位之前是否当过和尚？对于宣宗李怡继位前的经历，正史写的闪烁其词，比如，《旧唐书·宣宗》记载：宣宗“外晦而内朗，严重寡言，视瞻特异。幼时宫中以为不慧……历大和、会昌朝，愈事韬晦……文宗、武宗幸十六宅宴集，强诱其言，以为戏剧，谓之‘光叔’。武宗气豪，尤不为礼。”史臣曰：宣宗“久历艰难，备知人间疾苦。”李怡幼时被人视为“不慧”，但穆宗却一针见血地看出，他这个弟弟不是个寻常之人，称其为“此吾家英物”，另据《唐语林》记载，李怡在藩邸时，一直是诸王效仿的榜样。但是，随着其父宪宗奇怪地死后，其兄穆宗即位，李怡开始学会了韬光养晦，他曾经梦见驾着龙上天，醒来把梦境告诉母亲郑氏，母亲告诫他道：“这种事不可令外人知道，千万别说了。”等到穆宗去世后，其子敬宗继位，敬宗被弑杀，刘克明等人就曾拥立宣宗之兄绛王李悟登基，因此，在文宗继位后，对同为叔父的李怡也非常猜忌。等武宗继位后，“武宗气豪，尤不为礼”，据《清异录》记载，“光叔（指光王李怡）之贤，会昌（指武宗）微忌之。”一次，武宗照镜子，让身边的嫔妃以镜子为题做拆字游戏，这位嫔妃上奏：“光音王”三字，武宗听了，很不高兴，说道：“镜子封王了？”

正史上没有详细记载武宗对李怡究竟做过什么，但根据野史记载，武宗主要做了以下几件事：《唐语林》记载，武宗多次要加害李怡，一次，命令李怡前来打球，想趁机加害他。一些暗中保护李怡的宦官回奏称：“李怡浑身生疮，臭不可闻。”武宗还不信，让人将李怡拖到大殿下面，一看果真如此，就放了他。还有一次，据《续皇王宝运录》记载，武宗继位后，担心会出现其他意外情况，秘密下令把宣宗扣押在永巷之内，关了数日之后，丢在宫中的茅厕之内。宦官仇公武见状，顿生怜悯之心，就上奏武宗道：“那个王子不宜总放在宫中茅厕之内，杀了算了。”武宗点头答应。仇公武将宣宗从茅厕中取出，在车上用粪便、杂物覆盖，把宣宗救出了宫。还有一次，在禁苑中打球，武宗召来李怡，李怡见情况不妙，就远远地给仇士良使眼色。仇士良心领神会，拍马上前，对李怡说道：“大王可下马。”将李怡抬入神策军中，然后，仇士良向武宗禀报说：“摔下马来了，已经很难救活了。”不久，李怡就出家为僧，一直在江淮之间游历。武宗是在诛杀了文宗皇太子李成美和哥哥安王李溶才登上皇位的，因此，他对宗室其他人非常猜忌，也是可以理解的。

关于宣宗曾经出家为僧一事，还见于《庚溪诗话》《宋高僧传》《北梦琐言》中。《庚溪诗话》称，宣宗因受到武宗的猜忌而落发为僧，一天，他在游历时遇到了神奇的黄蘖禅师（后来的宰相裴休曾记下他口述的一首预测国运的诗，一直预测到今日之事），二人遂一起观看瀑布。黄蘖禅师说：“我作诗一联，却没有接下。”遂说道：“千岩万壑不辞劳，远看方知出处高。”李怡续道：“溪涧岂能留得住，终归大海作波涛。”《宋高僧传》也记载，武宗曾将李怡置之茅厕，仇公武将其救出，后落发为僧。李怡周游天下，“艰阻备尝”。《北梦琐言》记载：“武宗嗣位，宣宗居皇叔之行，密游方外，或止江南名山，多识高道僧人。”“宣宗初在民间……”《五灯会元》也记载了黄蘖禅师与李怡的交往，称：“时宣宗为沙弥”云云。

仇公武生平不详，但是仇士良家族无疑。武宗在仇士良生前对其非常忌惮，而对此仇士良也心知肚明。仇士良在武宗继位不久，就发现武宗非等闲之辈，会昌二年就曾打算煽动神策军作乱，结果被武宗和李德裕及时发现，强力回击。次年，仇士良就被勒令退休，不久就去世了。武宗对仇士良追怨不已，仇士良去世一年，到了会昌四年，就有宦官揭发仇士良的罪恶，武宗下令查抄仇士良家，搜出数千件武器，遂下诏削夺其官爵，将其抄家。另据日本圆仁和尚所写的《入唐求法巡礼行记》记载，会昌四年九月，仇军容儿常侍知内省事，吃酒醉癫，触怒龙颜，被武宗当即下令打死。此人当是仇士良的长子仇从广。显然，武宗与仇士良家族的矛盾已经很深，仇士良在发现武宗与他哥哥文宗一样可能会危及自身安全时，寻找下一个可能登基为帝的人选，是顺理成章的事。宣宗大中五年，他下诏给仇士良立碑表彰，对死去的仇士良表现出异乎寻常的尊崇，如果仇家对宣宗没有保护之恩、双方毫无瓜葛的话，宣宗是不会这么做的。

因此，当武宗听说了那句谶语之后，立即就想起了已经当上和尚的叔父李怡，要阻止李怡当上皇帝，通过灭佛找到李怡杀掉，可能也是他灭佛的一个原因……

# 六三一　会昌灭佛（二）

当然，武宗也会考虑到经济问题。

杜牧在他的《杭州新造南亭子记》上记载："文宗皇帝尝与宰相曰：'古者三人共食一农人，今加兵、佛，一农人乃为五人所食，其间吾民尤困于佛。'帝念其本牢根大，不能果去之。武皇帝始继位，独奋怒曰：'穷吾天下，佛也。'"唐朝鼎盛时期，佛教也得到了极大的发展，随之而来的寺院经济也空前繁荣。僧尼们占有大量土地和劳动力，不向朝廷纳税，不服劳役，成为特权阶层。这也吸引了不少地主将土地"施舍"给寺院，以逃避向政府交纳赋税，同时，寺院也成了百姓逃避兵役、劳役的避难所。杜牧也曾对佛教进行过猛烈的抨击。他指出，工商人"伪内而华外"，靠欺骗发财致富；基层小吏，敲诈勒索，也能"如公侯家"；上层大官，公开掠夺，"人不敢言"，他们"心自知其罪，皆捐己奉佛以求救"，希望"有罪罪灭，无福福至"，结果是"今权归于佛，买福卖罪，如持左契，交手相付"，完全是与佛在做交易。

当社会繁荣时，寺院经济对社会的影响还不突出，一旦出现社会动荡，朝廷收入大幅下降，百姓流离失所等情况，这种矛盾就凸显了出来。"安史之乱"以来，社会一直动荡不安，外忧内患不断，朝廷财政捉襟见肘，百姓生活非常困难，社会矛盾日益加剧，寺院经济对社会带来的负面影响也引起了越来越多人的关注。文宗时期就曾经对僧尼进行过限制，《唐大诏令集》卷113《条流僧尼敕》就曾说道："一夫不耕，人受其饥；一女不织，人受其寒。安有废中夏之人，事外藩无生之法！"武宗即位以来，先是抵御回鹘，接着就发动了讨伐泽潞的战争，与此同时，关中等地又连年发生灾荒，朝廷财政负担加剧，这就进一步促使了武宗下大决心要取缔佛教。

除了上述因素之外，武宗采取灭佛举措的还有文化方面的原因，主要表现在儒佛之争和佛道之争上。儒佛之争更多地体现在政治方面，已见前述，而佛道之争则可以归于文化方面。佛教主张轮回，道教提倡长生，显然，对于拥有至高权力的统治者来说，长生不老之术对他们更有吸引力，武宗就更倾向于后者。在他即位之后，就不顾宰相和群臣们的反对，一意孤行，四处寻找有异能的道士给自己服务。这些道士以赵归真、刘玄靖为核心，也开始怂恿武宗来取缔佛教，赵归真过去在长安与僧人不和，受到过僧人们的羞辱，这令他“痛切心骨，何日忘之”，等到他能够亲近武宗之后，就在武宗面前指斥佛教是外道，毒害生灵，又称孔子说黑衣继十八子为天子，最终促成了武宗下诏灭佛。

武宗灭佛也得到了首相李德裕的大力支持。李德裕反对佛教的态度也是一贯的，他主要是从经济方面考虑的，在他担任浙西节度使和西川节度使时，都曾经焚毁辖区私人寺院，取缔各类旁门左道，打击那些躲避劳役、娶妻养子的“假和尚”，敬宗时期，李德裕听说武宁节度使王智兴擅自剃度僧人，“闻泗州有坛，户有三丁，必令一丁落发，意在规避王徭，影庇资产……计江、淮以南，失却六十万丁壮。”建议朝廷下令予以禁止。李德裕并非不相信命运，他在《论冥数》中就举出生平遇到的三位异人，准确地预测了自己的前途和命运，但作为一个正统的儒家人士，他写道：“仲尼罕言命，不语神，非谓无也。欲人严三纲之道，奉五常之教，修天爵而致人爵，不欲信富贵于天命，委福禄于冥数。”

实际上，武宗灭佛也是一个渐进的过程。

会昌二年三月，武宗就曾下诏禁止没有名气的和尚配备童子、沙弥。十月，又下诏命令：凡是懂得烧炼、咒术、禁气、背军，身上有被杖打过的印痕、鸟文、杂工功，曾经犯淫养妻，不修戒行的，一并勒令还俗。如果僧尼有钱财、谷米、田地、庄园的，一律没收。如果爱惜钱财，愿意还俗，也应当将这些财物折抵应缴的两税。烧炼，指合炼金丹；咒术，即念咒语行术法；禁气，是修身炼仙的法术；背军，指离开军队为僧的；身上杖痕鸟文，指受官刑的人；杂工功，指各种特殊的手工技艺。

会昌三年九月，武宗又下令，要求两街功德使梳理中等僧人，如果国家档案中没有登记，一律勒令还俗，押回原籍。全国各地也参照执行。此后，武宗又下诏拆毁不足两百间房屋的山中普通佛寺、村庄小的佛堂，其中的僧尼勒令还俗；不久，又下令，凡违反佛教戒律的僧侣必须还俗，并没收其财产，期间，又陆续下令限制佛寺的僧侣人数，不得私自剃度；限制僧侣蓄养奴婢的数量；不许供养佛牙，同时规定代州的五台山、泗州的普光寺、终南山的五台寺、凤翔府的法门寺等有佛指骨之处，严禁供养和瞻仰，若有一人送一钱者，背杖二十；若僧尼在此受一钱施舍者，背杖二十。

由此看来，武宗灭佛是一个经过缜密思考的有计划的行动。会昌四年以前的行动，可以视作一个前奏和试探性动作，由于回鹘问题和泽潞问题的出现，让武宗大规模灭佛行动滞后了两三年。根据杜牧所言，会昌五年之前的灭佛行动，朝廷一共取缔“山台野邑四万所，冠其徒几至十万人”。灭佛行动取得了初步成效，积累了经验，也给社会发出了一个信号，为下一步大规模的灭佛行动奠定了基础。

当武宗平定了泽潞之后，他最想完成的事业：一是收复河湟；二是讨伐党项；三是消灭回鹘余党；四是灭佛，改善财政状况；最后可能就是对付河北三镇，统一天下了。前两者都需要大量的军费做后盾，第三项任务可以交由张仲武处理，至于最后一项只能是长远打算，而取缔佛教，可以让政府财政很快得到改观，为下一步收复河湟、对付党项提供有力的财政支持，因此，当平定泽潞之后，武宗就迫不及待地要实施自己早就想做而没有做的灭佛了。据史料记载，会昌四年九月，当官军刚刚拿下潞州后，武宗大笑道：“昭义已破，如今尚未除掉的，只有天下寺院以及勒令僧尼还俗了，你们知道吗？”

会昌五年（公元845年）五月武宗罢免杜悰、崔铉，也许有别的原因，但杜悰信仰佛教，应该也是武宗罢免他的另外一个重要原因。

武宗先下令禁止寺庙拥有庄园，又命令祠部对全国的寺庙、禅院、僧尼进行大规模的普查，做到心中有数，而后再有的放矢地进行灭佛行动。五月，祠部上奏称，全国寺庙有四千六百所，禅院有四万所，僧尼人数共计二十六万零五百人。先勒令全国僧尼四十岁以下的还俗，不久，又令五十岁以下的还俗，再过数十天，再下诏令五十岁以上没有祠部度牒的还俗，并严令，如果有人违抗诏命，当即决杀。

紧接着，到了七月，武宗正式下诏命令全国各地取缔、合并寺庙。中书、门下上奏称：“根据惯例，各个上等州，遇到国忌日官吏要到寺庙里行香，因此，建议上等州保留一座寺庙，将列圣尊容移于寺内，除此之外的寺庙全部取缔。建议长安、洛阳两街保留十座寺庙，寺僧十人。”武宗下诏回复道：“上州只保留那些建筑精美的寺庙，如果已经破败，也该予以摧毁。遇到上香之日，官吏们应该前往道观上香。长安、洛阳两条大街各保留两所寺院，每所保留三十名僧人。长安左街保留慈恩寺、荐福寺，右街保留西明寺、庄严寺。”中书省又上奏称：“天下摧毁的寺庙，铜像、钟磬交给盐铁使铸钱，铁像交由本州铸造成农具，金、银、鍮石等像予以销毁，交给度支部门。百姓家中所有的金、银、铜、铁佛像，诏书下发之后，限令一个月之内上交官府，如果违反，交由盐铁使根据禁铜法予以惩处。那些土、木、石等佛像可以继续留在寺内……僧尼不该归祠部管理，请求划归鸿胪寺管理。如果是外国僧人，送还本国。”

具体做法：长安、洛阳各保留四座寺庙，每座寺庙保留三十名僧人；全国节度使、观察使治所所在地以及同州、华州、商州、汝州各保留一座寺庙，这些保留的寺庙又分为三等：上等的保留二十名僧人，中等的保留十名，下等的保留五人，其余僧尼以及其他宗教的僧人（主要是基督教系统的景教、波斯宗教系统的祆教和摩尼教）一律勒令还俗。不该保留的寺庙，各地立即予以拆毁，并命令御史立即奔赴各地督办。寺庙占有的土地、财产一律没收，拆下来的建筑材料用于修葺官府办公场所、驿站、宾馆之用，铜像、钟磬回炉铸钱。

# 六三二　会昌灭佛（三）

为了统一全国的思想，八月七日，武宗再次下诏，指斥佛教的弊端。

他在诏书中说道：“朕听说：三代以前，从未有人说过佛，只是在汉魏之后，佛教才逐渐开始兴盛。这都是因为处于乱世，才传来这种外道，一传一，十传百，人们耳濡目染，习以为常，败坏了国家的风气而不自觉。诱惑人心，迷信的人也越来越多了，慢慢地全国各地僧徒越来越多，佛寺修得也越来越壮丽。修建佛寺让百姓出力流汗，铸造佛像夺去百姓金银，人们只认师父而忘记了君王、父母，只遵从戒律而忽视了人伦配偶，败坏天下大道，再也没有佛教更甚了！况且，一个男丁不耕田，就会有人挨饿；一个妇女不织布，就会有人受冻。如今，天下僧尼，不计其数，这些人都是等着农民给他们提供粮食，等着农妇给他们提供衣服。天下的寺庙、禅院，多不胜数，都是辉煌壮丽，超越规矩，比拟皇宫。南朝的东晋、刘宋、南齐、南梁，国力凋敝，风俗诡诈，无不由此造成。我高祖皇帝、太宗皇帝，以武力平定天下大乱，以儒教治理中华，以此二者足以安邦定国，岂可以区区西方之教来与我抗衡！我朝贞观、开元年间，也曾经进行过一定程度的限制，但是没有彻底铲除，以致逐渐蔓延。朕充分了解了前人的见解，又认真听取众人的建议，决心解决这一弊端，内心确认，毫无疑虑，与此同时，朝廷内外的忠臣，也都齐声赞成朕的做法，奏疏条分缕析，观点非常正确，均认为应该施行。追究千古以来问题的症结，以完成历代君王的规矩，给万民带来福祉，朕不敢推辞！如今，天下拆掉的寺庙共计四千六百余所，还俗僧尼二十六万五百人，全部收为能给国家上缴两税的农户，拆掉禅院四万余所，为国家增加上好的田地数千万顷，又将寺庙奴婢十五万人收为两税农户。将僧尼划归鸿胪寺管理，明确了这属于外国的宗教。勒令景教等僧侣三千余人还俗，令他们不得弄乱我中华之风俗。啊！这件伟大的事情是古代所未能办到的，似乎就在等待着我来做；而今一朝将其全部荡涤干净，谁能说无法、无时间来完成这事？已经将十万懒惰之徒尽行驱赶出来，华丽而毫无用处的房屋也焚毁了无数，以此手段就是为了用清净来教育百姓，让百姓明白无为而治的道理；以简单明了的政令，以达成统一思想的目的，这样一来，将令各地各族百姓都归于王化。因为改革之初，也许有人不明事理，特意下诏，以表明朕的心迹。”

百官纷纷上书道贺。不久，武宗又下诏，命令东都只保留二十名僧人，各道原来保留二十人的减半，保留十人的减为三人，保留五人的一个不留。武宗灭佛得到了各地的大力支持，据杜牧称：“出四御史缕行天下以督之。御史乘驿未出关，天下寺至于屋基，耕而刓之。”朝廷所派御史还没出关，各地就已经积极响应，争先恐后地把本地的寺庙拆除了。据后世学者考证，武宗灭佛的经济效果明显：一是，各种典籍记载没收的寺庙田地数量不一，大致有数千万顷；二是，驱逐的游惰之徒十万人；三是，解放依附寺庙农民大约五十二万口；四是，解放奴婢所获农田每人几十亩；五是，拆除房舍总数大约七百五十万间，价值二十五亿余贯，是当时政府一年财政收入的近七倍；六是，销毁的铜像，也解决了“钱荒”问题，平抑了物价，缓解了政府的财政困难。

五台山的不少僧人都逃往幽州避难。李德裕召来幽州的进奏官，对他说道：“你快快回去给你们节度使说：‘五台山的僧人去当将领，肯定不如你幽州的将领，他们当兵也不如你幽州的士兵，为何要博取一个虚名而让人非议呢？你就没看到前不久那个刘从谏招募了很多闲人，到头来又有什么用！’”张仲武听了，很是害怕，当即交给居庸关守将两把大刀，传令道：“凡是见到入境的游方僧人，立即斩首！”主客郎中韦博认为，什么事情都不宜做得太过分了，对灭佛行动提出微词。李德裕听了，很不高兴，就把他外调为灵武节度副使。

武宗灭佛也让慈善机构悲田养病坊受到了很大的影响。悲田养病坊是一个唐朝设立的救助贫困、疾病之人的半民间半官方的慈善机构，从南北朝时期，就有一些僧人投身于拯救贫弱的事业，但当时的规模还比较小，到了隋朝，一些高僧相继设立了慈善基金，给社会上的贫弱之人提供力所能及的帮助。唐朝建立以后，不少寺院就设立了收治麻风病人的场所（称为疠人坊），为了对这些场所进行有效的管理，武曌时期，朝廷设置了悲田使，悲田养病坊依然设置在寺院，具体由僧人管理，而朝廷的悲田使对运作进行监督。开元二十二年，唐玄宗曾下诏，让悲田养病坊收容京师乞丐，由政府拿出本钱房贷取利，以保证悲田养病坊的运作。“安史之乱”中，很多百姓流离失所，沦为乞丐，肃宗又下令在两京设置普救病坊收容这些人。武宗灭佛之后，悲田养病坊出现了无人管理的情况，在灭佛三个月后，宰相李德裕上奏称：“悲田一说出自佛教，希望改为养病坊。两京以及各州应当从年迈的录事当中挑选有名望的人去主持。”武宗表示同意，下诏：“悲田养病坊，因僧尼还俗，无人主持，朕担心残疾之人无人照料，现令两京政府酌定以寺院田地赈济。各州府分出七至十顷，各从本地官员中挑选一名老者管理，给养病坊提供粮食。”

与北魏太武帝、北周武帝灭佛相比，唐武帝灭佛规模更大。据宣宗大中八年《白岩寺重建法堂记》称：“明敕既降，莫不遵行，官吏颁选，敢不从命……巍巍大厦翻为瓦砾之堆，熠熠金容变作泥沙之聚。”然而，在吐蕃占领的河湟地区以及河北三镇地区，却并没有执行武宗灭佛的命令，“不拆寺舍，不流僧尼”，不过，总体上来说，武宗灭佛是中国佛教史上的大事，也是佛教在中国发展的一个转折点。通过这次灭佛行动，天台宗、华严宗的很多佛教经典被焚毁，后来不得不从新罗、日本等国引进，这些依赖于寺院经济和佛教经典的佛教流派逐渐式微，也有少数僧尼对过去的佛教发展进行反思，正如后来宋代宗赜禅师作过的检讨那样：“天生三武祸吾宗，释子回家塔寺空。应是昔年崇奉日，不能清俭守真风。”这部分人选择遁迹山林，继续修道，此后，有着离世色彩、不著书立说、发展山林道场的禅宗以及宣扬念阿弥陀佛即生净土的净土宗开始兴盛和发展。

武宗灭佛在经济上也取得了很大成效，大大缓解了“钱荒”，增加了财政收入，也增加了国家的劳动力。会昌末年，全国两税户已达四百九十余万户，比唐宪宗元和中兴时增加两倍多，比穆宗时期还增加了约三分之一。《新唐书·李德裕传》称：唐“王室几中兴”，但是，执行过程中出现的一些疏漏，也导致一部分还俗的僧尼生活非常贫困，一时间，没衣可穿，没饭可吃，无田可种，无屋可住，有的四处流浪，有的铤而走险，进入农村，四处劫掠财物，给社会治安带来很大压力。

当灭佛行动已经取得阶段性成果之时，到了会昌五年的秋天，武宗就感觉身体有些不舒服了，然而，道士们却对武宗说这是在“换骨”，武宗信以为真，竟然对外人隐瞒了自己的病情。说到武宗相信修仙，甚至是到了痴迷的地步。会昌五年三月，仙台筑成，据说，该台高一百五十尺，其上修建五峰殿，还运来终南山的巨石修成四山崖，比照仙山修了很多崎岖的山道，台上种植了很多奇花异草。武宗要求赵归真上台炼仙药，但赵归真却说："有一种仙药，我国没有，只有吐蕃那里有，我要去吐蕃寻找。"但武宗不放他走。武宗又让人问他："求仙需要用什么药？"赵归真回答："需要李子衣十斤，桃毛十斤，生鸡膜十斤，龟毛十斤，兔角十斤。"这些药引有的世上根本就没有，有的则是非常难以找到，果然，武宗派人到处寻找，街上药店都说没有这些东西。当时的左右中尉见了赵归真，略带调侃地对他说："今日进了仙台了，不知公等能求到仙人吗？"显然，内心对武宗灭佛不满的宦官集团根本不相信赵归真能求来仙人。

武宗吃了道士们炼制的丹药，身上非常燥热，弄得喜怒无常。《清异录》记载，武宗服药身体燥热，内侍童膺福给武宗献上了一条脆玉绦，"用锦作虚带，以冰条裸腹系之，心腑俱凉，移时销镕，复别更替。"《耳目记》也记载说，当时，青城山邢道士拿两粒丹药，用几枚梨捣成汁，让武宗服下治他的燥热之病。武宗吃后，病情很快就好转了，就问这丹药是怎么制成的。邢道士说："赤城山顶有两株灵芝，太白山南溪上有一棵紫花梨树，臣以前偶然得到这两件宝贝，炼成丹药，一吃就吃了五十年，现在只剩下这两粒，要想再炼制这丹药，就必须要找到这两件宝贝。"后来，邢道士就还山了，等武宗旧病复发，再也没能找这位道士。武宗就下令天下如果发现紫花梨树，要当即上奏。寿安公主的丈夫、成德节度使王元逵发现了一颗，就派专人守护，等秋天结果时，公主亲自挑选，呈给武宗。武宗经常吃这种梨，以解心中烦躁。

# 六三三　武宗驾崩（一）

武宗从会昌五年秋天生病之后，就一直不怎么参加游猎活动了，宰相以及奏事官奏事也不敢多停留。《唐语林》记载，五年秋，王才人对宣徽使说：“圣人天天对着药炉，服神丹，言我取不死。今身上变差事，道士称换骨皆如此，某独为忧也。”宣徽使固求变见状，才人忍泪不敢语。

虽然已经生病，但武宗和首相李德裕还是按照既定方针在部署收复河湟的作战。俗话说，兵马未动，粮草先行。李德裕建议武宗增加边防军用仓库的战略储备，命令户部每年从财政收入中拿出十二万钱、十二万匹布转运到边境仓库，度支、盐铁部门也拿出十三万钱、十三万匹布，照此办理，次年减少三分之一；凡是各道上交给朝廷的“助军费”也全部转运到边境仓库，由度支郎中具体负责实施。可以预计，如果武宗不死，在此后的一两年内，唐军一定会发动打击叛乱党项以及收复河湟的行动。

然而，此时的朝中政治斗争却日渐激烈，随着武宗得病，这种斗争也日趋白热化了。原本杜悰、崔铉在中枢掣肘着李德裕，平定泽潞之后，李德裕的威望达到了顶点，随着灭佛行动的展开，武宗又换下了信佛的杜悰和“与李德裕不叶”的崔铉，牛党人物不敢明目张胆地把矛头对准武宗，只能把这一切都归咎于李德裕。其实，李德裕与牛党人物不同，他并非一概不任用牛党人士，只要他们不妨碍自己平定天下的政治理想，李德裕也并非对牛党人物要一棍子打死。李德裕曾任用牛党人物白敏中和柳仲郢，就是看到二人都有才能。白敏中是白居易的堂弟，曾任左司员外郎，会昌二年，李德裕让其担任了位置重要的翰林学士；柳仲郢是柳公绰的儿子，曾任吏部郎中，会昌四年，李德裕认为各地政府人浮于事，决定实施裁员，命令柳仲郢负责此事，柳仲郢干得很出色，六月上奏称全国裁减一千二百一十四名冗员。次年二月，李德裕就奏请晋升他为地位重要的京兆尹。

柳仲郢素来与牛僧孺私交很好，在拜谢李德裕时，他似乎一点都不领情，反而说："我没有想到太尉您对我如此看重，我怎敢不像对待牛僧孺那样报答您！"李德裕听了，丝毫没有觉得冒犯了自己。

做点事很难，做大事更难，只有像大多数牛党人士那样不做事，才不会得罪人。李德裕拜相后，在短短的五年时间里，积极配合武宗干成了很多人很多年干不成的大事：恢复相权、排挤无所事事的牛党人物、配合武宗打压宦官集团、剥夺监军的权力、平定与牛党人物来往密切的泽潞、沙汰冗员、实施大规模的灭佛行动，等等，这自然大大得罪了既得利益集团，也招来很多无能的人们的嫉恨。自从崔铉、杜悰被罢相之后，他们就以此为李德裕排挤异己的口实，联络宦官集团，指斥李德裕太过专权。

随着武宗的得病，朝局日益显得诡异起来，期间发生了一系列不同寻常的事情，由于史料记载相互矛盾或者缺载，更令这段历史变得扑朔迷离。第一件事是王才人封后不成，是死是活，殉情的是王才人还是孟才人？第二件事是封官的道士是刘玄靖而非早来的赵归真，其中的原委是什么？第三件事是宦官集团开始试图分割李德裕的权力，似乎预示着将要对武宗动手了。

先说说第一件事。

会昌五年秋季，武宗想将王才人封为皇后，他就此征求李德裕的意见。李德裕回答："才人没有儿子，况且，其家素来不是名门，将其封后，恐怕会招致天下人的议论。"武宗遂作罢。武宗只有五个儿子，分别是杞王李峻（开成五年封王）、益王李岘、兖王李岐、德王李峄、昌王李嵯（均会昌二年封王）。这五个孩子的母亲究竟是谁，史料缺载，已无从查考了，但可以确定的是都不是王才人之子。王才人是武宗最宠爱的妃子，《新唐书》记载：她是"邯郸人，失其世。年十三，善歌舞，得入宫中。穆宗以赐颍王（即武宗）。性机悟。开成末，王嗣帝位，妃阴为助画，故进号才人，遂有宠。状纤颀，颇类帝。每畋苑中，才人必从，袍而骑，校服光侈，略同至尊，相与驰出入，观者莫知孰为帝也。"《唐阙史》记载："武宗皇帝王夫人者，燕赵倡女也"。由此可知：一、王才人出身门第的确不高；二、王才人在武宗即位一事上起到了一定作用；三、武宗即位之后，仍然对王才人比较宠爱。

回顾武宗即位时的情况，是左右神策军护军中尉仇士良、鱼弘志把他推上帝位的。根据《仇文义王夫人墓志》记载，王夫人系出于太原王氏……"唯仇氏、王氏，家声赫弈，枝源蝉联”云云。仇文义与仇士良同族，应属仇士良的叔父辈，王氏死于宣宗大中二年，碑文客观地描述了彼时仇氏复兴的情况，也透露出仇氏与太原王氏千丝万缕的关系，显然，王才人替武宗即位“阴为助画”，其指向的对象就是掌握禁军大权的仇士良。太原王氏显系高门，王才人作为出身低微的邯郸王氏，进入颖王李瀍王府之后，在文宗后期激烈的皇位之争中，通过太原王氏家族最终拉拢仇士良倾向于拥立武宗为帝，也不是没有可能，而武宗继位之后，王才人与仇氏家族的情感联络不可能突然中断，其出于自身考虑，继续背靠仇氏家族以确立自己在宫中的地位，同样合乎常情。然而，武宗的想法却不是这样，随着武宗地位的日渐稳固，其与仇士良的矛盾也开始尖锐起来。比如，在会昌二年十月，武宗下达初步限佛令之后，曾命令两街功德使勒令两街寺庙赶出僧尼，而仇士良却俨然以佛教的保护人的身份与武宗对抗，公开拒绝执行武宗的命令，不欲“条流僧尼”，最终，武宗和李德裕不得不做出让步，允许等一百天之后再执行，仇士良只好执行。次年五月，武宗就下令仇士良退休，而以亲近李德裕的宦官杨钦义接任了左神策军护军中尉。

武宗、李德裕与仇氏甚至整个宦官集团的斗争，不可能不波及后宫，因此，当武宗打算册立与仇氏家族有着千丝万缕关系的王才人为皇后时，李德裕就提出了反对意见，并最终被武宗所采纳。另据李德裕本人撰写的《献替记》记载：“自上（即武宗）临御，王妃有专房之宠，以娇妬忤旨，日夕而殒，群情无不惊惧，以谓上成功之后，喜怒不测。”据此，王才人在武宗去世前，就因为嫉妒而被处死了！能够佐证这一史料的还有出土的《唐故振武麟胜等州监军使孟秀荣墓志》，该墓志记载：“府君大夫讳秀荣……大夫元和三年正月六日授凤翔府仇将军小判官……会昌三年正月六日，从湖南监军，着蕃高班，其年正月八日，除左神策军护军中尉判官、兼左街功德使判官。四年十二月廿六日，左神策军都判官，除武德副使。五年九月七日，为王妃连累，贬在东都恭陵，已夺朱绂。六年四月廿七日，奉恩命，追赐绿，在南衙。大中元年正月三日，除内养。”志主孟秀荣于武宗会昌五年九月七日“为王妃连累，贬在东都恭陵，已夺朱绂”，期间正是武宗生病之时，墓志继续记载了志主在宣宗继位的月底，就将孟秀荣从贬所召回，并加官，由此说明，孟秀荣应该参与了宣宗夺位一事，而根据该墓志，孟秀荣与仇士良渊源颇深，他与马元贽一样都应为仇士良的余党，同时，王才人之死、孟秀荣因此被贬也极有可能与宣宗阴谋夺位有关。

让我们大跌眼镜的却是正史的记载。《新唐书》称：帝稍惑方士说，欲饵药长年，后寝不豫。才人每谓亲近曰："陛下日燎丹，言我取不死。肤泽消槁，吾独忧之。"俄而疾侵，才人侍左右，帝熟视曰："吾气奄奄，情虑耗尽，顾与汝辞。"答曰："陛下大福未艾，安语不祥？"帝曰："脱如我言，奈何？"对曰："陛下万岁后，妾得以殉。"帝不复言。及大渐，才人悉取所常贮散遗宫中，审帝已崩，即自经幄下。当时嫔媛虽常妒才人专上者，返皆义才人，为之感动。宣宗即位，嘉其节，赠贤妃，葬端陵之柏城。《资治通鉴》也采纳了这一记载。前人早就注意到了这一重大差别，《梦溪补笔谈》就曾指出，《唐书》的记载与李德裕《献替记》完全不同，并认为，《献替记》是当事人李德裕亲笔所记，是不会出现差错的。那么，问题出在哪里了呢？

《剧谈录》给了我们答案。该书记载，孟才人善歌，有宠于武宗皇帝，嫔御之中莫与为比。一旦龙体不豫，召而问之曰："我若不讳，汝将何之？"对曰："以微渺之身，受君王之宠，若陛下万岁之后，无复生焉！"当天，孟才人就在御榻之前歌《何满子》一曲，等到武宗驾崩当天，孟才人也自杀了。孟才人的死在当时引起了极大的轰动，文人们纷纷作诗哀悼，其中张祜有诗《孟才人叹》最为著名："偶因歌态咏娇颦，传唱宫中十二春。却为一声河满子，下泉须吊旧才人。"《梦溪补笔谈》在引用了《孟才人叹》自序后，也怀疑《唐书》记载的殉情而死的并非王才人，而是孟才人！

# 六三四　武宗驾崩（二）

一种版本是王才人为武宗殉情自杀；另一种版本却是王才人因失宠而勾结宣宗，被武宗发现而处死，为武宗徇情而死的是孟才人，二者有天壤之别，比较起来，后者更具合理性。

这是因为，一、第二种版本都出自当时之人的记载，李德裕、张祜都是当世之人，他们的记载可信度更高。二、王才人涉及宣宗夺位风波有其可能性：1．王才人应该与仇氏家族有联系；2．仇氏家族被打压之后，王才人可能受到一定的影响；3．武宗即位后，王才人专宠的地位受到威胁；4．在仇氏宦官余党的推动下，王才人企图封后，但遭到李德裕等人打压，封后无望后，王才人前途渺茫，很有可能与亲光王李怡的宦官集团达成某种交易而被收买。三、从宣宗继位后的表现来看，其对穆宗、文宗、武宗一系的亲信大臣一概进行残酷的打击，否定武宗和李德裕的历史功绩，极力抹黑二人，如果王才人对其继位没有提供过帮助，仅因殉情武宗，宣宗不一定会予以显赠，而实际情况是，宣宗继位不久，就以王才人“徇情”为由，追赠其为贵妃。

分析起来，真实情况可能是，王才人因失宠而心生怨恨，与阴谋拥立光王李怡的仇氏宦官余党勾结，结果被武宗觉察而被处死，涉案人员孟秀荣等宦官也受到惩处，此后，武宗驾崩，王才人的对立面孟才人自感无法存活，也“殉情”自杀。宣宗继位后，为了表彰王才人之功，移花接木，将孟才人自杀之事安到王才人身上，追赠其为贵妃，并修改了史料，以掩人耳目。

我们再来看第二件事。

《唐会要》记载：“其年（会昌五年）十月，敕传度道门法箓，以衡岳道士刘玄靖可加银青光禄大夫，充崇玄馆学士，仍赐号广成先生。”《资治通鉴》记载，刘玄靖在被加官后，坚决推辞，请求返回衡山，最终武宗答应了。

会昌年间的宫廷道士中，赵归真无疑是真正的核心，可是，武宗没有加封赵归真，却封了后来才入宫的刘玄靖（一作刘玄静），其中的奥妙又在哪里呢？而刘玄靖在被封官、成为帝师之后，为什么又坚决要离开长安回山呢？

从中晚唐到五代，道派传系最明显的是茅山宗及其衍生的南岳天台派，南岳天台派的谱系：司马承祯传薛季昌，薛季昌传田虚应，田虚应传冯惟良、陈寡言、徐灵府、刘玄靖四人。《总胜集·刘玄靖传》记载：“宝历初，敬宗求方士，监军吕令琮邀至潭州。”后刘玄靖入京，见到敬宗后，二人话不投机，不久，敬宗被弑杀，刘玄靖来京数日，没有受到牵连而被放归衡山。到武宗会昌三年，赵归真希望得到更多的支持，就建议武宗又召来更多的道人，刘玄靖就是其中之一。但根据《总胜集·刘玄靖传》的记载，当武宗征求他对灭佛的看法时，刘玄靖回答:“释氏久远，将遏绝，可渐革其弊。卒有变更，即惊众害事，却不利于道门。”他的建议是，可以采取渐进的方式限制佛教，如果断然采取大规模的灭佛行动，不仅会引起社会动荡，而且加深佛道之间的矛盾，人们会自然而然把灭佛归咎于道门，对道门的发展也是不利的。

显然，刘玄靖在灭佛一事上与赵归真等人的积极态度还是有所不同的，同时，刘玄靖与宦官集团还有着千丝万缕的联系。刘玄靖两次进京都与宦官有关，第一次，是在湖南监军吕令琮的恳请下才出山的，吕令琮当然想给皇帝找个异能之士，讨好皇帝。第二次，也是武宗“委本道监军使遣人赍诏征召”的，同时，赵橹的《刘玄靖传》称：“每有恩赐，先生（刘玄靖）立舍与监引敕使及诸门，至望仙门，则已空手矣。”说的是，每次皇帝赏赐给刘玄靖财物，还没走出宫，刘玄靖就已经把这些财物分给跟着自己和所过宫门的宦官们了。《总胜集·刘玄靖传》还记载：“五年秋，武宗微疾，将传法箓。内臣以赵归真有私累，嗜货财，推先生清净，可为帝师，遂召入内居灵符殿……及事毕，除银青光禄大夫、崇玄馆大学士，号广成先生。别筑崇玄馆以居之。”这一记载明确说，刘玄靖之所以被加官，是宦官们推举的结果。

原本道士们还是宦官集团给武宗召来的。据萧邺《刘玄靖碑》上记载，“武宗朝擅权者，欲以神仙绊睿思，亟言天下术士可致，不死药可求，乃命召先生”云云，此处的擅权者，有人认为是李德裕，但其实不然，李德裕本来就反对武宗迷信道教，在赵归真等人得宠后，李德裕还曾劝谏武宗要防微杜渐，根本不可能出于“绊睿思”而引诱武宗迷恋神仙之术，反倒是仇士良在退休时曾告诫宦官们，要让皇帝们“奢靡娱其耳目，使日新月盛，无暇更及他事，然后吾辈可以得志”云云，因此，这里的擅权者指宦官们无疑。当宦官们发现武宗是个英明的君主之后，就开始盘算着用什么方法来转移武宗治国理政的注意力，他们投其所好，在武宗面前声言能够找来会配置长生不老仙药的术士，让武宗在神仙术中越陷越深，从某种程度上说，他们得逞了。然而，让他们始料不及的是，赵归真等人到来后，不仅帮助武宗炼丹，还撺掇武宗实施灭佛，这也引起了诸如枢密使杨钦义等笃信佛教的宦官头目的不满。在这种情况下，他们又引用刘玄靖入朝，可能也有抗衡赵归真等人的目的。

刘玄靖被加官，从一定程度上说明了会昌五年下半年宦官势力的风向，而奇怪的是，在刘玄靖被加官后，却坚决要求离开朝廷，其中原因可能有：一是刘玄靖因与宦官集团的关系，发现了某种危急情况，他个人不愿卷入即将到来的巨变中而选择离开；二是刘玄靖可能参与宦官们对武宗的“毒杀”。武宗是否是被人毒杀的，无史料依据，只是臆测，但武宗从会昌五年就得病了，但道士们却一直说是“换骨”来麻痹武宗，史书中并没有明言，这个道士究竟是谁，是赵归真还是刘玄靖，还是另有他人？虽然《剧谈录》中也说过赵归真“善制铅汞”，而会昌五年年初仙台已经建成，赵归真主要从事“求仙”，再结合武宗让赵归真炼制丹药，赵归真却以世上难找的药引拒绝了武宗的要求，也许这位谎称换骨的道士就是刘玄靖。宦官集团为达到毒杀武宗的目的，收买刘玄靖，以丹药为名神不知鬼不觉地毒杀武宗，这种可能性是存在的。武宗死后，赵归真等人均被宣宗处死，而刘玄靖却不仅未受丝毫影响，相反，在会昌六年十月，宣宗还从他那里接受了三洞法箓，继续承认他的国师地位，这也是不同寻常的。

会昌五年下半年发生的第三件事就是有人开始向李德裕发难了。

首先是宦官们对武宗称李德裕太独断专行了，这里的宦官当指枢密使杨钦义和刘行深等人。如前所述，李德裕原本与二人关系尚可，但随着李德裕辅佐武宗进行一系列改革，不断触及宦官集团的利益，自然引起整个宦官集团的不满，他们开始抱怨杨钦义和刘行深乱了过去的规矩，也许在这种压力下，二人秉承集团指令，开始投入到打击李德裕的计划中了。

宦官们在病中武宗面前的谗言多少起到一些作用，武宗开始有点怀疑李德裕了。李德裕自然觉察出武宗稍稍疏远了自己，也有些心灰意冷，因此，在武宗会昌年初上尊号后，就屡屡上书请求退休，但武宗没有同意。此后，李德裕又得病了一个多月，他意识到朝廷政治斗争的复杂性，再次上书坚决请求辞职，武宗遂将李德裕罢相，以本官同平章事兼任江陵尹、荆南节度使。但过了数月之后，武宗再次将李德裕追回，重新让他担任宰相。

一次，武宗平静地问李德裕："有人说孔子有三千门徒，也是在结党，这话属实吗？"李德裕回答："昔日，刘向曾说过：'孔子与颜回、子贡之间相互称赞，不能称为朋党；大禹、稷与皋陶三人相互提携，也不可称为比周，这是因为，他们内心都不奸邪。'臣曾经认为共工、鲧、驩兜与舜、禹都身处尧帝一朝，共工、驩兜他们是朋党，而舜、禹则不是朋党。小人之间相互结党，是为了私利而互为表里，而君子则不然，君子看到忠于国家的人则认为与自己同心，听到大义之言就觉得是与自己志向相同，退下之后，各自干各自的私事，不会有私交……太宗与房玄龄商议国是，则说除了杜如晦无人能筹划，等杜如晦来见，也赞同房玄龄的主意，二人同心为国，不是在结党……春秋战国，有信陵君、平原君、孟尝君、春申君，各有门客三千，专门以诡诈之术相互夸耀，而孔子及其门徒则只行仁义。现在有人拿他们与孔子相比，就大错特错了。臣不知道所说的党，是为国还是为个人？假如真是为国家利益的，则干出房玄龄、杜如晦等人的事业，无须结党。如今所谓的朋党，都是诬陷忠良，打压良善，欺上瞒下，呼朋引伴，趋炎附势，日夜商量，遇到高官要职，都引荐自己的同党，不是一党，一律打压、斥退。孔子及其门徒会干出这种事吗？陛下以此为标准来观察，自然就会看透奸臣的嘴脸了。"

就在武宗与李德裕有了这番谈话不久，就发生了给事中韦弘质上书称李德裕权力太大的事。韦弘质在奏疏中建议，宰相不应兼管朝廷的钱粮，把矛头直指李德裕。李德裕上书申辩称："管仲明于治国，其语曰：'国之重器，莫重于令。令重君尊，君尊国安。治人之本，莫要于令。'故曰'亏令者死，益令者死，不行令者死，留令者死，不从令者死。五者无赦。'又曰：'令在上而论可否在下，是主威下系于人也。'太和后，风俗浸敝，令出于上，非之在下。此敝不止，无以治国。匡衡曰：'大臣者，国家股肱，万姓所瞻仰，明主所慎择也。'《传》曰：'下轻其上爵，贱人图柄臣，则国家摇动而人不静。'今弘质为人所教而言，是图柄臣者也。且萧望之，汉名儒，为御史大夫，奏云：'岁首，日月少光，咎在臣等。'宣帝以望之意轻丞相，下有司诘问。贞观中，监察御史陈师合上言：'人之思虑有限，一人不可总数职。'太宗曰：'此欲离间我君臣。'

斥之岭外。臣谓宰相有奸谋隐慝，则人人皆得上论。至于制置职业，人主之柄，非小人所得干。古者朝廷之士，各守官业，思不出位。弘质贱臣，岂得以非所宜言妄触天听！是轻宰相。陛下照其邪计，从党人中来，当遏绝之。”李德裕一针见血地指出“今弘质为人所教而言，是图柄臣者也”，显然已经察觉出韦弘质是有人指使的，十二月，武宗下令将韦弘质贬官，史称，“众怒愈甚”。李德裕又上奏称：“天宝已前，中书除机密迁授之外，其他政事皆与中书舍人同商量。自艰难已来，务从权便，政颇去于台阁，事多系于军期，决遣万机，不暇博议。臣等商量，今后除机密公事外，诸侯表疏、百僚奏事、钱谷刑狱等事，望令中书舍人六人，依故事先参详可否，臣等议而奏闻。”武宗答应了。白敏中等人指使韦弘质上书，如今他们偷鸡不成蚀把米，自然更加愤怒了。

# 六三五　武宗驾崩（三）

会昌五年年底，唐朝西北仍不太平。

吐蕃的论恐热又纠集了各部人马，反击尚婢婢，尚婢婢派遣厖结藏率领五千人马抵御，结果，论恐热再次大败，与数十骑逃去。尚婢婢向河湟一带发布檄文，历数论恐热的罪恶，并称：“你们原本都是唐朝百姓，吐蕃现在无主，就该相继归顺唐朝，不要再受论恐热的欺压了。”河湟很多部落逐渐开始脱离了论恐热。此时，唐朝朝廷虽然给党项设置了大使，但党项依然四处劫掠，毫无收手之意，他们相继攻陷了邠州、宁州、盐州等地的城堡，主力驻扎在叱利寨一带（今陕西省定边县境）。宰相们建议再次派人前去宣慰，但武宗则决心用兵讨伐。

转眼就是会昌六年（公元846年），由于武宗生病，已提前取消了元旦的朝会。兵部侍郎、判度支卢商上奏请求：“各道军队讨伐党项，如今派遣一名度支郎官前往有粮食的州郡，核查计算后支付。”武宗同意。该月，监察御史元寿弹劾前彭州刺史李铁购买本州龙兴寺的奴婢为乳母，违反了官府的规定，武宗下令将其贬为随州长史。二月一日，因天旱，武宗下诏大赦，同样的原因，取消了该年的曲江赐宴。同月，武宗相继任命夏州节度使米暨充东北道招讨党项使，邠宁节度使高承恭充西南面讨党项使。同时下诏，通过灭佛新铸了很多新钱，等来年正月以后，开始投放市面，逐渐改变以布帛给百官发放俸禄的现状。

武宗已生病将近半年之久，一直未能痊愈，有人想到汉朝时认为属火德而将洛阳改成了雒阳这一旧事，认为，唐朝是土德，而武宗的名字李瀍却是“水”字旁，土克制了水，就建议武宗改名。三月，武宗下诏将自己的名字改为李炎，以火来生土。武宗从一月三日开始就不再上朝了，也不再接见宰相，朝廷内外都忧心忡忡。

武宗改名后不久，病情就加重了，十余日口不能言。诸位宦官在宫中暗中商议决定拥立光王李怡。三月二十日，他们以武宗的名义下诏称："皇子年幼，应该挑选贤德作为继任者，光王李怡可以立为皇太叔，更名为李忱，军国政务令其全权处理。"皇太叔李忱出来接见百官，一脸悲容，其裁决政务，有条有理。

李忱身为武宗的叔父，原本不是继承皇位的人选，宦官们为何要抛弃武宗之子不立而拥立李忱呢？如果说武宗之子尚幼，那穆宗一系如敬宗、文宗还有后嗣，宦官们何以一概不立呢？如前分析，这一方面有李忱与仇氏家族特殊的关系的原因；另一方面，穆宗一系在继位之后都不甘受宦官的控制，对宦官集团都给予无情的打压，尤其是武宗采取了一系列非常措施，不仅得罪了仇氏一族，而且，得罪了整个宦官集团，让宦官们不能过多地染指朝政，到会昌五年四月初，武宗还命人把神策军的大印收了回来。正如王夫之的《读通鉴论》中所说的那样："唐自肃宗以来，内竖之不得专政者，仅见于会昌。"因此，他们仇视穆宗、敬宗、文宗、武宗父子也很好理解了。

据《资治通鉴》记载："上（指唐宣宗）之立也，左军中尉马元贽有力焉，由是宠冠诸宦"；《宋高僧传》称："属宣宗龙飞，杨公自内枢统左禁军，以册定功高，请复兴天竺教。"杨钦义二子杨玄略、杨玄价后为唐宣宗重用，大中初杨玄略两任总监使之职（见《杨玄略墓志》）；另一枢密使刘行深在宣宗之立中也没有受到冲击，唐宣宗即位后拜其为右军中尉，并晋升其第五子刘遵礼为宣徽北院使（见《刘遵礼墓志》）；军器使李敬实在武宗朝宣掌密令，宣宗即位后恩宠不衰（见《李敬实墓志》）；等等。另据《内侍省监楚国公仇士良神道碑》记载，大中五年（公元851年），唐宣宗视仇士良"杀二王、一妃、四宰相，贪酷二十余年"而不见，明目张胆地为其"平反昭雪"，树碑记功，在此前后，他还情真意切地撰写了《故南安郡夫人赠才人仇氏墓志》，表达了对仇才人的思念之情，此志称：仇氏"初以才貌，选充后宫。吾擢居宠遇，行止侍随，贞孝罕俦，懿范殊古，尔仪标九嫔，行备四德……吾怀伤叹，加以涕零，感想恸之，哀尔长往。"仇才人自然出自仇士良家族，很有可能就是仇士良的养女之一，而武宗在清除了仇士良之后，并没有力量将仇士良的余党全部清理干净，像马元贽、孟秀荣、仇公武等人就是仇士良的余党，由于李忱与仇家的姻亲这一特殊关系，拥立李忱为帝，对维护宦官集团最为有利，于是，他们利用武宗招致整个宦官集团怨恨这一原因，争取到了杨钦义、刘行深等其他宦官家族的支持，让李忱登基变成了显示。显然，旧史认为，宦官集团拥立李忱，是出于想利用他的“不慧”而掌权的说法，应该是错误的，李忱昔日当藩王时，“常为诸王典式”（《杜阳杂编》语），只是为了避免受到文宗、武宗的打击，才主动韬光养晦起来的，而宦官集团拥立他是二者有意结合的结果。有了宦官集团的支持，还需要具有草诏权的翰林学士们的配合。会昌一朝，李德裕主张政归中书，恢复了中书舍人的参政权，相应地削弱了内廷翰林学士们的权力，与此同时，武宗对翰林学士们也不看重，很多诏书都令李德裕亲自起草。武宗病重时，在院的翰林学士主要有白敏中（翰林学士承旨、为学士院的领导）、韦琮、孙珏、魏扶、徐商。过去，翰林学士承旨很多都能拜相，但在会昌李德裕的主导下，只是将翰林学士们看作文学侍从之臣，与宰相之位看似接近，却无拜相的可能，因此，白敏中不仅对李德裕毫无感恩之情，反而心生怨恨，因此，翰林学士们受到宦官集团的收买而集体投靠到光王一边，也在情理之中。

三月二十三日，武宗李炎驾崩，时年三十三岁。《真陵十七史》称，武宗改名李炎，就是火下火，而光王李忱后来继位，根据古文，这个“光”字也写作“炛”，认为是有预兆的。当天，朝廷以首相李德裕为摄政。

二十六日，时年三十七岁的李忱即皇帝位，史称唐宣宗。

作为仇氏等宦官集团的代表，唐宣宗自然也厌恶李德裕，即位当天，由首相李德裕上呈百官联名劝进的奏章。李德裕非常威严，仪式结束后，唐宣宗对侍从们说道：“刚才那位接近我的莫非就是李太尉？他每次看我，都看得我毛发直立！”四月一日，唐宣宗开始主持朝政，尊母亲郑氏为皇太后。次日，唐宣宗就将李德裕罢相，外贬其为检校司徒、同中书门下平章事、荆南节度使。命令一下，群臣无不大吃一惊。四日，唐宣宗又将李党工部尚书、判盐铁转运使薛元赏贬为忠州刺史，其弟京兆少尹、权知府事雪元龟贬为崖州司户；他还下令将赵归真等数人用棍棒打死，将罗浮山人轩辕集流放到岭南。

五月五日，唐宣宗宣布大赦天下。同月，左右街功德使奏请：“根据这个月的大赦令，允许京师两街在原来保留的四座寺院之外，再各增加八座。其中，两座仍旧用兴唐寺、保寿寺旧名，另外六座请求改成新名字：宝应寺改为资圣寺、青龙寺改为护国寺、菩提寺改为保唐寺、清禅寺改为安国寺、法云尼寺改为唐安寺、崇敬尼寺改为唐昌寺。右街的八座：西明寺改为福寿寺、庄严寺改为圣寿寺、千福寺改为兴元寺、化度寺改为崇福寺、永泰寺改为万寿寺、温国寺改为崇圣寺、经行寺改为龙兴寺、奉恩寺改为兴福寺。”唐宣宗准奏。唐宣宗还下令，僧尼恢复到过去隶属于功德使管理，不再隶属主客管理，剃度的僧尼仍然由祠部发给证书。同月，唐宣宗晋升牛党、翰林学士、兵部侍郎白敏中为同平章事。二十一日，册立皇子李温为郓王、李渼为雍王、李泾为雅王、李滋为夔王、李沂为庆王。唐宣宗一生有子十二人：长子李温，就是后来的唐懿宗，即位前改名李漼；次子李渼，唐宣宗大中六年去世，被追谥为靖怀太子；三子李泾，不知何时去世；李滋死于唐懿宗咸通四年（公元863年）；李沂死于唐宣宗大中十四年（也就是唐懿宗咸通元年，唐懿宗即位之后不久），除了这五王之外，以下还有：濮王李泽，大中二年封王，不知何年去世；鄂王李润，大中五年封王，唐僖宗乾符三年（公元876年）去世；怀王李洽，大中八年封王，不知何年去世；昭王李汭，大中八年封王，乾符三年去世；康王李汶，大中八年封王，乾符四年去世；广王李澭，大中十一年封王，乾符四年去世；卫王李灌，大中十一年封王，大中十四年去世。

七月三日，淮南节度使李绅去世。同月，回鹘乌介可汗之众冻饿而死了很多，仅剩下约三千人。国相逸隐啜在金山杀害了乌介可汗，拥立乌介可汗的弟弟特勒遏捻为可汗。

八月三日，朝廷将武宗安葬在端陵，庙号武宗。文宗追赠王才人为贵妃，将她安葬在端陵柏城之内。同月十四日，一代文豪白居易死于洛阳家中，终年七十五岁。次年一月十六日，唐宣宗写诗哀悼这位大诗人，诗云：“缀玉联珠六十年，谁教冥路作诗仙？浮云不系名居易，造化无为字乐天。童子解吟长恨曲，胡儿能唱琵琶篇。文章已满行人耳，一度思卿一怆然。”同月，唐宣宗给牛党主要人物平反：以循州司马牛僧孺为衡州长史、封州流放犯李宗闵为郴州司马、恩州司马崔珙为安州长史、潮州刺史杨嗣复为江州刺史、昭州刺史李珏为郴州刺史。李宗闵还未离开封州就死掉了。

九月，唐宣宗又将荆南节度使李德裕贬为东都留守、同平章事；将李德裕一党的中书侍郎、同平章事郑肃贬为同平章事、荆南节度使；晋升兵部侍郎、判度支卢商为中书侍郎、同平章事。卢商，字为臣，出身范阳卢氏，是三国时期名臣卢植的二十世孙。他是元和四年的进士，后相继担任过王播、段文昌的西川节度使记室参军，入朝后又历任工部员外郎、工部、度支、司封三郎中；太和九年晋升京兆少尹，开成初出任苏州刺史，后晋升为浙西观察使；武宗即位后，他又被晋升为刑部侍郎、京兆尹、户部侍郎、东川节度使。唐宣宗即位后，卢商被征召入朝，担任兵部侍郎。

# 六三六　大中初年（一）

公元847年一月一日，即位仅一年的唐宣宗再次大赦天下，并宣布改元为大中元年，唐朝步入大中年间。

会昌六年唐宣宗即位之后，就将矛头对准了武宗的宰辅班子，首先将首相李德裕罢相，四月贬为荆南节度使，九月又改任东都留守；在罢免李德裕的同时，晋升同平章事李让夷为司空，到七月，也将李让夷贬出了京师，改任淮南节度使，接替去世的李绅之位；到了九月，又将同平章事郑肃罢相，贬为荆南节度使；又分别于五月、九月晋升兵部侍郎白敏中和卢商为宰相。到会昌六年年底，朝中宰相就只剩下了三位：李回、白敏中和卢商。

李回，字昭度，宗室郇王李祎（唐高祖李渊的族叔）之后。长庆初年进士，又登贤良方正制科，后历任滑台从事、扬州掌书记、京兆府户曹、正补阙、起居郎；李回办事能力很强，深得李德裕的赏识。此后，又历任职方员外郎、吏部员外郎、库部郎中知制诰、中书舍人；武宗即位后，他又被晋升为工部侍郎、户部侍郎；泽潞平定后，因功被晋升为宰相。李回也与李德裕亲善，唐宣宗之所以暂时没动他，是因为，这段时间是让李回充任山陵使，负责办理武宗的安葬事宜，因此，朝中处理日常事务的宰相只有新任的白敏中和卢商二人。

白敏中，字用晦，白居易的堂弟。白敏中年少时就成了孤儿，跟着白居易等堂兄们学习。长庆初年，登进士第，历任李听河东、郑滑、邠宁三府节度掌书记；文宗晚年，他又被牛党人物御史中丞高元裕（太和九年李宗闵被贬给其送行的那位）推荐，担任侍御史，后改任殿中侍御史，分司东都，不久又改任户部员外郎。武宗久闻白居易之名，想征召太子少傅、分司白居易入朝。白居易在文宗开成四年就已经患上了风痹之疾，会昌二年，白居易已七十一岁，李德裕称白居易已年老多病，也是实情，但肯定有忌惮白居易入京后会影响到朝政，遂两害相权取其轻，建议白敏中文辞与白居易相差无几，当天，武宗就拜白敏中为知制诰，召入内廷担任翰林学士，后又晋升为翰林学士承旨。宣宗在即位一个月之后，第一个起用的宰相就是白敏中，很显然是在报答其的佐命之功，此后，武宗临终前学士院内的其他学士也都无一例外地受到了重用：白敏中拜相后，韦琮接任翰林学士承旨，次年，韦琮也被拜相；韦琮拜相后，孙珏接任翰林学士承旨；魏扶当年出院知贡院。（按：一个笑话：《诗话总龟》称，他入院后作诗一首："梧桐叶落满庭阴，鏁闭朱门试院深。曾是昔年辛苦地，不将今日负前心。"好事者将他这首诗每句去掉起头的三个字，改成了五言诗，令诗意全反；徐商后来也被拜相。由此也说明了，当时在宣宗篡位过程中，翰林学士们是集体对他支持的。）

唐宣宗靠篡位得立，有着先天不足，主要有三：一是皇统的合法性问题；二是与朝臣素无交情，未能在即位之前建立一个宰辅班子；三是个人政治势力薄弱。第二点与第三点内容相似，还有细微的差别。由于个人根基薄弱，为了巩固自己的地位，唐宣宗在即位之初，就不得不依靠宦官集团，并重用有限的几个佐命功臣。

唐宣宗即位后，对于拥立自己的仇氏一系宦官给予很大关照。据《仇文义夫人王氏墓志》记载，仇文义四个儿子在宣宗朝前期都身居要职：长子仇师约为左神策军云阳镇监军；次子仇师礼为右神策军兵马使；三子仇师本为掖庭令；四子仇师约雅为荆南节度押牙。《资治通鉴》也称，"上之立也，左军中尉马元贽有力焉，由是恩遇冠诸宦官"。

一方面为了巩固与宣宗之间的联系，另一方面借机敛财，得宠的宦官集团，遂建议宣宗在宫中大兴土木。据《李敬实墓志》记载，宣宗继位后，护军中尉为了纪念宦官们的迎立之功，曾建议宣宗在皇宫内修建迎銮寺，该寺庙就修建了一年之久。大中元年八月，神策军上奏称宫中修建的百福殿完工，殿宇共计有七百多间房屋，次年，神策军又插手修建了左银台门楼、宫殿房屋以及南面宫墙。也许是为了应付这些基建项目，宣宗在刚刚即位不久，就于会昌六年九月下令："扬州等八道州府，置麹曲，并置官店沽酒，代百姓纳榷酒钱，并充资助军用，各有榷许限。扬州、陈许、汴州、襄州、河东五处榷曲，浙西、浙东、鄂岳三处置官沽酒。如闻禁止私酤，过于严酷，一人违犯，连累数家，闾里之间，不免咨怨。宜从今以后如有人私沽酒及置私麹者，但许罪止一身，并所由容纵，任据罪处分。乡井之内，如不知情，并不得追扰。其所犯之人，任用重典，兼不得没入家产。”在扬州等地垄断酒水买卖，通过这些基建项目，宦官集团聚敛了大批钱财。

为了解决自己即位的合法性问题，宣宗主要采取了以下几个措施：一是大肆开展造神运动；二是大力贬低穆宗一系；三是不断否定武宗，一反武宗一朝的做法；四是凡是武宗提拔的一律贬斥，凡是牛党或者元和一朝的旧臣子弟一律提拔。

所谓的造神运动，主要包括两个方面。一是提高其父宪宗的地位。古代正常的帝系传承一般有父死子继和兄终弟及，非正常的则有禅让、政变、武力推翻等等，宣宗以非常手段从武宗一系夺得皇位，既然不能明目张胆地说是政变，更不能说是继承侄儿的帝统，因此，他要想强调自己皇统的合法性，就必须从自己的父亲宪宗入手，以显示自己是从父皇那里取得的皇位。《东观奏记》记载：“上至孝，动遵元和故事。以宪宗曾幸青龙寺，命复道开便门，至青龙佛宫。永日升眺，追感元和圣迹，怅望久之。”《唐语林》记载：“宣宗尝出内府钱帛，建报圣寺。大为堂殿，金碧圬墁之丽，近所未有。堂曰介福之堂，宪宗御像在焉。堂之北曰虔思殿，上休憩所也。每由复道至寺。凡进荐于介福者，虽甚微细，必手自题缄。”会昌六年十月，宣宗还下诏命令太庙中宪宗室，以裴度、杜黄裳、李愬、高崇文等配享，以提高宪宗的地位。按理说，宪宗被杀时，宣宗年仅十一岁，父子之间感情也并不深，如今，宣宗非但不哀悼刚刚去世的侄儿武宗，反而去追思去世三十余年的父皇，其目的只有一个，那就是提醒人们自己继承的是宪宗的衣钵，而非武宗。二是神化自己，显示自己得位的必然性。《杜阳杂编》称：宣宗还是藩王时，一次从驾而行，落下马来，别人没有觉察。等到二更，才能勉强站起身来。当时天降大雪，四下没有一个人影，宣宗又冷又饿。不久，遇到一个巡逻的，宣宗对此人说：“我是光王，又困又渴，你给我找点水来。”那人从附近找了一些水给他，就离去了。宣宗将要举起水壶喝，水壶内的水全都变成了美酒。从此以后，宣宗就更加自负了，后来就当上了皇帝。《旧唐书·宣宗本纪》记载：他“常梦乘龙升天，言之于郑后，乃曰：‘此不宜人知者，幸勿复言。’”这些记载，要么是出自宣宗本人之口，要么是出自宣宗母亲郑氏之口，且无第三人在场，系其母子杜撰无疑，这与历代皇帝杜撰自己神奇身世毫无二致，其目的都是在哄骗别人，证明自己是命世之君。

在造神运动的同时，宣宗还大力贬低穆宗一系。宣宗即位，意味着宪宗太子、皇三子穆宗一系父子四人连续三十余年的统治，被宪宗十三子宣宗所取代，宣宗为了强调自己是父皇的直接承继者，自然要极力抹杀穆宗父子四帝的存在。会昌六年六月，礼仪使秉承宣宗的旨意，上奏称："请求恢复代宗在太庙的牌位，将敬宗、文宗、武宗合为一代，在太庙东厢增加两间房屋，为九代十一室。"唐代在玄宗时定下九庙制度，根据唐制，以唐高祖李渊祖父李虎为始祖庙，再加上唐高祖李渊和太宗李世民的庙，这三座庙是永不迁毁的，宪宗、穆宗、敬宗、文宗入庙后，睿宗、玄宗、肃宗、代宗依次出庙，也就是说，文宗去世，就把代宗迁出太庙，武宗时期，太庙里供奉的分别是：太祖李虎、高祖李渊、太宗李世民、德宗李适、顺宗李诵、宪宗李纯、穆宗李恒、敬宗李湛、文宗李昂。这种做法多年来没有异议，如今，武宗去世，按照正常的做法是将德宗迁出太庙，把武宗放入太庙即可，而宣宗的意思却是将敬宗、文宗、武宗兄弟三个合为一代，三人牌位占两个室，合为一代后，再将代宗迁回才构成九代。显然，这种做法就是在刻意抹杀敬宗、文宗、武宗的统治地位。

# 六三七　大中初年（二）

《东观奏记》还记载了一件事，原文如下：

宪宗皇帝晏驾之夕，上（宣宗）虽幼，颇记其事，追恨光陵商臣之酷。即位后，诛除恶党无漏网者。时郭太后无恙，以上英察孝果，且怀惭惧。时居兴庆宫，一日，与二侍儿同升勤政楼，依衡而望，便欲殒于楼下，欲成上过。左右急持之，即闻于上，上大怒。其夕，太后暴崩，上志也。

这则史料，我们在宪宗之死时也曾经提及，现将原文引下。根据这则史料说的是：宪宗被弑杀时，年仅十一岁的李怡虽然年幼，但还能记得当时的情况，对其兄穆宗杀害其父皇的行径记忆犹新，等到即位之后，诛杀了元和逆党在世者。当时，穆宗之母郭太后身体还很健康，因其曾经参与了其子弑杀宪宗的阴谋，也心怀恐惧。一天，郭太后与侍女一起登上勤政楼，想跳楼自杀，以令宣宗承担道义上的责任，结果自杀未遂。宣宗听说后大怒，当晚即派人将郭太后弄死。对于这则史料，有人认为是穆宗弑杀宪宗的明证，也有人认为，这是宣宗为了抹黑郭太后和穆宗而杜撰出来的，二说都有些道理，但是，后一种说法也是有疑问的：如果《东观奏记》是在替宣宗说话，那为什么在最后又明确指出郭太后就是宣宗所杀的呢？

宪宗的死究竟是否与穆宗有关，其实已经难以考证了，各种分析也仅仅是基于一些零星的史料做出的推测而已，但可以明确的是：在宣宗即位之后，确实将宪宗之死归咎于郭太后和穆宗，并且以此为借口，大肆诛杀了郭太后及其穆宗一系的诸王，由此也引起了不小的震动。史称：“上自即位以来，治弑宪宗之党，宦官、外戚乃至东宫官属，诛窜者甚众。”这里的东宫官属当指穆宗旧时的官属。另外，《大事记续编》称：“（宣宗）即位之后，追前事，至于武宗诸子皆不保其终。宋敏求补《宣宗实录》，谓自大中后皆宣宗子孙继世，故唐人不敢道。”宣宗在即位之后，借追究元和逆党之名，行清除穆宗父子一系异己势力之实，这应该是不争的事实。

据《东观奏记》记载，宣宗的母亲郑氏，本姓尔朱氏，也就是说是鲜卑人。李锜打算盘踞浙西，听人说尔朱氏能生下天子，就把她纳为侍妾。李锜谋反被杀后，尔朱氏也被没入后宫，做了宪宗正妃郭氏的侍女。宪宗见了尔朱氏后，一夜风流生下了宣宗。郭氏虽为宪宗正妃，但由于宪宗考虑到郭家的势力，对郭氏并不亲近，按照常情推断，郭氏出身高贵，又是宪宗的嫡妻，尔朱氏出身低贱，又曾是叛臣的侍妾，但郭氏不得宠，而尔朱氏又得到了宪宗的宠爱（其改姓名门郑氏，大约也在得宠之后），得到宪宗宠爱后，郭氏与其关系弄得很僵，也是自然而然的。对此，史料也有明确记载，《旧唐书·后妃传》就明确说："宣宗立，于后（指郭太后），诸子也，而母郑，故侍儿，有曩怨。帝奉养礼稍薄……"

宣宗即位之初就尊生母郑氏（尔朱氏）为皇太后，但他们很快就发现由于宣宗是以叔继侄，郑太后的身份就非常尴尬了。郑太后与郭太后同为宪宗妻妾，可是，郭太后早在敬宗即位时就已经被尊称为太皇太后了，从称谓上又高了郑太后一辈，而还活着的文宗之母、积庆太后萧氏是低于郑太后一辈人，但从称谓上二人却又都称太后，显然，这让郑氏很不满意。大中元年四月十五日，积庆太后很"识相"地就去世了，死因不详。紧接着，到了大中二年（公元848年）五月二十一日，太皇太后郭氏也死于兴庆宫中。太皇太后郭氏死于宣宗之手，积庆太后的死也有可能与宣宗有关。

郭氏死后，就郭氏是否与宪宗合葬问题，宣宗又与礼官发生了冲突。出于否定穆宗一系正统性的考虑，在宣宗的授意下，有关部门提出将郭氏安葬在宪宗景陵的陵墓外面。礼院检讨官王皞则请求将郭氏与宪宗合葬，牌位放在宪宗的庙堂之中。宣宗看到王皞的奏表后，勃然大怒，让宰相白敏中找王皞问话。白敏中把王皞召来责问，王皞回答："太皇太后，是汾阳王郭子仪的孙女，是宪宗皇帝在东宫时的正妃，是顺宗皇帝的儿媳妇。宪宗去世那晚的事情，事出暧昧，很难说与太皇太后有关。太皇太后母仪天下，历经五朝，岂能以莫须有的罪名而废掉正嫡之礼呢！"白敏中声色俱厉，王皞毫无惧色，据理力争。新任宰相周墀喊白敏中一起吃饭，等在白敏中办公室门外，白敏中让中使给周墀道歉道："正在和一个书生辩论，你先走一步。"周墀入内后，也质问王皞，王皞依然不依不饶，周墀以手拍拍自己的额头，说道："王皞这人果真孤直！"次日，宣宗将王皞贬为句容县令，后又将周墀罢相。宣宗不让郭氏与宪宗合葬，其用心昭然：就是给自己的母亲郑氏留个位置，等郑氏死后与宪宗合葬，让自己这一房拥有继承宪宗的正当性，并以此来否定穆宗一系的合法地位。最终，在宣宗的旨意下，朝廷只好将郭氏安葬在宪宗景陵的旁边。

宣宗对穆宗一系的打击，一直持续到大中八年，这也引起了一定程度的混乱。据《新唐书·宦官传》记载："遵美父季寔，为掖廷局博士。大中时，有宫人谋弑宣宗。是夜，季寔直咸宁门下，闻变，入射杀之。明日，帝劳曰：'非尔，吾危不免。'擢北院副使，终内枢密使。"该传透露出曾经发生过宫女阴谋刺杀宣宗一事，这一未遂刺杀事件，极有可能与宣宗打击穆宗一系有关。此后，宣宗担心由此引发政变，遂在大中八年年初下诏："长庆之初，乱臣贼子，前些时候朝廷追究余党，已将这些人流放殆尽，剩余疏远的亲戚一概不再追究了。"

宣宗为了显示自己即位的合法性，做的第三个方面就是不断否定武宗，一反武宗一朝的做法。武宗对宣宗的伤害最大，尤其让宣宗怀恨在心。武宗的生母韦氏在武宗即位之前就已经去世，被武宗追尊为宣懿太后，但在宣宗即位向太庙的祝文中却拒不承认王氏的太后身份，而改称为宣懿皇后韦氏，除此之外，宣宗几乎是"逢武必反""尽黜会昌之政"。如前所述，在宣宗登基不久，就下令恢复了佛教，将武宗限令保留的佛寺数量成倍扩大，大中元年闰三月，宣宗又下诏在全国全面恢复佛教，他在诏书中要求："会昌五年四月所废佛寺，有宿旧名僧，复能修创，一任主持。有司不得禁止。"原来武宗下令焚毁的佛像，用来铸造新钱，宣宗也下令重新铸造成佛像。宣宗毫不理智地反对会昌之政，还是为树立自己是拨乱反正之朝服务的，但会昌政治很多举措都是正确的，宣宗盲目反对其实对国家带来了不小的危害，也遭到了很多有识之士的抵制。就恢复佛教而言，到大中五年，进士孙樵就上书称："百姓们男耕女织，尚且不能温饱，而那群僧人无所事事，坐在华丽的房屋内，好吃好喝，衣着光鲜，用十户百姓的劳动还不能供养一名僧人。武宗看到这种状况，非常气愤，下令让十七万僧人还俗，这才令全天下一百七十万户百姓得到休息。陛下即位以来，修复佛寺，天下修造之声不绝于耳，所剃度的僧人数量几乎恢复到以前的数量。陛下即便不能像武宗那样替国家清除积弊，为何还恢复那些已经废弃的东西呢？前些日子，陛下想要修复一下东门，谏官们一劝阻，陛下就下令停工了，如今修复寺庙难道比修复东门还紧迫吗？希望陛下早早颁布诏命，尚未换寺的和尚就不再接收了，尚未修好的寺庙立即停工，也许这样一来百姓们可以稍微休息一下了。”七月，中书、门下省也上奏称：“陛下尊奉佛教，全国百姓无不竞相效仿，恐怕他们因财力不足，会无端生事，干扰了正常生活，希望陛下命令各地长官酌情节制一下。所剃度的僧人也要有所选择，如果在佛教之内容纳凶狠粗野之人，反而不是敬佛之道。乡村的佛舍，请陛下下令等到收复河湟的战事结束后再修。”十月，中书、门下省，再奏：“如今战事已经停止，而各州修复的寺庙尚未完工，暂且命他们继续修完。距离州城远的大县，允许设置一座寺庙，至于乡下就不要再设置佛舍了。”宣宗也都听从了。次年十二月，中书门下又奏：“剃度的僧人不经过精选，就会败坏佛法戒律；无限制地重建寺庙，就会浪费过大，请求陛下下令从今往后除了原来诏书中同意设置的寺庙之外，在一些胜地也可以修建，繁华的县城可以修建一座；要严禁私自剃度僧尼，如果正式僧尼出现缺额，选人补充，要向祠部申请发放度牒；那些要出门的远游僧人，要有本州的介绍信。”从此，宣宗疯狂恢复佛教的行动才算停止。

# 六三八　大中初年（三）

宣宗“逢武必反”还表现在其他方面。

李德裕原来认为“省事不如省官，省官不如省吏”，于是，朝廷开始裁减冗员，各地裁减了一千二百一十四名。宣宗即位后，又“拨乱反正”，将已经裁掉人员又进行挑选，让他们恢复旧职，到大中元年年底，吏部上奏称，会昌四年所裁减的官员数额内，又新增了三百八十三名。

中晚唐时候，士子及第后，必须到主考官家中晋谒，自称门生，叩拜主考官，称其为恩师，其时，推荐者往往也在场，士子亦当叩谢，不忘其恩，主考官、引荐者、门生就自然形成一种相互援引的关系，这种关系很容易形成朋党。李德裕对这种做法很不以为然，尤其是一些士子高中之后借曲江游宴之名公然行结党之实，更是深恶痛绝，遂下令禁止，而宣宗即位后，就下诏恢复了旧制，称：“自今进士放榜后，杏园任依旧宴集，有司不得禁制。”诸如此类，不胜枚举，甚至武宗在会昌末年设置的备边库，宣宗也命人改名为延资库，以示区别。《新唐书·地理志》记载，武宗时，河南县有一条河流叫“瀍水”，因避讳武宗之名，而改为“吉水”，等宣宗即位后，就下令将吉水改回“瀍水”，不再避讳武宗之名。

宣宗当然也想成为一代明君，尤其是庶子身份的他再加上母亲身份问题，内心应该多少有些自卑感的，更让他千方百计地对外树立起一个光辉的形象，以弥补先天的不足，因此，他开始作秀，极力想模仿宪宗的元和政治甚至于太宗的贞观之治，可惜的是，宣宗是在作秀，做的是表面文章，而太宗、宪宗是靠实打实的功绩干出来的，宣宗学的完全是浅层次的东西，是故意让人看的。

宣宗是个诈伪高手。一次，他把唐太宗所写的《金镜》一文交给新任翰林学士令狐绹，让其给自己读。当令狐绹读到“至乱未尝不任不肖，至治未尝不任忠贤”之句时，宣宗赶忙让他停下，说道：“凡是要想令国家太平，就应该首先要记住这句话。”宣宗又把《贞观政要》抄在屏风上面，经常一本正经地站在那阅读，这其实都是在作秀。要想把国家治理好，第一件事就是选贤任能，可是宣宗出于政治需要，在他即位之初，为了突出自己的正统性，在用人上多用元和功臣子弟，对牛党人物和元和旧臣子弟却情有独钟，在礼制上贬低穆宗一系四帝的地位，在政治上反对武宗之政，在宗教上大力恢复佛教等，这些举措在很大程度上是出于其个人的需要，而于国于民并无多少益处，这种非理性的做法也显示宣宗急于确认自己合法地位的迫切心态。

大中元年六月，宣宗问白敏中道：“朕昔日给宪宗送葬，路上遇到风雨，百官、六宫都四散躲避，只有那位高个多须的山陵使，手护着灵柩车，一直不离半步，此人是谁？”白敏中回答：“令狐楚。”宣宗又问：“他有孩子吗？”白敏中回答：“其长子令狐绪时任随州刺史。”宣宗又问：“可以当宰相吗？”白敏中回答：“令狐绪年少时得过麻痹症，令狐楚的次子令狐绹曾经当过湖州刺史，有才能气度。”宣宗听了，当即提拔令狐绹为考功郎中、知制诰。令狐绹入宫谢恩，宣宗询问他元和时期的旧事，令狐绹对答如流，令宣宗非常满意，内心遂有重用他的打算。不久，宣宗就将他提拔为翰林学士。史称，宣宗只要见到元和旧臣的子孙，都会加以提拔重用。一次，刑部员外郎杜胜被召入汇报工作，宣宗问其家世，杜胜回答：“臣父亲杜黄裳，曾最先请求顺宗让宪宗监国。”宣宗一听，当即拜其为给事中。一次，宣宗前往翰林院视察，当他听说翰林学士裴谂是宪宗朝名臣裴度的儿子后，当即提拔他为翰林学士承旨。大中三年年初，宣宗与宰相们谈论谁是元和良吏第一，周墀回答：“臣曾经在江西为官，听说前任观察使韦丹的恩德广施于下辖八州，死后四十年，当地百姓还唱歌纪念他，仿佛他还活着一样。”宣宗听了，就下诏命令史官修撰杜牧撰写《丹遗爱碑》以纪念韦丹，又提拔其子河阳观察判官韦宙为御史。

李党是力主强化中央集权的改革派，而牛党则是因循守旧的保守派，任何一个要有所作为的明君势必要重用李党而非牛党。宣宗始终把自己打扮成一位孜孜求治的明君，无时无刻把自己的治下比作元和、贞观时期，然而，实际上，他却把李德裕贬出朝廷，像李回、薛元赏、石雄等李德裕重用的人也都遭到贬斥。宣宗贬斥李党，完全也是非理性的，就是为了向外界表明自己“务反武宗之政”的态度，根本不详察李德裕的治国思想、举措、为人等等是否于国有利，宣宗的这种狭隘心胸，恰恰与豁达大度的太宗皇帝不可同日而语，也恰恰证明他就是个碌碌无为之人。

大中元年十二月，宣宗又以吴湘案为由，将太子少保、分司李德裕再贬为潮州司马。吴湘案究竟是怎么回事呢?

说到吴湘案，就得先说说吴武陵。吴武陵，江西人，元和二年进士，是元和、大和时期的名人，柳宗元的《小石潭记》上说的“同游者吴武陵、龚古，余弟宗玄”，就是此人。吴武陵恃才傲物，“虽有才华，而强悍激讦，为人所畏”（《本事诗》语）。《云溪友议》记载，李德裕的父亲李吉甫曾任信州刺史，吴武陵当初应试时，曾向李吉甫请求资助，李吉甫只给了五匹布、三匹丝绸。吴武陵嫌少，把李吉甫讽刺一番，还拿李吉甫的父亲李栖筠应举时来说事，最后，李吉甫给了他二百斛米，但一直对他怀恨在心。等吴武陵考中进士后，担任了翰林学士，次年，李吉甫找个借口将其流放永州。在那里，吴武陵与柳宗元相识，并成为好友，后遇赦回京。太和初年，吴武陵担任太学博士，在他的举荐下，一直名声不好的杜牧也被录取为进士第五名。后来，吴武陵被外派担任韶州刺史，因贪污而被追究。当时，负责查办他的官员是刚入仕的进士，对他毫不留情，他就在路边佛堂里题诗泄愤，诗云：“雀儿来逐飏风高，下视鹰鹯意气豪。自谓能生千里翼，黄昏依旧委蓬蒿。”事后，他被贬为潘州司户，不久就去世了。

吴汝纳、吴湘兄弟就是吴武陵的侄儿。当初吴武陵犯事时，宰相是李吉甫，由于叔父犯法，吴汝纳、吴湘兄弟一直未能升迁，吴汝纳就把一腔怨气都指向了李德裕，投靠李宗闵、杨嗣复一党，不停地散布对李德裕不利的谣言，此后，吴汝纳担任永宁县尉，其弟吴湘担任江都县尉。会昌五年的时候，李绅担任淮南节度使，据《北梦琐言》记载，当时，有个流落到广陵的颜氏之女，长得非常美丽，李绅想纳为小妾，谁知吴湘却捷足先登，强行将颜氏娶回，这让李绅大怒。李绅派人调查后发现，吴湘送给颜家的聘礼非常丰厚，遂命令判官魏铏负责调查此事，魏铏扣除吴湘的正常工资，其他部分都视为其贪污的旅差费，依法应当将其处死。当时，朝中很多人都认为吴家世代与宰相李德裕有仇，怀疑李绅故意罗织罪名，要置吴湘于死地，谏官们也请求朝廷派人重审此案，于是，武宗下诏派遣监察御史崔元藻、李稠赶赴扬州重审。二人回朝后，禀报：“吴湘贪污旅差费属实。颜氏之父颜悦本是衢州人，曾担任过青州的衙推（大营侍卫官），其妻也出身士族，这与李绅审理的不同，不应受到连坐。”李德裕素来厌恶吴武陵，他认为二人的重审还没有充分的证据推翻李绅的结论，认为二人首鼠两端，遂将崔元藻贬为端州司户、李稠贬为汀州司户；也不再同意再次审理，即批准了李绅的奏章，将吴湘处死。谏议大夫柳仲郢、敬晦都上书反对，但李德裕一意孤行，拒不接受。

宣宗即位，李德裕失势，一直怨恨李德裕的崔铉等人就唆使吴汝纳告状。大中元年九月，吴汝纳上书给其弟吴湘鸣冤，认为吴湘所犯罪不致死，并称："李绅与李德裕相互勾结，欺瞒武宗，妄杀我弟弟，请求召来江州似乎崔元藻等人对质。"宣宗下令御史台负责审理此案。崔元藻也怨恨李德裕贬斥自己，就当场翻供，并说御史们回京复命，都是直接向皇帝禀报，而当时李德裕一手遮天，不令御史面见皇帝。同年十二月，御史台上奏称：扬州都虞候卢行立、刘群，于会昌二年一月十四日在颜氏家喝酒，与颜氏的母亲阿焦同坐，刘群自己想纳颜氏为妻，谎称监军使命令将颜氏送入宫中，不得嫁给他人，并擅自派人看守。阿焦遂与江都县尉吴湘秘密约定，把颜氏嫁给吴湘，刘群和押军牙官李克勋阻拦不住，就指使江都百姓告状，节度使李绅将吴湘打入大牢，判令处死。朝廷怀疑其中有冤情，就派遣御史崔元藻赶赴扬州重审，重审发现吴湘虽然收取了贿赂，但罪不至死。李德裕党附李绅，将崔元藻贬至岭南，批准了淮南方面上呈的文案。根据崔元藻所列举的吴湘蒙冤的情况，与吴汝纳所言相同，宣宗得报后，即将李德裕再贬为潮州司马。因吴湘一案，西川节度使李回、桂管观察使郑亚也受到了牵连，二人也因过去不能公正审理此案而受到指控，李回被贬为湖南观察使、郑亚被贬为循州刺史，已死的李绅被追夺三项官爵；中书舍人崔嘏因起草贬谪李德裕诏书时，未能列明其所犯之罪，也被贬为端州刺史。当初，李德裕执政时，有人推荐丁柔立清正廉明，是担任谏官的合适人选，但李德裕没有采用，等李德裕被贬时，丁柔立正巧担任右补阙。丁柔立上书替李德裕鸣冤，宣宗看后，认为丁柔立依附李德裕，将其贬为南阳县尉。宣宗又下令提拔吴汝纳为左拾遗、崔元藻为武功令。

李德裕被贬之后，凤翔节度使石雄也受到牵连被免官。石雄来到朝廷自称自己在黑山、乌岭的战功，请求朝廷让自己当一个军镇的节度使以度过晚年，宰相们因石雄是李德裕推荐的，根本不愿再给他一个实职，就敷衍道："你昔日所立之功，朝廷已经让你当了河中、河阳、凤翔三镇节度使了，回报已经足够了。"遂只任命其为左神武将军，石雄也怏怏而死。

大中二年九月，宣宗下令再将李德裕贬为崖州司户、湖南观察使李回贬为贺州刺史。大中三年（公元849年）十二月十日，一代名相李德裕死于崖州，终年六十三岁。

# 六三九　大中初年（四）

在“逢武必反”的同时，宣宗还做出了一些亲民的姿态。

大中元年二月，宣宗以天旱为由，下令减少御膳品种、取消教坊女乐、释放宫女五百人、放出五坊鹰隼、停止土木工程，又命中书侍郎、同平章事卢商与御史中丞封敖重审京城监狱内的囚犯。大理卿马植上奏称：“卢商等人一味宽纵，凡是犯了死罪的，一律赦免。根据法律，凡是犯有贪污以及故意杀人的，遇到大赦也不予赦免，如今却借重审而一律赦免，如此一来，那些贪婪的官吏们再也无所顾忌了，那些被害人家属也求告无门，恐怕这种做法既不能消除旱灾，也不能召来祥和。昔日，西周遭遇饥荒，攻克了商朝而天下丰收；卫国天旱，讨伐了邢国而天降大雨。由此可见，诛杀罪人、洗刷冤情，才上合天意，请求陛下三思。”宣宗命两省五品官员一起讨论。左谏议大夫张鹭（曾任牛僧孺淮南节度副使）等人认为马植所奏有理，宣宗下诏予以采纳，并以马植为刑部侍郎、充盐铁转运使。马植在会昌中担任大理卿，他不仅文学出名，又兼善吏治，但因其久在边庭，与宰相李德裕关系不密切，未能得到重用。如今，白敏中担任宰相，凡是与李德裕有矛盾的人，他都破格提拔，积极为宣宗打压李德裕服务。同时，又将宰相卢商外贬为武昌节度使，任命刑部尚书、判度支崔元式为门下侍郎、同平章事，翰林学士、户部侍郎韦琮为中书侍郎、同平章事。崔元式是崔元略的弟弟、崔铉的叔父。同月，加幽州节度使张仲武同平章事，赏赐其屡破回鹘之功。

五月，幽州节度使张仲武率军大破各部奚人。同月，论恐热趁武宗驾崩，引诱党项以及回鹘余众入侵河西，宣宗下诏命令河东节度使王宰率领代北各军前去讨伐。王宰以沙陀人朱邪赤心为先锋，从麟州（今陕西省神木市）西渡黄河，与论恐热的军队在盐州（今陕西省定边县）交战，将其击破。六月，宣宗任命鸿胪卿李业为册封黠戛斯英武诚明可汗使者。八月，在安葬武宗之后，宣宗遂将宰相李回贬出京师，任同平章事、西川节度使。九月，宣宗任命舅舅、金吾大将军郑光为平卢节度使。

大中二年（公元848年）一月，群臣上宣宗尊号为圣敬文思和武光孝皇帝，宣宗宣布大赦天下。回鹘遏捻可汗继位一年多来，一直率领残余部众依附于奚王石舍朗，等张仲武大破奚人之后，回鹘人失去了靠山，再也弄不到粮食吃了，部众日益减少。到大中二年年初，只剩下贵臣以下不足五百余人，只好再次北窜，依附于室韦。室韦使者曾来唐朝祝贺新年，途经幽州时，张仲武让他们回去后杀掉遏捻可汗等人。遏捻可汗听说后，趁夜带上妻子葛禄、儿子毒斯等九人仓皇西逃，剩余部众追赶不上，都是号啕大哭。室韦人把他们一分为七，安置到室韦七个部落里。两天之后，黠戛斯可汗派遣国相阿播率领七万大军来讨伐回鹘，大破室韦人，又将分配到七个室韦部落的回鹘虏获，带回漠北。还有为数很少的几个漏网之鱼，藏匿在深山密林之中，靠劫掠为生。回鹘败亡时，西逃的一支回鹘人厖勒部落，先逃到安西，此后居住在甘州（今甘肃省张掖市），重新整合了漠南的很多回鹘部落，实力弱小，晚唐以后时常入唐进贡，这一支回鹘，史称甘州回鹘，后来，甘州回鹘立国，在北宋时期，与河西的吐蕃六谷部（吐蕃瓦解后在今甘肃省武威市一带活动的吐蕃人）联合，共同抵御契丹辽国和党项西夏的进攻，后被西夏所灭。

五月，宣宗又将门下侍郎、同平章事崔元式贬为户部尚书，而晋升兵部侍郎、判度支、户部周墀与刑部侍郎、盐铁转运使马植为同平章事。周墀原为义成军节度使，因其治军严明，大中二年，被宣宗召回朝廷，担任兵部侍郎。周墀担任义成军节度使时，以韦澳为判官，等到他拜相后，对韦澳说："我本事太小，而朝廷给我的责任却重大，你给我什么好的建议？"韦澳回答："只希望相公没权。"周墀一脸茫然，不知所谓。韦澳接着说："赏罚之事，与天下之人站在同一个立场，不要以个人恩怨喜怒而有所改变，如此一来，天下自然就治理好了，您自己又有什么权力呢？"周墀深以为然。韦澳，字子斐，是韦贯之的儿子。他为人恬淡寡欲，进士及第后有十年都没入仕。其堂兄韦温与御史中丞高元裕是好友，韦温请高元裕举荐韦澳为御史，又嘱咐韦澳说："高元裕现在主持御史台，想和你见上一面，你一定能当上御史。"韦澳没有吱声。韦温又说："老高可是位端方之士，你可不要小看人家。"韦澳这才说："话虽如此说，但恐怕没毛遂自荐来的御史吧。"遂不登高元裕之门。周墀拜相后，提拔韦澳为考功员外郎、史馆修撰，不出一年就晋升为知制诰、翰林学士。

七月，宣宗效仿前朝，下诏史官搜寻史料，确定将元和有名的将相补充到凌烟阁上。据《新唐书·李绛传》记载，初选是三十八人，最后确定了三十七人，其中当时的宰相李绛的画像被宣宗留中了。另据《新唐书·忠义传》列出的名单，这三十七人分别是：李岘、王珪、戴胄、马周、褚遂良、韩瑗、郝处俊、娄师德、王及善、朱敬则、魏知古、陆象先、张九龄、裴寂、刘文静、张柬之、袁恕已、崔玄、桓彦范、刘幽求、郭元振、房琯、寺履谦、李嗣业、张巡、许远、卢弈、南霁云、萧华、张镐、李勉、张镒、萧复、柳浑、贾耽、马燧、李憕。据有关史料记载，这是唐朝第四次以图画凌烟阁的方式来表彰功臣：第一次，是贞观十七年，唐太宗将长孙无忌、李孝恭、杜如晦、魏征、房玄龄、高士廉、尉迟敬德、李靖、萧瑀、段志玄、刘弘基、屈突通、殷开山、柴绍、长孙顺德、张亮、侯君集、张公谨、程知节、虞世南、刘政会、唐俭、李勣、秦叔宝二十四人图画凌烟阁，此据《旧唐书·长孙无忌传》；“安史之乱”被平定后，代宗又进行了一次图画凌烟阁活动，将太子李适、郭子仪、李光弼、仆固怀恩、侯希逸、郭英乂等八人补入凌烟阁；德宗贞元五年九月，将褚遂良、李晟、桓彦范、刘幽求、郭子仪、马隧、张万福、李惟简、柏良器、苏定方、郝处俊等二十七人补入。

消息传来，已经投身李党、对李德裕仰慕有加的诗人李商隐，对李德裕的遭遇非常同情，李德裕一手缔造了会昌中兴，对大唐立下了汗马功劳，如今，他不仅得不到表彰，相反还在九月再次被贬为崖州司户，李商隐为此写下了著名的诗歌《旧将军》：“云台高议正纷纷，谁定当时荡寇勋。日暮灞陵原上猎，李将军是故将军！”

十一月十四日，宣宗将自己的长女万寿公主嫁给起居郎郑颢。郑颢，是宪宗宰相郑絪的孙子。宣宗一生一共有万寿公主、永福公主、西华公主、广德公主、义和公主、饶安公主、盛唐公主、平原公主、唐阳公主、许昌公主、丰阳公主。虽然宣宗贵为皇帝，但其母的低贱身份和他自己的庶子身份，令世家大族并不愿意与他联姻，郑颢出身名门，是会昌二年的状元，又是“首科及第，声明籍甚”（《东观奏记》语），风度翩翩。郑颢当时已经与卢氏女订婚了，并已经请假南下楚州完婚，而白敏中为了讨好宣宗，却举荐了郑颢。郑颢行至郑州，被白敏中以堂帖追回。婚后，郑颢对白敏中始终怀恨在心。结婚时，有关部门请求按照过去的惯例，用白银装饰婚车，宣宗说道：“我正要以节俭来改变社会风气，就该从自己最亲近的人身边做起。”下令比照命妇的待遇用铜来装饰。宣宗还下诏命公主出嫁之后不得轻视丈夫一家，不得干预政治，要像平民百姓人家的儿媳一样遵守礼仪，又亲自写信告诫道：“如果忘了我的告诫，一定会落得个太平公主和安乐公主的下场！”一次，郑颢的弟弟郑颉得了重病，宣宗知道后，派人去探望。中使回宫后，宣宗问公主在干什么，中使回答：“在慈恩寺看戏。”宣宗大怒，叹息道：“难怪士大夫家不愿与我家结亲，敢情就是因为这！”当即命人把万寿公主召入宫中，罚她站在台阶下面，看也不看她一眼。万寿公主哭着谢罪，宣宗责备她道：“哪有小叔子生病，你当嫂嫂的不去探望，还有心去看戏！”

宣宗严格要求子女，就是想在士大夫们心中树立皇家子女的形象，在他的教育下，宗室、外戚、公主们大多都遵守礼法，不敢为非作歹。宣宗原想把次女永福公主嫁给于琮（原宣歙观察使于敖之子），一次，永福公主和宣宗一起吃饭时，不知何故生气了，一怒之下折断了手中的筷子，宣宗说道：“这能当士人的妻子吗？”改把四女、贤惠的广德公主嫁给了于琮。史称：广德公主“治家有礼法，尝从琮贬韶州，侍者才数人，却州县馈遗。凡内外冠、婚、丧、祭，主皆身答劳，疏戚咸得其心，为世闻妇。”

# 六四〇　大中初年（五）

吐蕃论恐热在西面与尚婢婢交手失利后，曾于大中元年想趁唐朝国丧东进，企图把自己在西面的损失，在东面给补回来，谁知，唐军早有准备，将他打得落花流水。到大中二年年底，凤翔节度使崔珙上奏称，所属唐军击破吐蕃，收复了清水（今甘肃省清水县）。清水过去隶属于秦州，宣宗下诏以秦州尚未收复，清水暂时隶属于凤翔。

论恐热见唐军不是好惹的，又转过头来往西边打。大中二年，他派遣部将恭罗急藏率领两万人马西进，尚婢婢派遣部将拓跋怀在南谷（今甘肃省渭源县西北）给其迎头痛击，论恐热之军大败，主将恭罗急藏投降。南谷惨败之后，不甘心失败的论恐热决心孤注一掷，他率领全军西进，打算与尚婢婢决一死战。大中三年（公元849年）二月，论恐热进驻河州（今甘肃省临夏市），尚婢婢进驻河源军（今青海省西宁市）。尚婢婢的众将都打算一举将论恐热消灭，但尚婢婢却说："不行。我军屡屡获胜之后，都轻视敌人，而我们的对手却已走投无路，要以死相拼，现在与其交战，恐怕会失利的。"众将不从。尚婢婢知道众将此去肯定会战败，他率领本部人马驻守河桥，严阵以待，果然，众将一与论恐热交手，就战败了。尚婢婢迎回败兵，焚烧了河桥，逃归了鄯州（今青海省海东市乐都区）。

论恐热西进之后，陇西地区出现空虚，唐军趁机向西发起攻击，收复失地。大中三年二月，吐蕃下辖的秦州（今甘肃省秦安县西北）、原州（今宁夏回族自治区固原市）、安乐州（今宁夏回族自治区中宁县东北）三州以及石门（今宁夏回族自治区固原市西北五十里）等七个关隘向唐军投降。宣宗下诏以太仆卿陆耽为宣谕使，并命令泾原、宁武、凤翔、邠宁、振武各军出兵接应。到六月，泾原节度使康季荣上奏告捷，称已经占领了原州以及石门、驿藏（今宁夏回族自治区固原市西）、木峡（今宁夏回族自治区固原市西南）、制胜（今宁夏回族自治区隆德县东南）、六磐（今宁夏回族自治区隆德县东北）、石峡（今宁夏回族自治区固原市西北七十里）六关。七月六日，灵武节度使朱叔明领兵占领了安乐州。十三日，邠宁节度使张君绪夺取了萧关（今宁夏回族自治区同心县）。二十三日，凤翔节度使李玭夺取了秦州（今甘肃省秦安县西北）。宣宗下诏命令邠宁军队推进到宁州（今甘肃省宁县），以接应河西的军事行动。

八月四日，宣宗下诏改安乐州为威州。刚刚被唐军收复的河陇百姓有一千多人来到长安，叩见皇帝。八日，宣宗在延喜门接见大家，百姓们欢呼雀跃，解下胡服，换上汉服，长安军民都非常兴奋，高呼万岁。宣宗下诏："招募百姓开垦三州、七关的土地，五年之内不交纳田租，从今往后，判处流放的京城罪犯就流放到这十个地方。邻近的灵武、邠宁、凤翔、泾原四道将士能在防区耕种的，政府配发耕牛、种子；温池（今宁夏回族自治区灵武县东南）的食盐全部用于边疆之用，交由度支部门处置。镇守三州、七关的将士，都加倍发给衣服、粮食，每两年换防一次。沿途设置岗哨，凡是商人往来经商以及守边将士子弟传递家书的，各关镇不得阻挠。山南西道、剑南西川边境被吐蕃占领的州县，两地也应量力收复。"十月，西川节度使杜悰上奏称收复了维州（今四川省理县）。年底，山南西道节度使郑涯上奏称收复了扶州（今四川省九寨沟县）。

大中三年，唐军轻松收复了三州、七关，让唐宣宗的威信达到了前所未有的高度。擅长做表面文章的他，让刚刚归顺的河陇百姓们扶老携幼、长途跋涉来到长安，向他表达感谢之情，其实就是为了满足一下他的虚荣心而已。唐军收复了三州、七关，是因为自己强大了吗？不是。收复这三州、七关全都是唐宣宗的功劳吗？也不是。唐朝固有的社会矛盾因此而解决了吗？没有。唐宣宗认真思考过如何去解决唐朝内部固有的矛盾了吗？也没有。就在宣宗得意于唐军收复了三州、七关的同时，唐朝内部的卢龙和徐州就接连发生了两次兵变。

大中三年四月，卢龙上奏称节度使张仲武去世，军中拥立其子节度押牙张直方担任留后。不久，宣宗就接受了现实，批准张直方担任留后，六月，又正式任命其为卢龙节度使。然而，这位张直方却是个残暴之人，非常喜欢打猎，令军中不堪其苦。张直方听说军中将要作乱，就假借出猎之名，带上全族老少逃归了长安。军中又推举牙将周綝担任留后，张直方来到京师后，被拜为金吾大将军。次年八月，周綝又去世了，军中又推举押牙兼马步都知兵马使张允伸为留后，朝廷也只好同意。

张仲武去世的次月，徐州也发生了兵变，乱兵们驱逐了节度使李廓。李廓是敬宗宰相李程之子，年少有志于功业，但却屡屡落第，他长于作诗，与贾岛是好友。元和十三年进士及第，历任鄂县令、刑部侍郎、颍州刺史、武宁节度使。李廓不能治军，军镇混乱，右补阙郑鲁曾经上表详述徐州军政混乱之状，并警告说："臣担心新麦未熟，徐宁必定会乱，速派良臣为帅，以救此一方百姓。"宣宗不以为然，果然徐州发生了兵变。宣宗回想其郑鲁之言，将其提拔为起居舍人，并任命义成节度使卢弘止担任武宁节度使。武宁将士们素来骄横跋扈，尤其是"银刀都"这支特种部队更甚，屡屡驱逐主帅。卢弘止来到军镇后，都虞候胡庆方又暗中策划叛乱，卢弘止将其诛杀，安抚其余部众，军镇这才安定下来。

宣宗表面上想学习太宗皇帝，但从骨子里并不喜欢听谏言。河东节度使王宰在大中三年上半年入朝，送给朝廷权贵们很多财物，想让朝廷给自己个"使相"之职，改任自己为宣武节度使。新任宰相周墀却认为不可，最终，王宰未能如愿，只好怏怏回镇。驸马都尉韦让（宪宗第五女汾阳公主之夫，宣宗姐夫）想当京兆尹，周墀又说京兆尹的人选必须既要有才能，又要有名望，韦让的打算又落空了。当宣宗一心要开疆拓土之时，周墀又予以劝谏，给宣宗泼了一头冷水，由此令宣宗很不高兴。大中三年四月，宣宗任命其为东川节度使，而晋升御史大夫崔铉为中书侍郎、同平章事，兵部侍郎、判户部魏扶为同平章事。翰林学士、驸马都尉郑颢对宣宗说："周墀因直言而拜相，又因直言而罢相，会令人心不服。"说得宣宗很不好意思，遂加周墀为检校尚书右仆射，此后，周墀前往东川上任，大中五年去世。

周墀免相后，大中三年唐宣宗的朝中重臣就剩下了：白敏中、马植、崔铉、魏扶四人。闰十一月，宰相们以朝廷收复了河湟之地，请求宣宗上尊号。宣宗说道："宪宗一直有心收复河湟，因中原用兵，壮志未遂而去世，如今朕只是完成了父皇的遗愿而已。你们商议一下加顺宗、宪宗两庙的尊号，以彰显我父祖的功烈。"不久，宰相们就拟定了顺宗和宪宗的尊号，追谥顺宗为至德弘道大圣大安孝皇帝，宪宗谥号为昭文章武大圣至神孝皇帝。

宣宗大中三年，发生了两件大事：一件是大家都看到的收复河湟；另外一件是被贬崖州的李德裕死了。前者让大唐在整个一年都笼罩在一种虚假的祥和之中，宣宗仿佛已建立了不世之功，而唐帝国也在一夜之间变成了一个强国，回到了贞观、元和之年；而后者却没有人看到，但是，这二者发生在同一年里，似乎给人一种隐喻的意味，一方面是虚假的强大和祥和，引得人们忘记了社会固有的矛盾，另一方面是这个时代最清醒的人凄凉地离世了，挽回大唐国运的最后机会就此丧失。社会固有的危机和矛盾：君王短视、宰相无能、藩镇跋扈、朋党内讧、宦官专权、佛道再兴、良臣已死，等等，丝毫没有消除，大唐国运正悄无声息地掉转方向，向它灭亡的深渊缓慢而又坚定地前行，因此，这一年就像是整个宣宗一朝一样，只不过是唐朝灭亡之前的一次回光返照，将这一年作为划分中晚唐的界限是再适当不过的了！

# 六四一　名臣背影

而我们将大中三年作为中晚唐界限的另外一个重要原因就是：这一年，一代名臣李德裕去世了，虽然当时的人们还不知道李德裕的死意味着什么，但后世的人们会清楚地看到，正是宣宗抛弃了李德裕，唐朝也失去了最后一次中兴的机会，让大中政治日益混乱，慢慢将唐帝国引向灭亡的深渊。

回顾李德裕的功绩，就不能不回避牛、李党争。这场持续了四十余年的政治争夺战，开始于宪宗朝，到唐穆宗、唐敬宗二朝为牛党得势之时；文宗时，党争最烈，两党互有起伏；唐武宗时，为李党全盛时期；宣宗时，为牛党全盛时期，宣宗以后牛李党争不复载于史册。关于牛、李党争，历来众说纷纭，但越来越多的人认为，李党是进步的，牛党是保守的，正如那次文宗曾经意味深长地询问牛僧孺："天下什么时候才能太平？你思考过该怎么办吗？"牛僧孺却认为，现在这种情况就好，牛僧孺的回答代表了牛党的基本政治理想，就是没有政治理想，得过且过，只要个人能得到权位即可，为了个人私利不惜排斥异己、打压中伤，至于如何才能消除藩镇割据，恢复中央权威，完成中兴大业，缓和社会矛盾，这都不是他们最关心的事，这群尸位素餐之人与以天下为己任的李德裕相比，高下立判，不言自明。当然，两党之间关系错综复杂，这只是限于党首和核心人物而言，又只是局限于对他们政治理想的评价，至于两党外围人物以及他们具体人的个人品行又都千差万别，不可一概而论。仅就政治理想和政治作为而言，牛党人物乏善可陈，看看他们的传记几乎是毫无作为，无事可书，而与之相比，李德裕却是一位思路清晰、志向远大的能臣，可以设想，如果宣宗抛开对武宗的个人恩怨不谈，以国家大局为重，继续重用李德裕以及武宗的政策，宣宗口口声声要达到其父皇宪宗时的元和中兴，应该是能够做到的。

回顾李德裕的生平，可谓是"居庙堂之高则忧其民，处江湖之远则忧其君”。

在朝：他抑制宦官、外戚。早在穆宗时，“帝怠荒于政，故戚里多所请丐，挟宦人诇禁中语，关托大臣。”还是翰林学士的他就建议：“旧制，驸马都尉与要官禁不往来。开元中，诃督尤切，今乃公至宰相及大臣私第。是等无佗材，直泄露禁密，交通中外耳。请白事宰相者，听至中书，无辄诣第。”

文宗时，李德裕入朝拜相，树立宰相权威，严明朝廷纪律。史称：“故事，丞郎诣宰相，须少间乃敢通，郎官非公事不敢谒。李宗闵时，往往通宾客。李听为太子太傅，招所善载酒集宗闵阁，酣醉乃去。至德裕，则喻御史：‘有以事见宰相，必先白台乃听。凡罢朝，由龙尾道趋出。’遂无辄至阁者。又罢京兆筑沙堤、两街上朝卫兵。常建言：‘朝廷唯邪正二途，正必去邪，邪必害正。然其辞皆若可听，愿审所取舍。不然，二者并进，虽圣贤经营，无繇成功。’始，二省符江淮大贾，使主堂厨食利，因是挟赀行天下，所至州镇为右客，富人倚以自高。德裕一切罢之。”

此后，李德裕又受到李训、郑注等人迫害而被贬出京师，甘露之变后，文宗谈及宋申锡，意识到宋申锡是冤枉的，继而又说李德裕也是第二个宋申锡，此后，有人提出文宗对待李德裕和李宗闵的态度不同，文宗驳斥道：“他李宗闵是推荐郑注之人，李德裕是要杀了郑注的人，你说现在应该给谁加官？”又指着内门和窗户之间说：“这就是李德裕指斥郑注的地方。”

在地方：穆宗时，李德裕第一次担任浙西观察使，“德裕自检约，以留州财赡兵，虽俭而均，故士无怨。……南方信禨巫，虽父母疠疾，子弃不敢养。德裕择长老可语者，谕以孝慈大伦，患难相收不可弃之义，使归相晓敕，违约者显置以法。数年，恶俗大变。又按属州非经祠者，毁千余所，撤私邑山房千四百舍，寇无所廋蔽。”

敬宗即位，“侈用无度，诏浙西上脂盝妆具……又诏索盘绦缭绫千匹……”李德裕冒着得罪皇帝的风险，上书抗旨，理由是：“比年旱灾，物力未完……愿陛下师二祖（太宗、玄宗）容纳，远思汉家恭约，裁赐节减，则海隅苍生毕受赐矣。”这颗诚心既出于爱护君王，又出于爱护百姓，难能可贵。

“时帝昏荒，数游幸，狎比群小，听朝简忽。”李德裕又上《丹扆六箴》，表言：“‘心乎爱矣，遐不谓矣’，此古之贤人笃于事君者也……”

文宗即位，李德裕又被逐出朝廷，担任西川节度使。李德裕接手的是一个刚刚被南诏劫掠过的西川，他建设筹边楼，探察敌情，整顿军队，构筑堡垒，移风易俗，最终促成了吐蕃维州大将悉怛谋投降。

武宗时期，是李德裕大展宏图的一段时间，只可惜只有五六年时间。其主要功绩如下。一是加强相权。一开始，他就建议武宗要“辨邪正，专委任”，他指出怎么才能区分正人和小人？关键就在于：“正人一心事君，无待于助。邪人必更为党，以相蔽欺。”他还提出，让政在中书，才是治国之本。当时，武宗时常出外打猎，李德裕又屡屡劝谏。二是反击回鹘。李德裕态度坚决，他征调六镇兵力，让石雄奇袭乌介可汗，并将太和公主夺回。三是平定泽潞。李德裕采用灵活的策略，分化瓦解河北藩镇，最终平定了泽潞之乱，维护了朝廷权威。四是抑制宦官。他曾与枢密使杨钦义、刘行深商议，不许监军宦官干预军政，终武宗一朝，宦官始终不能干政。五是精兵简政。李德裕为精简机构，命吏部郎中柳仲郢裁减州县官吏，罢斥冗吏两千余人。六是储备物资，为收复河湟积极准备。七是坚定灭佛。长期以来，李德裕一直就对旁门左道不以为然，曾建议朝廷禁止王智兴私自剃度僧人，揭露亳州妖僧散布“圣水”的谣言，劝说敬宗佛老祈福、长生之法不可信，在武宗会昌灭佛中，李德裕积极支持，取得了良好的社会效果。

雁过留名。李德裕做过的事就在那明摆着，他才兼文武，出将入相，三任浙西，江淮大治，一镇西川，蜀地安定，讨平泽潞，消灭杨弁，功劳很大。他气宇轩昂，特立不群，疾恶如仇，李家在东都南郊有平泉别墅，环境优美，李德裕未出仕时，经常在那里读书，等到为官之后，为国忘家，三十年不曾再踏足过一次；他还非常喜欢读书、写书，以记载往事，奖善惩恶，后有《次柳氏旧书》《御臣要略》《代叛志》《献替录》流行于世。一些偏袒牛党的人对于李德裕的功劳视而不见，至于牛党人物究竟干出了点什么，他们翻烂史书，也找不出一两件，传记中映入眼帘的还是政争而已，因此，李德裕得到后人的高度评价也在情理之中。

《旧唐书》的作者刘昫曾感慨地写道：“德裕以器业自负，特达不群。好著书为文，奖善疾恶，虽位极台辅，而读书不辍。德裕特承武宗恩顾，委以枢衡。决策论兵，举无遗悔，以身扞难，功流社稷。及昭肃弃天下，不逞之伍，咸害其功。臣总角时，亟闻耆德言卫公故事。是时天子神武，明于听断；公亦以身犯难，酬特达之遇。言行计从，功成事遂，君臣之分，千载一时。观其禁掖弥纶，岩廊启奏，料敌制胜，襟灵独断，如由基命中，罔有虚发，实奇才也……功成北阙，骨葬南溟。呜呼烟阁，谁上丹青？”李商隐评价道：“成万古之良相，为一代之高士。”范仲淹评价道：“李遇武宗，独立不惧，经制四方，有相之功，虽奸党营陷，而义不朽矣。”欧阳修赞叹道：“赞皇（指李德裕）文辞甚可爱也。其所及祸，或责其不能自免，然古今聪明贤智之士不能免者多矣，岂独斯人也欤！”范祖禹评价说：“李德裕以一相而制御三镇，如运之掌，使武宗享国长久，天下岂有不平者乎！裴度之相宪宗，李德裕之相武宗，皆有功烈，为唐贤相，大中以后无能继之者。”叶梦得认为：“李德裕是唐中世第一等人物，其才远过裴晋公，错综万务，应变开阖，可与姚崇并立，而不至为崇之权谲任数。唐人房乔、裴度优于德量，宋璟、张九龄优于气节，魏郑公、陆贽优于学术，姚崇、李德裕优于材能，姚崇蔽于权数，德裕溺于爱憎，则所胜者为之累也。”赵秉文认为：“肃代有一颜真卿而不能用，德朝有一陆贽而不能用，宣朝有一李德裕而不能用，自是以还，唐衰矣！”王夫之认为：“唐之相臣能大有为者，狄仁杰而外，德裕而已。武宗不夭，德裕不窜，唐其可以复兴乎！”

这些确论庶几可以告慰赞皇公矣！

# 六四二　中唐文学（一）

与初唐、盛唐相比，中唐文学并不逊色。

明诗论家李唯桢在《唐诗纪序》中评论道：诗歌“以《三百篇》为源，汉魏六朝唐人为流，至元和而其派互分。”清代诗论家冯班也在他的《钝吟杂录》中说：“诗至贞元、元和，古今一大变。”什么样的大变化呢？就是诗歌风格的多样化。各种风格的诗歌异彩纷呈，名家辈出，流派各异，正如李肇在《唐国史补》中说的那样：“元和以后，为文笔则学奇诡于韩愈，学苦涩于樊宗师；歌行则学流荡于张籍；诗章则学矫激于孟郊，学浅切于白居易，学淫靡于元稹，俱名为元和体。”

如果说大历十才子、贞元诗人是中唐文学的探路者，那么，元和诗人才标志着中唐文学已全面走向繁荣。除了大历十才子、贞元诗人之外，中唐文学杰出的代表者主要还有：柳宗元、刘禹锡、韩愈、元稹、白居易、张籍、李贺、贾岛、杜牧（传统将其归入晚唐诗人，但杜牧死于公元852年，他主要活动于公元849年以前，应当视为中唐晚期诗人），等等。

韩愈，字退之，《旧唐书》称其为河阳（今河南省孟州市）人，《新唐书》称其为南阳（今河南省南阳市）人。其自称郡望昌黎，世称韩昌黎。韩愈倡导古文运动，其散文名列唐宋八大家之首，与柳宗元并称为“韩柳”，其诗歌力求新奇、险怪，开创了韩孟诗派，对宋诗影响颇大。

韩孟诗派是指以韩愈、孟郊为代表的一派诗人，主要人物有：韩愈、孟郊、张籍、卢仝、贾岛等人。这一派诗人有着鲜明的诗歌主张，他们认为，诗歌就是来发泄胸中不平之气，“物不平则鸣”，推崇诗歌的雄奇险怪之美，由注重诗歌的社会教育功能转为重视诗歌的抒发个人情感的特质。孟郊我们在贞元诗人中已经说过，不提，先来说说韩愈的诗歌。

韩愈平生写出了很多风格不同的诗歌，但最具代表性的还是他那些以雄大的气势、险怪的风格见长的诗歌，这些诗造意奇崛，气势雄浑，笔力雄健，想象丰富，耐人寻味。叶燮认为："韩愈为唐诗之一大变，其力大，其思雄，崛起特为鼻祖。宋之苏、梅、欧、苏、王、黄，皆愈为之发端。"但也有人认为，诗歌与散文各有各自的特点，韩愈以文为诗，苏轼以诗为词，虽然很工整，但都违背了各自的特点，并非真诗、真词，甚至称"退之于诗本无解处，以才高好之尔"。（陈师道《后山诗话》语）沈括也认为，韩愈的一些诗，"终不是诗"（《冷斋夜话》引沈括语）。

韩愈从小就成了孤儿，随堂父兄生活，自幼学习非常刻苦。大历、贞元之间，受到前宰相郑余庆的赞赏而知名，不久进士及第。韩愈言语率直，品行端正，但处理日常政务的能力却稍显欠缺。曾任董晋、张建封的幕僚，后又历任四门博士、监察御史、国子博士、都官员外郎，韩愈仕途坎坷，曾屡遭贬谪，后为吏部侍郎，穆宗长庆四年十二月去世，终年五十七岁。韩愈认为，魏晋南北朝以来，文章多拘于对偶，而失去了司马迁、杨雄的文气，他主张继承先秦两汉散文的文风，反对内容空洞、形式华丽的骈体文，韩愈的文章直抒胸臆，"发言真率，无所畏避"，慷慨激昂，一扫数百年靡丽的文风，在当时无人能及，被时人称为"韩文"。杜牧把韩文与杜诗并列，称为"杜诗韩笔"；苏轼称韩愈是"文起八代之衰"。

韩文的代表作主要有：《进学解》《师说》《论佛骨表》《送董邵南序》《送李愿归盘谷序》《与孟东野书》，等等。现将《进学解》《送董邵南序》《送李愿归盘谷序》附录于后。

## 进学解

国子先生晨入太学，招诸生立馆下，诲之曰："业精于勤，荒于嬉；行成于思，毁于随。方今圣贤相逢，治具毕张。拔去凶邪，登崇畯良。占小善者率以录，名一艺者无不庸。爬罗剔抉，刮垢磨光。盖有幸而获选，孰云多而不扬？诸生业患不能精，无患有司之不明；行患不能成，无患有司之不公。"言未既，有笑于列者曰："先生欺余哉！弟子事先生，于兹有年矣。先生口不绝吟于六艺之文，手不停披于百家之编。纪事者必提其要，纂言者必钩其玄。贪多务得，细大不捐。焚膏油以继晷，恒兀兀以穷年。先生之业，可谓勤矣。觝排异端，攘斥佛老。补苴罅漏，张皇幽眇。寻坠绪之茫茫，独旁搜而远绍。

障百川而东之，回狂澜于既倒。先生之于儒，可谓有劳矣。沉浸醲郁，含英咀华，作为文章，其书满家。上规姚姒，浑浑无涯；周诰、殷《盘》，佶屈聱牙；《春秋》谨严，《左氏》浮夸；《易》奇而法，《诗》正而葩；下逮《庄》《骚》，太史所录；子云、相如，同工异曲。先生之于文，可谓闳其中而肆其外矣。少始知学，勇于敢为；长通于方，左右具宜。先生之于为人，可谓成矣。然而公不见信于人，私不见助于友。跋前踬后，动辄得咎。暂为御史，遂窜南夷。三年博士，冗不见治。命与仇谋，取败几时。冬暖而儿号寒，年丰而妻啼饥。头童齿豁，竟死何裨。不知虑此，而反教人为？”

先生曰：“吁，子来前！夫大木为杗，细木为桷，欂栌、侏儒，椳、闑、扂、楔，各得其宜，施以成室者，匠氏之工也。玉札、丹砂，赤箭、青芝，牛溲、马勃，败鼓之皮，俱收并蓄，待用无遗者，医师之良也。登明选公，杂进巧拙，纡馀为妍，卓荦为杰，校短量长，惟器是适者，宰相之方也。昔者孟轲好辩，孔道以明，辙环天下，卒老于行。荀卿守正，大论是弘，逃谗于楚，废死兰陵。是二儒者，吐辞为经，举足为法，绝类离伦，优入圣域，其遇于世何如也？今先生学虽勤而不繇其统，言虽多而不要其中，文虽奇而不济于用，行虽修而不显于众。犹且月费俸钱，岁靡廪粟；子不知耕，妇不知织；乘马从徒，安坐而食。踵常途之役役，窥陈编以盗窃。然而圣主不加诛，宰臣不见斥，兹非其幸欤？动而得谤，名亦随之。投闲置散，乃分之宜。若夫商财贿之有亡，计班资之崇庳，忘己量之所称，指前人之瑕疵，是所谓诘匠氏之不以杙为楹，而訾医师以昌阳引年，欲进其豨苓也。”

在该文中，像“业精于勤”“刮垢磨光”“贪多务得”“含英咀华”“佶屈聱牙”“同工异曲”“动辄得咎”“俱收并蓄”“投闲置散”“提要钩玄”“焚膏继晷”“闳中肆外”“啼饥号寒”，等等，都已成为流行的成语，可见其影响之大。

《送董邵南序》《送李愿归盘谷序》也同样让人读之忘倦。

## 送董邵南序

燕赵古称多慷慨悲歌之士。董生举进士，屡不得志于有司，怀抱利器，郁郁适兹土。吾知其必有合也。董生勉乎哉！

夫以子之不遇时，苟慕义强，仁者皆爱惜焉，矧燕赵之士出乎其性者哉！然吾尝闻风俗与化移易，吾恶知其今不异于古所云邪？聊以吾子之行卜之也。董生勉乎哉！

吾因子有所感矣！为我吊望诸君之墓，而观于其市，复有昔时屠狗者乎？为我谢曰：“明天子在上，可以出而仕矣！”

## 送李愿归盘谷序

太行之阳有盘谷。盘谷之间，泉甘而土肥，草木丛茂，居民鲜少。或曰：“谓其环两山之间，故曰‘盘’。”或曰：“是谷也，宅幽而势阻，隐者之所盘旋。”友人李愿居之。

愿之言曰：“人之称大丈夫者，我知之矣：利泽施于人，名声昭于时，坐于庙朝，进退百官，而佐天子出令；其在外，则树旗旄，罗弓矢，武夫前呵，从者塞途，供给之人，各执其物，夹道而疾驰。喜有赏，怒有刑。才畯满前，道古今而誉盛德，入耳而不烦。曲眉丰颊，清声而便体，秀外而惠中，飘轻裾，翳长袖，粉白黛绿者，列屋而闲居，妒宠而负恃，争妍而取怜。大丈夫之遇知于天子、用力于当世者之所为也。吾非恶此而逃之，是有命焉，不可幸而致也！穷居而野处，升高而望远，坐茂树以终日，濯清泉以自洁。采于山，美可茹；钓于水，鲜可食。起居无时，惟适之安。与其有誉于前，孰若无毁于其后；与其有乐于身，孰若无忧于其心。车服不维，刀锯不加，理乱不知，黜陟不闻。大丈夫不遇于时者之所为也，我则行之。伺候于公卿之门，奔走于形势之途，足将进而趑趄，口将言而嗫嚅，处污秽而不羞，触刑辟而诛戮，徼幸于万一，老死而后止者，其于为人，贤不肖何如也？”

昌黎韩愈闻其言而壮之，与之酒而为之歌曰：“盘之中，维子之宫；盘之土，维子之稼；盘之泉，可濯可沿；盘之阻，谁争子所？窈而深，廓其有容；缭而曲，如往而复。嗟盘之乐兮，乐且无央；虎豹远迹兮，蛟龙遁藏；鬼神守护兮，呵禁不祥。饮且食兮寿而康，无不足兮奚所望！膏吾车兮秣吾马，从子于盘兮，终吾生以徜徉！”

# 六四三　中唐文学（二）

韩愈的文学成就，主要在文章，而他的诗歌也很有特色。

韩愈的诗歌最吸引人眼球的是那些以雄大气势见长和怪奇意象著称的诗作。《南山》《山石》《陆浑山火一首和皇甫湜用其韵》《宿龙宫滩》《郴口又赠二首》《龙移》《岳阳楼别窦司直》《八月十五夜赠张功曹》《谒衡岳庙遂宿岳寺题门楼》，等等，诗中大量使用惊怖、幽险、凶怪的词语，描绘出一种雄强豪放、惊心动魄、奇怪惊悚的独特意境。先看几首。

《山石》："山石荦确行径微，黄昏到寺蝙蝠飞。升堂坐阶新雨足，芭蕉叶大支子肥。僧言古壁佛画好，以火来照所见稀。铺床拂席置羹饭，疏粝亦足饱我饥。夜深静卧百虫绝，清月出岭光入扉。天明独去无道路，出入高下穷烟霏。山红涧碧纷烂漫，时见松枥皆十围。当流赤足蹋涧石，水声激激风吹衣。人生如此自可乐，岂必局束为人鞿。嗟哉吾党二三子，安得至老不更归。"

《八月十五夜赠张功曹》："纤云四卷天无河，清风吹空月舒波。沙平水息声影绝，一杯相属君当歌。君歌声酸辞且苦，不能听终泪如雨。'洞庭连天九疑高，蛟龙出没猩鼯号。十生九死到官所，幽居默默如藏逃。下床畏蛇食畏药，海气湿蛰熏腥臊。昨者州前捶大鼓，嗣皇继圣登夔皋。赦书一日行万里，罪从大辟皆除死。迁者追回流者还，涤瑕荡垢清朝班。州家申名使家抑，坎轲只得移荆蛮。判司卑官不堪说，未免捶楚尘埃间。同时辈流多上道，天路幽险难追攀。'君歌且休听我歌，我歌今与君殊科。'一年明月今宵多，人生由命非由他。有酒不饮奈明何？'"

当然，韩愈还写了不少类似盛唐风味的诗歌，也广为人们所传唱。比如，《初春小雨》："天街小雨润如酥，草色遥看近却无。最是一年春好处，绝胜烟柳满皇都。"《左迁至蓝关侄孙湘》："一封朝奏九重天，夕贬朝阳路八千。欲为圣明除弊事，肯将衰朽惜残年。云横秦岭家何在，雪拥蓝关马不前。知汝远来应有意，好收吾骨瘴江边。”《春雪》：“新年都未有芳华，二月初惊见草芽。白雪却嫌春色晚，故穿庭树作飞花。”《晚春》：“草树知春不久归，百般红紫斗芳菲。杨花榆荚无才思，惟解漫天作雪飞。”《调张籍》：“李杜文章在，光焰万丈长。不知群儿愚，那用故谤伤。蚍蜉撼大树，可笑不自量。伊我生其后，举颈遥相望。夜梦多见之，昼思反微茫。徒观斧凿痕，不瞩治水航。想当施手时，巨刃磨天扬。垠崖划崩豁，乾坤摆雷硠。惟此两夫子，家居率荒凉。帝欲长吟哦，故遣起且僵。剪翎送笼中，使看百鸟翔。平生千万篇，金薤垂琳琅。仙官敕六丁，雷电下取将。流落人间者，太山一毫芒。我愿生两翅，捕逐出八荒。精诚忽交通，百怪入我肠。刺手拔鲸牙，举瓢酌天浆。腾身跨汗漫，不著织女襄。顾语地上友，经营无太忙。乞君飞霞佩，与我高颉颃。”等等。

提到韩愈，就不能不说柳宗元。

柳宗元，字子厚，河东人，世称“柳河东”“柳柳州”。他与韩愈并称为“韩柳”，与刘禹锡并称“刘柳”，与王维、孟浩然、韦应物并称“王孟韦柳”。柳宗元一生留下诗文作品六百余篇，其散文成就要高过诗歌。

柳宗元从小聪明绝顶，博闻强记，下笔如神，他在德宗贞元九年二十一岁时就进士及第，又登博学鸿词科，被朝廷授予校书郎、蓝田县尉。贞元十九年，他升任监察御史里行，二十一年，德宗驾崩，顺宗即位，他与王叔文、刘禹锡等人辅佐顺宗，但不久，顺宗被迫禅位，继而发生了“二王八司马事件”，柳宗元等人被贬。在此后的十余年间里，柳宗元始终未能得到朝廷的重用，到宪宗元和十四年十月五日在柳州病死，终年四十七岁。

柳宗元是与韩愈一样致力于古文运动的主将，他留下了大量优美的散文，其中，论说性散文笔锋犀利，说理性非常强；游记类散文语言优美，内涵丰富。代表作主要有《捕蛇者说》《段太尉逸事状》《梓人传》《河间传》《宋清传》《种树郭橐驼传》《三戒》（《临江之麋》《黔之驴》《永某氏之鼠》）《永州八记》等，不同题材的作品，写法各异，笔锋干净，意味深长，令人读之忘倦。

《段太尉逸事状》是柳宗元记述段秀实生动传记散文，文中，作者选取了段秀实勇服郭晞、仁愧焦令谌、节显治事堂三件逸事，用从容冷静的写实手法，表现出段秀实外柔内刚、仁爱勇毅的性格特征，给读者留下深刻的印象。全文如下。

太尉始为泾州刺史时，汾阳王以副元帅居蒲。王子晞为尚书，领行营节度使，寓军邠州，纵士卒无赖。邠人偷嗜暴恶者，卒以货窜名军伍中，则肆志，吏不得问。日群行丐取于市，不嗛，辄奋击折人手足，椎釜鬲瓮盎盈道上，袒臂徐去，至撞杀孕妇人。邠宁节度使白孝德以王故，戚不敢言。

太尉自州以状白府，愿计事。至则曰："天子以生人付公理，公见人被暴害，因恬然。且大乱，若何？"孝德曰："愿奉教。"太尉曰："某为泾州，甚适，少事；今不忍人无寇暴死，以乱天子边事。公诚以都虞候命某者，能为公已乱，使公之人不得害。"孝德曰："幸甚！"如太尉请。

既署一月，晞军士十七人入市取酒，又以刃刺酒翁，坏酿器，酒流沟中。太尉列卒取十七人，皆断头注槊上，植市门外。晞一营大噪，尽甲。孝德震恐，召太尉曰："将奈何？"太尉曰："无伤也！请辞于军。"孝德使数十人从太尉，太尉尽辞去。解佩刀，选老躄者一人持马，至晞门下。甲者出，太尉笑且入曰："杀一老卒，何甲也？吾戴吾头来矣！"甲者愕。因谕曰："尚书固负若属耶？副元帅固负若属耶？奈何欲以乱败郭氏？为白尚书，出听我言。"晞出见太尉。太尉曰："副元帅勋塞天地，当务始终。今尚书恣卒为暴，暴且乱，乱天子边，欲谁归罪？罪且及副元帅。今邠人恶子弟以货窜名军籍中，杀害人，如是不止，几日不大乱？大乱由尚书出，人皆曰尚书倚副元帅，不戢士。然则郭氏功名，其与存者几何？"

言未毕，晞再拜曰："公幸教晞以道，恩甚大，愿奉军以从。"顾叱左右曰："皆解甲散还火伍中，敢哗者死！"太尉曰："吾未晡食，请假设草具。"既食，曰："吾疾作，愿留宿门下。"命持马者去，旦日来。遂卧军中。晞不解衣，戒候卒击柝卫太尉。旦，俱至孝德所，谢不能，请改过。邠州由是无祸。

先是，太尉在泾州为营田官。泾大将焦令谌取人田，自占数十顷，给与农，曰："且熟，归我半。"是岁大旱，野无草，农以告谌。谌曰："我知入数而已，不知旱也。"督责益急，农且饥死，无以偿，即告太尉。太尉判状辞甚巽，使人求谕谌。谌盛怒，召农者曰："我畏段某耶？何敢言我！"取判铺背上，以大杖击二十，垂死，舆来庭中。太尉大泣曰："乃我困汝！"即自取水洗去血，裂裳衣疮，手注善药，旦夕自哺农者，然后食。

取骑马卖，市谷代偿，使勿知。淮西寓军帅尹少荣，刚直士也。入见谌，大骂曰："汝诚人耶？泾州野如赭，人且饥死；而必得谷，又用大杖击无罪者。段公，仁信大人也，而汝不知敬。今段公唯一马，贱卖市谷入汝，汝又取不耻。凡为人傲天灾、犯大人、击无罪者，又取仁者谷，使主人出无马，汝将何以视天地，尚不愧奴隶耶！"谌虽暴抗，然闻言则大愧流汗，不能食，曰："吾终不可以见段公！"一夕，自恨死。

及太尉自泾州以司农征，戒其族："过岐，朱泚幸致货币，慎勿纳。"及过，泚固致大绫三百匹。太尉婿韦晤坚拒，不得命。至都，太尉怒曰："果不用吾言！"晤谢曰："处贱无以拒也。"太尉曰："然终不以在吾第。"以如司农治事堂，栖之梁木上。泚反，太尉终，吏以告泚，泚取视，其故封识具存。

太尉逸事如右。元和九年，永州司马员外置同正员柳宗元谨上史馆。

今之称太尉大节者出入，以为武人一时奋不虑死，以取名天下，不知太尉之所立如是。宗元尝出入岐周邠斄间，过真定，北上马岭，历亭障堡戍，窃好问老校退卒，能言其事。太尉为人姁姁，常低首拱手行步，言气卑弱，未尝以色待物；人视之，儒者也。遇不可，必达其志，绝非偶然者。会州刺史崔公来，言信行直，备得太尉遗事，覆校无疑，或恐尚逸坠，未集太史氏，敢以状私于执事。谨状。

《小石潭记》至今读之仍令人向往不已。

从小丘西行百二十步，隔篁竹，闻水声，如鸣佩环，心乐之。伐竹取道，下见小潭，水尤清冽。全石以为底，近岸，卷石底以出，为坻，为屿，为嵁，为岩。青树翠蔓，蒙络摇缀，参差披拂。

潭中鱼可百许头，皆若空游无所依。日光下澈，影布石上，佁然不动；俶尔远逝，往来翕忽，似与游者相乐。潭西南而望，斗折蛇行，明灭可见。其岸势犬牙差互，不可知其源。

坐潭上，四面竹树环合，寂寥无人，凄神寒骨，悄怆幽邃。以其境过清，不可久居，乃记之而去。同游者：吴武陵，龚古，余弟宗玄。隶而从者，崔氏二小生：曰恕己，曰奉壹。

苏轼曾评价柳宗元的诗说：“所贵乎枯谈者，谓其外枯而中膏，似淡而实美，渊明、子厚之流是也。”柳宗元诗歌的代表作主要有：《登柳州城楼寄漳、汀、封、连四州刺史》：“城上高楼接大荒，海天愁思正茫茫。惊风乱飐芙蓉水，密雨斜侵薜荔墙。岭树重遮千里目，江流曲似九回肠。共来百越文身地，犹自音书滞一乡。”《别舍弟宗一》：“零落残魂倍黯然，双垂别泪越江边。一身去国六千里，万死投荒十二年。桂岭瘴来云似墨，洞庭春尽水如天。欲知此后相思梦，常在荆门郢树烟。”《江雪》：“千山鸟飞绝，万径人踪灭。孤舟蓑笠翁，独钓寒江雪。”《渔翁》：“渔翁夜傍西岩宿，晓汲清湘燃楚竹。烟销日出不见人，欸乃一声山水绿。回看天际下中流，岩上无心云相逐。”

# 六四四　中唐文学（三）

说到了柳宗元，就不得不说刘禹锡。

刘禹锡，字梦得，素有“诗豪”之称，与柳宗元并称为“刘柳”，与白居易并称为“刘白”，又与韦应物、白居易合称“三杰”。由于刘禹锡也是永贞革新的王叔文一党，二王八司马事件后，他也被贬为朗州司马。

一直到元和十年，在被贬十年之后，刘禹锡和柳宗元才回到了长安，等待新的任用。当时的宰相是武元衡、韦贯之、张弘靖三人，武元衡是刘禹锡的政敌，再加上刘禹锡写了那首《游玄都观咏看花君子》，令武元衡大怒，再将其远贬为播州刺史。柳宗元因播州偏远，刘禹锡又有老母，恳请以自己的柳州来换刘禹锡的播州，再加上裴度向宪宗说情，才将播州改为连州。元和十四年，刘禹锡母亲去世，又惊闻好友柳宗元去世，“惊号大叫，如得狂病”，悲痛之极。刘禹锡在洛阳给母亲服丧三年后，穆宗长庆元年又被任命为夔州刺史，后调任和州刺史。文宗大和元年，刘禹锡被免官，回洛阳闲居，不久，在宰相裴度、窦易直的推荐下，他又被任命为主客郎中、分司，次年回到长安，他深恨武元衡、李逢吉二人，遂写下了《再游玄都观》一诗。当时裴度本欲让他当上知制诰，但由于这首诗的出现，刘禹锡再次与显官失之交臂，被任命为集贤殿学士。大和五年，六十岁的刘禹锡被外派担任苏州刺史，后又调任汝州刺史、同州刺史，此后升任太子宾客、分司，会昌二年去世，终年七十一岁。

刘禹锡诗文俱佳，题材广泛，代表作有《陋室铭》《竹枝词》《杨柳枝词》《乌衣巷》等名篇。

《陋室铭》：山不在高，有仙则名。水不在深，有龙则灵。斯是陋室，惟吾德馨。苔痕上阶绿，草色入帘青。谈笑有鸿儒，往来无白丁。可以调素琴，阅金经。无丝竹之乱耳，无案牍之劳形。南阳诸葛庐，西蜀子云亭。孔子云：何陋之有？

名诗有《蜀先主庙》：“天地英雄气，千秋尚凛然。势分三足鼎，业复五铢钱。得相能开国，生儿不象贤。凄凉蜀故伎，来舞魏宫前。”《西塞山怀古》：“王濬楼船下益州，金陵王气黯然收。千寻铁锁沉江底，一片降幡出石头。人世几回伤往事，山形依旧枕寒流。今逢四海为家日，故垒萧萧芦荻秋。”《酬乐天扬州初逢席上见赠》：“巴山蜀水凄凉地，二十三年弃置身。怀旧空吟闻笛赋，到乡翻似烂柯人。沉舟侧畔千帆过，病树前头万木春。今日闻君歌一曲，暂凭杯酒长精神。”《竹枝词》诗二首：“瞿塘嘈嘈十二滩，此中道路古来难。长恨人心不如水，等闲平地起波澜。”“杨柳青青江水平，闻郎岸上踏歌声。东边日出西边雨，道是无晴却有晴。”《秋词》其一：“自古逢秋悲寂寥，我言秋日胜春朝。晴空一鹤排云上，便引诗情到碧霄。”《乌衣巷》：“朱雀桥边野草花，乌衣巷口夕阳斜。旧时王谢堂前燕，飞入寻常百姓家。”《石头城》：“山围故国周遭在，潮打空城寂寞回。淮水东边旧时月，夜深还过女墙来。”《望洞庭》：“湖光秋月两相和，潭面无风镜未磨。遥望洞庭山水色，白银盘里一青螺。”《浪淘沙》三首：“九曲黄河万里沙，浪淘风簸自天涯。如今直上银河去，同到牵牛织女家。”“八月涛声吼地来，头高数丈触山回。须臾却入海门去，卷起沙堆似雪堆。”“莫道谗言如浪深，莫言迁客似沙沉。千淘万漉虽辛苦，吹尽寒沙始到金。”

说完了刘禹锡，就该说说他的好友白居易和元稹了。

白居易与刘禹锡同岁，字乐天，太原人，晚年号香山居士、醉吟先生。他主张“文章合为时而著，歌诗合为事而作”，是新乐府运动的倡导者，白居易的诗通俗易懂，与元稹经常唱和，世称“元白”。

白居易自有聪慧过人，心胸开阔。十八岁时，投文著作郎顾况，顾况先看其名字，说道：“米价正贵，居也不易。”见其首篇诗作为“离离原上草，一岁一枯荣。野火烧不尽，春风吹又生。远芳侵古道，晴翠接荒城。又送王孙去，萋萋满别情。”当即大为赞赏，说道：“能说出这种话，居也容易！”（《幽闲鼓吹》）

贞元九年，柳宗元、刘禹锡同年登进士第，一个二十一岁，一个二十二岁，同年，十五岁的元稹登明经第，当然，明经与进士有天壤之别。虽然白居易与柳宗元、刘禹锡年龄差不多，但他到贞元十六年才考上进士，比二人整整晚了八年，到贞元十九年才与元稹（时年二十五岁）一起通过吏部考试，被授予校书郎这一官职，而当时柳宗元已入仕十一年，被晋升为监察御史里行了，相对于刘禹锡、柳宗元，白居易、元稹属于仕途上的晚辈，当永贞革新时，白居易、元稹的名位都还不高，未能引起王叔文集团的注意和提拔，这也让他们躲过了一劫。

宪宗继位后，刘禹锡、柳宗元等人被贬，白居易、元稹通过应才识兼茂明于体用科，被授予盩厔县尉，同年写成长诗《长恨歌》。元稹则留在朝廷，但不久就因得罪宰相杜佑、郑余庆、郑絪而被贬为河南县尉。与元稹相反，元和二年，三十六岁的白居易却受到宪宗的赏识，被调回朝廷，担任京兆府考官，考毕，授予集贤殿校理。这一年，白居易好事连连，他与杨虞卿堂妹杨氏结婚，弟弟白行简也高中了进士。元和三年，牛僧孺、李宗闵等人及第，极言朝廷弊端，受到朝廷权幸的痛恨，都没有根据惯例留在朝廷为官，而外派到各地幕府，白居易上书极力替牛僧孺等人辩护，受到权幸们的猜忌。同年，比白居易小七岁的好友元稹受到宰相裴洎的提携，被任命为监察御史。元和六年，白居易辞官归洛阳服母丧，元稹则被外派担任江陵府幕僚，直到元和九年讨伐淮西吴元济之战打响后，元稹进入山南东道节度使严绶幕府，在白居易服丧期间，失去了生活来源，非常贫困，元稹时常拿出一部分工资接济。同年，白居易补官，担任太子左赞善大夫。次年，宰相武元衡被杀，白居易上书强烈要求缉拿凶手，宰相张弘靖、韦贯之认为白居易越职言事，且有传言白居易的母亲是赏花时落井而死的，可白居易还写了赏花、新井诗，有损名教，应贬出京师当刺史，而中书舍人王涯又落井下石，认为白居易所犯罪行，就不该治理一方，遂改为江州司马。元和十一年，四十五岁的白居易来到江州，写下了著名的《琵琶行》，三十八岁的元稹则调任通州司马。两位好友一南一北，但都彼此挂念，将对方的诗歌写于墙壁或者屏风之上，遥相挂念。元稹在通州四年，与白居易唱和之诗“里巷相传，为之纸贵”。元和十四年，白居易改任忠州刺史，元稹改任虢州司马，献诗于宰相令狐楚，受到赏识，同年，柳宗元病故。次年，白居易、元稹均被召入京师，令狐楚被贬，与元稹交恶，而白居易则担任了主客郎中、知制诰。穆宗长庆元年，是元稹、白居易得势时期，元稹与宦官魏弘简交结，担任为中书舍人、翰林学士承旨，白居易为中书舍人，元稹与李德裕、李绅关系很好，号称翰林院“三俊”。在讨伐王庭凑之战中，裴度与元稹交恶，元稹想利用李逢吉打击裴度，但将李逢吉召回朝廷后，反而利用元稹和裴度的矛盾，令人诬告元稹想派人刺杀裴度，由此将二人均贬出了京师。在元稹与裴度二人的斗争中，白居易与二人的关系都不错，处境尴尬，遂自请离开京城，遂被外派为杭州刺史，两年后，又被改任太子左庶子、分司东都，而元稹则被调任浙东观察使。次年，白居易又被调任苏州刺史，文宗即位后，白居易被召入京师，担任秘书监，后转为刑部侍郎。大和三年，五十八岁的白居易辞职，以太子宾客、分司东都，从此再不出来为官了。同年，元稹被召回京师担任尚书左丞。大和五年，元稹去世，终年五十三岁。白居易撰写墓志铭，元稹家人馈赠白居易六七十万钱作为润笔费，白居易全部捐赠于香山寺。自大和三年退二线之后，白居易一直在洛阳过着衣食无忧的生活，他厕身于牛、李两党之间，虽然有更多的牛党色彩，但与两党人物都交往，期间，他写了《醉吟先生传》以描述自己的生活："性嗜酒，耽琴，淫诗，凡酒徒、琴侣、诗客多与之游。游之外，栖心释氏，通学小中大乘法。与嵩山僧如满为空门友，平泉客韦楚为山水友，彭城刘梦得为诗友，安定皇甫朗之为酒友。"就这样过了十七年闲适的生活，到会昌六年，与李党的李绅一起去世，终年七十五岁。

# 六四五　中唐文学（四）

白居易与元稹共同倡导新乐府运动，世称“元白”，与刘禹锡又并称“刘白”。他的诗歌题材广泛，形式多样，语言平易通俗，人称“诗魔”“诗王”，与李白、杜甫并称为唐朝三大诗人。

虽然白居易并没有在仕途上实现当初的抱负，但他与李白、杜甫相比，官位是最高的，生活也是最闲适的。在中唐激烈的政治斗争中，白居易能够急流勇退，表现出极大的人生智慧和通达洒脱的人生态度，是非常难能可贵的。白居易在他的《闲居》诗里就曾写道：“心足即为富，身闲乃为贵。”他的《适意》也完整地表达了自己达观的处世态度：“十年为旅客，常有饥寒愁。三年作谏官，复多尸素羞。有酒不暇饮，有山不得游。岂无平生志，拘牵不自由。一朝归渭上，泛如不系舟。置心世事外，无喜亦无忧。终日一蔬食，终年一布裘。寒来弥懒放，数日一梳头。朝睡足始起，夜酌醉即休。人心不过适，适外复何求？早岁从旅游，颇谙时俗意。中年忝班列，备见朝廷事。作客诚已难，为臣尤不易。况予方且介，举动多忤累。直道速我尤，诡遇非吾志。胸中十年内，消尽浩然气。自从返田亩，顿觉无忧愧。蟠木用难施，浮云心易遂。悠悠身与世，从此两相弃。”正如《百斛明珠》上记载的那样，甘露之变后，曾经诬陷过白居易的王涯全家被杀，白居易写诗云：“当君白首同归日，是我青山独往时。”诗中有自我庆幸，也有对王涯的悲悯。

白居易的诗歌大抵上可以分作讽喻诗和闲适诗，讽喻诗“一吟悲一事”，主题非常鲜明，在诗歌中善于用白描刻画人物形象，给读者留下深刻的印象，又用浅白的语言、对比的手法进行讽喻，取得很好的效果。比如《观刈麦》：“田家少闲月，五月人倍忙。夜来南风起，小麦覆陇黄。妇姑荷箪食，童稚携壶浆，相随饷田去，丁壮在南冈。足蒸暑土气，背灼炎天光，力尽不知热，但惜夏日长。复有贫妇人，抱子在其旁，右手秉遗穗，左臂悬敝筐。听其相顾言，闻者为悲伤。家田输税尽，拾此充饥肠。今我何功德，曾不事农桑。吏禄三百石，岁晏有余粮。念此私自愧，尽日不能忘。”《轻肥》：“意气骄满路，鞍马光照尘。借问何为者，人称是内臣。朱绂皆大夫，紫绶悉将军。夸赴军中宴，走马去如云。樽罍溢九酝，水陆罗八珍。果擘洞庭橘，脍切天池鳞。食饱心自若，酒酣气益振。是岁江南旱，衢州人食人！”《买花》：“帝城春欲暮，喧喧车马度。共道牡丹时，相随买花去。贵贱无常价，酬直看花数。灼灼百朵红，戋戋五束素。上张幄幕庇，旁织巴篱护。水洒复泥封，移来色如故。家家习为俗，人人迷不悟。有一田舍翁，偶来买花处。低头独长叹，此叹无人喻。一丛深色花，十户中人赋。”

白居易著名的讽喻诗还有《卖炭翁》《杜陵叟》《上阳白发人》《缭绫》，等等，从不同的侧面反映了当时的社会生活，揭露了社会丑恶现象。

除了讽喻诗之外，白居易的不朽名作还有《琵琶行》《长恨歌》，这两首名作，在作者生前都被民间广为传唱，并传到国外，“童子解吟长恨曲，胡儿能唱琵琶篇。”《长恨歌》已在盛唐传奇中收录，仅将《琵琶行》收录于此。

### 琵琶行

浔阳江头夜送客，枫叶荻花秋瑟瑟。主人下马客在船，举酒欲饮无管弦。
醉不成欢惨将别，别时茫茫江浸月。忽闻水上琵琶声，主人忘归客不发。
寻声暗问弹者谁？琵琶声停欲语迟。移船相近邀相见，添酒回灯重开宴。
千呼万唤始出来，犹抱琵琶半遮面。转轴拨弦三两声，未成曲调先有情。
弦弦掩抑声声思，似诉平生不得志。低眉信手续续弹，说尽心中无限事。
轻拢慢捻抹复挑，初为霓裳后六幺。大弦嘈嘈如急雨，小弦切切如私语。
嘈嘈切切错杂弹，大珠小珠落玉盘。间关莺语花底滑，幽咽泉流冰下难。
冰泉冷涩弦凝绝，凝绝不通声暂歇。别有幽愁暗恨生，此时无声胜有声。
银瓶乍破水浆迸，铁骑突出刀枪鸣。曲终收拨当心画，四弦一声如裂帛。
东船西舫悄无言，唯见江心秋月白。沉吟放拨插弦中，整顿衣裳起敛容。
自言本是京城女，家在虾蟆陵下住。十三学得琵琶成，名属教坊第一部。
曲罢曾教善才服，妆成每被秋娘妒。五陵年少争缠头，一曲红绡不知数。
钿头银篦击节碎，血色罗裙翻酒污。今年欢笑复明年，秋月春风等闲度。

弟走从军阿姨死，暮去朝来颜色故。门前冷落鞍马稀，老大嫁作商人妇。
商人重利轻别离，前月浮梁买茶去。去来江口守空船，绕船月明江水寒。
夜深忽梦少年事，梦啼妆泪红阑干。我闻琵琶已叹息，又闻此语重唧唧。
同是天涯沦落人，相逢何必曾相识！我从去年辞帝京，谪居卧病浔阳城。
浔阳地僻无音乐，终岁不闻丝竹声。住近湓江地低湿，黄芦苦竹绕宅生。
其间旦暮闻何物？杜鹃啼血猿哀鸣。春江花朝秋月夜，往往取酒还独倾。
岂无山歌与村笛？呕哑嘲哳难为听。今夜闻君琵琶语，如听仙乐耳暂明。
莫辞更坐弹一曲，为君翻作《琵琶行》。感我此言良久立，却坐促弦弦转急。
凄凄不似向前声，满座重闻皆掩泣。座中泣下谁最多？江州司马青衫湿。

白居易的其他名诗还有：《钱塘湖春行》："孤山寺北贾亭西，水面初平云脚低。几处早莺争暖树，谁家新燕啄春泥。乱花渐欲迷人眼，浅草才能没马蹄。最爱湖东行不足，绿杨阴里白沙堤。"《暮江吟》："一道残阳铺水中，半江瑟瑟半江红。可怜九月初三夜，露似真珠月似弓。"《忆江南，江南好》："江南好，风景旧曾谙。日出江花红胜火，春来江水绿如蓝。能不忆江南？"《大林寺桃花》："人间四月芳菲尽，山寺桃花始盛开。长恨春归无觅处，不知转入此中来。"《紫薇花》："丝纶阁下文书静，钟鼓楼中刻漏长。独坐黄昏谁是伴，紫薇花对紫微郎。"《问刘十九》："绿蚁新醅酒，红泥小火炉。晚来天欲雪，能饮一杯无？"《放言》："赠君一法决狐疑，不用钻龟与祝蓍。试玉要烧三日满，辨材须待七年期。周公恐惧流言日，王莽谦恭未篡时。向使当年身便死，一生真伪复谁知。"《白云泉》："天平山上白云泉，云自无心水自闲。何必奔冲山下去，更添波浪向人间。"

# 六四六　中唐文学（五）

元稹与白居易并称为“元白”，二人的诗风也接近，开创了元白诗派。《旧唐书·元稹传》称，元稹“与太原白居易友善。工为诗，善状咏风态物色。当时言诗者，称元、白焉。自衣冠士子，至闾阎下俚，悉传讽之，号为元和体”。这一诗派的主要特点就是：诗歌语言平易浅近，内容注重写实，与追求奇崛的韩孟诗派形成了鲜明的对比。

我们看看元稹写的《六年春遣怀八首》就可以看出这种特点。元稹的原配妻子韦丛死于元和四年七月，年仅二十七岁，韦丛死后，元稹写了大量悼念妻子的诗，《六年春遣怀八首》就是他在元和六年春写下的一组悼亡诗，我们挑出其中的第二首和第五首品味一下。其二，“检得旧书三四纸，高地阔狭粗成行。自言并食寻常事，唯念山深驿路长。”（诗意大致是：检出亡妻写给自己的几页信纸，字迹高高低低，勉强成行。亡妻说因家境贫困，不免两天只吃一天的食物，但也习以为常了，只是还牵挂你这个远行之人。）其五，“伴客销愁长日饮，偶然乘兴便醺醺。怪来醒后旁人泣，醉里时时错问君。”（诗意大致是：亡妻去世后，自己整日借酒浇愁，大醉醒来见身边的人哭泣，询问之下才知道自己醉后竟然忘记爱妻已死，而在梦中一直呼唤着妻子！）在元稹悼念妻子的诗歌中，最脍炙人口的当属《离思五首》之四了：“曾经沧海难为水，除却巫山不是云。取次花丛懒回顾，半缘修道半缘君。”

元稹其他较为有名的诗还有：《行宫》：“寥落古行宫，宫花寂寞红。白头宫女在，闲坐说玄宗。”《菊花》：“秋丛绕舍似陶家，遍绕篱边日渐斜。不是花中偏爱菊，此花开尽更无花。”《闻乐天授江州司马》：“残灯无焰影幢幢，此夕闻君谪九江。垂死病中惊坐起，暗风吹雨入寒窗。”

元稹的《连昌宫词》是一首与白居易《长恨歌》齐名的长篇叙事诗，这首诗通过一个老人叙述连昌宫的兴废变迁，反映了唐朝自唐玄宗时期至唐宪宗时期的兴衰历程，探索了安史之乱前后朝政治乱的缘由，表现了普通百姓期盼社会安定的愿望和对美好生活的向往，此诗叙事生动，笔触细腻，是“新乐府运动”的代表作品之一，具有独特的艺术魅力。全诗如下。

连昌宫中满宫竹，岁久无人森似束。又有墙头千叶桃，风动落花红蔌蔌。
宫边老翁为余泣，小年进食曾因入。上皇正在望仙楼，太真同凭阑干立。
楼上楼前尽珠翠，炫转荧煌照天地。归来如梦复如痴，何暇备言宫里事。
初过寒食一百六，店舍无烟宫树绿。夜半月高弦索鸣，贺老琵琶定场屋。
力士传呼觅念奴，念奴潜伴诸郎宿。须臾觅得又连催，特敕街中许燃烛。
春娇满眼睡红绡，掠削云鬟旋装束。飞上九天歌一声，二十五郎吹管逐。
逡巡大遍凉州彻，色色龟兹轰录续。李谟压笛傍宫墙，偷得新翻数般曲。
平明大驾发行宫，万人歌舞涂路中。百官队仗避岐薛，杨氏诸姨车斗风。
明年十月东都破，御路犹存禄山过。驱令供顿不敢藏，万姓无声泪潜堕。
两京定后六七年，却寻家舍行宫前。庄园烧尽有枯井，行宫门闭树宛然。
尔后相传六皇帝，不到离宫门久闭。往来年少说长安，玄武楼成花萼废。
去年敕使因斫竹，偶值门开暂相逐。荆榛栉比塞池塘，狐兔骄痴缘树木。
舞榭欹倾基尚在，文窗窈窕纱犹绿。尘埋粉壁旧花钿，乌啄风筝碎珠玉。
上皇偏爱临砌花，依然御榻临阶斜。蛇出燕巢盘斗栱，菌生香案正当衙。
寝殿相连端正楼，太真梳洗楼上头。晨光未出帘影黑，至今反挂珊瑚钩。
指似傍人因恸哭，却出宫门泪相续。自从此后还闭门，夜夜狐狸上门屋。
我闻此语心骨悲，太平谁致乱者谁。翁言野父何分别，耳闻眼见为君说。
姚崇宋璟作相公，劝谏上皇言语切。燮理阴阳禾黍丰，调和中外无兵戎。
长官清平太守好，拣选皆言由相公。开元之末姚宋死，朝廷渐渐由妃子。
禄山宫里养作儿，虢国门前闹如市。弄权宰相不记名，依稀忆得杨与李。
庙谟颠倒四海摇，五十年来作疮痏。今皇神圣丞相明，诏书才下吴蜀平。
官军又取淮西贼，此贼亦除天下宁。年年耕种宫前道，今年不遣子孙耕。
老翁此意深望幸，努力庙谋休用兵。

中唐诗坛异彩纷呈，我将中唐诗人划分为五大类，或者说五个诗派：一是大历贞元诗人，这包括大历十才子、贞元诗人等中唐前期诗人；二是韩孟诗派，如前所述，主要人物是韩愈、孟郊、张籍、卢仝、贾岛等人，这一诗派也可以称为怪异诗派；三是元白诗派，也可以称为通俗诗派，主要人物就是元稹和白居易；四是雅正诗派，或者说官僚诗派，主要人物有张仲素、权德舆、王涯、李德裕等人；五是特立独行诗人。他们的诗歌风格多样，难以归入任何一派，成就又很高，但高度又不足以形成新的流派，主要人物有前述的李益、柳宗元、刘禹锡，还有王建、李贺、杜牧（一般被归入晚唐诗人，但我不这样认为）。

除了前面介绍过的之外，对没有涉及的诗人我们再依次介绍一下。

首先是属于韩孟诗派的其他人物：张籍、卢仝、贾岛等。

张籍，字文昌，贞元进士，他历任水部员外郎、国子司业等职，故世称张水部、张司业，他是韩门大弟子，其乐府诗与王建齐名，并称“张王乐府”。据冯贽的《云仙散录》记载，张籍非常迷恋杜甫的诗歌，曾把杜诗一首一首烧掉，拌上蜂蜜，每天早上吃三匙。好友问他为什么，他说：“吃了杜甫的诗，我便能写出和杜甫一样的好诗了！”好友听了哈哈大笑。

张籍的代表作有：《野老歌》：“老农家贫在山住，耕种山田三四亩。苗疏税多不得食，输入官仓化为土。岁暮锄犁傍空室，呼儿登山收橡实。西江贾客珠百斛，船中养犬长食肉。”《节妇吟——寄东平李司空师道》：“君知妾有夫，赠妾双明珠。感君缠绵意，系在红罗襦。妾家高楼连苑起，良人执戟明光里。知君用心如日月，事夫誓拟同生死。还君明珠双泪垂，恨不相逢未嫁时。”这首诗是张籍谢绝平卢节度使李师道的引诱而作，他自比为一个贞节的妇人，表达了自己忠于朝廷的决心，其中的“恨不相逢未嫁时”一句成为脍炙人口的名言；《秋思》：“洛阳城里见秋风，欲作家书意万重。复恐匆匆说不尽，行人临发又开封。”

张籍之所以被划入韩孟诗派，大约是因为其是韩愈的大弟子，实际上，他的诗歌风格并没有多少韩孟诗派的特点，反而倒有点元白诗派的诗风，而卢仝、贾岛、刘叉等则更能代表韩孟诗派的怪异诗风。

卢仝，是初唐四杰之一的卢照邻的嫡系子孙，生于河南济源市武山镇思礼村，自号玉川子。他早年隐居于少室山，后迁至洛阳。卢仝家境非常贫寒，性格狷介如孟郊，豪爽如韩愈，工于诗文，好茶成癖，著有《茶谱》，被人尊称为“茶仙”，与“茶圣”陆羽齐名。素来不愿入仕的卢仝，在甘露之变发生时，却恰巧在宰相王涯府中做客，结果被杀红眼的宦官们一同逮捕，糊里糊涂地被杀掉了。据说，卢仝当时已老，头上没有头发，在临刑时，刽子手用钉子钉入他的头上便于行刑，所以说卢仝死得很惨。过去，卢仝生下孩子，取小名叫添丁，人们认为这是个不祥之兆。

卢仝的诗歌风格奇特，近于散文。比如，《走笔谢孟谏议寄新茶》就是很能体现这一特点。

日高丈五睡正浓，军将打门惊周公。口云谏议送书信，白绢斜封三道印。开缄宛见谏议面，手阅月团三百片。闻道新年入山里，蛰虫惊动春风起。天子须尝阳羡茶，百草不敢先开花。仁风暗结珠琲瓃，先春抽出黄金芽。摘鲜焙芳旋封裹，至精至好且不奢。至尊之余合王公，何事便到山人家。柴门反关无俗客，纱帽笼头自煎吃。碧云引风吹不断，白花浮光凝碗面。一碗喉吻润，两碗破孤闷。三碗搜枯肠，唯有文字五千卷。四碗发轻汗，平生不平事，尽向毛孔散。五碗肌骨清，六碗通仙灵。七碗吃不得也，唯觉两腋习习清风生。蓬莱山，在何处？玉川子，乘此清风欲归去。山上群仙司下土，地位清高隔风雨。安得知百万亿苍生命，堕在巅崖受辛苦！便为谏议问苍生，到头还得苏息否？

他的《月蚀诗》更是如此：

新天子即位五年，岁次庚寅，斗柄插子，律调黄钟。森森万木夜僵立，寒气赑屃顽无风。烂银盘从海底出，出来照我草屋东。天色绀滑凝不流，冰光交贯寒曈昽。初疑白莲花，浮出龙王宫。八月十五夜，比并不可双。此时怪事发，有物吞食来。轮如壮士斧斫坏，桂似雪山风拉摧。百炼镜，照见胆，平地埋寒灰。火龙珠，飞出脑，却入蚌蛤胎。摧环破璧眼看尽，当天一搭如煤炱。磨踪灭迹须臾间，便似万古不可开。不料至神物，有此大狼狈。星如撒沙出，争头事光大。奴婢炷暗灯，掩菼如玳瑁。今夜吐焰长如虹，孔隙千道射户外。玉川子，涕泗下，中庭独自行。念此日月者，太阴太阳精。皇天要识物，日月乃化生。走天汲汲劳四体，与天作眼行光明。此眼不自保，天公行道何由行。吾见阴阳家有说，望日蚀月月光灭，朔月掩日日光缺。两眼不相攻，此说吾不容。又孔子师老子云，五色令人目盲。吾恐天似人，好色即丧明。幸且非春时，万物不娇荣。青山破瓦色，绿水冰峥嵘。花枯无女艳，鸟死沉歌声。顽冬何所好，偏使一目盲。传闻古老说，蚀月虾蟆精。径圆千里入汝腹，汝此痴骸阿谁生。可从海窟来，便解缘青冥。恐是眶睫间，掩塞所化成。黄帝有二目，帝舜重瞳明。二帝悬四目，四海生光辉。吾不遇二帝，滉漭不可知。何故瞳子上，坐受虫豸欺。长嗟白兔捣灵药，恰似有意防奸非。药成满臼不中度，委任白兔夫何为。忆昔尧为天，十日烧九州。金烁水银流，玉熇丹砂焦。六合烘为窑，尧心增百忧。帝见尧心忧，勃然发怒决洪流。立拟沃杀九日妖，天高日走沃不及，但见万国赤子々生鱼头。此时九御导九日，争持节幡麾幢旒。驾车六九五十四头蛟螭虬，掣电九火辀。汝若蚀开齱䶥轮，御辔执索相爬钩，推荡轰訇入汝喉。红鳞焰鸟烧口快，翎鬣倒侧声盏邹。撑肠拄肚礧傀如山丘，自可饱死更不偷。不独填饥坑，亦解尧心忧。恨汝时当食，藏头擫脑不肯食。不当食，张唇哆觜食不休。食天之眼养逆命，安得上帝请汝刘。呜呼，人养虎，被虎啮。天媚蟆，被蟆瞎。乃知恩非类，一一自作孽。吾见患眼人，必索良工诀。想天不异人，爱眼固应一。安得常娥氏，来习扁鹊术。手操舂喉戈，去此睛上物。其初犹朦胧，既久如抹漆。但恐功业成，便此不吐出。玉川子又涕泗下，心祷再拜额榻砂土中，地上虮虱臣仝告愬帝天皇。臣心有铁一寸，可刳妖蟆痴肠。上天不为臣立梯磴，臣血肉身，无由飞上天，扬天光。封词付与小心风，飏排阊阖入紫宫。密迩玉几前擘坼，奏上臣仝顽愚胸。敢死横干天，代天谋其长。东方苍龙角，插戟尾捭风。当心开明堂。统领三百六十鳞虫，坐理东方宫。月蚀不救援，安用东方龙。南方火鸟赤泼血，项长尾短飞跋躠，头戴井冠高逵枅。月蚀鸟宫十三度，鸟为居停主人不觉察，贪向何人家。行赤口毒舌，毒虫头上吃却月，不啄杀。虚眨鬼眼明，乌罪不可雪。西方攫虎立踦踦，斧为牙，凿为齿。偷牺牲，食封豕。大蟆一脔，固当软美。见似不见，是何道理。爪牙根天不念天，天若准拟错准拟。北方寒龟被蛇缚，藏头入壳如入狱。蛇筋束紧束破壳，寒龟夏鳖一种味。且当以其肉充臛，死壳没信处，唯堪支床脚，不堪钻灼与天卜。岁星主福德，官爵奉董秦。忍使黔娄生，覆尸无衣巾。天失眼不吊，岁星胡其仁。荧惑矍铄翁，执法大不中。月明无罪过，不纠蚀月虫。年年十月朝太微。支卢谪罚何灾凶。土星与土性相背，反养福德生祸害。到人头上死破败，今夜月蚀安可会。太白真将军，怒激锋铓生。恒州阵斩郦定进，项骨脆甚春蔓菁。天唯两眼失一眼，将军何处行天兵。辰星任廷尉，天律自主持。人命在盆底，固应乐见天盲时。天若不肯信，试唤皋陶鬼一问。一如今日，三台文昌宫，作上天纪纲。环天二十八宿，磊磊尚书郎。整顿排班行，剑握他人将。一四太阳侧，一四天市傍。操斧代大匠，两手不怕伤。弧矢引满反射人，天狼呀啄明煌煌。痴牛与騃女，不肯勤农桑。徒劳含淫思，旦夕遥相望。蚩尤簸旗弄旬朔，始捶天鼓鸣珰琅。枉矢能蛇行，眊目森森张。天狗下舐地，血流何滂滂。谲险万万党，架构何可当。眯目衅成就，害我光明王。请留北斗一星相北极，指麾万国悬中央。此外尽扫除，堆积如山冈，赎我父母光。当时常星没，殒雨如迸浆。似天会事发，叱喝诛奸强。何故中道废，自遗今日殃。善善又恶恶，郭公所以亡。愿天神圣心，无信他人忠。玉川子词讫，风色紧格格。近月黑暗边，有似动剑戟。须臾痴蟆精，两吻自决坼。初露半个壁，渐吐满轮魄。众星尽原赦，一蟆独诛磔。腹肚忽脱落，依旧挂穹碧。光彩未苏来，惨澹一片白。奈何万里光，受此吞吐厄。再得见天眼，感荷天地力。或问玉川子，孔子修春秋。二百四十年，月蚀尽不收。今子咄咄词，颇合孔意不。玉川子笑答，或请听逗留。孔子父母鲁，讳鲁不讳周。书外书大恶，故月蚀不见收。予命唐天，口食唐土。唐礼过三，唐乐过五。小犹不说，大不可数。灾沴无有小大愈，安得引衰周，研核其可否。日分昼，月分夜，辨寒暑。一主刑，二主德，政乃举。孰为人面上，一目偏可去。愿天完两目，照下万方士，万古更不瞽，万万古，更不瞽，照万古。

全诗一共有1677个字，描述了月全食的整个过程，诡异万状，纵横捭阖，韩愈读后“极称其工”，这首诗不仅是唐诗中的一个奇葩，而且还是整个中国诗歌史中的一大奇观。

# 六四七　中唐文学（六）

韩孟诗派很多诗歌并不符合现代人的审美趣味，另一个不太出名的诗人刘叉，曾是韩愈的门客，后不知所终，他的诗《冰柱》也大致与卢仝的《月蚀诗》相似，不再抄录了。

韩孟诗派另外一位有名的诗人就是贾岛了。贾岛，字阆仙，范阳人，自称碣石山人，人称“诗奴”。贾岛早年落魄为僧，法号无本，后入长安。他觉得元稹、白居易的诗太过浅显，吟诗必奇崛，“虽行坐寝食，吟味不辍”（《唐诗纪事》语），号称“苦吟诗人”。如他在《送无可上人》诗“独行潭底影，数息树边身”句下就自注：“二句三年得，一吟双泪流。知音如不赏，归卧故山秋。”他的诗注重词句锤炼，力求工整，与孟郊齐名，有“郊寒岛瘦”之称。

据《唐宋逸史》记载，一次，贾岛骑驴吟得了“鸟宿池中树，僧推月下门”之句，但又觉得用“敲”字更好，在驴上反复推敲做着手势，竟然冲撞了时任京兆尹的韩愈。贾岛被小吏们推下驴来，送到韩愈面前，韩愈问明原因后，思考一会说道：“还是用敲比较好。”二人就此相识，成为布衣之交，后韩愈还给贾岛赠诗一首：“孟郊死葬北邙山，日月风云顿觉闲。天恐文章声断绝，再生贾岛向人间。”贾岛由此知名。

韩愈劝说贾岛还俗参加科举考试，但贾岛还俗后却屡试不第，他心生怨愤，写了不少发牢骚的诗，也得罪了很多朝中权贵。据《唐才子传》《北梦琐言》《唐摭言》等书记载，一次，皇帝微服私访，遇到贾岛，想看看贾岛的诗，但贾岛不知来人底细，结果将皇帝呵斥一番，弄得皇帝很没面子，结果被皇帝贬为长江主簿（有将贾岛比作贾谊之意），但皇帝毕竟爱惜人才，贾岛到长江后，发现当地部门给他安排得很好，贾岛对皇帝很是感激。后人考证，这位皇帝应当是文宗。《今是堂手录》记载，一次，贾岛假扮船夫给一位高丽使者划船，这位使者在船上吟诵："水鸟浮还没，上云断复连。"贾岛接道："棹穿波底月，舡压水中天。"使者听后赞叹不已，此后再也不敢吟诗了。

贾岛比较著名的诗有《剑客》："十年磨一剑，霜刃未曾试。今日把示君，谁有不平事？"《题李凝幽居》："闲居少邻并，草径入荒园。鸟宿池边树，僧敲月下门。过桥分野色，移石动云根。暂去还来此，幽期不负言。"《雪晴晚望》："倚杖望晴雪，溪云几万重。樵人归白屋，寒日下危峰。野火烧冈草，断烟生石松。却回山寺路，闻打暮天钟。"《寄韩潮州愈》："此心曾与木兰舟，直到天南潮水头。隔岭篇章来华岳，出关书信过泷流。峰悬驿路残云断，海浸城根老树秋。一夕瘴烟风卷尽，月明初上浪西楼。"《寻隐者不遇》："松下问童子，言师采药去。只在此山中，云深不知处。"

说完了韩孟诗派，我们再来说说雅正诗派。这些人物中，权德舆我们已经说过，先来说说张仲素。

张仲素，字绘之，贞元进士，官至翰林学士、中书舍人，他工于诗文，擅长乐府诗，多写闺情。比如，《春闺思》："袅袅城边柳，青青陌上桑。提笼忘采叶，昨夜梦渔阳。"《燕子楼》三首，是张仲素与白居易二人的唱和诗，张仲素的第一首是："楼上残灯伴晓霜，独眠人起合欢床。相思一夜情多少，地角天涯未是长。"白居易的和诗是："满床明月满帘霜，被冷灯残拂卧床。燕子楼中霜月夜，秋来只为一人长。"张仲素的第二首是："北邙松柏锁愁烟，燕子楼中思悄然。自埋剑履歌尘散，红袖香销已十年。"白居易的和诗是："钿晕罗衫色似烟，几回欲著即潸然。自从不舞《霓裳曲》，叠在空箱十一年。"张仲素的第三首是："适看鸿雁洛阳回，又睹玄禽逼社来。瑶瑟玉箫无意绪，任从蛛网任从灰。"白居易的和诗是："今春有客洛阳回，曾到尚书墓上来。见说白杨堪作柱，争教红粉不成灰？"

王涯的诗只有《秋思赠远二首》写得较好："当年只自守空帷，梦里关山觉别离。不见乡书传雁足，唯看新月吐蛾眉。""厌攀杨柳临清阁，闲采芙蕖傍碧潭。走马台边人不见，拂云堆畔战初酣。"

李德裕较为有名的诗有，《长安秋夜》："内宫传诏问戎机，载笔金銮夜始归。万户千门皆寂寂，月中清露点朝衣。"《谪岭南道中作》："岭水争分路转迷，桄榔椰叶暗蛮溪。愁冲毒雾逢蛇草，畏落沙虫避燕泥。五月畲田收火米，三更津吏报潮鸡。不堪肠断思乡处，红槿花中越鸟啼。"《登崖州城作》："独上高楼望帝京，鸟飞犹是半年程。青山似欲留人住，百匝千遭绕郡城。”

最后我们说一说自成一家的诗人：王建、李贺、杜牧等。

王建，与张籍齐名，他出身寒微，大历进士，一生贫困，直到晚年才当上陕州司马，世称王司马。他的诗歌题材广泛，涉及田家、蚕妇、织女等不同阶层人物的生活，所作的《宫词》一百首最为知名。

王建的代表作主要有：《水夫谣》：“苦哉生长当驿边，官家使我牵驿船。辛苦日多乐日少，水宿沙行如海鸟。逆风上水万斛重，前驿迢迢后淼淼。半夜缘堤雪和雨，受他驱遣还复去。夜寒衣湿披短蓑，肌穿足裂忍痛何。到明辛苦无处说，齐声腾踏牵船歌。一间茅屋何所值，父母之乡去不得。我愿此水作平田，长使水夫不怨天。”《十五夜望月寄杜郎中》：“中庭地白树栖鸦，冷露无声湿桂花。今夜月明人尽望，不知秋思落谁家？”《唐昌观玉蕊花》：“一树笼葱玉刻成，飘廊点地色轻轻。女冠夜觅香来处，唯见阶前碎月明。”《新嫁娘》：“三日入厨下，洗手做羹汤。未谙姑食性，先遣小姑尝。”

李贺，字长吉，是唐朝宗室，但早已没落，因其家在福昌昌谷，后世称李昌谷。李贺有“诗鬼”之称，与“诗圣”杜甫、“诗仙”李白、“诗佛”王维齐名。他又与李白、李商隐三人并称为“唐代三李”。

李贺的诗作想象极为丰富，经常应用神话传说来托古寓今，故后人常称他为鬼才、诗鬼，其创作的诗文又被称为是“鬼仙之辞”，后人还有一种说法是“太白仙才，长吉鬼才”。李贺曾任奉礼郎，因避家讳不得不辞职应试，因仕途不得已，长期郁闷焦思，死时年仅二十七岁。

李贺的传世作品很多，其代表作主要有《雁门太守行》：“黑云压城城欲摧，甲光向日金鳞开。角声满天秋色里，塞上燕脂凝夜紫。半卷红旗临易水，霜重鼓寒声不起。报君黄金台上意，提携玉龙为君死！”《李凭箜篌引》：“吴丝蜀桐张高秋，空白凝云颓不流。江娥啼竹素女愁，李凭中国弹箜篌。昆山玉碎凤凰叫，芙蓉泣露香兰笑。十二门前融冷光，二十三丝动紫皇。女娲炼石补天处，石破天惊逗秋雨。梦入坤山教神妪，老鱼跳波瘦蛟舞。吴质不眠倚桂树，露脚斜飞湿寒兔。”《致酒行》：“零落栖迟一杯酒，主人奉觞客长寿。主父西游困不归，家人折断门前柳。吾闻马周昔作新丰客，天荒地老无人识。空将笺上两行书，直犯龙颜请恩泽。我有迷魂招不得，雄鸡一声天下白。少年心事当拏云，谁念幽寒坐呜呃。”《金铜仙人辞汉歌》：“茂陵刘郎秋风客，夜闻马嘶晓无迹。

画栏桂树悬秋香，三十六宫土花碧。魏官牵车指千里，东关酸风射眸子。空将汉月出宫门，忆君清泪如铅水。衰兰送客咸阳道，天若有情天亦老。携盘独出月荒凉，渭城已远波声小。”《秦王饮酒》：“秦王骑虎游八极，剑光照空天自碧。羲和敲日玻璃声，劫灰飞尽古今平。龙头泻酒邀酒星，金槽琵琶夜枨枨。洞庭雨脚来吹笙，酒酣喝月使倒行。银云栉栉瑶殿明，宫门掌事报一更。花楼玉凤声娇狞，海绡红文香浅清，黄鹅跌舞千年觥。仙人烛树蜡烟轻，清琴醉眼泪泓泓。”《南园十三首》之五：“男儿何不带吴钩，收取关山五十州。请君暂上凌烟阁，若个书生万户侯？”《南园十三首》之六：“寻章摘句老雕虫，晓月当帘挂玉弓。不见年年辽海上，文章何处哭秋风！”《马诗二十三首》之五：“大漠沙如雪，燕山月如钩。何当金络脑，快走踏清秋。”

# 六四八　中唐文学（七）

大多数人都把杜牧作为晚唐诗人，由于我们把名相李德裕的死作为划分中晚唐的节点，那么，杜牧主要成就就产生于李德裕死前，所以，我们将他作为中唐诗人。

杜牧，字牧之，号樊川居士，他是德宗、顺宗、宪宗朝宰相杜佑之孙，驾部员外郎杜从郁之子。杜牧的生平已见前述，因其晚年居住于长安南郊樊川别墅，故后世又称其为杜樊川。杜牧的诗歌以七言绝句著称，内容以咏史抒怀为主，其诗英发俊爽，多切经世之物，成就颇高，故与杜甫并称为“大小杜”，又与晚唐诗人李商隐并称为“小李杜”。

由于杜牧特殊的人生际遇，他与李商隐一样游离于中唐晚期激烈的牛、李党争之中，但与李商隐相比，杜牧更倾向于牛党，且其个人投机思想更为严重。在李德裕执政时期，杜牧极力巴结李德裕，积极为李德裕平定泽潞出谋划策，以期出人头地，等宣宗即位之后，李德裕被贬，杜牧转而又投靠得势的牛党，不惜捏造事实，大肆污蔑、攻击李德裕，以割裂自己以及家族与李德裕之间的联系，这些主要表现在：一、大中四年他撰写的《牛僧孺墓志铭》：“时李太尉专柄五年，多逐贤士……”云云；二、大中四年《上宰相求湖州第一启》：“朱崖李太尉迫于世旧，取（杜牧亲弟弟杜顗）为浙西团练使巡官，李太尉贵骄多过，凡有毫发，顗必疏而言之。”实际上，杜顗患有眼病，李德裕召杜顗入幕府，完全是出于照顾，但杜牧不仅不感恩，反而倒打一耙，说杜顗入幕是李德裕强迫的；三、大中六年《周墀墓志铭》称：“李太尉德裕伺公纤失，四年不得……”实际上，周墀在会昌年间晋升为江西观察使，全是李德裕提拔所致，此处杜牧颠倒黑白，对李德裕横加指责。

大中二年五月，牛党人物周墀拜相后不久，就将杜牧从睦州刺史调回朝廷担任司勋员外郎、史官修撰。次年一月，杜牧又奉诏撰写《韦丹遗爱碑》，给元和名臣韦丹树碑立传，是借褒扬宪宗名臣，抹杀穆宗一系四帝，进而昭示宣宗继承宪宗正统的政治举措，内涵丰富。周墀将这一重大任务交给并非负责文字工作的杜牧，让杜牧受宠若惊，也表明牛党当权人物认为杜牧是一个可以争取的人物。大中四年，杜牧被晋升为吏部员外郎，他自请出任湖州刺史，以完成与那位美女的十年之约，然而，等他到任之后，那位湖州美女已于三年前嫁人了。次年，杜牧晋升为知制诰，奉诏入京，大中六年，他又被晋升为中书舍人，其仕途一片光明，然而，此时的他已对生活失去了信心，在樊川构筑别墅，想远离朝廷是非，就在这一年冬天，杜牧自撰墓志铭，不久就去世了，终年五十岁。由于杜牧最后的官职是中书舍人，又被人称为杜紫微。

杜牧在诗、赋、文等各方面都取得了很大的成就，他主张凡为文以意为主，以气为辅，以辞采章句为之兵卫，他的古体诗受杜甫、韩愈的影响很大，题材广阔，笔力峭健；近体诗则以文辞清丽、情韵跌宕见长。其诗歌既有俊爽的风格，又能在峭健之中散发出清新明洁之美，自成一家。

杜牧散文的代表作主要有《阿房宫赋》《罪言》《原十六卫》，等等。

杜牧的绝句代表作很多，并且大多都是脍炙人口的名诗。《清明》："清明时节雨纷纷，路上行人欲断魂。借问酒家何处有？牧童遥指杏花村。"《赤壁》："折戟沉沙铁未销，自将磨洗认前朝。东风不与周郎便，铜雀春深锁二乔。"《泊秦淮》："烟笼寒水月笼沙，夜泊秦淮近酒家。商女不知亡国恨，隔江犹唱后庭花。"《山行》："远上寒山石径斜，白云生处有人家。停车坐爱枫林晚，霜叶红于二月花。"《秋夕》："银烛秋光冷画屏，轻罗小扇扑流萤。天阶夜色凉如水，坐看牵牛织女星。"《江南春》："千里莺啼绿映红，水村山郭酒旗风。南朝四百八十寺，多少楼台烟雨中。"《题乌江亭》："胜败兵家事不期，包羞忍耻是男儿。江东子弟多才俊，卷土重来未可知。"《寄扬州韩绰判官》："青山隐隐水迢迢，秋尽江南草未凋。二十四桥明月夜，玉人何处教吹箫。"《遣怀》："落魄江南载酒行，楚腰肠断掌中轻。十年一觉扬州梦，赢得青楼薄幸名。"《题桃花夫人庙》："细腰宫里露桃新，脉脉无言几度春。至竟息亡缘底事？可怜金谷坠楼人。"《将赴吴兴登乐游原一绝》："清时有味是无能，闲爱孤云静爱僧。欲把一麾江海去，乐游原上望昭陵。"《兵部尚书席上作》："华堂今日绮筵开，谁唤分司御史来？忽发狂言惊满座，两行红粉一时回。”《叹花》：“自恨寻芳到已迟，往年曾见未开时。如今风摆花狼籍，绿叶成阴子满枝。”《金谷园》：“繁华事散逐香尘，流水无情草自春。日暮东风怨啼鸟，落花犹似坠楼人。”《过华清宫绝句三首》之一：“长安回望绣成堆，山顶千门次第开。一骑红尘妃子笑，无人知是荔枝来。”《有感》：“非关宋玉有微辞，却是襄王梦觉迟。一自《高唐》赋成后，楚天云雨尽堪疑。”《鹭鸶》：“雪衣雪发青玉嘴，群捕鱼儿溪影中。惊飞远映碧山去，一树梨花落晚风。”《赠别二首》之一：“娉娉袅袅十三余，豆蔻梢头二月初。春风十里扬州路，卷上珠帘总不如。”之二：“多情却似总无情，惟觉樽前笑不成。蜡烛有心还惜别，替人垂泪到天明。”

杜牧律诗的代表作主要有《早雁》：“金河秋半虏弦开，云外惊飞四散哀。仙掌月明孤影过，长门灯暗数声来。须知胡骑纷纷在，岂逐春风一一回？莫厌潇湘少人处，水多菰米岸莓苔。”《村行》：“春半南阳西，柔桑过村坞。娉娉垂柳风，点点回塘雨。蓑唱牧牛儿，篱窥茜裙女。半湿解征衫，主人馈鸡黍。”《题宣州开元寺水阁》：“六朝文物草连空，天淡云闲今古同。鸟去鸟来山色里，人歌人哭水声中。深秋帘幕千家雨，落日楼台一笛风。惆怅无日见范蠡，参差烟树五湖东。”《登池州九峰楼寄张祜》：“百感中来不自由，角声孤起夕阳楼。碧山终日思无尽，芳草何年恨即休？睫在眼前长不见，道非身外更何求。谁人得似张公子，千首诗轻万户侯。”《商山麻涧》：“云光岚彩四面合，柔柔垂柳十余家。雉飞鹿过芳草远，牛巷鸡埘春日斜。秀眉老父对樽酒，蒨袖女儿簪野花。征车自念尘土计，惆怅溪边书细沙。”《羊栏浦夜陪宴会》：“戈槛营中夜未央，雨沾云惹侍襄王。球来香袖依稀暖，酒凸觥心泛滟光。红弦高紧声声急，珠唱铺圆袅袅长。自比诸生最无取，不知何处亦升堂。”《送杜顗赴润州幕》：“少年才俊赴知音，丞相门栏不觉深。直到事人男子业，异乡加饭弟兄心。还须整理韦弦佩，莫独矜夸玳瑁簪。若去上元怀古去，谢安坟下与沉吟。”《河湟》：“元载相公曾借箸，宪宗皇帝亦留神。旋见衣冠就东市，忽遗弓剑不西巡。牧羊驱马虽戎服，白发丹心尽汉臣。唯有凉州歌舞曲，流传天下乐闲人。”《旅宿》：“旅馆无良伴，凝情自悄然。寒灯思旧事，断雁警愁眠。远梦归侵晓，家书到隔年。沧江好烟月，门系钓鱼船。”

除了前述的诗人之外，中唐还有一些名气不太大的诗人，比如，像写了《悯农诗》的宰相李绅，像太学博士李涉，曾写出《再宿武关》：“远别秦城万里游，乱山高下出商州。关门不锁寒溪水，一夜潺湲送客愁。”像施肩吾，曾写出《望夫词》：“手爇寒灯向影频，回文机上暗生尘。自家夫婿无消息，却恨桥头卖卜人。”还有崔郊，曾写出《赠婢》：“公子王孙逐后尘，绿珠垂泪滴罗巾。侯门一入深如海，从此萧郎是路人。”还有项斯，曾写出《山行》：“青枥林深亦有人，一曲流水数家分。山当日午回峰影，草带泥痕过鹿群。蒸茗气从茅舍出，缲丝声隔竹篱闻。行逢卖药归来客，不惜相随入岛云。”还有朱庆馀，写过《宫词》：“寂寂花时闭院门，美人相并立琼轩。含情欲说宫中事，鹦鹉前头不敢言。”《闺意献张水部》：“洞房昨夜停红烛，待晓堂前拜舅姑。妆罢低声问夫婿，画眉深浅入时无？”许浑，曾写出《咸阳城西楼远眺》：“一上高城万里愁，蒹葭杨柳似汀洲。溪云初起日沉阁，山雨欲来风满楼。鸟下绿芜秦苑夕，蝉鸣黄叶汉宫秋。行人莫问当年事，故国东来渭水流。”《谢亭送别》：“劳歌一曲解行舟，红叶青山水急流。日暮酒醒人已远，满天风雨下西楼。”还有雍陶，曾写出《题君山》：“烟波不动影沉沉，碧色全无翠色深。疑是水仙梳洗处，一螺青黛镜中心。”